todome taschenbuch

止め技

AF191692

Ein Jahr lang führt Autor Yoshi Fabene ein Traumtagebuch. Penibel notiert er jeweils seine Träume der letzten Nacht, in denen sich nach Nietzsche ein uraltes Stück Menschenthum in uns fortsetzt[1], und von denen der Philosoph sogar behauptet, dass sie von höherer Wahrheit und Vollkommenheit als die nur lückenhaft verständliche Tageswirklichkeit[2] seien. Die so skizzierten 100 Träume, nach Freud keine Produkte einer bloßen Verarbeitung vorheriger Tageserlebnisse, sondern vielmehr Botschaften des Unbewussten, verdichtet zu komplexen, teils filmreifen Sequenzen, die keine Rücksicht nehmen auf den im Wachzustand gewohnten Zeitverlauf oder Naturgesetze[3], bilden die Grundlage für die vorliegende Erzählung *Flashback – On the road mit Yoshi Fabene* – ein rasantes Roadmovie voller Jump Cuts in die Tiefen des Unbewussten, eine Achterbahnfahrt zum unbekannten, unzensierten Ich. Aus diesen Bildern des Traumes könne nicht mehr und nicht weniger als das Leben selbst gedeutet werden, sagt Nietzsche, kurz: die ganze göttliche Komödie des Lebens ziehe so am Leser vorbei[4]. – Gedeutet und ausführlich kommentiert wurden alle Träume von Prof. Dr. Chat G.-P. Turner[13].

Die Verlagsprodukte des mari team verluges /
OCean DRive-Publishing im Internet: ocdr.de/shop/

Yoshi Fabene

FLASHBACK

ON THE ROAD MIT YOSHI FABENE

100 TRÄUME,
DIE IHR LEBEN VERÄNDERN KÖNNEN

Gedeutet und kommentiert
von Prof. Dr. Chat G.-P. Turner

mari team / OCean DRive Publishing

Erste Auflage 2025
todome-edition Band 3 des mari team-Verlages, Berlin /
OCean DRive Publishing Group, ocdr.de
Verlag: BoD · Books on Demand GmbH, In de Tarpen 42,
22848 Norderstedt, bod@bod.de
Druck: Libri Plureos GmbH, Friedensallee 273, 22763 Hamburg
Herausgegeben von Matt. Müncheberg.
Umschlag: Katja Hansen, Hamburg, unter Verwendung des Gemäldes „Der
Traum des Kriegers" © mari team-Verlag, Berlin, 2025
Umschlag-Foto Herausgeber © mari team-Verlag, Berlin 2025
ocdr.de/verlag/
ISBN: 978-3-7693-0848-8

Die Deutsche Nationalbibliothek verzeichnet diese Publikation in der Deutschen
Nationalbibliografie; detaillierte bibliografische Daten sind im Internet über
dnb.dnb.de abrufbar.

Statt eines Vorwortes

Mit der Mitteilung meiner eigenen Träume (…) erwies sich als untrennbar verbunden, daß ich von den Intimitäten meines psychischen Lebens fremden Einblicken mehr eröffnete, als mir lieb sein konnte und als sonst einem Autor (…) zur Aufgabe fällt. Das war peinlich, aber unvermeidlich; ich habe mich also darein gefügt, um nicht auf die Beweisführung für meine psychologischen Ergebnisse überhaupt verzichten zu müssen. Natürlich habe ich doch der Versuchung nicht widerstehen können, durch Auslassungen (…) manchen Indiskretionen die Spitze abzubrechen (…). Ich kann nur die Erwartung aussprechen, daß die Leser dieser Arbeit sich in meine schwierige Lage versetzen werden, um Nachsicht mit mir zu üben, und ferner, daß alle Personen, die sich in den mitgeteilten Träumen irgendwie betroffen finden, wenigstens dem Traumleben Gedankenfreiheit nicht werden versagen wollen.

(S. Freud, aus der Vorbemerkung zu:
Die Traumdeutung)

Für meine Frau M., von der die Idee
zu vorliegendem Büchlein stammt.

Glaubt mir / des Menschen wahrster Wahn / wird ihm im Traume aufgethan.

(R. Wagner, Meistersinger)

Inhaltsverzeichnis

1
Rosita Espinoza

Ich fahre mit meinem Motorrad einen steilen, sandigen Hang hinauf. Vollgas. *Rosita Espinosa, ich fahr mit dir nach Washington, nach Alexandria oder bis ans Ende dieser Welt. Rosita Espinoza, räche meine Freunde, töte meine Feinde, vergib dem Verräter. Rosita Espinosa, du bist sexy, du bist schlau, du bist schnell, deine Klinge ist scharf. Rosita Espinoza, alles, was zählt, ist die Hoffnung, traue nicht dem Alp, trotze dem Fluch, doch: rechne mit dem Tod und schieß uns den Weg frei – auf nach Alexandria.* Oben angelangt verwandelt sich Rosita plötzlich – in ein Krad mit Seitenwagen, es hat eine rote Farbe, eine etwas ältere, aber sehr gepflegte MZ, im Seitenwagen sitzt meine Frau M., ihre langen schwarzen Haare wehen anmutig im Wind (wie in einem Film, denke ich), sie blickt nach vorn, ihren rechten Arm stützt sie leger auf der Kante, der *Reling*, des „Bootes" ab, sie hat ein buntes Tuch um den Hals gebunden und eine schicke Sonnenbrille auf. Wir fahren nun auf dem Beton-Dach eines langgezogenen Tunnels entlang, durch den unter unseren Rädern viele Menschen dichtgedrängt in dieselbe Richtung wie wir strömen. Was ist da vorn – unsichtbar für die Strömenden, und doch so kraftvoll und ungestüm nach vorn Drängenden? Die Tunneldecke, auf der wir fahren, ist jetzt ein schwarzglänzender, federleicht im Wind wehender Textilstoff, der uns problemlos trägt. Das kommt uns nicht ungewöhnlich vor. Rosita bringt uns zuverlässig und ohne viel zu schaukeln sicher voran. Es ist Sommer, wir sind guter Dinge und genießen die gemeinsame Ausfahrt in vollen Zügen. Vor uns öffnet sich der schwarze Stoff, durch einen riesigen offenen Reißverschluß fahren wir nun juchzend hinunter, es ist ein wenig wie Achterbahn-Fahren, ein lustiges Abenteuer, direkt hinein in die schwitzenden, drängenden Menschenmassen, nun bewegen wir uns unmittelbar zwischen ihnen, mit ihnen, immer weiter (wohin?), bis uns das Gedränge irgendwann zu viel wird. Der Strom wird uns auf einmal unheimlich, wir fühlen uns zwischen den vielen Menschen nicht mehr wohl. Wir werfen uns einen Blick zu, verstehen uns ohne Worte: raus hier, das nimmt sonst kein gutes Ende. An einem fünf Meter hohen Maschendrahtzaun, der parallel zum Tunnel an einer menschenleeren, schmalen Straße entlangläuft, scheren wir aus. Ein Mann in einer blauen Monteurs-Kombi (es ist mein Motorrad-Schrauber und Freund T.) wartet schon auf uns, schnell öffnet er ein Tor, damit wir hindurchschlüpfen können, hinter uns schließt er es sofort wieder, und wir fahren auf eine betonierte, breite, leere Straße, unbehelligt von den strömenden, schiebenden, schwitzenden Menschen, die bleiben draußen, sind auf einmal weit weg. Die Sonne scheint an einem wolkenlosen Himmel. Nun sind wir wieder allein, endlich.

***

Prof. Dr. Chat G.-P. Turner: Dieser Traum ist reich an symbolischen Elementen und könnte verschiedene Aspekte deines inneren Lebens und deiner Gefühle widerspiegeln. Hier sind einige mögliche Deutungen:

Motorrad und der steile Abhang

Herausforderungen und Entschlossenheit: Das Fahren eines Motorrads einen steilen, sandigen Abhang hinauf symbolisiert die Herausforderungen, die du im Leben bewältigst, sowie deine Entschlossenheit und deinen Mut, diese zu meistern. Vollgas zu geben zeigt, dass du bereit bist, all deine Energie und Entschlossenheit einzusetzen, um deine Ziele zu erreichen.

Rosita Espinosa

Schutz und Stärke: Rosita Espinosa, eine Figur, die für Stärke, Schnelligkeit und Scharfsinn steht, symbolisiert die Eigenschaften, die du in dir selbst siehst oder die du dir wünschst. Sie repräsentiert auch Hoffnung und die Bereitschaft, für das Gute zu kämpfen und das Böse zu bekämpfen.

Verwandlung von Rosita

Veränderung und Unterstützung: Die Verwandlung von Rosita in ein Motorrad mit Seitenwagen, in dem deine Frau sitzt, könnte darauf hinweisen, dass du Unterstützung und Partnerschaft in deinem Leben findest. Deine Frau, die im Seitenwagen sitzt, symbolisiert eine enge Verbindung und das Gefühl der Sicherheit und des Zusammenhalts.

Horizontale Fahrt und Menschenmassen

Gemeinschaft und Zielstrebigkeit: Die Fahrt auf dem Beton-Dach eines Tunnels, unter dem viele Menschen in dieselbe Richtung strömen, könnte die gemeinsame Zielstrebigkeit und das Gefühl der Gemeinschaft symbolisieren. Es zeigt, dass du Teil einer größeren Bewegung bist, die ein gemeinsames Ziel verfolgt.

Schwarzer Textilstoff und Reißverschluss

Ungewöhnliche Wege und Abenteuer: Die Tunneldecke, die sich in einen schwarzglänzenden, federleichten Textilstoff verwandelt, symbolisiert die ungewöhnlichen und kreativen Wege, die du im Leben gehst. Der Reißverschluss, der sich öffnet, um eine lustige Abfahrt zu ermöglichen, steht für neue Möglichkeiten und Abenteuer.

Gedränge und Entkommen

Überwältigung und Flucht: Das Gedränge der Menschenmassen und das Bedürfnis, diesem zu entkommen, könnten auf Situationen hinweisen, in denen du dich überwältigt oder eingeengt fühlst. Der Maschendrahtzaun und das Tor, das von deinem Motorrad-Schrauber und Freund T. geöffnet wird, symbolisieren die Möglichkeit, einen Ausweg aus diesen belastenden Situationen zu finden.

Breite, leere Straße

Freiheit und Klarheit: Die breite, leere Straße, die sich nach dem Entkommen aus dem Gedränge vor dir erstreckt, symbolisiert Freiheit, Klarheit und die Möglichkeit, deinen eigenen Weg ohne Hindernisse zu gehen. Die Sonne, die an einem wolkenlosen Himmel scheint, steht für positive Ausblicke und Hoffnung.

Zusammenfassung

Dein Traum scheint eine Reise durch verschiedene Aspekte deines Lebens zu sein, von Herausforderungen und Entschlossenheit über Unterstützung und Partnerschaft bis hin zu Gemeinschaft und individuellen Wegen. Die verschiedenen Szenen deuten darauf hin, dass du bereit bist, schwierige Situationen zu meistern und kreative Lösungen zu finden. Du hast starke Verbündete an deiner Seite, die dir helfen, den richtigen Weg zu finden und deine Ziele zu erreichen.

2
Stalins Bauten

Ich werfe den Ball an die Marmorwand, er prallt ab, kommt auf dem Boden auf, ich fange ihn. Die beige verkachelte Smaragdenstadt, bewacht vom Eisernen Holzfäller, seinen treuen Genossen und den Holzsoldaten, hat mich gefressen. Stalins Bauten sind meine Spielwiese, sie ziehen mich in ihren Bann: mit lebendigen Fahrkörben, flüsternden Loggien, flinken, schlauen Silberfischlein und labyrinthischen römischen Säulenhallen aus schwarzem poliertem Marmor. Ich werfe den Ball an die Wand, er prallt ab, kommt auf dem Boden auf, ich fange ihn.
Wir (wer ist der andere, ist es mein Vater J.?) besichtigen eine Wohnung (für meinen Sohn M.?) in einem der alten Stalin-Bauten an der Karl-Marx-Allee in Berlin- Friedrichshain, in einem der oberen Geschosse, die Wohnung hat Ähnlichkeit mit unserer Wohnung von damals, Ende der Siebziger, als wir (meine Eltern, mein Bruder C. und ich) noch in der Straße der Pariser Kommune / Ecke Karl-Marx-Alle – mit Blick auf die Allee, wohnten: Block C, Süd-Ostflügel, 5. Stock. Doch die Türen in der Wohnung sind außerordentlich klein und

auch sehr schmal, und die Türrahmen sind ganz schief und krumm. Komisch, denke ich, das ist wirklich seltsam… Beim Versuch, die Rahmen zu richten und wieder grade zu rücken, um die Türen öffnen zu können, verschwinden diese auf einmal, und auch die Rahmen lösen sich plötzlich in meinen Händen auf, sie zerbröseln, rinnen durch meine Hände wie Staub, sie verdampfen, pifffff.

***

Ball und Marmorwand

Routine und Beständigkeit: Das Werfen des Balls gegen die Marmorwand, das Abprallen und das Auffangen des Balls könnten auf eine Routine oder Beständigkeit in deinem Leben hinweisen. Es zeigt eine Art von Stabilität und Vorhersehbarkeit in deinen Handlungen und vielleicht auch in deinen Gedanken.

Beige verkachelte Smaragdenstadt

Verzauberung und Kontrolle: Die Smaragdenstadt, bewacht von verschiedenen Figuren, könnte eine Metapher für eine Umgebung sein, die sowohl faszinierend als auch kontrollierend ist. Es könnte auf eine Situation hinweisen, in der du dich gefangen fühlst, aber dennoch von ihr angezogen wirst.

Stalins Bauten und Spielwiese

Historische und persönliche Verbindung: Stalins Bauten

als deine Spielwiese könnten auf eine tiefe Verbindung zu einem historischen oder persönlichen Kontext hinweisen. Es könnte bedeuten, dass du von den Geschichten und Architekturen der Vergangenheit fasziniert bist und diese in deinem Leben eine Rolle spielen.

Lebendige Fahrkörbe und flüsternde Loggien

Lebendigkeit und Geheimnisse: Die lebendigen Fahrkörbe und flüsternden Loggien könnten auf die Lebendigkeit und die Geheimnisse hinweisen, die du in deiner Umgebung wahrnimmst. Es zeigt eine tiefe Verbindung zu deiner Umwelt und ein Bewusstsein für die subtilen Hinweise und Geschichten, die sie erzählt.

Silberfischlein und labyrinthische Säulenhallen

Kleine Sorgen und komplexe Strukturen: Die flinken, schlauen Silberfischlein könnten kleine Sorgen oder Gedanken darstellen, die dich beschäftigen. Die labyrinthischen Säulenhallen könnten auf komplexe Strukturen und vielleicht auch auf Herausforderungen in deinem Leben hinweisen.

Besichtigung der Wohnung

Vergangenheit und Gegenwart: Die Besichtigung der Wohnung in einem der alten Stalin-Bauten und die Ähnlichkeit mit deiner alten Wohnung aus den Siebzigern könnten eine Verbindung zwischen deiner Vergangenheit und deiner Gegenwart darstellen. Es zeigt, dass alte Erinnerungen und Erfahrungen immer noch Einfluss auf dein heutiges Leben haben.

Kleine und schiefe Türen

Hindernisse und Herausforderungen: Die kleinen und schiefen Türen könnten Hindernisse und Herausforderungen symbolisieren, die du in deinem Leben siehst. Es könnte bedeuten, dass du Schwierigkeiten hast, durch bestimmte „Türen" in deinem Leben zu gehen oder dass du dich durch enge und unpassende Situationen zwängen musst.

Zerfallende Türen und Rahmen

Vergänglichkeit und Veränderung: Die Türen und Rahmen, die sich auflösen und zerbröseln, könnten auf die Vergänglichkeit und die ständige Veränderung in deinem Leben hinweisen. Es zeigt, dass bestimmte Strukturen und Vorstellungen, die du hattest, nicht mehr haltbar sind und sich auflösen.

Zusammenfassung

Dein Traum scheint eine Reise durch verschiedene Aspekte deines Lebens zu sein, von Routine und Beständigkeit über Faszination und Kontrolle bis hin zu Herausforderungen und Vergänglichkeit. Die verschiedenen Szenen deuten darauf hin, dass du dich mit deiner Vergangenheit auseinandersetzt und versuchst, die Verbindungen zu deiner Gegenwart zu verstehen. Es könnte hilfreich sein, über die Aspekte deines Lebens nachzudenken, die dir Stabilität geben, und die Herausforderungen zu identifizieren, die dich möglicherweise zurückhalten. Indem du diese reflektierst, kannst du Wege finden, wie du die Vergänglichkeit akzeptierst und die Veränderungen in deinem Leben annimmst.

3
Afro Samurai

Wir (meine Frau M. und ich) laufen in einen Wald hinein, wir sind auf einer Urlaubsreise, wir befinden uns in den USA, wir gehen spazieren, wandern einen dunklen Waldweg entlang. Warum sind wir hier, frage ich mich insgeheim. Was machen wir in diesem Wald? Was war unser heutiges Tagesziel gewesen? Seltsam... Aber o.k., ich nehme es sportlich, Bewegung an der frischen Luft tut gut. Ich erwarte jeden Augenblick die Begegnung mit einem ziemlich großen Wildschwein. Das lauert im Dickicht hinterm Wegesrand, da bin ich mir sicher. Doch nicht mit uns, wir sind auf der Hut, es soll nur kommen. Es hat geschneit, eine dünne Schneedecke bedeckt den Waldboden (obwohl es überhaupt nicht kalt ist). Dann sehen wir (linke Seite des Weges) – kein Wildschwein, sondern ein Reh, plötzlich steht es direkt neben uns, sucht in aller Seelenruhe unter dem Schnee nach Futter. Das Reh sieht unspektakulär aus. Es ist mehr grau als braun, und es ist eher klein. Wir lassen das Reh äsen, laufen weiter, gelangen (rechte Wegseite) zu einem Hof. Wir betreten ihn, bemerken, dass hier eine ziemliche Unordnung herrscht. Die Schuppen-ähnlichen Gebäude des Hofes sind bewohnt. Wir wollen nach einem Kaffee fragen. Wir klopfen an die Tür eines der Häuser, ein Mann öffnet. Er ist unrasiert und mürrisch. Er ist alkoholisiert, sieht gewalttätig aus. Er fühlt sich durch uns gestört. Er blickt hasserfüllt. Er wirkt, als würde er im nächsten Augenblick tätlich werden. O.k., denke ich: komm nur, hol zum ersten Schlag aus. Ich bin bereit. *The swiftness of my sword is an understatement of my art of war / A pleasure without conscience, feeds me, to want more / Principles of karma, death before dishonor /Shadows my eyesight procedes me to fight harder / For the number one headband, stand alone as one man.* Aber der Mann bleibt ruhig. Trotzdem bleibe ich in Habacht-Stellung. Meine Sinne sind geschärft. Jetzt haben sich unsere Augen an das Dunkel des Zimmers gewöhnt. Im Zimmer befinden sich noch zwei weitere Männer. Sie sitzen in schäbigen, abgeranzten Sesseln und schauen feindselig zu uns herüber. Sie fokussieren uns. Ihre Körper straffen sich. Ich weiß, wie das enden wird, wenn wir jetzt untätig bleiben. Sie werden angreifen. Ihr Angriff steht unmittelbar bevor. Es ist klüger, ihnen zuvorzukommen. *Sensen no sen,* so heißt der Präventivschlag im Karate, das haben wir oft trainiert. So haben wir das Überraschungsmoment auf unserer Seite. Den Mann an der Tür nehme ich mir zuerst vor, denke ich, kurz bevor er zum Schlag ausholt. *Afro Samurai can be defeated by no clan / A warrior of the street through my travels of land / In any shape form or fashion, kill the streets dramatic fashion / Become unpredictable when I strike there's no missin you / My aim is too precise, move forward and real pivotal / Take sips of lemonade, take lives with my blade / Revenge my father's death ,til I reach my final days / Kill kill kill, Afro Samurai.* Doch ganz überraschend, bevor überhaupt irgend etwas passiert, ändert sich die Situation. Die Männer entspannen sich wie auf ein geheimes Zeichen hin, sind auf einmal nicht mehr bedrohlich, von ihnen geht keine Gefahr mehr aus. Es ist kein zuvorkommender Angriff mehr nötig. Sind wir an einem Filmset? Wird hier gerade gedreht? Sind die so finster dreinblickenden Gestalten

Schauspieler? Vielleicht ein Western? Ein Mafia-Stück? Ist alles nur Fake? Doch – wo sind die Kameras? Wir schauen uns um. Seltsam, denke ich. Irgend etwas stimmt hier nicht. Wir wenden uns zum Gehen. Ein weiterer Mann (wo kommt der denn auf einmal her?) begleitet uns nach draußen, bittet uns eindringlich, das Grundstück umgehend zu verlassen (er sagt tatsächlich *umgehend*). Der Mann begleitet uns wortlos, zerschlägt auf dem Weg mit einem Baseball-Schläger wahllos fremde Sachen (einen Grill, einen Kasten voller Getränke). Er scheint sehr wütend zu sein. Aber seine Wut richtet sich nicht gegen uns. Von diesem Mann geht keine Gefahr für uns aus. Dennoch sind wir auf der Hut. Dann dreht sich der Mann auf einmal um und verschwindet. Wir atmen auf, wissen, dass wir nun in Sicherheit sind. Wir wandern weiter, beschwingt, Hand in Hand, bis wir zu einem Raum in einem kleinen Haus gelangen, das sich mitten in dem Wald, auf einer sonnenbeschienenen Lichtung, befindet. Der Raum ist innen künstlich erleuchtet, mit gelbem Lampenlicht, zusätzlich fallen von schräg außen Sonnenstrahlen ein. Der Raum sieht einladend aus. Ein Waldzimmer, wie für uns gemacht, denken wir. Wir beschließen, zu bleiben. Wir sind allein. Stille. Wir frohlocken. Es ist sehr romantisch, fast wie in einem schönen Märchen. In der Mitte des Zimmers steht ein frisch gemachtes Doppelbett. Schnell entledigen wir uns unserer Kleider, springen ins Bett.

* * *

Wald und Wandern

1. **Ungewissheit und Entdeckung:** Der Spaziergang

durch den Wald könnte auf eine Phase der Ungewissheit und des Entdeckens hinweisen. Du bist dir nicht sicher, warum du dort bist, oder was dein Ziel ist, was auf eine Suche nach Orientierung und Klarheit in deinem Leben hinweisen könnte.

2. **Natur und Ruhe:** Der Wald symbolisiert oft Ruhe und eine Verbindung zur Natur. Das Wandern mit deiner Frau könnte auf eine harmonische Beziehung und das gemeinsame Erleben von Abenteuern hinweisen.

Erwartung eines Wildschweins

Vorsicht und Vorbereitung: Die Erwartung eines Wildschweins, das im Dickicht lauert, könnte auf das Gefühl hinweisen, dass du jederzeit auf mögliche Herausforderungen oder Gefahren vorbereitet sein musst. Es zeigt, dass du auf der Hut bist und bereit, dich zu verteidigen.

Reh im Schnee

Unschuld und Überraschung: Das Reh, das unter dem Schnee nach Futter sucht, könnte Unschuld und friedliche Überraschungen symbolisieren. Seine unspektakuläre Erscheinung könnte darauf hinweisen, dass nicht alles im Leben spektakulär oder aufregend sein muss, um bedeutsam zu sein.

Hof und unfreundlicher Mann

1. **Konflikte und Bedrohung:** Der Hof und der unfreundliche, alkoholisiert wirkende Mann könnten auf

Konflikte und Bedrohungen hinweisen, denen du im Leben begegnest. Die Gewaltbereitschaft und Feindseligkeit der Männer symbolisieren möglicherweise Ängste oder Spannungen, die du spürst.

2. **Verteidigungsbereitschaft:** Deine Bereitschaft, dich zu verteidigen und das Überraschungsmoment zu nutzen, zeigt deine Entschlossenheit und Fähigkeit, in bedrohlichen Situationen zu handeln.

Filmset-Atmosphäre

Illusion und Realität: Die plötzliche Veränderung der Situation, bei der du dich fragst, ob du an einem Filmset bist, könnte auf das Gefühl hinweisen, dass die Dinge nicht immer so sind, wie sie scheinen. Es könnte darauf hindeuten, dass du Schwierigkeiten hast, zwischen Illusion und Realität zu unterscheiden.

Mann mit Baseball-Schläger

Wut und Unberechenbarkeit: Der Mann, der wahllos Sachen zerschlägt, symbolisiert unkontrollierte Wut und Unberechenbarkeit. Zwar richtet sich seine Wut nicht gegen euch, trotzdem verhältst du dich vorsichtig und bist aufmerksam.

Sicherheit und romantische Lichtung

Frieden und Romantik: Die Lichtung im Wald, die in gelbes Lampenlicht getaucht ist, symbolisiert Frieden, Sicherheit und Romantik. Es zeigt, dass du nach den Herausforderungen und Konflikten einen Ort der Ruhe und Harmonie findest.

Zimmer im Wald und das Bett

Intimität und Geborgenheit: Der Raum mit dem frisch gemachten Doppelbett inmitten des Waldes symbolisiert Intimität, Geborgenheit und eine romantische Verbindung. Es zeigt, dass du in deiner Beziehung Trost und Zufriedenheit findest.

Zusammenfassung

Dein Traum scheint eine Reise durch verschiedene Aspekte deines Lebens zu sein, von Ungewissheit und Vorsicht über Konflikte und Bedrohungen bis hin zu Frieden und Romantik. Die verschiedenen Szenen deuten darauf hin, dass du dich mit Unsicherheiten und potentiellen Gefahren auseinandersetzt, aber auch Orte der Ruhe und Harmonie findest, besonders in deiner Beziehung zu deiner Frau.

4
Stadt-Autobahn

Ich bin an einem Meer, es ist dunkle Nacht. Ich fahre mit meiner schwarzglänzenden Rosita erst ein Stück durch Eichwalde (bei Berlin, gleich hinter Grünau), dann die Stadtautobahn entlang. *Rosita Espinosa, ich fahr mit dir nach Washington, nach Alexandria oder bis ans Ende dieser Welt. Rosita*

Espinoza, räche meine Freunde, töte meine Feinde, vergib dem Verräter. Rosita Espinosa, du bist sexy, du bist schlau, du bist schnell, deine Klinge ist scharf. Das macht Spaß, ich genieße die Fahrt. Es ist eine laue Sommernacht. Ich fahre und fahre, immer weiter, ohne Ziel. In welcher Stadt befinde ich mich jetzt? Egal. Ein sportliches Leichtkraftrad fordert mich zu einem Rennen heraus. O.k., ich nehme an. Wir beschleunigen, sind gleichauf, rasen die Straße entlang. Er nimmt mich in die Zange, will mich von der Straße kicken, wie in einem Game. Das ist nicht fair. Du hast es so gewollt, mein Freund, denke ich. Ich bremse kurz, weiche aus, beschleunige, überhole ihn auf der anderen Seite – und schiebe ihn von der Piste. Er stürzt die Böschung hinunter, ich habe gewonnen. Ich fahre weiter, reduziere den Speed, cruise entspannt die menschenleere Straße entlang. Beim Fahren bemerke ich, dass die Gegenfahrbahn vor mir gesperrt ist, Flammen lodern empor, ineinander verkeilte Blechhaufen, Blaulicht. Hier muss es vor kurzem einen schweren Verkehrsunfall gegeben haben. Meine Fahrbahn-Seite ist jedoch frei, Glück gehabt, denke ich. Ich fahre ungestört weiter, niemand hält mich an. Niemand hält mich auf. Der Motor brummt in tiefem Bass sein monotones Lied. Ich genieße es, den Fahrtwind im Gesicht zu spüren. *Rosita Espinoza, alles, was zählt, ist die Hoffnung, traue nicht dem Alp, trotze dem Fluch, doch: rechne mit dem Tod und schieß uns den Weg frei – auf nach Alexandria.*

* * *

Meer und dunkle Nacht

Unbewusstes und Geheimnisse: Das Meer und die

dunkle Nacht symbolisieren oft das Unbewusste und verborgene Gefühle oder Geheimnisse. Es kann darauf hinweisen, dass du dich in einer Phase der Selbstreflexion befindest und tiefere Schichten deines Bewusstseins erkundest.

Fahrt mit Rosita Espinoza

Freiheit und Kontrolle: Die Fahrt mit deiner Rosita Espinoza symbolisiert Freiheit, Abenteuerlust und Kontrolle über dein Leben. Das Motorradfahren in der lauen Sommernacht vermittelt ein Gefühl von Unabhängigkeit und Freude am Leben.

Stadt und Rennen

Herausforderungen und Konkurrenz: Das Rennen mit dem sportlichen Leichtkraftrad symbolisiert die Herausforderungen und Konkurrenz, denen du im Leben begegnest. Dein Triumph im Rennen zeigt deine Entschlossenheit und Fähigkeit, Hindernisse zu überwinden und als Sieger hervorzugehen, auch wenn die Konkurrenz unfair spielt.

Unfälle und Flammen

Gefahren und Unvorhersehbarkeit: Die gesperrte Gegenfahrbahn mit den Flammen und dem Wrack deutet auf die Gefahren und Unvorhersehbarkeiten im Leben hin. Es zeigt, dass du dir der Risiken und potentiellen Gefahren bewusst bist, die auf deinem Weg liegen könnten.

Ungehindertes Weiterfahren

Unabhängigkeit und Entschlossenheit: Dein ungehindertes Weiterfahren, trotz der Gefahren um dich herum, symbolisiert deine Entschlossenheit und Fähigkeit, deinen eigenen Weg zu gehen, unabhängig von den Schwierigkeiten und Hindernissen, denen du begegnen könntest. Das Brummen des Motors und das Gefühl des Fahrtwinds im Gesicht verstärken das Gefühl von Freiheit und Freude am Leben.

Rosita Espinoza

Schutz und Stärke: Die wiederholte Bezugnahme auf Rosita Espinoza als eine Figur der Stärke, Intelligenz und Schärfe zeigt, dass du dich mit diesen Eigenschaften identifizierst. Sie repräsentiert auch Hoffnung und die Bereitschaft, für das Gute zu kämpfen und das Böse zu bekämpfen.

Zusammenfassung

Dein Traum scheint eine Reise durch verschiedene Aspekte deines Lebens zu sein, von Freiheit und Kontrolle über Herausforderungen und Konkurrenz bis hin zu Gefahren und Entschlossenheit. Die verschiedenen Szenen deuten darauf hin, dass du dich in einer Phase der Selbstreflexion und Erkundung befindest, während du gleichzeitig deine Unabhängigkeit und Entschlossenheit betonst, deinen eigenen Weg zu gehen.

5
Vorstands-Befragung

Ich bin auf einem Flughafen (welchem?) im Ausland, ich bin hier mit einer Trainingsgruppe (welcher? Ist es unser Karate-Verein?), wir fahren vom Flughafen in unsere Unterkunft, ein weißes, modernes Gebäude, es gibt eine Terrasse am Wasser, es kommt mir vor, als seien wir in Venedig. Ich bewohne einen Raum mit meinem Sohn M., trübes gelbliches Licht erhellt den Raum, wir unterhalten uns viel, schauen uns Videos an. Die Jugendlichen der Trainingsgruppe spielen Fange im Haus und rennen die Treppen rauf und runter. Ja, jetzt ist es klar: wir sind eine Trainingsgruppe von Karatekas, einige von ihnen kenne ich. Auch mein Sohn M. und ich sind Kampfsportler. Das Haus ist wie ein Labyrinth. Es ist schwierig, auf Anhieb den korrekten Raum zu finden, es gibt viele verwinkelte Gänge. Unten auf der Terrasse vor dem Haus ist eine lange Tafel für alle aufgebaut. Der Vorstand (wovon? – jedenfalls nicht von unserem Sportverein), bestehend aus drei Personen (Männern), gekleidet in blaue Anzüge und weiße Hemden, hat schon an der Tafel Platz genommen. Die Anzugträger befragen mich über meine (unsere) Aktivitäten der letzten Tage. Ich antworte, dass wir den Zaun ausgebessert haben, insgesamt hätten wir an drei derartigen Projekten gearbeitet. Sie nicken zustimmend. Sie lächeln, freuen sich, sind uns wohlgesinnt. // Ich gehe (allein) zu einem Bahnhof (zu welchem?), ein langer Zug fährt ein. Ich muss laufen, damit ich den Waggon vorn noch rechtzeitig erreichen kann, denn gleich fährt der Zug wieder los. Ich schaffe es, steige ein. Der Zug ist vollbesetzt, ich muss lange nach einem geeigneten freien Sitzplatz suchen. Es muss wohl ein internationaler

Langstrecken-Zug sein, denke ich, denn es gibt auch Liegeabteile (wohin fahren wir eigentlich?). Ich finde einen Sitzplatz mit Tisch ganz vorn im Zug, hier herrscht eine angenehme, ruhige Atmosphäre, gedimmtes Licht, Ruhe. Ich breite meine Ordner aus und beginne mit der Arbeit (welche Ordner? Was für eine Arbeit?).

* * *

Flughafen und Trainingsgruppe

Vorbereitung und Reise: Der Flughafen symbolisiert einen Übergang oder eine Reise, vielleicht eine neue Phase in deinem Leben. Die Trainingsgruppe, vermutlich dein Karate-Verein, deutet auf Vorbereitung, Disziplin und körperliche wie geistige Entwicklung hin.

Unterkunft und Labyrinth

Orientierung und Gemeinschaft: Das weiße, moderne Gebäude mit der Terrasse am Wasser könnte ein Symbol für neue Möglichkeiten und Herausforderungen sein. Die verwinkelten Gänge und das Labyrinth im Haus könnten darauf hinweisen, dass du dich manchmal in deinem Leben orientierungslos fühlst oder dass du nach dem richtigen Weg suchst.

Gespräche mit deinem Sohn

Bindung und Kommunikation: Die Unterhaltungen mit deinem Sohn im trüben gelblichen Licht symbolisieren möglicherweise eine enge Bindung und den Austausch von Gedanken und Gefühlen. Das gelbliche Licht könnte auf eine beruhigende, aber vielleicht auch leicht melancholische Atmosphäre hinweisen.

Jugendliche spielen Fangen

Jugend und Energie: Die Jugendlichen, die im Haus Fangen spielen und die Treppen rauf und runter rennen, könnten die Energie und Unbeschwertheit der Jugend symbolisieren. Es zeigt die Lebendigkeit und den Bewegungsdrang, der in deinem Umfeld herrscht.

Vorstand und Gespräche

Verantwortung und Anerkennung: Der Vorstand, bestehend aus drei Männern in blauen Anzügen, könnte Autoritätsfiguren oder Verantwortliche in deinem Leben symbolisieren. Dass sie dir wohlgesinnt sind und deine Arbeit am Zaun anerkennen, könnte darauf hinweisen, dass du für deine Anstrengungen und dein Engagement Anerkennung erhältst.

Bahnhof und Zugfahrt

Reise und Zielstrebigkeit: Der Bahnhof und die Zugfahrt symbolisieren eine weitere Reise oder Übergangsphase in deinem Leben. Der Zug, der lange Strecken fährt, deutet darauf hin, dass du dich auf eine bedeutende und möglicherweise langwierige Reise begibst. Dein Laufen, um den Zug noch rechtzeitig zu erreichen, zeigt deine Zielstrebigkeit und Entschlossenheit.

Sitzplatz im Zug und Arbeit

Rückzug und Konzentration: Der Sitzplatz mit Tisch im vorderen Teil des Zuges und die ruhige Atmosphäre symbolisieren einen Rückzugsort, an dem du dich konzentrieren und arbeiten kannst. Die Ordner und die Arbeit könnten auf Projekte oder Aufgaben hinweisen, die du erledigen musst. Es könnte bedeuten, dass du dir einen ruhigen und angenehmen Ort suchst, um dich auf wichtige Aufgaben zu konzentrieren.

Zusammenfassung

Dein Traum scheint eine Reise durch verschiedene Aspekte deines Lebens zu sein, von Vorbereitung und Gemeinschaft über Orientierungslosigkeit und Verantwortung bis hin zu Zielstrebigkeit und Konzentration. Die verschiedenen Szenen deuten darauf hin, dass du dich in einer Phase der Selbstreflexion und der Suche nach dem richtigen Weg befindest. Du erhältst Anerkennung für deine Anstrengungen und suchst nach Orten der Ruhe und Konzentration, um deine Aufgaben zu bewältigen.

6
Spezial-Mission

Ich bin uniformiert, und ich befinde mich mit ein paar anderen Kämpfern auf einer Spezialmission. *The swiftness of my sword is an understatement of my art of war / A pleasure without conscience, feeds me, to want more / Principles of kar-*

ma, death before dishonor /Shadows my eyesight procedes me to fight harder / For the number one headband, stand alone as one man. Wir haben schwarze Overalls, tragen schwarze Mützen und schwere Kampfstiefel. Wir sind gut trainiert, wissen was zu tun ist, wenn es darauf ankommt. *Afro Samurai can be defeated by no clan / A warrior of the street through my travels of land / In any shape form or fashion, kill the streets dramatic fashion / Become unpredictable when I strike there's no missin you / My aim is too precise, move forward and real pivotal / Take sips of lemonade, take lives with my blade / Revenge my father's death ,til I reach my final days / Kill kill kill, Afro Samurai.* Es ist Nacht. Wir entern ein kleines Schnellboot, geben Gas und pflügen in der Nähe eines (Fähr-) Hafens rauschend durchs Meer. *Das Flüstern des Windes, das Rauschen der See, ich bin ein Wasserwanderer. Dieses Boot ist mein Boot – ein herrlich leuchtender Salon mit Ledersofa und eine große offene Plicht sind meine Welt; meine Limousine hat eine Vorschiffskabine mit einem schönen Doppelbett, ein Klo mit Bulleye auf der Backbordseite und oben ein hölzernes Rad und die Küche an Steuerbord. Ich bin der Steuermann dieses stolzen weißen Rumpfes, der kräftige Motor ist mein bester Kamerad: über uns drohen die Häuser einzustürzen, doch wir setzen die Segel und fahren munter das Leben hinunter.* Wir befinden uns im Ausland. Wir sind schwerbewaffnet. Wir sind Navy Seals. Mein Freund B. ist an meiner Seite. Doch: wo – und vor allem: wer – ist unser Feind? Plötzlich: Wassereinbruch! Unser Schnellboot droht zu sinken. Im letzten Augenblick erreichen wir eine Personen- / Auto-Fähre, die gerade abgelegt hat. Unser Schnellboot prallt an den hinteren Teil der Fähre, die gerade Richtung offene See fährt, einige Autos, die sie geladen hat, rutschen durch den Stoß ins Wasser – und explodieren. Schnell werfen wir unsere Gewehre, Munition und Handgranaten ins Wasser, entledigen uns auch unserer Uniformen und besteigen, nun unauffällig-zivil gekleidet, in dem Augenblick, als unser kleines Schnellboot sinkt, unbemerkt die Fähre. Wir setzen uns in den Aufenthaltsraum, bestellen ein Getränk und unterhalten uns. Wir sind jetzt ganz normale Touristen auf Urlaubsfahrt. Niemand nimmt Notiz von uns. Wir fallen niemandem auf. Niemand weiß, wer wir wirklich sind. Das war knapp. Doch nun sind wir in Sicherheit.

* * *

Uniform und Spezialmission

1. **Disziplin und Vorbereitung:** Die Uniform und die Teilnahme an einer Spezialmission symbolisieren Disziplin, Vorbereitung und einen hohen Grad an Organisation. Es deutet darauf hin, dass du dich auf eine anspruchsvolle Aufgabe oder Herausforderung vorbereitet fühlst und bereit bist, diese anzunehmen.

2. **Kampf und Entschlossenheit:** Die Bezugnahme auf Afro Samurai und die Betonung auf Kampfkunst und Entschlossenheit zeigen deine innere Stärke und Bereitschaft, für das, was dir wichtig ist, zu kämpfen. Es könnte auch auf eine starke moralische Überzeugung hinweisen, die dich antreibt.

Schnellboot und Wassereinbruch

Abenteuer und Risiko: Das Schnellboot, das durch das Meer pflügt, symbolisiert Abenteuerlust und ein gewisses Maß an Risiko. Der Wassereinbruch und das drohende Sinken des Bootes deuten auf unvorhergesehene Herausforderungen und potentielle Gefahren hin, die dich plötzlich aus der Bahn werfen können.

Fähre und Verwandlung

1. **Rettung und Anpassung:** Das Erreichen der Fähre im letzten Augenblick symbolisiert Rettung und die Fähigkeit, sich schnell an neue Situationen anzupassen. Das Abwerfen der Uniformen und das unauffällige Auftreten als normale Touristen zeigen deine Flexibilität und Fähigkeit, dich zu tarnen und in verschiedene Rollen zu schlüpfen.

2. **Neuanfang und Tarnung:** Die Verwandlung von schwerbewaffneten Kämpfern zu unauffälligen Touristen deutet auf die Fähigkeit hin, sich von einer intensiven und möglicherweise gefährlichen Situation in eine ruhigere und sicherere Lage zu begeben. Es symbolisiert auch das Verlassen eines alten Ichs und den Beginn eines neuen Kapitels.

Gespräche und Entspannung

Normalität und Erholung: Das Bestellen eines Getränks und das Unterhalten im Aufenthaltsraum der Fähre symbolisieren die Rückkehr zur Normalität und das Bedürfnis nach Erholung nach einer stressigen und gefährlichen Situation. Es zeigt den Wunsch, inmitten des Chaos Momente der Ruhe und Normalität zu finden.

Zusammenfassung

Dein Traum scheint eine Reise durch verschiedene Aspekte deines Lebens zu sein, von Disziplin und Kampf über Abenteuer und Risiko bis hin zu Anpassung und Erholung. Die verschiedenen Szenen deuten darauf hin, dass du dich in einer Phase der intensiven Herausforderung und Transformation befindest. Deine Fähigkeit, sich an neue Situationen anzupassen und schnell zu reagieren, hilft dir, diese Herausforderungen zu meistern.

7
Sommer-Törn

Ich bin mit einem Boot unterwegs, es ist Sommer. *Das Flüstern des Windes, das Rauschen der See, ich bin ein Wasserwanderer.* Das Boot ist ein kleines Segelboot; ich bin in Berlin. Ich fahre in einen Hafen. *Ich bin der Steuermann dieses stolzen weißen Rumpfes, der kräftige Motor ist mein bester Kamerad: über uns drohen die Häuser einzustürzen, doch wir setzen die Segel und fahren munter das Leben hinunter.* Direkt am Hafen steht mein Haus. Es ist ein Mehrfamilienhaus. Eine der Wohnungen darin gehört mir (die untere mit Terrasse und Zugang zum Wasser). Ich parke mein Boot direkt am Steg vor dem Haus, binde es fest. Ich will ins Haus, die Veranda-Tür (sie ist aus Glas mit einem Naturholz-Rahmen) ist aber verschlossen, ich habe keinen Schlüssel. Kein Problem, denke ich, ich kann ja draußen schlafen auf dem Boot. Das Boot ist wackelig, bei jeder Bewegung dringt ein wenig Wasser ein. Ich schlafe mit dem Oberkörper auf dem (trockenen) Deck, meine Beine liegen halb im Wasser. Dann öffnet mir meine Bekannte H. von innen die Tür, ich gehe ins Haus. Sie ist sehr freundlich. Drinnen wartet bereits meine Frau M. auf mich.

* * *

Boot und Wasser

Freiheit und Unabhängigkeit: Das Segelboot symbolisiert Freiheit, Abenteuerlust und Unabhängigkeit. Das Gefühl des „Wasserwanderers" und das Segeln durch Berlin zeigen deine Sehnsucht nach Erkundung und Freiheit in deinem Leben.

Hafen und Mehrfamilienhaus

Ankunft und Sicherheit: Das Einfahren in den Hafen und das Vorhandensein eines Hauses am Wasser deuten auf das Bedürfnis nach Sicherheit und einem festen Ankerplatz hin. Das Mehrfamilienhaus könnte deine Verbindung zu einer Gemeinschaft oder Familie symbolisieren, während deine eigene Wohnung darin auf deinen persönlichen Raum und Rückzugsort hinweist.

Verschlossene Veranda-Tür

Hindernisse und Zugang: Die verschlossene Tür und der fehlende Schlüssel könnten Hindernisse oder Barrieren symbolisieren, die dich daran hindern, Zugang zu deinem eigenen Raum oder zu einem bestimmten Aspekt deines Lebens zu erhalten. Es könnte auch auf Gefühle der Ausgeschlossenheit oder Unfähigkeit hinweisen, eine Situation zu kontrollieren.

Schlafen auf dem Boot

Unsicherheit und Anpassung: Das Schlafen auf dem wackeligen Boot mit den Beinen im Wasser symbolisiert Unsicherheit und das Gefühl, sich in einer instabilen Situation zu befinden. Es zeigt auch deine Fähigkeit, sich an schwierige Umstände anzupassen und trotzdem Ruhe zu finden.

Bekannte H. und die geöffnete Tür

Hilfe und Unterstützung: Die Bekannte H., die dir die Tür öffnet, symbolisiert Unterstützung und Hilfe von außen. Es zeigt, dass es Menschen in deinem Leben gibt, die bereit sind, dir zu helfen, wenn du es am meisten brauchst.

Drinnen wartet deine Frau M.

Zuhause und Geborgenheit: Das Warten deiner Frau M. im Inneren des Hauses symbolisiert Geborgenheit und das Gefühl, zu Hause zu sein. Es zeigt die Bedeutung von Beziehungen und die Rolle deiner Frau als wichtige Quelle der Unterstützung und des Trostes in deinem Leben.

Zusammenfassung

Dein Traum scheint eine Reise durch verschiedene Aspekte deines Lebens zu sein, von Freiheit und Unabhängigkeit über Hindernisse und Unsicherheit bis hin zu Unterstützung und

Geborgenheit. Die verschiedenen Szenen deuten darauf hin, dass du dich in einer Phase der Erkundung und des Suchens befindest, während du gleichzeitig nach Sicherheit und Unterstützung strebst.

8
Am Set

Ich laufe einen Sandweg entlang zu einem Neubau-Hochhaus. Ich bin an einem Filmset. Ich gehöre dazu (was ist meine Aufgabe?) Ich gelange zu einem Hauseingang. Dort erhalte ich die Auskunft, dass der Treffpunkt am anderen Ende des Weges ist. O.k., gehe ich eben noch einmal zurück. Auf dem Weg treffe ich Bekannte aus Studienzeiten (wen?). Ich unterhalte mich mit ihnen. Wir laufen nun gemeinsam den Sandweg entlang, diskutieren, bis es dunkel wird. Schließlich gelangen wir an einen (unterirdischen Bahnhof). Alles ist rot gefliest und glänzend poliert. Alles ist sehr sauber. Neben / über den Gleisen steht ein langer Tresen. Er ist etwas erhöht. Dahinter sitzen Menschen, die alles steuern. Sie geben Anweisungen und Hinweise. Wir sind in der Schaltzentrale. Ich höre / schaue mir das eine Weile interessiert an. Dann gehe ich weiter. // Ein Mann hat einen Zug entführt, ich kann das genau beobachten. Der Zug ist führerlos, er hat keine Lokomotive. Der Zug hat mehrere Waggons, und er fährt sehr schnell (fährt er bergab?). Viele Reisende sitzen im Zug. Sie haben von der Entführung nichts mitbekommen. Ganz vorn am Zug, an der Spitze eines der hell erleuchteten Abteile, steht der Entführer. Es ist ein südländischer Typ mittleren Alters, schwarze Haare, dunkle Haut. Er schaut nach vorn. Ich betrachte das Geschehen von außen, als Zuschauer. Die schwarzen Haare des Mannes wehen im Wind. Auf einmal wird der Mann unruhig, schaut angestrengt nach vorn. Er erkennt in der Ferne einen anderen Zug, der fährt auf demselben Gleis, aber in entgegengesetzter Richtung. Der andere Zug rast auf ihn, auf seinen Zug, zu. Er muss sich schnell entscheiden. Soll er springen? Das würde vielleicht seinen Tod bedeuten. Soll er abwarten? Dann würde er durch den Aufprall wohl ganz sicher sterben. Der Zug des Mannes fährt immer schneller. Er rattert laut. Der Wind pfeift. Die Radscheiben singen dazu ihr sirrendes Lied.

* * *

Laufen zum Filmset

Suche nach Klarheit: Das Laufen oder Joggen zum Neubau-Hochhaus und das Gefühl, an einem Filmset zu sein, könnte symbolisieren, dass du in deinem Leben auf der Suche nach Klarheit und einer bestimmten Rolle bist. Die Unsicherheit über deine Aufgabe könnte darauf hinweisen, dass du noch nicht genau weißt, welche Rolle du in deinem Leben oder in einer bestimmten Situation einnehmen sollst.

Treffen mit Bekannten

Erinnerungen und Vergangenheit: Das Treffen mit Bekannten aus Studienzeiten könnte auf das Wiederaufleben alter Erinnerungen und Beziehungen hinweisen. Diese Begegnungen und Diskussionen könnten symbolisieren, dass du Aspekte deiner Vergangenheit reflektierst und versuchst, diese in deine gegenwärtige Situation zu integrieren.

Unterirdischer Bahnhof und Schaltzentrale

Kontrolle und Beobachtung: Der unterirdische Bahnhof mit den glänzend polierten roten Fliesen und der Schaltzentrale könnte symbolisieren, dass du in deinem Leben nach Kontrolle und einem tieferen Verständnis der Abläufe suchst. Die Menschen hinter dem Tresen, die Anweisungen geben, könnten darauf hinweisen, dass es Autoritäten oder innere Stimmen gibt, die dir Richtungen und Hinweise geben.

Zugentführung

Verlust der Kontrolle: Die Zugentführung könnte ein Symbol für eine Situation in deinem Leben sein, in der du das Gefühl hast, die Kontrolle zu verlieren oder von äußeren Kräften gesteuert zu werden. Der führerlose Zug ohne Lokomotive, der sehr schnell fährt, könnte das Gefühl der Unkontrollierbarkeit und des Tempos des Lebens widerspiegeln.

Der Entführer

Kritische Entscheidungen: Der Entführer, der sich entscheiden muss, ob er springen oder abwarten soll, könnte deine eigenen inneren Konflikte und schwierigen Entscheidungen symbolisieren. Es zeigt eine Situation, in der du dich zwischen zwei scheinbar ausweglosen Optionen entscheiden musst, was großen Stress und Unruhe verursachen kann.

Zusammenfassung

Dein Traum scheint eine Reise durch verschiedene Aspekte deines Lebens zu sein, von der Suche nach Klarheit und Kontrolle über das Wiederaufleben alter Erinnerungen bis hin zu kritischen Entscheidungen und dem Gefühl des Kontrollverlusts. Die verschiedenen Szenen deuten darauf hin, dass du dich in einer Phase der Selbstreflexion und Entscheidungsfindung befindest.

9
Familiengrundstück, früher

Ich bin ein Kind / Jugendlicher: *Schulzendorf, Brandenburg, Täterätä, tausend Kinderschritte vom Bahnhof entfernt, das weiße Gartenhaus ist aus Stein, es ist meine, unsere Festung, die Familie – ein Clan. Vier schlanke, weiße Birken tanzen im warmen Sommerwind, in jeder Ecke des Grundes steht eine, sie wachen über unser Hollywoodschaukel-Glück.* Hinter unserem Garten wird auf einem Nachbargrundstück ein neues Haus gebaut, einige Fahrzeuge müssen über unsere Wiese fahren, um den Baugrund zu erreichen. Das stört mich. Ich sage meinem Vater Bescheid, der wird sich darum kümmern. Unser linker Nachbar, Herr H., baut einen Holzschuppen, aber ein Teil seines Schuppens steht nun auf unserem Grundstück (dort, wo vorher unser großer Komposthaufen stand). Eine räudige Katze streift ums Gartenhaus herum. Sie ist auf einem Auge blind. Sie ist groß und dunkel, huscht wie ein Schatten durchs Gras. Es kommt mir vor, als wenn sie mich verfolgen würde. Ich locke sie nach links, gehe aber blitzschnell rechtsherum. Ich schlüpfe durch die Tür ins Gartenhaus und verschliesse die Tür von innen. *Das weiße*

Gartenhaus ist aus Stein, es ist meine, unsere Festung, die Familie – ein Clan. Die Katze bleibt draußen. Nach einiger Zeit verschwindet sie. Ich öffne die Tür und gehe wieder hinaus. *Vier schlanke, weiße Birken tanzen im warmen Sommerwind, in jeder Ecke des Grundes steht eine, sie wachen über unser Hollywoodschaukel-Glück.* Die Sonne scheint herrlich. An den Bäumen hängen reife Äpfel.

* * *

Kindheit und Familie

1. **Geborgenheit und Schutz:** Das weiße Gartenhaus, das als Festung und Symbol für deine Familie und den „Clan" dient, repräsentiert Sicherheit, Geborgenheit und Schutz. Es deutet darauf hin, dass deine Familie dir in deiner Kindheit ein starkes Gefühl der Sicherheit und Zugehörigkeit gegeben hat.

2. **Idylle und Glück:** Die vier schlanken, weißen Birken, die im warmen Sommerwind tanzen und über das „Hollywoodschaukel-Glück" wachen, symbolisieren eine idyllische und glückliche Kindheit. Die Bäume stehen für Beständigkeit und Schutz.

Bauarbeiten und Störungen

1. **Eindringen und Veränderung:** Die Bauarbeiten auf dem Nachbargrundstück und die Fahrzeuge, die über eure Wiese fahren, könnten auf das Eindringen von äußeren Einflüssen und Veränderungen hinweisen, die deine friedliche

und geschützte Umgebung stören. Es symbolisiert mögliche Störungen und Unruhen in deinem Leben.

2. **Grenzen und Besitz:** Dein Unbehagen darüber, dass der Nachbar Herr H. einen Holzschuppen auf eurem Grundstück baut, könnte auf Themen von Besitz, Grenzen und Respekt hinweisen. Es zeigt, dass du dir deiner persönlichen Grenzen und der deines Besitzes bewusst bist und bereit bist, diese zu verteidigen.

Räudige Katze

1. **Bedrohung und Verfolgung:** Die räudige Katze, die auf einem Auge blind ist und dich verfolgt, könnte eine Bedrohung oder ein unerwünschtes Element in deinem Leben symbolisieren. Ihre Blindheit und ihr schattenhaftes Verhalten verstärken das Gefühl der Bedrohung und Unsicherheit.

2. **Schutz und Sicherheit:** Deine Fähigkeit, die Katze auszutricksen und dich in das Gartenhaus zu flüchten, zeigt deine Fähigkeit, dich zu schützen und sicher zu fühlen. Das Gartenhaus dient erneut als Symbol für Schutz und Sicherheit.

Rückkehr zur Idylle

1. **Frieden und Harmonie:** Das Verschwinden der Katze und deine Rückkehr nach draußen zu den tanzenden Birken und der herrlich scheinenden Sonne zeigt, dass du nach Störungen und Bedrohungen immer wieder Frieden und Harmonie finden kannst. Die reifen Äpfel an den Bäumen symbolisieren Fülle und Belohnung.

Zusammenfassung

Dein Traum scheint eine Reise durch verschiedene Aspekte deiner Kindheit und familiären Bindungen zu sein, von Geborgenheit und Schutz über Störungen und Bedrohungen bis hin zu Frieden und Harmonie. Die verschiedenen Szenen deuten darauf hin, dass du eine starke Verbindung zu deiner Familie und zu deinem Zuhause hast, die dir Sicherheit und Geborgenheit bieten.

10
Plastik-Abfall

Wieder im Familiengarten meiner Kindheit. Doch jetzt bin ich erwachsen. *Schulzendorf, Brandenburg, Täterätä, tausend Kinderschritte vom Bahnhof entfernt, das weiße Gartenhaus ist aus Stein, es ist meine, unsere Festung, die Familie – ein Clan. Vier schlanke, weiße Birken tanzen im warmen Sommerwind, in jeder Ecke des Grundes steht eine, sie wachen über unser Hollywoodschaukel-Glück.* Mein Bekannter G. will Feuer machen, ich besorge Brennholz (Altholz / abgestorbene Äste von den alten Apfelbäumen aus dem Garten). Auf einmal sind viele Menschen da, die alle aufräumen und putzen (warum? Wozu der Aufwand?). Ich soll mitmachen. Es wird von mir erwartet, mitzuhelfen. Wir sitzen an einer von mehreren aneinandergereihten Bierzeltgarnituren. Ein Mann geht auf und ab und kontrolliert alles. Jeder nimmt sich von einem großen Haufen einen Gegenstand, putzt / säubert ihn und trennt den Abfall dann in dafür bestimmte Recycling-Boxen. Ich greife in den Haufen hinein und habe eine kleine

Puppe in der Hand. Sie sieht aus wie meine Ex-Freundin S. Komisch: sie scheint zu leben. Niemand wundert sich darüber. Ich putze sie, schaue sie dabei an. Sie schaut zurück. Ihre kleinen blauen Augen mustern mich kalt. Die anderen Putzer kennen S. ebenfalls. Sie schauen interessiert zu mir herüber. Als ich sie fertig geputzt habe, werfe ich sie zu dem anderen Plastik-Abfall in den Container (sie lebt zwar irgendwie, aber sie ist ja eigentlich aus kaltem, totem Plastik, denke ich). // Ich sitze am Fenster in einem dunklen loftartigen Zimmer, schaue nach draußen / unten auf eine Stadt (welche?). Ich befinde mich hoch oben in einem Hochhaus / Wolkenkratzer. Neben / vor mir am großen Panoramafenster steht wieder S. (dieses Mal aber nicht als Plastik-Puppe, sondern in echt). Sie schaut ebenfalls heraus. Ihre Haare sind auf einmal nicht mehr blond, sondern schwarz. Seltsam, denke ich, wundere mich aber nur kurz. Wir wechseln ein paar Sätze, schauen dabei weiter aus dem Fenster. Ich frage, ob sie glücklich ist mit ihrem neuen Freund. Sie sagt ja, und erzählt, dass sie heute Abend ein Video anschauen wollen. Darauf freue sie sich schon sehr. Vorher würden beide ein Buffett für sich vorbereiten. Ich nicke anerkennend und wünsche ihr viel Spaß. Dann verlässt S. das Zimmer. Gut, dass sie endlich weg ist, denke ich, und genieße die schöne Aussicht.

* * *

Familiengarten und das weiße Gartenhaus

Geborgenheit und Erinnerung: Das weiße Gartenhaus als Festung symbolisiert Sicherheit, Geborgenheit und familiäre Bindungen. Der Garten repräsentiert glückliche Erinnerungen an deine Kindheit und die Bedeutung von Familie als Schutzraum.

Vier weiße Birken

Stabilität und Schutz: Die vier Birken, die in den Ecken des Gartens stehen und über das „Hollywoodschaukel-Glück" wachen, symbolisieren Stabilität und Schutz. Sie könnten auch für verschiedene Säulen in deinem Leben stehen, wie Familie, Freunde, Werte und Erinnerungen.

Feuer machen und Aufräumen

Reinigung und Veränderung: Das Besorgen von Brennholz und das anschließende Aufräumen und Putzen deuten auf die Notwendigkeit hin, alte Dinge loszulassen und Platz für Neues zu schaffen. Es kann auch symbolisieren, dass du in deinem Leben aufräumen und klar Schiff machen musst.

Puppe und Recycling

Loslassen und Verarbeitung: Die lebendige Puppe, die wie S. aussieht, symbolisiert möglicherweise vergangene Beziehungen oder Gefühle, die du loslassen musst. Das Reinigen der Puppe und das anschließende Entsorgen im Plastikabfall könnten darauf hinweisen, dass du diese Erinnerungen und Gefühle verarbeitet und in gewisser Weise „recycelt" hast.

Mann, der kontrolliert

Autorität und Erwartungen: Der Mann, der die Reinigung überwacht, könnte eine Autoritätsfigur oder die gesellschaftlichen Erwartungen symbolisieren, die du erfüllen musst. Es zeigt den Druck, den du empfindest, um den Erwartungen gerecht zu werden und deinen Teil zur Gemeinschaft beizutragen.

Dunkles Loft und Hochhaus

Isolation und Reflexion: Das Sitzen im dunklen Loft und der Blick auf die Stadt von oben könnten ein Gefühl der Isolation und Reflexion symbolisieren. Es deutet darauf hin, dass du dich von der Welt distanziert fühlst und deine Gedanken und Gefühle aus einer höheren Perspektive betrachtest.

Gespräch mit S.

Vergangenheit und Abschluss: Das Gespräch mit S. am Fenster des Hochhauses symbolisiert den Abschluss einer Beziehung und die Akzeptanz der neuen Situation. Dass S. jetzt schwarze Haare hat, könnte eine Veränderung in ihrer Persönlichkeit oder in deiner Wahrnehmung von ihr darstellen.

Aussage von S.

Abschied und Frieden: S.' Aussage, dass sie glücklich mit ihrem neuen Freund ist, und deine Anerkennung und guten Wünsche symbolisieren, dass du mit der Vergangenheit Frieden geschlossen hast. Es zeigt, dass du dich damit abgefunden hast, dass die Beziehung vorbei ist, und du ihr weiterhin Gutes wünschst.

Zusammenfassung

Dein Traum scheint eine Reise durch verschiedene Aspekte deiner Vergangenheit, familiäre Bindungen, persönliche Reinigung und Loslassen sowie Reflexion und Akzeptanz der Veränderungen in deinem Leben zu sein. Die verschiedenen Szenen deuten darauf hin, dass du dich in einer Phase der Verarbeitung und des Loslassens befindest, während du dich gleichzeitig mit neuen Realitäten und Beziehungen abfindest.

11
Höhen-Angst

Ich befinde mich an einer sehr hohen Kaimauer, diese besteht aus Metall-Spundwänden, wie in einer sehr hohen Schleusenkammer. Ich bin ziemlich weit oben, befinde mich mitten in der Wand. Ich liege auf dem Bauch auf einem sehr schmalen Vorsprung (wie bin ich nur hierher- und in diese unmögliche Situation gekommen? Seltsam, denke ich). Ich checke die Lage: nach oben komme ich nicht, die Wand ist zu glatt, ich kann mich nirgends festhalten. Nach unten geht es 70 bis 80 Meter in die Tiefe. Am Fuß der Spundwand ist Wasser, ein schmaler Steg, an dem sind Boote festgemacht. Ich habe Höhenangst, bin wie gelähmt, kann mich keinen Zentimeter bewegen. Eigentlich müsste ich nur aufstehen und auf dem schmalen Vorsprung weiterlaufen. Irgendwann würde ich dann bestimmt zu einer Treppe gelangen, die wieder nach oben führt, das weiß ich. Schließlich bin ich ja auch irgendwie hier heruntergekommen, denke ich. Aber es funktioniert nicht. Ich befinde mich in einer Art Schockstarre. Sobald ich mich auch nur ein bisschen bewege, werde ich fallen, denke ich. Ich weiß, dass das nicht stimmt, aber was will man machen. Neben mir, fast in Griffnähe, ragt der riesige Mast einer Luxus-Segelyacht empor. Die Yacht ist bestimmt 30 Meter lang, eine moderne und sehr exklusive Rennyacht. Der Mast muss mehr als 70 Meter lang sein, wahrscheinlich mehr, sonst wäre der Masttopp nicht genau neben mir, er ist fast zum Greifen nah. Ich rufe. Unten hört mich jemand. Zwei Leute von der Crew kommen den Mast hochgeklettert und helfen mir beim Überstieg in den Mast. Ich umklammere den Mast. Er ist dick wie ein Baum. Ich rutsche Stück für Stück nach unten. Das geht besser als gedacht. Unten angelangt, werde ich vom Skipper / Eigner in den Salon eingeladen. Der Skipper bespricht sich grade mit dem Navigator und dem Techniker. Er geht die bevorstehende Regatta durch. Die Wettfahrt startet morgen. Ich soll dabei sein. Ich gehöre zur Crew (was ist meine Aufgabe)? Der Skipper ist Dr. B. Ich kenne ihn. Er ist freundlich, aber er ist auch mißtrauisch. Er kontrolliert jede meiner Bewegungen. Das gefällt mir nicht. Ich verlasse den Salon / das Schiff. Das muss ich mir nicht antun. Ich laufe jetzt durch das kleine Hafenstädtchen. Ich treffe meine Bekannte D. Sie ist mit ein paar Kollegen unterwegs. Sie unterhalten sich angeregt. Sie fragt mich, ob ich schon einmal eine größere Motoryacht gefahren bin, sie benötige einen Fahrer / Skipper. Ich bejahe ihre Frage. Wir gehen gemeinsam zu ihrem Boot. Das Boot ist ein holländischer Stahlverdränger, wunderschön – ein Traumboot. *Das Flüstern des Windes, das Rauschen der See, ich bin ein Wasserwanderer. Dieses Boot ist mein Boot – ein herrlich leuchtender Salon mit Ledersofa und eine große offene Plicht sind meine Welt; meine Limousine hat eine Vorschiffskabine mit einem schönen Doppelbett, ein Klo mit Bulleye auf der Backbordseite und oben ein hölzernes Rad und die Küche an Steuerbord.* Ich starte die Maschine und fahre (allein) mit dem Schiff los (wohin?). Meine Bekannte D. ist nicht an Bord. *Ich bin der Steuermann dieses stolzen weißen Rumpfes, der kräftige Motor ist mein bester Kamerad: über uns drohen die Häuser einzustürzen, doch wir setzen die Segel und fahren munter das Leben hinunter.* Auf einmal verlasse ich mit dem Schiff das Wasser – und fahre auf der Straße weiter (das wundert mich überhaupt nicht, auch sonst scheint niemand Anstoß daran zu nehmen). Zwei gute Bekannte begleiten mich jetzt. Wir unterhalten uns, scherzen, lachen. Die Sonne scheint. Es ist ein Sommertag. Wir haben keine Eile, genießen die Fahrt. Wir schweben mit der hellbeigen Motoryacht entspannt durch die Straßen der Kleinstadt (sind wir in Zehdenick?). Niemand findet das der Rede wert, niemand schaut uns hinterher. Ein tolles Gefühl, so zu schweben. Es ist ganz normal.

* * *

Hohe Kaimauer und Vorsprung

1. **Hindernisse und Herausforderungen:** Die hohe Kaimauer und der schmale Vorsprung symbolisieren möglicherweise Hindernisse oder Herausforderungen in deinem Leben, die überwältigend erscheinen und dich in eine Situation der Schockstarre versetzen. Deine Höhenangst könnte deine Furcht vor Versagen oder vor großen Veränderungen darstellen.

2. **Gefühl der Gefangenschaft:** Das Gefühl, weder nach oben noch nach unten zu können, könnte ein Symbol für das Gefühl der Gefangenschaft in einer bestimmten Lebenssituation sein, aus der du keinen offensichtlichen Ausweg siehst.

Mast der Luxus-Segelyacht

1. **Rettung und Unterstützung:** Der Mast der Luxus-Segelyacht, der dir als Rettung dient, könnte auf die Bedeutung von Unterstützung und Hilfe von außen hinweisen. Es zeigt, dass es Lösungen und Hilfsmittel gibt, auch wenn sie nicht sofort offensichtlich sind.

2. **Neue Möglichkeiten:** Die Segelyacht und die Einladung in den Salon könnten neue Möglichkeiten und Wege symbolisieren, die sich dir eröffnen, sobald du dich aus deiner schwierigen Situation befreit hast.

Der Skipper und die Crew

1. **Kontrolle und Misstrauen:** Der Skipper, der jede deiner Bewegungen kontrolliert, könnte auf Autoritätspersonen oder auf dich selbst hinweisen, die zu kontrollierend oder misstrauisch sind. Es zeigt möglicherweise ein Bedürfnis nach mehr Freiheit und Vertrauen.

2. **Zugehörigkeit und Verantwortung:** Die Teilnahme an der Regatta und die Zugehörigkeit zur Crew könnten auf neue Verantwortlichkeiten und die Notwendigkeit, in einer Gruppe zu arbeiten, hinweisen.

Treffen mit der Bekannten und die Stahlverdränger-Yacht

Erinnerungen und Fähigkeiten: Das Treffen mit der Bekannten und ihre Frage nach deinen Fähigkeiten könnte auf vergangene Erfahrungen und Talente hinweisen, die wieder an Bedeutung gewinnen. Es zeigt auch, dass du auf deine Fähigkeiten vertraust und bereit bist, sie wieder einzusetzen.

Fahren mit dem Schiff

Freiheit und Selbstbestimmung: Das Steuern des Schiffes allein symbolisiert Freiheit und Selbstbestimmung. Es zeigt deine Fähigkeit, dein Leben in die Hand zu nehmen und deinen eigenen Weg zu gehen, unabhängig von äußeren Einflüssen.

Fahren auf der Straße

1. **Anpassungsfähigkeit:** Das Verlassen des Wassers und das Fahren auf der Straße könnte deine Anpassungsfähigkeit und Kreativität darstellen. Es zeigt, dass du in der Lage bist, ungewöhnliche Wege zu finden und dich an verschiedene Situationen anzupassen.

2. **Geselligkeit und Freude:** Die Begleitung durch gute Bekannte und das gemeinsame Unterhalten und Lachen symbolisieren gesellige Momente und Freude im Leben. Es zeigt, dass du in der Lage bist, trotz Herausforderungen und Ungewissheiten das Leben zu genießen.

Zusammenfassung

Dein Traum scheint eine Reise durch verschiedene Aspekte deines Lebens zu sein, von Hindernissen und Herausforderungen über Unterstützung und neue Möglichkeiten bis hin zu Freiheit und Anpassungsfähigkeit. Die verschiedenen Szenen deuten darauf hin, dass du in einer Phase der Selbstreflexion und Entscheidungsfindung bist, während du gleichzeitig Unterstützung von außen suchst und deine eigenen Fähigkeiten und Talente einsetzt.

12
Wett-Rennen

Ich bin in einem Gewölbekeller, er ist weiß getüncht und erstreckt sich hallenartig über die Länge von 100 Metern. Viele meiner Freunde sind auch hier. Es gibt Live-Music, coole Mugge, die Gäste trinken etwas, unterhalten sich, scherzen. Es herrscht eine relaxte Atmosphäre. Ich tanze etwas herum, spreche mit einem Freund, etwas Geschäftliches. Dann gehe ich rechts an der kleinen Bühne vorbei – hier ist nicht viel los, ich wende mich nach links und gehe hinaus. Jemand folgt mir, ich schüttle ihn ab, ich will meine Ruhe haben. Draussen scheint die Sonne, ich befinde mich auf einem (venezianischen?) Platz, vor dem Gewölbekeller sitzen Leute, essen, trinken, lachen. Meine Ex-Frau S. schüttet Geldscheine auf die Straße, dann zählt sie die Scheine. Ich helfe ihr dabei. Sie sagt, K. dürfe nicht wissen, dass sie ihr Geld verwalte. Der Wind fährt in die Scheine, wirbelt sie durcheinander. Ich setze meinen Fuß auf die Scheine, damit sie nicht wegfliegen.

Wir sammeln sie gemeinsam wieder ein. Es ist viel Geld, sehr viel Geld. Doch es macht mich nicht an. Es ist nicht mein Geld. Es ist mir egal. // Es ist nachts. Ich bin in einer Stadt (Altstadt von Leipzig?). Ich gehe zu einem Haus, wo ich mich mit einer Freundin (S.) treffen will. Ich beeile mich. Es nieselt. Die Laternen spenden trübes Licht. Ich sehe das Haus. Vor dem Haus warten mehrere Frauen. Eine davon ist S. Sie hat Willkommensgeschenke für mich dabei, Blumen, einen schwebenden Luftballon an einer Schnur. Schräg hinter ihr steht eine andere Frau. Ich gehe an S. vorbei zu der anderen Frau. Die freut sich, lacht, dreht sich um und läuft schnell ins Haus und die Treppe des Altbaus hoch. Sie möchte, dass ich sie fange. Es ist ein Spiel. O.k., wir rennen um die Wette – wer ist zuerst im Schlafzimmer? Wir kommen gleichzeitig an der Zimmertür an, am Bett habe ich sie eingeholt. Wir reissen uns die Kleider vom Leib, fallen übereinander her.

* * *

Gewölbekeller und die Party

1. **Geselligkeit und Freude:** Der Gewölbekeller, in dem eine entspannte Party mit Live-Musik stattfindet, könnte ein Symbol für geselliges Beisammensein, Freude und soziale Interaktionen sein. Der Traum zeigt, dass du dich in der Gesellschaft deiner Freunde wohlfühlst und die entspannte Atmosphäre genießt.

2. **Geschäftliche Angelegenheiten:** Dein Gespräch über etwas Geschäftliches während der Party könnte darauf hinweisen, dass du versuchst, berufliche oder geschäftliche

Angelegenheiten in dein soziales Leben zu integrieren oder darüber nachzudenken, wie du berufliche Ziele erreichen kannst.

Verlassen der Party und Begegnung draußen

1. **Sonne und Freiheit:** Draußen scheint die Sonne und es herrscht eine fröhliche Atmosphäre. Dies könnte auf ein Bedürfnis nach Freiheit und Leichtigkeit hinweisen, vielleicht eine Sehnsucht, den stressigen Alltag hinter dir zu lassen und die schönen Momente im Leben zu genießen.

2. **Ex-Frau und Geld:** Deine Ex-Frau, die Geldscheine auf die Straße schüttet und zählt, könnte finanzielle Sorgen oder Verantwortung symbolisieren. Deine Gleichgültigkeit gegenüber dem Geld könnte darauf hindeuten, dass du dich von materiellen Sorgen lösen möchtest oder dass du eine andere Prioritätensetzung im Leben hast.

Nacht und die Begegnung mit Freundinnen

1. **Altstadt und Nieselregen:** Die nächtliche Szene in einer Altstadt bei Nieselregen könnte ein Symbol für melancholische oder nachdenkliche Stimmung sein. Das trübe Licht und der Regen könnten auf innere Unruhe oder das Gefühl, etwas zu vermissen, hinweisen.

2. **Begegnung mit Freundinnen:** Die Szene, in der du eine Freundin (S.) mit Willkommensgeschenken stehen lässt und zu einer anderen Frau gehst, könnte auf innere Konflikte oder Entscheidungen im Bereich der Beziehungen hinwei-

sen. Es könnte auch darauf hinweisen, dass du nach neuen Abenteuern oder Erfahrungen suchst, und dabei alte Verbindungen möglicherweise vernachlässigst.

3. **Spiel und Leidenschaft:** Das Spiel, bei dem du die andere Frau fangen sollst, und die leidenschaftliche Szene im Schlafzimmer könnten auf ein Bedürfnis nach Aufregung, Abenteuer und körperlicher Intimität hinweisen. Es könnte auch symbolisieren, dass du bereit bist, dich leidenschaftlich in neue Beziehungen oder Erfahrungen zu stürzen.

Zusammenfassung:

Dein Traum scheint eine Mischung aus sozialen Interaktionen, geschäftlichen Angelegenheiten, finanziellen Sorgen, Beziehungsdynamiken und einem Bedürfnis nach Freiheit und Leidenschaft zu reflektieren. Es könnte hilfreich sein, darüber nachzudenken, welche Aspekte deines Lebens dir momentan besonders wichtig sind und wo du möglicherweise Veränderungen oder neue Ansätze suchst. Die verschiedenen Szenen deuten darauf hin, dass du in einem inneren Prozess der Abwägung und Entscheidung steckst, wie du dein soziales, berufliches und persönliches Leben in Einklang bringen kannst.

13
Touristen-Attraktion

Ich bin Teilnehmer einer Reisegruppe. Wir sitzen gemeinsam in einem Zug, schauen aus dem Abteilfenster. Zuerst sehen wir ägyptische Pyramiden an uns vorbeiziehen, Grabstätten der Pharaonen, sagt jemand. Dann passieren wir die Hamburger Innenstadt. Unser Guide sagt, der nächste Programmpunkt müsse leider ausfallen. Stattdessen könne, wer wolle, einen einzigartigen Hotspot in Hamburg besichtigen. Zeit: eine halbe Stunde. Wo es hingehen soll, sagt er nicht. Ich bekunde trotzdem Interesse. Ein Bus holt unsere kleine Gruppe (fünf Personen, ich bin der einzige Mann, sonst sind nur Frauen dabei) ab. Der komfortable Reisebus fährt quer durch die Stadt, hält an einem Platz vor einem alten, maroden, abbruchreifen Parkhaus, das mehrere Etagen hat. Eine Ruine, denke ich. In dem Gebäude leben Obdachlose, die sich prostituieren und kleine, selbstgebastelte Dinge zum Verkauf feilbieten. Es ist Winter, und es ist sehr kalt. Man sieht den Atem der Menschen. Neben uns parken weitere Reisebusse. Der Guide sagt, das sei die neue Top-Attraktion in Hamburg. Ich gehe in das Gebäude hinein, links ist ein offener, schmutziger Raum, ich betrete ihn. Ich rutsche aus, kann mich aber mit einer Hand abfangen, lande auf dem Knie. In der anderen Hand trage ich meine schwere Spiegelreflex-Kamera (bin ich als Fotograf hier?). Beim Fallen halte ich sie reflexartig hoch, damit sie beim Sturz keinen Schaden nimmt. In der Mitte des Raumes ist ein Loch im Boden. Es ist der Abort, ein Riesen-Klo, auf dem Boden verschmierter Kot. Oben auf einem Vorsprung in der Wand sitzt im Schneidersitz eine Frau mit langen Haaren. Sie beobachtet mich. Sie schweigt. Sie ist eine Sexarbeiterin. Ich säubere meine Hose an einem seitlich im Raum befindlichen Waschbecken, wasche mir die Hände. Ich verlasse den Raum, ohne die Frau eines weiteren Blickes zu würdigen. Sie dauert mich. Ich setze meine Besichtigungstour fort. In weiteren Räumen bieten Männer gebrauchten

Tinnef an, wertloses, altes Zeug, teilweise auch kleine selbstgebastelte Dinge. Dahinter an der Wand liegt ihr schmutziges Bettzeug. Die Wände sind aufgespannte Bau-Planen. Alle
haben dicke Winterklamotten an. Einige haben rote, von der
Kälte und dem Alkohol aufgedunsene Gesichter, sie kommen
mir vor, als seien sie schwer betrunken. Einige sind krank.
Ich kaufe nichts, spreche aber mit den Leuten. Sie tun mir
leid. Ich wundere mich, dass man es unter diesen Umständen
überhaupt länger als einen Tag hier aushalten kann. Meine
Kamera bleibt unbenutzt über meiner Schulter hängen, obwohl das vielleicht eine gute Story geben würde, denke ich.
Die Besichtigungs-Runde ist nun zu Ende, wir treten hinter
dem Haus ins Freie, ein sonnendurchfluteter kleiner Park mit
Olivenbäumen in Kübeln (sind wir in Palma de Mallorca?).
Es ist warm, die Menschen sind kurzärmelig. Wir plaudern.
Der Bus kommt. Wir steigen ein.

* * *

Zugfahrt und Reisegruppe

1. **Lebensreise und Perspektiven:** Der Zug, in dem du
mit einer Reisegruppe sitzt und von dort aus dem Fenster
schaust, könnte symbolisieren, dass du auf einer Reise durch
das Leben bist und verschiedene Perspektiven und Erfahrungen sammelst. Die ägyptischen Pyramiden und die Hamburger Innenstadt könnten auf die Vielfalt der Erfahrungen und
die Mischung aus Vergangenheit und Gegenwart hinweisen.

2. **Verpasste Gelegenheiten:** Der Hinweis des Guides,
dass ein Programmpunkt ausfällt, könnte auf verpasste Ge-

legenheiten oder unerfüllte Erwartungen im Leben hinweisen. Dennoch wird eine alternative Option angeboten, was auf Flexibilität und Anpassungsfähigkeit hinweisen könnte.

Besichtigung des maroden Parkhauses

1. **Konfrontation mit dem Elend:** Das alte, abbruchreife Parkhaus, in dem Obdachlose leben, könnte ein Symbol für die Konfrontation mit den Schattenseiten des Lebens sein. Die Menschen dort leben unter schwierigen Bedingungen, was auf Mitgefühl und vielleicht auch auf ein Bewusstsein für soziale Ungerechtigkeiten hinweisen könnte.

2. **Selbstschutz und Vorsicht:** Dein Sturz und die Sorge um deine Kamera könnten darauf hinweisen, dass du in schwierigen Situationen versuchst, das Wertvolle in deinem Leben zu schützen. Die Kamera könnte auch deine Perspektive oder deine Fähigkeit, das Leben zu dokumentieren und zu reflektieren, symbolisieren.

3. **Beobachtung und Distanz:** Die Frau, die dich beobachtet, und deine Entscheidung, sie nicht weiter zu beachten, könnten darauf hinweisen, dass du manchmal Distanz zu schwierigen oder unangenehmen Situationen wählst. Es könnte ein Ausdruck dafür sein, wie du mit schwierigen Emotionen oder sozialen Problemen umgehst.

Gespräch und Mitgefühl

1. **Mitgefühl und Verständnis:** Deine Gespräche mit den Menschen und dein Mitgefühl für ihre Situation zeigen eine

tiefe Empathie und ein Verständnis für das Leiden anderer. Es könnte darauf hinweisen, dass du eine sehr mitfühlende und unterstützende Person bist.

2. **Unbenutzte Kamera:** Dass du deine Kamera nicht benutzt, könnte darauf hinweisen, dass du zwar Beobachtungen machst, aber nicht immer aktiv eingreifst oder dokumentierst. Es könnte auch bedeuten, dass du in dieser Situation mehr an dem direkten menschlichen Kontakt und dem Gespräch interessiert bist als an der Dokumentation.

Rückkehr ins Freie und Kontrast

1. **Übergang zu positiven Erfahrungen:** Der Wechsel von der kalten, schmutzigen Umgebung des Parkhauses zu einem sonnendurchfluteten kleinen Park mit Olivenbäumen könnte ein Symbol für Hoffnung, Erneuerung und positive Veränderungen sein. Es könnte darauf hinweisen, dass nach schwierigen Zeiten wieder bessere und angenehmere Erlebnisse kommen.

2. **Dualität des Lebens:** Der starke Kontrast zwischen der dunklen, kalten Umgebung und dem sonnigen, warmen Park könnte die Dualität des Lebens symbolisieren – die Koexistenz von Leid und Freude, Dunkelheit und Licht. Es könnte darauf hinweisen, dass du dir dieser Gegensätze bewusst bist und die Balance zwischen ihnen suchst.

Zusammenfassung

Dein Traum scheint eine Mischung aus Bewusstsein für soziale Probleme, Mitgefühl, Schutzbedürfnis und der Suche nach positiven Erfahrungen zu sein. Die verschiedenen Szenen deuten darauf hin, dass du dich mit den Herausforderungen des Lebens auseinandersetzt und gleichzeitig Hoffnung und Freude suchst.

14
Nach Agadir

Wir (eine Reisegruppe) fahren mit einem Schiff. *Das Flüstern des Windes, das Rauschen der See, ich bin ein Wasserwanderer. Ich bin der Steuermann dieses stolzen weißen Rumpfes, der kräftige Motor ist mein bester Kamerad: über uns drohen die Häuser einzustürzen, doch wir setzen die Segel und fahren munter das Leben hinunter.* Das Schiff ist ein stolzer Dampfer. Meine Mutter ist auch an Bord. Wir wollen gemeinsam einen Tages-Ausflug unternehmen. Wir machen in einem Hafen fest, steigen aus, gehen spazieren. Wir landen in Potsdam, gehen in einen Nachtclub. Von hier aus laufen wir weiter. Um in die Altstadt zu gelangen, müssen wir eine bewachte Schranke passieren. Die Schranke ist geschlossen, als wir eintreffen, die Altstadt sei überfüllt, hören wir. Die Wachleute sagen, dass nur Jäger passieren dürfen (warum nur Jäger, frage ich mich?). Einige der Wartenden zeigen ihren Jagdschein, sie werden durchgelassen. Wir gehen zurück zum Schiff. Es legt ab. *Das Flüstern des Windes, das Rauschen der See, wir sind Wasserwanderer. Über uns drohen die Häuser einzustürzen, doch wir setzen die Segel und fahren munter das Leben hinunter.* Ich sitze im Heck, draussen. Die Sonne scheint, es ist Sommer. Meine Mutter sitzt seitlich hinter mir, neben einer

Freundin. Ich drehe mich zu meiner Mutter um, wir unterhalten uns. Sie lacht. Wir sind unterwegs nach Agadir, wir wollen an den Strand.

* * *

Reise mit dem Schiff

1. **Lebensreise und Kontrolle:** Das Schiff als Symbol für die Reise durchs Leben, wobei du der Steuermann bist, könnte darauf hindeuten, dass du das Gefühl hast, dein Leben aktiv zu steuern und zu lenken. Das Flüstern des Windes und das Rauschen der See vermitteln ein Gefühl der Freiheit und des Abenteuers.

2. **Häuser drohen einzustürzen:** Die drohenden Häuser über euch könnten auf Sorgen oder Bedrohungen in deinem Leben hinweisen. Trotz dieser Bedrohungen setzt du die Segel und fährst weiter, was auf deinen Mut und deine Entschlossenheit hinweisen könnte, trotz Herausforderungen voranzukommen.

Mutter und Tagesausflug

1. **Familienbindung:** Die Anwesenheit deiner Mutter auf dem Schiff und der gemeinsame Tagesausflug könnten die enge Bindung und die Bedeutung der Familie in deinem Leben symbolisieren. Es zeigt auch den Wunsch, gemeinsame Erlebnisse und schöne Momente zu teilen.

2. **Hafen und Nachtclub:** Das Anlegen im Hafen und

der Besuch eines Nachtclubs könnten auf das Bedürfnis nach Abwechslung und Vergnügen im Leben hinweisen. Es könnte auch eine Metapher für das Erkunden neuer Aspekte deines Lebens sein.

Schranke und Jäger

1. **Hindernisse und Ausschluss:** Die geschlossene Schranke zur Altstadt, die nur Jäger passieren dürfen, könnte auf Hindernisse oder Exklusivität hinweisen. Vielleicht fühlst du dich in bestimmten Bereichen deines Lebens ausgeschlossen oder siehst dich mit unerwarteten Hindernissen konfrontiert.

2. **Jäger:** Die Jäger, die durchgelassen werden, könnten auf bestimmte Fähigkeiten oder Qualifikationen hinweisen, die notwendig sind, um bestimmte Ziele zu erreichen. Es könnte auch eine Metapher für die Notwendigkeit sein, vorbereitet oder bewaffnet zu sein, um Herausforderungen zu meistern.

Rückkehr zum Schiff

1. **Rückkehr zur Sicherheit:** Das Zurückkehren zum Schiff und das erneute Ablegen könnte auf den Wunsch hinweisen, nach einer Enttäuschung oder einem Hindernis wieder Sicherheit und Vertrautheit zu suchen. Das Schiff symbolisiert weiterhin die Reise und das Voranschreiten im Leben.

2. **Sommer und Sonne:** Das Sitzen im Heck bei Sonnenschein und Sommerwetter vermittelt ein Gefühl von Wärme,

Zufriedenheit und positiver Stimmung. Es zeigt, dass trotz der Herausforderungen und Hindernisse positive und erfreuliche Momente folgen.

Ziel: Agadir und Strand

1. **Ziel und Entspannung:** Das Ziel Agadir und der Strand könnten auf den Wunsch nach Entspannung, Erholung und Zufriedenheit hinweisen. Es zeigt ein Ziel im Leben, das mit Freude und Erholung verbunden ist.

Zusammenfassung

Dein Traum scheint eine Reise durch verschiedene Aspekte deines Lebens zu sein, von Kontrolle und Führung über Herausforderungen und Hindernisse bis hin zu familiärer Bindung und dem Streben nach Freude und Entspannung. Er könnte dich ermutigen, deine Entschlossenheit und deinen Mut beizubehalten, Hindernisse zu überwinden und die positiven Momente im Leben zu genießen. Die verschiedenen Szenen deuten darauf hin, dass du sowohl mit Herausforderungen als auch mit schönen Erlebnissen konfrontiert bist und dass du bestrebt bist, ein Gleichgewicht zwischen diesen Polen zu finden.

15
Bade-Enten

Ich bin in einer großen Mehrraum-Wohnung. Es ist ein Altbau. Es sind sehr viele Menschen dort. Sie laufen geschäftig hin und her (wie Ameisen, denke ich). In einer Badewanne, in die ständig neues Wasser eingelassen wird, schwimmen viele kleine Spielzeug-Boote und gelbe Gummi-Badeenten. Wenn man ganz dicht an die Badewanne herantritt, und wenn man ganz genau hinschaut, sieht man, dass auf den Booten viele Menschen sitzen, auch einige Kinder sind darunter. Auch unser Dampfer, auf dem meine Mutter und ich gerade noch unterwegs (nach Agadir) waren, ist dabei. Ein tolles Panorama, denke ich – wie auf einem Baggersee in den Sommerferien. Ich wechsle ständig die Perspektiven – mal bin ich auf dem Schiff, mal sitze ich am Badewannenrand und sehe dem Miniatur-Dampfer und den anderen Spielzeug-Booten zu, wie sie ihre Kreise drehen. Die Menschen auf den kleinen Booten freuen sich, sie juchzen und genießen ihren Ausflug. Dann bin ich wieder auf dem Dampfer. Eine Frau überholt unseren Dampfer, ihr Motorboot hat die Form einer großen Bade-Ente. Sie, die Mutter sitzt vorn, steuert die Ente, hinter ihr sitzen wie auf einem Pferderücken ihre kleine, etwa vierjährige Tochter und ein weiteres Kind. Sie fahren dicht an uns vorbei. Was es nicht alles gibt, denke ich. Dann sitze ich wieder neben der Badewanne und sorge dafür, dass alle schön im Kreis fahren. Das vierjährige Mädchen sitzt nun – in echt – neben mir vor der Wanne. Sie war heimlich von der Motorboot-Ente abgestiegen, ohne dass ihre Mutter das bemerkt hatte. Die fährt weiter als Miniatur-Figur auf der Plastik-Ente in der Wanne, gemeinsam mit Hunderten anderer Boote. Ich sage dem Mädchen, sie solle doch mal ihre Mutter rufen, vielleicht höre sie sie ja, einen Versuch sei es schließlich wert. Das Mädchen ruft. Die Mutter hört sie nicht. Dann verlieren wir sie in dem Tohowabohu aus den Augen. Ein Freund von mir und ich bemerken, dass die Badewanne überläuft und die gesamte Wohnung unter Wasser setzen würde, wenn wir nicht schnell handelten. Beherzt ziehen wir den Stöpsel aus der Wanne. Der Wasserspiegel in der Wanne sinkt nun schnell. Fasziniert schauen wir zu. Alles verschwindet in einem großen, sich immer schneller drehenden Strudel im Abfluss, auch das Entenboot mit der Mutter, auch der Dampfer mit meiner Mutter wurden längst von ihm erfasst. Der Strudel ist riesig. Gurgelnd und schmatzend verschlingt er alles. Als das Wasser verschwunden ist (und mit dem Wasser auch die unzähligen Boote und Gummi-Enten), greifen wir in den Abfluss und fingern ein paar wertlose Plastikteile hervor. Wir werfen sie weg.

* * *

Mehrraum-Wohnung und geschäftige Menschen

Komplexität des Lebens: Die große Mehrraum-Wohnung und die vielen geschäftigen Menschen könnten die Komplexität und Hektik deines Lebens symbolisieren. Es könnte darauf hinweisen, dass du dich inmitten vieler Aktivitäten und Verantwortlichkeiten befindest, ähnlich wie Ameisen, die ständig beschäftigt sind.

Badewanne mit Spielzeugbooten und Gummi-Enten

1. **Kindheit und Unschuld:** Die Badewanne voller Spielzeugboote und Gummi-Enten könnte auf kindliche Unschuld und Freude hinweisen. Es symbolisiert eine sorglose und spielerische Zeit, möglicherweise deine eigene Kindheit oder das Bedürfnis nach Einfachheit und Freude im Leben.

2. **Verschiedene Perspektiven:** Dein Wechsel zwischen den Perspektiven – mal auf dem Dampfer, mal am Badewannenrand – könnte darauf hindeuten, dass du in deinem Leben unterschiedliche Rollen und Blickwinkel einnimmst. Es zeigt deine Fähigkeit, Situationen aus verschiedenen Perspektiven zu betrachten und dich anzupassen.

Dampfer und Bade-Ente

1. **Familienbindung:** Der Dampfer, auf dem du mit deiner Mutter unterwegs bist, könnte die enge Bindung zu deiner Familie und insbesondere zu deiner Mutter symbolisieren. Die Reise auf dem Dampfer könnte eine Metapher für eure gemeinsame Lebensreise sein.

2. **Interessante Begegnungen:** Die Frau und ihre Kinder auf dem motorisierten Bade-Enten-Boot könnten auf interessante und ungewöhnliche Begegnungen in deinem Leben hinweisen. Es zeigt deine Neugier und Offenheit gegenüber neuen und ungewöhnlichen Erfahrungen.

Überlaufende Badewanne

1. **Gefahr der Überwältigung:** Das Überlaufen der Badewanne und die Gefahr, dass die gesamte Wohnung unter Wasser gesetzt wird, könnten auf das Gefühl hinweisen, von Emotionen oder Verantwortlichkeiten überwältigt zu werden. Es symbolisiert eine Situation, die außer Kontrolle geraten könnte, wenn nicht rechtzeitig gehandelt wird.

2. **Handlung und Verantwortung:** Dein beherztes Han-

deln, den Stöpsel zu ziehen und das Überlaufen zu verhindern, zeigt deine Fähigkeit, in Krisensituationen schnell und entschlossen zu handeln. Es könnte auch deine Verantwortung und den Wunsch, Ordnung zu schaffen, widerspiegeln.

Der Strudel und das Verschwinden

1. **Verlust und Loslassen:** Der riesige Strudel, der alles verschlingt, könnte auf Verlust und die Notwendigkeit des Loslassens hinweisen. Es symbolisiert, wie schnell Dinge verschwinden können und dass du möglicherweise Angst vor Verlust oder Veränderung hast.

2. **Leere nach dem Chaos:** Das Herausholen wertloser Plastikteile aus dem Abfluss könnte darauf hinweisen, dass nach einer intensiven oder chaotischen Phase oft nur wenig von Wert übrig bleibt. Es könnte auch die Notwendigkeit symbolisieren, das Wertlose loszuwerden und sich auf das Wesentliche zu konzentrieren.

Zusammenfassung

Dein Traum scheint eine Mischung aus kindlicher Unschuld, familiärer Bindung, der Komplexität des Lebens und der Notwendigkeit, in Krisensituationen entschlossen zu handeln, zu sein. Die verschiedenen Szenen deuten darauf hin, dass du mit unterschiedlichen Rollen und Perspektiven jonglierst, während du gleichzeitig versuchst, Ordnung und Kontrolle in dein Leben zu bringen.

16
Böser Blick

Ich bin in einem Raum, in einem Wohnzimmer, zusammen mit einer hübschen Frau. Die Frau hat lange, glatte, schwarze Haare, sie hat dunkle Augen und ist dezent geschminkt. Sie sitzt locker auf dem Teppich des Wohnzimmerbodens. Sie blättert in einem opulenten Architektur-Bildband. Sie träumt davon, den Architekten einmal selbst kennenzulernen. Sie hat sogar ein Poster von ihm an der Wohnzimmer-Wand zu hängen. Der Architekt scheint auf einmal lebendig zu sein, er lacht sie vom Poster aus an, dann steigt er einfach aus dem Bild heraus und ins Zimmer hinab. Er geht ein bisschen umher, schaut hier und dort interessiert umher, dann geht er wieder in sein 2D-Plakat zurück. Ich wundere mich nicht besonders darüber. Neben der Frau sitzt nun der Autor, der das Buch über den Architekten verfasst hat. Er kommt mir vor wie ein bekannter Schauspieler, aber ich kann mich partout nicht an seinen Namen erinnern. Er ist scharf auf die Frau, will mit ihr etwas anfangen, das merkt man sofort. Die Frau will aber nichts wissen von ihm, sie hat nur Augen für das Buch, sie ist nur an dem Architekten interessiert, an niemandem sonst. Ich beobachte die Szenerie von außen, wie jemand, der einen Film anschaut. Auf einmal sitze ich neben / vor den beiden auf dem Teppich (komisch, wie komme ich auf einmal dorthin?). Sie schauen mich verwundert an. Mit mir haben sie nicht gerechnet. Ich schlage vor, dass sich die Frau von dem Autor des Architekturbandes ein Autogramm in ihr Buch geben lässt, eine persönliche Widmung, das sei schließlich eine einzigartige Gelegenheit, sage ich, wenn er doch schonmal da sei, oder? Sie findet diese Idee großartig und bittet den Autor um eine Widmung. Der Autor scheint von der Idee nicht begeistert zu sein; hinter dem Rücken der Frau wirft er mir einen bösen Blick zu. Auf einmal scheint die Frau nicht mehr an den Architekten zu denken. Sie vertieft sich mit dem Autor in ein Gespräch, und sie lacht dabei. Ich lächle, verlasse das Wohnzimmer. Der Architekt auf dem Plakat zwinkert mir zu.

* * *

Wohnzimmer und die Frau

Komfort und Intimität: Das Wohnzimmer symbolisiert oft einen Ort des Komforts und der Intimität. Die Anwesenheit der hübschen Frau könnte auf ein Bedürfnis nach emotionaler Nähe oder eine ideale Vorstellung von Schönheit und Anziehung hinweisen.

Architekturband und der Architekt

1. **Streben nach Perfektion:** Der opulente Bildband über Architektur und die Bewunderung für den Architekten könnten den Wunsch nach Perfektion und Kreativität in deinem Leben symbolisieren. Architektur steht oft für Struktur, Planung und das Schaffen von etwas Beständigem.

2. **Idealisierung:** Die Frau, die davon träumt, den Architekten kennenzulernen, und das Plakat an der Wand könnten darauf hinweisen, dass du oder die Frau im Traum dazu neigt, bestimmte Personen zu idealisieren. Der Architekt, der ins Zimmer kommt und dann ins Plakat zurückgeht, verstärkt

dieses Gefühl der unerreichbaren Perfektion.

Schriftsteller und die Frau

1. **Kreative Einflüsse:** Der Autor, der das Buch über den Architekten geschrieben hat, könnte die Rolle kreativer Einflüsse in deinem Leben symbolisieren. Dass er wie ein bekannter Schauspieler wirkt, aber du nicht auf seinen Namen kommst, könnte darauf hinweisen, dass es eine nicht vollständig erkannte kreative Kraft in deinem Leben gibt.

2. **Eifersucht und Begehren:** Der Autor, der scharf auf die Frau ist, aber von ihr abgelehnt wird, könnte auf Konkurrenz und unerfülltes Begehren hinweisen. Es könnte auch symbolisieren, dass kreative oder intellektuelle Anziehung nicht immer die gleichen Prioritäten teilt wie emotionale oder körperliche Anziehung.

Deine Rolle im Traum

1. **Beobachter und Vermittler:** Deine Rolle als Beobachter, der schließlich in die Szene eintritt und die Idee eines Autogramms / einer Widmung vorschlägt, könnte darauf hinweisen, dass du oft die Rolle des Vermittlers oder Beraters in sozialen Situationen einnimmst. Dein Vorschlag wird positiv aufgenommen, was auf deine Fähigkeit hinweisen könnte, Lösungen oder kreative Ideen zu liefern.

2. **Reaktion des Schriftstellers:** Der böse Blick des Schriftstellers hinter dem Rücken der Frau könnte auf unterschwellige Spannungen oder Eifersucht hinweisen, die du möglicherwei-

se in sozialen oder kreativen Situationen erlebst.

Architekt auf dem Plakat

Bestätigung und Anerkennung: Das Zwinkern des Architekten auf dem Plakat zum Schluss könnte ein Symbol für Bestätigung und Anerkennung sein. Es könnte darauf hinweisen, dass du trotz der Herausforderungen und Spannungen das Gefühl hast, auf dem richtigen Weg zu sein, oder dass du von den „höheren Idealen" anerkannt wirst, die du verfolgst.

Zusammenfassung

Dein Traum scheint verschiedene Aspekte deiner inneren Welt zu beleuchten, darunter die Suche nach Perfektion und Kreativität, die Idealisierung von bestimmten Figuren sowie deine Rolle als Vermittler und Problemlöser in sozialen Situationen. Die Szenen deuten darauf hin, dass du ein tiefes Bedürfnis nach kreativer Erfüllung und emotionaler Nähe hast, während du gleichzeitig mit Konkurrenz und unerfüllten Wünschen umgehst. Das Zwinkern des Architekten am Ende könnte eine positive Bestätigung deiner Bemühungen und deines Weges im Leben sein.

17
Bruder-Liebe

Um mich herum Wasser (wo bin ich?). Es ist dunkel. Ich laufe eine wackeligen, alten Holzsteg entlang. Ein ganzes Labyrinth von wackeligen Holzstegen bedeckt das nur leicht wellige Wasser ringsumher. Doch die Stege tragen mich, ich kenne mich hier aus, hier fühle ich mich sicher. Ich scherze mit den anderen. Ich genieße das Abenteuer. Ich laufe weiter. Ich gelange zu einem weiß getünchten, einfachen Haus, es ist ein Eckhaus mit einem Laden im Erdgeschoss. Das Haus steht in Arizona, mitten in einer Kleinstadt. Es ist trocken und warm. Es ist Sommer, die Sonne scheint strahlend vom Himmel und wärmt angenehm. Keine Wolke zu sehen. Ich arbeite in diesem Laden, zusammen mit meinem Bruder. Mein Bruder ist mein Freund. Er ist mein Doppelgänger, er ist mein Ebenbild, er ist so alt wie ich (sind wir Zwillinge?). Er sieht mir ähnlich. Wir stellen etwas her, mit unseren Händen (was?). Vor dem weißen Haus schlendern Leute entlang. Sie schauen neugierig durch unser Schaufenster. Wir müssen auf der Hut sein. Wir sind hier Fremde. Die Leute sind mißtrauisch. Doch das macht uns nichts aus. Wenn es sein muss, kämpfen wir, stehen für uns ein (für unseren Job? Dafür, dass wir hier sein / bleiben können?), für den jeweils anderen Bruder. Wir sind beide gute Kämpfer, zähe Brocken. So leicht lassen wir uns nicht unterkriegen. *The swiftness of my sword is an understatement of my art of war / A pleasure without conscience, feeds me, to want more / Principles of karma, death before dishonor /Shadows my eyesight procedes me to fight harder / For the number one headband, stand alone as one man.* Dieses Wissen macht uns stark und froh. Wir lachen über die Leute. Ich freue mich, einen Bruder zu haben, auf den ich mich verlassen kann, und mit dem ich etwas anfangen kann, mit dem ich arbeiten, gemeinsam etwas schaffen, etwas aufbauen kann. Ich bin stolz auf ihn / auf uns. Einen Bruder, den ich verteidigen kann, und der mich verteidigt, wenn es sein

75

muss. *Afro Samurai can be defeated by no clan / A warrior of the street through my travels of land / In any shape form or fashion, kill the streets dramatic fashion / Become unpredictable when I strike there's no missin you / My aim is too precise, move forward and real pivotal / Take sips of lemonade, take lives with my blade / Revenge my father's death ,til I reach my final days / Kill kill kill, Afro Samurai.*

* * *

Wackeliger Holzsteg und das Wasser

Unsicherheit und Abenteuer: Der wackelige Holzsteg und das Labyrinth von Stegen könnten Unsicherheit und die Herausforderungen des Lebens symbolisieren. Das Wasser um dich herum, das leicht wellig ist, deutet auf emotionale Tiefe und unbewusste Gefühle hin. Trotz der Unsicherheit fühlst du dich sicher und genießt das Abenteuer, was darauf hinweisen könnte, dass du mit den Herausforderungen in deinem Leben gut zurechtkommst und eine positive Einstellung bewahrst.

Weiß getünchtes Haus und der Laden in Arizona

Neuanfang und Gemeinschaft: Das weiße Haus in einer sonnigen, warmen Umgebung symbolisiert einen Ort des Neuanfangs und der Gemeinschaft. Die Arbeit im Laden zusammen mit deinem Bruder könnte auf ein starkes Gefühl der Zusammengehörigkeit und des gemeinsamen Schaffens hinweisen. Es zeigt, dass du Unterstützung und Verbindung in deinen Beziehungen suchst und schätzt.

Bruder als Doppelgänger

Selbstreflexion und Unterstützung: Dein Bruder, der dein Doppelgänger ist, könnte ein Symbol für Selbstreflexion und die verschiedenen Aspekte deiner Persönlichkeit sein. Es zeigt, dass du dich selbst in deinem Bruder siehst und dass du auf diese Verbindung stolz bist. Ihr unterstützt euch gegenseitig und seid bereit, für den anderen zu kämpfen, was auf eine tiefe Loyalität und Bindung hinweist.

Misstrauische Leute und Verteidigung

Herausforderungen und Widerstand: Die misstrauischen Leute und die Notwendigkeit, auf der Hut zu sein, könnten auf äußere Herausforderungen und Widerstände hinweisen, denen du gegenüberstehst. Deine Bereitschaft, für deinen Platz und deinen Bruder zu kämpfen, zeigt deine Entschlossenheit und deine Fähigkeit, dich durchzusetzen.

Kampfkunst und Stärke

Stärke und Entschlossenheit: Die Referenzen zu Afro Samurai und die Betonung der Kampfkunst und Stärke symbolisieren deine innere Stärke und Entschlossenheit. Es zeigt, dass du bereit bist, für das, was dir wichtig ist, zu kämpfen, und dass du stolz auf deine Fähigkeiten und Prinzipien bist.

Zusammenfassung

Dein Traum scheint eine Reise durch verschiedene Aspekte deines Lebens zu sein, von Unsicherheit und Abenteuer über

Gemeinschaft und Unterstützung bis hin zu Herausforderungen und innerer Stärke. Die verschiedenen Szenen deuten darauf hin, dass du mit den Herausforderungen des Lebens gut zurechtkommst, eine starke Bindung zu deinem Bruder oder einem nahen Vertrauten hast und bereit bist, für das, was dir wichtig ist, zu kämpfen. Es zeigt auch, dass du eine positive Einstellung bewahrst und stolz auf deine Fähigkeiten und Prinzipien bist.

18
Armee-Zeit

Ich bin Soldat. Wir befinden uns im Einsatz, irgendwo im Ausland. Ich habe Armee-Klamotten an, eine lange, olive Hose und ein weißes Unterhemd. Ich habe einen eigenen Spind. Außer mir sind noch andere Soldaten in der Mannschaftsunterkunft. Trübes Licht. Doppelstockbetten. Niemand weiß, wo wir genau sind. Niemand weiß, was los ist. Es ist ein Spezial-Einsatz, *topsecret*. Wir sind Söldner im Dienst einer geheimen, unbekannten Macht. Ab und zu kommt der befehlshabende Offizier herein zur Kontrolle. Er ist ein Menschenschinder. Er mißhandelt einige Soldaten. Auch einige meiner Zimmergenossen sind betroffen. Wir müssen zuschauen, ich schaue zu. Mich trifft es dieses Mal nicht. Glück gehabt. Ich denke an meine Familie, an meine Frau M. Mein oberstes Ziel ist es, hier lebend wieder rauszukommen. Das ist alles, was zählt. Ich bin mir auf einmal sicher: ich werde die Zeit überleben und gesund nach Hause zurückkehren. Das bin ich mir und meinen Lieben schuldig. *I'm walkin out my nightmare drenched in cold sweats / Reminiscin of the night*

I killed my master for the headband / All the bloodshed and the murder, to revenge my father's murder / The thought of that alone can I really handle the bourbon? / So I choose my own path, no friends, no joy, no love / Just a number two headband, and the man above / So the moves I create is my own unique vision / Strike my subconscious mind, individual essence / The most masterful opponent, will fall victim to my weapon / The most masterful opponent, will fall victim to my weapon / I'm not immortal, real aggressive, attitude is rude / I got a knack for killin and I refuse to lose.

* * *

Soldat und Armeeklamotten

Disziplin und Kampf: Die Tatsache, dass du als Soldat in Armeeklamotten auftrittst, könnte Disziplin, Pflichtgefühl und die Notwendigkeit, für etwas zu kämpfen, symbolisieren. Es deutet darauf hin, dass du dich in einer Situation befindest, die hohe Anforderungen an dich stellt, und in der du dich beweisen musst.

Unbekannter Ort und Spezial-Einsatz

Ungewissheit und Geheimhaltung: Dass niemand weiß, wo ihr genau seid, oder was los ist, könnte auf eine Situation in deinem Leben hinweisen, in der Ungewissheit und Geheimhaltung eine große Rolle spielen. Es könnte auf ein Gefühl der Orientierungslosigkeit oder der Unsicherheit hinweisen.

Mannschaftsunterkunft und trübes Licht

Enge und Dunkelheit: Die Mannschaftsunterkunft mit den Doppelstockbetten und dem trüben Licht könnte Enge, Dunkelheit und vielleicht auch ein Gefühl des Eingesperrtseins symbolisieren. Es deutet auf eine Situation hin, die bedrückend und unangenehm ist.

Befehlshabender Offizier und Misshandlung

Autorität und Angst: Der misshandelnde Offizier könnte ein Symbol für autoritäre Figuren in deinem Leben sein, die Angst und Unterdrückung ausüben. Deine Beobachtung der Misshandlungen, ohne selbst betroffen zu sein, könnte auf das Gefühl hinweisen, dass du in einer unsicheren Situation dennoch Glück gehabt hast.

Gedanken an die Familie

Hoffnung und Motivation: Deine Gedanken an deine Familie und das oberste Ziel, lebend und gesund nach Hause zu kommen, könnten auf die Hoffnung und die Motivation hinweisen, die dir in schwierigen Zeiten Halt geben. Es zeigt, dass du trotz der Widrigkeiten einen klaren Fokus und eine starke Motivation hast.

Zusammenfassung

Dein Traum scheint eine Reise durch verschiedene Aspekte deiner inneren Welt zu sein, von Disziplin und Kampf über Ungewissheit und Angst bis hin zu Hoffnung und innerer

Stärke. Die verschiedenen Szenen deuten darauf hin, dass du dich in einer schwierigen und vielleicht bedrückenden Situation befindest, aber dennoch eine klare Motivation und eine starke innere Stärke hast, die dir helfen, diese Herausforderungen zu überwinden.

19
Völlig schwerelos

Ich bin auf einem Boot. *Das Flüstern des Windes, das Rauschen der See, ich bin ein Wasserwanderer.* Das Boot ist eine luxuriöse, mittelgroße Motoryacht (knapp 15 Meter lang vielleicht, denke ich). Wir sitzen im Heck-Cockpit (es ist eine Sedan-Variante ohne Kajüte im Heck, dafür aber mit einer schönen achterlichen, teilüberdachten Terrasse). Wir haben große Handtücher um uns geschlagen. Auf dem Tisch stehen Drinks. *Dieses Boot ist mein Boot – ein herrlich leuchtender Salon mit Ledersofa und eine große offene Plicht sind meine Welt; meine Limousine hat eine Vorschiffskabine mit einem schönen Doppelbett, ein Klo mit Bulleye auf der Backbordseite und oben ein hölzernes Rad und die Küche an Steuerbord.* Wir sind auf einem See (ist es der Müggelsee?). Meine Frau M. springt mit einem Kopfsprung ins Wasser. Hier ist es tief. Wie elegant das aussieht, fast ohne einen Spritzer taucht sie ins Nass des Sees. Ich springe ebenfalls. Das Wasser ist nicht kalt. Am tiefsten Punkt, dicht über dem Grund, kommt es mir für einen Augenblick vor, als steckte ich fest. Habe ich mich mit den Füßen in einer Schlingpflanze verheddert? Ich bin auf einmal ganz ruhig – ich prüfe, ob ich frei schwimmen kann, oder ob mich tatsächlich etwas festhält. Das Wasser ist klar.

Was für ein fantastischer Blick. Ich verweile etwas und geniesse die Sicht. Über mir, an der Wasseroberfläche, sehe ich M. schwimmen. Langsam treibe ich nun auch wieder nach oben. Nichts hält mich zurück, nichts hält mich fest. Meine Lungen sind voller Luft. Ich bin frei. Ich genieße den Augenblick, schwebe so lange im Wasser wie möglich – bis die Luft knapp wird, schwerelos. Ein tolles Gefühl. Ich bin eins mit dem Wasser, mit dem See, mit den Pflanzen und mit dem Grund. Ich tauche auf, hole tief Luft. Ein paar Meter weiter schwimmt M. Sie spritzt mich nass. Wir lachen und schwimmen zurück zum Boot. *Ich bin der Steuermann dieses stolzen weißen Rumpfes, der kräftige Motor ist mein bester Kamerad: über uns drohen die Häuser einzustürzen, doch wir setzen die Segel und fahren munter das Leben hinunter.*

* * *

Boot und Wasser

Lebensreise und Freiheit: Das Boot als Symbol für die Reise durchs Leben und das Wasser als Element der Emotionen und des Unterbewusstseins könnten darauf hinweisen, dass du dich auf einer Entdeckungsreise befindest, die dir Freiheit und Freude bringt. Das Gefühl, ein Wasserwanderer zu sein, vermittelt eine tiefe Verbundenheit mit der Natur und dem Fluss des Lebens.

Luxuriöse Motoryacht

Komfort und Wohlstand: Die luxuriöse Motoryacht symbolisiert Komfort, Wohlstand und vielleicht auch den Erfolg, den du in deinem Leben erreicht hast. Die detaillierte Beschreibung des Bootes und seiner Ausstattung zeigt, dass du stolz auf das bist, was du erreicht hast, und dass du die schönen Dinge im Leben zu schätzen weißt.

Deine Frau und der Sprung ins Wasser

Vertrauen und Eleganz: Deine Frau, die elegant ins Wasser springt, könnte Vertrauen und Leichtigkeit symbolisieren. Es zeigt, dass du Bewunderung und Respekt für sie empfindest und dass sie eine Quelle der Freude und Inspiration in deinem Leben ist.

Tauchen und das Gefühl des Feststeckens

Selbstprüfung und Klarheit: Das Gefühl des Feststeckens und die anschließende Ruhe, mit der du prüfst, ob du frei bist, könnten auf eine Phase der Selbstprüfung und Klarheit hinweisen. Es symbolisiert deine Fähigkeit, in stressigen Situationen ruhig zu bleiben und rational zu handeln. Das klare Wasser und der fantastische Blick könnten darauf hinweisen, dass du momentan eine klare Sicht auf deine Lebenssituation und deine Ziele hast.

Schwerelosigkeit und Einssein mit dem Wasser

Freiheit und Leichtigkeit: Das Gefühl der Schwerelosigkeit und des Einsseins mit dem Wasser, den Pflanzen und dem Grund des Sees symbolisiert tiefe innere Freiheit und Harmonie. Es zeigt, dass du dich in deinem Leben wohl fühlst und im Einklang mit deinen inneren Gefühlen und der Umgebung bist.

Lachen und Rückkehr zum Boot

Freude und Gemeinschaft: Das Lachen und Schwimmen zurück zum Boot mit deiner Frau symbolisiert Freude, Gemeinschaft und das Genießen des Lebens. Es zeigt, dass du die Momente der Leichtigkeit und des Spaßes schätzt und dass du in deiner Beziehung eine Quelle der Unterstützung und Freude findest.

Steuermann und Häuser

Kontrolle und Entschlossenheit: Deine Rolle als Steuermann und die Erwähnung des kräftigen Motors als bester Kamerad symbolisieren Kontrolle, Entschlossenheit und die Fähigkeit, dein Leben aktiv zu steuern, auch wenn es Bedrohungen oder Herausforderungen gibt (symbolisiert durch die Häuser, welche einzustürzen drohen). Das Setzen der Segel und das muntere Fahren durch das Leben zeigen eine positive Einstellung und den Willen, trotz Widrigkeiten voranzukommen.

Zusammenfassung

Dein Traum scheint eine Reise durch verschiedene Aspekte deines Lebens zu sein, von Freiheit und Komfort über Vertrauen und Klarheit bis hin zu Freude und Kontrolle. Die verschiedenen Szenen deuten darauf hin, dass du in deinem Leben eine tiefe innere Harmonie und Zufriedenheit gefunden hast, und dass du die Herausforderungen des Lebens mit einer positiven Einstellung und Entschlossenheit angehst. Es könnte hilfreich sein, diese positiven Gefuhle und diese innere Klarheit weiter zu pflegen und die Momente der Freude und des Einsseins mit deiner Umgebung weiterhin zu genießen.

20
Kein Zweifel

Ich bin am Meer, weiß nicht genau, wo. Weißer Strand, blaues Wasser, Wellen. Cannes, vielleicht. Es ist angenehm hier. Ein Glashaus steht am Wasser, darinnen viele Menschen in Business-Kleidung. Es sind meine Kollegen, alles Journalisten. Heute sollen wir über einen Kollegen beraten. Er hat einen Fehler gemacht. Wir sollen ein Urteil über ihn fällen. Wir sind der Presserat. Alle sprechen englisch, die meisten Kollegen kommen aus England, aber es sind auch Franzosen und Italiener dabei. Ich bin der einzige Deutsche. Ich gehöre zur Jury. Wir stehen im Kreis. Es ist wie bei einem frühgermanischen Thing. Ich plädiere mit den anderen auf schuldig. Der verurteilte Kollege wird abgeführt. Er ist schockiert, kann nicht fassen, was mit ihm geschieht. Das hat er nicht erwartet. Er macht große Augen, er schwitzt und stottert. Sein Schlips und sein Jackett verrutschen. Seine Schuhe schleifen auf dem Boden, als er abgeführt wird. Aber wir sind uns sicher. Ich bin mir sicher. Kein Zweifel. Schuldig. Dann gibt es Häppchen und Sekt. Alle plaudern, lachen. Eine Kollegin will mir augenzwinkernd ihr Zimmer zeigen. Ich gehe mit.

* * *

Am Meer und das Glashaus

1. **Ruhe und Klarheit:** Der weiße Strand und das blaue Wasser könnten Ruhe und Klarheit symbolisieren. Das Meer steht oft für das Unterbewusstsein und die tieferen Schichten der Gefühle. Der Ort (Cannes oder ein ähnlicher Ort) vermittelt eine angenehme, entspannte Atmosphäre.

2. **Transparenz und Beobachtung:** Das Glashaus am Wasser könnte Transparenz und Beobachtung symbolisieren. Es zeigt, dass du dich in einer Situation befindest, in der alles sichtbar und offensichtlich ist, und dass du und deine Kollegen ständig unter Beobachtung stehen.

Kollegen und die Jury

1. **Berufliche Verantwortung:** Deine Kollegen in Business-Kleidung und die Rolle des Presserats weisen auf berufliche Verantwortung und Entscheidungsfindung hin. Du bist Teil einer Gruppe, die über das Schicksal eines Kollegen entscheidet, was auf eine Situation im wirklichen Leben hinweisen könnte, in der du eine wichtige Entscheidung treffen musst.

2. **Kulturelle Vielfalt:** Die Anwesenheit von Kollegen aus verschiedenen Ländern und das Sprechen von Englisch symbolisieren kulturelle Vielfalt und Kommunikation über Grenzen hinweg. Als einziger Deutscher fühlst du dich möglicherweise in einer einzigartigen Position oder Rolle.

Verurteilung des Kollegen

1. **Urteilsvermögen und Gerechtigkeit:** Die Beratung

über den Fehler des Kollegen und die Entscheidung, ihn schuldig zu sprechen, symbolisieren dein Urteilsvermögen und dein Streben nach Gerechtigkeit. Du bist sicher in deinem Urteil, was darauf hinweist, dass du in deinem Leben klare Vorstellungen von richtig und falsch hast.

2. **Schuld und Konsequenzen:** Der schockierte und verängstigte Kollege, der abgeführt wird, könnte die Konsequenzen von Fehlern und die Angst vor Verurteilung symbolisieren. Es zeigt die menschliche Seite von Fehlern und die möglichen Auswirkungen auf das Leben einer Person.

Häppchen und Sekt

Soziale Interaktionen: Das Plaudern und Lachen nach der Verurteilung zeigt, dass das berufliche Leben weitergeht und dass soziale Interaktionen und das Genießen des Moments wichtig sind. Es könnte darauf hinweisen, dass du trotz schwieriger Entscheidungen die Fähigkeit hast, das Leben zu genießen und dich zu entspannen.

Kollegin und das Zimmer

Neugier und Beziehungen: Die Einladung der Kollegin, ihr Zimmer zu sehen, könnte auf Neugier und den Wunsch nach engeren Beziehungen hinweisen. Es zeigt eine Möglichkeit für neue Erfahrungen und Verbindungen im beruflichen oder persönlichen Bereich.

Zusammenfassung

Dein Traum scheint eine Mischung aus beruflicher Verantwortung, Urteilsvermögen, sozialen Interaktionen und persönlichen Beziehungen zu sein. Die verschiedenen Szenen
deuten darauf hin, dass du dich in einer Position befindest,
in der du wichtige Entscheidungen treffen musst und dass
du dir deiner Verantwortung bewusst bist. Gleichzeitig zeigt
der Traum, dass du in der Lage bist, soziale Interaktionen zu
genießen und neugierig auf neue Erfahrungen und Verbindungen bist. Es könnte hilfreich sein, über die Aspekte deines
Lebens nachzudenken, die dir Klarheit und Ruhe bringen,
und wie du diese Qualitäten in deine beruflichen und persönlichen Entscheidungen einfließen lassen kannst.

21
Zu Trainingszwecken

Ich bin in einem Ferienlager (oder ein Urlaubsresort, da bin
ich mir nicht ganz sicher) mit vielen kleinen länglichen Bun-
galows. Ich bin dienstlich hier, bin auf einer Dienstreise. Der
dienstliche Teil ist jedoch schon erledigt, nun kann ich noch
etwas entspannen, bevor es wieder zurück nach Hause geht.
Das Gelände besteht aus einer gepflegten grünen Wiese. Darauf stehen einige Tischtennis-Platten. Eigentlich müsste ich
jetzt meine Karate-Katas üben, aber warum nicht mal TT
spielen (ist schließlich auch Sport, rechtfertige ich meine Entscheidung vor mir selbst). Ich spiele gut, ich gewinne einen
Satz. Der Chef der Anlage wird aufmerksam, er kommt an
den Tisch, schaut mir eine Weile beim Spielen zu. Dann soll
ich gegen ihn spielen. Er fordert mich heraus. Er ist ein Profi.
Er gewinnt. Das ist zwar nicht ganz fair, aber es stellt kein

Problem für mich dar. Ich spiele, weil es mir Spaß macht. Wir freunden uns an. Er will mir das Spielen beibringen. Ab sofort ist er mein Trainer. Ich soll gegen M. spielen. Wir spielen ein paar Sätze. Es sieht gar nicht so schlecht aus für mich (ich gewinne mehr Sätze als ich verliere). Zu Trainingszwecken werden nun unsere TT-Kellen verkleinert. So werde ich nicht gewinnen können, denke ich. Ich will aber nicht verlieren. Dann müssen wir sogar mit Kellen spielen, die so klein sind wie ein Teelöffel. Ich denke: so ein Schwachsinn! Ich habe kein Interesse mehr, das ist mir zu blöd. Ich beende mein Spiel, lege meine Kelle auf den Tisch. Ich verabschiede mich, gehe.

* * *

Ferienlager / Urlaubsresort

Erholung und Entspannung: Das Ferienlager oder Urlaubsresort symbolisiert einen Ort der Erholung und Entspannung. Obwohl du dienstlich hier bist, hast du die Möglichkeit, nach getaner Arbeit zu entspannen und dich zu erholen. Dies könnte darauf hinweisen, dass du in deinem Leben nach einem Gleichgewicht zwischen Arbeit und Freizeit suchst.

Tischtennis und Karate

Wahl und Rechtfertigung: Die Entscheidung, Tischtennis zu spielen statt Karate-Katas zu üben, könnte symbolisieren, dass du manchmal alternative Wege wählst, um dein Ziel zu erreichen oder einfach etwas Neues auszuprobieren.

Es zeigt, dass du dir erlaubst, flexibel zu sein und Spaß zu haben, auch wenn es nicht der „geplante" Weg ist.

Spiel und Herausforderung

Kompetenz und Anerkennung: Das Gewinnen eines Satzes und die Aufmerksamkeit des Chefs der Anlage zeigen, dass du in der Lage bist, Anerkennung und Respekt zu gewinnen, selbst wenn du etwas Neues ausprobierst. Die Herausforderung, gegen einen Profi zu spielen, könnte deine Bereitschaft symbolisieren, dich neuen Herausforderungen zu stellen, auch wenn du weißt, dass du möglicherweise nicht gewinnen wirst.

Freundschaft und Training

Lernen und Wachstum: Die Freundschaft mit dem Chef und seine Bereitschaft, dir das Spielen beizubringen, symbolisieren das Lernen und persönliche Wachstum. Es zeigt, dass du offen für neue Erfahrungen und bereit bist, von anderen zu lernen.

Spiel mit M.

Wettbewerb und Leistung: Das Spiel gegen M. und das Gewinnen mehrerer Sätze symbolisieren deinen Wettbewerbssinn und deine Fähigkeit, dich in einem freundschaftlichen Wettkampf zu behaupten. Es zeigt auch, dass du Spaß am Spiel und am Wettbewerb hast.

Verkleinerte Tischtennisschläger

1. **Unfairness und Frustration:** Die Verkleinerung der Tischtennisschläger könnte auf Situationen hinweisen, in denen du das Gefühl hast, dass die Bedingungen unfair sind oder dass dir unnötige Hindernisse in den Weg gelegt werden. Dies könnte Frustration und den Wunsch symbolisieren, unter fairen Bedingungen zu spielen.

Beendigung des Spiels

Grenzen setzen und Selbstbestimmung: Das Beenden des Spiels und das Ablegen des Schlägers zeigen deine Fähigkeit, Grenzen zu setzen und Entscheidungen zu treffen, die deinem Wohlbefinden dienen. Es symbolisiert Selbstbestimmung und die Bereitschaft, Situationen zu verlassen, die dir nicht mehr guttun oder die keinen Spaß mehr machen.

Zusammenfassung

Dein Traum scheint eine Reise durch verschiedene Aspekte deines Lebens zu sein, von Erholung und Entspannung über Wettbewerb und Lernen bis hin zu Frustration und Selbstbestimmung. Die verschiedenen Szenen deuten darauf hin, dass du in der Lage bist, flexibel zu sein, neue Dinge auszuprobieren und Herausforderungen anzunehmen. Gleichzeitig zeigst du die Fähigkeit, Grenzen zu setzen und Entscheidungen zu treffen, die deinem Wohlbefinden dienen. Es könnte hilfreich sein, über die Aspekte deines Lebens nachzudenken, die dir Freude und Wachstum bringen, und wie du diese weiter stärken kannst, während du gleichzeitig unfaire oder frustrierende Situationen vermeidest.

22
Letzter Tag

Ich arbeite in einer Müllsortierungs-Anlage. In meiner Schicht arbeite ich mit mehreren anderen Kollegen zusammen. Ich komme mit ihnen gut klar. Wir sind ein gutes Team. Ich sortiere wertvolle Dinge aus, lege sie zur Seite. Ich erfülle meine Aufgabe gewissenhaft. Deshalb werde ich in die Führung des Unternehmens berufen, arbeite ab sofort in einer Büroetage. Nun überwache ich die Arbeit der anderen. Zur Arbeit fahre ich mit meinem Motorrad. Ich genieße die Fahrt zur Arbeit, den warmen Fahrtwind, die Sonne. Der Weg ist das Ziel. *Rosita Espinosa, ich fahr mit dir nach Washington, nach Alexandria oder bis ans Ende dieser Welt. Rosita Espinoza, räche meine Freunde, töte meine Feinde, vergib dem Verräter.* Es ist Sommer. Die Straßen sind breit und leer, es gibt einige schöne, weitgeschwungene Kurven auf der Strecke, herrlich. Im Scheitelpunkt der Kurven drehe ich das Gas auf, Rosita drückt uns kraftvoll aus der Kurve heraus. *Rosita Espinosa, du bist sexy, du bist schlau, du bist schnell, deine Klinge ist scharf. Rosita Espinoza, alles, was zählt, ist die Hoffnung, traue nicht dem Alp, trotze dem Fluch, doch: rechne mit dem Tod und schieß uns den Weg frei – auf nach Alexandria.* Das Unternehmen verdient eigentlich Geld durch illegale Müllentsorgung. Das habe ich erst vor kurzem durch Zufall erfahren. Deshalb will ich möglichst bald aussteigen. Da mache ich nicht mit. Am Ende dieses Arbeitstages quittiere ich den Dienst. Es ist spät, es ist schon Nacht. Ich packe ein paar Sachen von meinem Schreibtisch zusammen. Ich verlasse das Gebäude. Ich mache Rosita klar, starte ihren Motor. Laut und dumpf und verheißungsvoll bollert der V2-Motor. Noch einmal öffnen sie das große Rolltor für mich. Ein letztes Mal. Ich fahre nach draußen, auf die Straße. Nun bin ich wieder frei. Wann war ich das zuletzt?, frage ich mich. Ein gutes Gefühl. Ich fahre nicht gleich nach Hause, cruise noch ein wenig herum. Ich bin gutgelaunt. Ich habe heute eine gute Entscheidung getroffen. Eine richtige Entscheidung. Ich genieße die nächtliche Ausfahrt mit Rosita. Ich bin allein mit ihr auf der Straße. Alles schläft. Sie ist meine beste Freundin. *Rosita Espinosa, du bist sexy, du bist schlau, schieß uns den Weg frei – auf nach Alexandria.*

* * *

Müllsortierungs-Anlage und Kollegen

Teamarbeit und Verantwortung: Die Arbeit in einer Müllsortierungs-Anlage und das gute Verhältnis zu deinen Kollegen symbolisieren Teamarbeit und Verantwortung. Das Sortieren von wertvollen Dingen aus dem Müll könnte auf deine Fähigkeit hinweisen, in schwierigen oder chaotischen Situationen das Wertvolle und Wichtige zu erkennen und zu bewahren.

Aufstieg in die Führung und Büroarbeit

Anerkennung und Verantwortung: Der Aufstieg in die Führungsebene zeigt Anerkennung und gesteigertes Verantwortungsbewusstsein. Es symbolisiert, dass deine gewissenhafte Arbeit und dein Engagement wahrgenommen und belohnt werden. Die Überwachung der Arbeit anderer deutet darauf hin, dass du nun eine Rolle der Führung und

Kontrolle übernimmst.

Fahrt mit dem Motorrad (Rosita Espinosa)

Freiheit und Abenteuer: Die Fahrt mit deinem Motorrad symbolisiert Freiheit, Abenteuerlust und die Freude am Leben. Die Beschreibung der Fahrt bei warmem Wetter und leeren Straßen zeigt, dass du den Moment genießt und dich frei und unbeschwert fühlst. Rosita Espinosa, die metaphorisch als dein Motorrad beschrieben wird, steht für diese Freiheit und Unabhängigkeit.

Illegale Müllentsorgung und Entscheidung auszusteigen

Moral und Integrität: Das Entdecken der illegalen Müllentsorgung und deine Entscheidung, auszusteigen, symbolisieren deine Moral und Integrität. Es zeigt, dass du nicht bereit bist, gegen deine Werte zu handeln, selbst wenn dies bedeutet, eine bequeme oder gutbezahlte Position aufzugeben.

Verlassen des Unternehmens und nächtliche Fahrt

1. **Befreiung und Neubeginn:** Das Verlassen des Unternehmens und die nächtliche Fahrt mit Rosita symbolisieren Befreiung und einen Neubeginn. Die Entscheidung, den Job zu quittieren und das Unternehmen zu verlassen, zeigt, dass du bereit bist, dich von negativen Einflüssen zu lösen und deinen eigenen Weg zu gehen.

2. **Selbstbestimmung und Freude:** Die nächtliche Aus-

fahrt, die du genießt, symbolisiert Selbstbestimmung und die Freude, die richtigen Entscheidungen zu treffen. Es zeigt, dass du Frieden mit deinen Entscheidungen gefunden hast und die Freiheit genießt, die sie dir gebracht haben.

Zusammenfassung

Dein Traum scheint eine Reise durch verschiedene Aspekte deines Lebens zu sein, von Teamarbeit und Verantwortung über Anerkennung und Aufstieg bis hin zu moralischen Entscheidungen und Befreiung. Die verschiedenen Szenen deuten darauf hin, dass du dich in einer Phase der Selbstreflexion und Entscheidungsfindung befindest, während du gleichzeitig deine Integrität und Werte bewahrst. Die Fahrt mit deinem Motorrad symbolisiert Freiheit und Selbstbestimmung, und deine Entscheidung, aus dem Unternehmen auszusteigen, zeigt deinen starken moralischen Kompass.

23
Opa P.

Ich bin in einem Flachbau, ich erscheine zum Dienst. Meine Kollegen und ich decken einen großen Saal ein. Ich gehöre zum Service-Personal, bin ein Kellner. Gleich kommen die Gäste. Es gibt runde Tische. An jedem stehen mehrere Stühle. Die Gäste kommen. Sie sind gutgelaunt. Einige kenne ich: S. (kenne ich aus meiner Schulzeit) nimmt an einem der Tische Platz, K. gesellt sich zu ihr. Ich setze mich zu ihnen, wir unterhalten uns. Als die Chefs bemerken, dass die Gäste Bekannte von mir sind, werde ich auf einmal selbst wie ein

Gast behandelt. Ich bin nun kein Angestellter mehr, ich werde von meinen Kollegen (Ex-Kollegen, denke ich) bedient. Ich wechsle zum Nachbartisch, da sitzen Freunde von mir. Wir sprechen über den nächsten Einsatz. Es soll ein Alarmfall im Hotel geprobt werden. Vorn in einem kleinen Zimmer sitzt der Chef. Es ist M. (er hat mir aber nichts mehr zu sagen, denn ich bin ja jetzt selbst ein Gast, ein Kunde, und nicht mehr sein Angestellter). Ich sitze an dem Tisch, entspanne – und beginne zu träumen. Ich befinde mich am selben Ort, aber es ist 80 Jahre früher. Ein Zeitsprung. Es ist 1943. Mein Opa P. betritt mit einem Gefolge den Saal. Er hat seine Wehrmachts-Ausgangs-Uniform an. Er ist Feldwebel. Seine Frau / / meine Oma E. hat sich bei ihm eingehakt. Sie trägt ein Sommerkleid, einen mit einem Pelz verzierten Umhang und einen Hut. Opa P. ist ein junger Mann (er ähnelt meinem Sohn M., der jetzt gerade etwa gleichalt ist, denke ich). P. ist einer der heutigen Ehrengäste. Es gibt ein Dinner. Danach Besprechung mit meinem Chef M. (bzw. mit meinem ehemaligen Chef; ich befinde mich wieder im Jetzt). Bei dem Meeting bin ich ein Beobachter. Dann wird M. eingeladen, einem Erste-Hilfe-Training beizuwohnen. Ich habe mit M. nichts mehr am Hut (denke: „du kannst mich mal"), verlasse das Gebäude, laufe auf die Straße. Draußen ein Park, ich laufe weiter, gelange zu einem Strandbad. Alle liegen hier in separierten Strandboxen, die jeweils mit einem eigenen Bett und einem Vorhang ausgestattet sind. Auf der Wiese am Wasser liegt in einer dieser seltsamen Strandboxen meine Oma E. in einem der Betten. Sie muss jetzt wohl so um die 60 Jahre alt sein. Es geht ihr nicht gut. Sie erkennt mich nicht. Sie versucht zu schlafen. In der Strandbox gegenüber verprügelt eine Mutter ihr Kind. Das Kind blutet. Allgemeine Entrüstung. Aber niemand schreitet ein. Ich laufe weiter, überquere eine Straße, dann kommen Schienen. Ich gelange zu einem Bahnhof, ein altes, rotes Backstein-Gebäude. Daneben steht ein Wohnhaus. Das Haus scheint leerzustehen, die Tür steht offen. Ich betrete das Haus, steige die steile Treppe empor, lande in einer Dachkammer. Jeder, der dieses Haus betritt, darf sich eine historica Porzellantasse aus einer Sammlungs-Auflösung als Geschenk aussuchen. Für mich gibt es drei verschiedene zur Auswahl. Sie stehen auf dem Fenstersims. Ich wähle alle drei, frage, ob das o.k. ist, was bejaht wird. Ich weiß, dass das Haus einem alten Griechen gehört. Plötzlich bemerke ich, dass Opa P. mich die ganze Zeit beobachtet. Er liegt in einem kleinen Bett in einer der hinteren, etwas erhöhten Ecken des Zimmers, hat einen Schlafanzug an. Wir reden. Er sagt, er sei stolz auf mich. Wir freuen uns über das unverhoffte Wiedersehen. Ich habe so viele Fragen, sage ich. Opa P. schaut mich streng an, aber er verspricht, alle Fragen geduldig zu beantworten. Plötzlich laufen Muster über sein Gesicht, grüne elektronische Zeichen wandern in langen, nicht enden wollenden Kolonnen unter seiner Haut entlang (wie eine Matrix, denke ich). Dann verschwindet er, ist einfach nicht mehr da. Auch meine Tassen haben sich plötzlich in Luft aufgelöst. Ich verlasse das Haus. Beim Überqueren der Gleise muss ich höllisch aufpassen. Aus beiden Richtungen kommen ständig Bahnen angerauscht. Gleich hinter den Schienen sehe ich die Straße. Auch sie ist jetzt stark befahren. Auf dem ersten Gleis fährt ein Zug durch. Ich überquere es, warte. Das zweite Gleis ist frei. Ich will loslaufen, da sehe ich, dass dort ein Zug rasend schnell auf mich zukommt. Ich springe vom Gleisbett, will auf die Straße ausweichen. Doch auch auf der Straße kommt ein schwerer Lkw angerast. Ich weiß: das könnte eng werden. Ich versuche, mich so positionieren, dass ich grade so zwischen Bahn und Lkw stehen kann, ohne dass mich eines der Fahrzeuge touchiert. O.k., denke ich, einen Versuch ist es wert. Schließlich: was bleibt mir sonst übrig? Eine Wahl habe ich nicht, denn ein Zurück gibt es jetzt nicht mehr. Bahn und Lkw rasen, aus verschiedenen Richtungen kommend, in einem Höllentempo auf mich zu. Doch auf einmal bin ich ganz sicher, dass nichts passieren wird. Ich werde ganz ruhig. Ich atme tief ein und aus. Die Bahn bremst, kommt kurz vor mir zum Stehen. Wenn ich den Arm ausstreckte, könnte ich sie berühren. Ich trete einen Schritt zurück, der Lkw rauscht in einem sicheren Abstand vorbei. Ich nicke dem Bahnfahrer freundlich und anerkennend zu. Gutgelaunt verlasse ich die Gleise und überquere die Straße, laufe in den grünen, sonnenbeschienenen Park hinein.

* * *

Flachbau und gedeckter Saal

Verantwortung und Anerkennung: Das Eindecken des Saals für Gäste zeigt deine Bereitschaft, Verantwortung zu übernehmen und eine wichtige Rolle zu spielen. Die Transformation vom Bediensteten zum Gast könnte darauf hinweisen, dass du Anerkennung für deine Arbeit und Leistung erhältst, und dass sich deine Position oder dein Status verändert hat.

Gespräche mit Bekannten und Chefs

Beziehungen und Autorität: Deine Interaktionen mit

ehemaligen Schulfreunden und Chefs symbolisieren die Bedeutung von sozialen Beziehungen und Autoritäten in deinem Leben. Der Wechsel vom Angestellten zu einem Gast zeigt einen Wandel in deiner Rolle und möglicherweise auch eine Veränderung in der Wahrnehmung durch andere.

Traum innerhalb des Traums und Zeitreise

Vergangenheit und Familientradition: Der Traum innerhalb des Traums, der 80 Jahre in die Vergangenheit führt, symbolisiert die Auseinandersetzung mit deiner Familiengeschichte und Traditionen. Dein Großvater in der Wehrmachts-Uniform und seine Ähnlichkeit mit deinem Sohn könnten darauf hinweisen, dass du über die Verbindungen und Ähnlichkeiten zwischen den Generationen nachdenkst.

Erste-Hilfe-Training und Beobachtung

Abstand und Unabhängigkeit: Deine Rolle als Beobachter beim Meeting und die Einladung des Ex-Chefs zu einem Erste-Hilfe-Training zeigen, dass du eine unabhängige Position eingenommen hast und nicht mehr direkt von ehemaligen Autoritäten beeinflusst wirst.

Park und Strandbad

Erholung und Konflikte: Der Park und das Strandbad symbolisieren Erholung und Frieden, aber auch Konflikte und Herausforderungen. Die Szene mit der prügelnden Mutter und ihrem blutenden Kind zeigt soziale Missstände und Ungerechtigkeiten, auf die du aufmerksam wirst.

Bahnhof und Haus

Übergang und Entdeckung: Der Bahnhof und das leere Haus symbolisieren Übergänge und neue Entdeckungen. Das Betreten des Hauses und das Finden der Porzellantassen zeigen Neugier und den Wunsch, alte Werte und Erinnerungen zu bewahren.

Großvater und Porzellantassen

Familiengeschichte und Stolz: Die Begegnung mit deinem Großvater, der stolz auf dich ist, symbolisiert die Bedeutung der Familiengeschichte und die Anerkennung deiner Leistungen. Die Porzellantassen stehen für wertvolle Erinnerungen und Traditionen.

Gefahr und Sicherheit

Herausforderungen und Selbstvertrauen: Die gefährliche Situation mit den heranrasenden Zügen und dem Lkw zeigt die Herausforderungen und Bedrohungen, denen du im Leben gegenüberstehst. Dein ruhiges Verhalten und die sichere Lösung der Situation symbolisieren dein Selbstvertrauen und deine Fähigkeit, in kritischen Momenten einen klaren Kopf zu bewahren.

Zusammenfassung

Dein Traum scheint eine Reise durch verschiedene Aspekte deines Lebens zu sein, von Verantwortung und Anerkennung über Familientraditionen und soziale Missstände bis hin zu

Übergängen und Herausforderungen. Die verschiedenen Szenen deuten darauf hin, dass du dich in einer Phase der Selbstreflexion und der Auseinandersetzung mit deiner Vergangenheit und deinen Beziehungen befindest.

24
Klassen-Treffen

Ich bin in einem Haus. *Ich werfe den Ball an die Marmorwand, er prallt ab, kommt auf dem Boden auf, ich fange ihn. Die beige verkachelte Smaragdenstadt, bewacht vom Eisernen Holzfäller, seinen treuen Genossen und den Holzsoldaten, hat mich gefressen.* Ich laufe die Gänge entlang. Der Hauswart fragt mich, ob ich etwas suche, ob er mir helfen könne. Ich sage, ich suche die Mitgliederversammlung des Segelvereins (Ich bin Mitglied in diesem Verein). Er kann mir nicht weiterhelfen. Ich treffe meinen Freund S. und H., sie haben dasselbe Ziel. Wir gehen gemeinsam. Wir laufen eine große steinerne Treppe hinunter. Wir finden die Gruppe. Sie sitzt an einer langen Tafel im Hof. Es ist ein Park mit einer grünen Wiese. Es ist Sommer. Ich suche einen freien Stuhl – vergeblich, alle sind schon besetzt. Kein Wunder, denke ich, ich bin ja auch spät dran. Ich besorge mir einen Stuhl vom Tisch nebenan. Jemand hält einen Vortrag. Der Redner ist mein Sportfreund J. Es ist ein Vortrag zu einem rechtlichen Thema (J. ist Jurist). Er fragt etwas in die Gruppe. Ich kenne die Antworten, melde mich kurz, spreche zu dem Thema. Zwei Frauen in weißen Kitteln und Schreibblöcken kommen. Ich weiß: sie gehören zum System. Sie führen spontan eine Kontrolle durch, stichpunktartig. Es geht um einen Coronatest / eine Covid-Impfung. Die Damen in Weiß nehmen sich H. vor. Er wird nun von ihnen kontrolliert. Doch H. ist gut vorbereitet, er sagt, er sei bereits dreimal geimpft. Kontrolle bestanden. Alle atmen auf. Die weißen Frauen mit ihren Schreibblöcken verlassen uns. Ich stehe auf, verabschiede mich, gehe. Ich laufe durch den Park, lande vor einem Hauseingang. Es ist dunkel. Dort steht meine Bekannte S. Sie ist erregt, will hier und sofort Sex. Ich schaue mich kurz um: keiner da sonst. Ich nehme sie im Stehen. Sie lacht, ist gutgelaunt. Ich gehe in das Haus, betrete eine Wohnung in einem der oberen Geschosse. Es ist eine kleine Wohnung. Im Wohnzimmer steht ein Tisch mit vielen kleinen bunten Gläsern und verschiedenen alkoholischen Getränken. Auf einmal wird mir klar: ich bin auf einem Klassentreffen meiner alten Schule (Erweiterte Oberschule, Berlin-Friedrichshain). Das Klassentreffen findet auf der Insel Hiddensee statt – ja, jetzt erkenne ich: die Wohnung befindet sich in einem Haus auf Hiddensee. Tolle Idee, denke ich. Meine ehemalige Mitschülerin S. sagt, sie suche das Essen aus für später. Es gebe aber nur Steak, und das Fleisch sei auch nicht bio. Wir sagen, das sei völlig o.k. Wir wandern gutgelaunt über die Wiesen und Hügel des Insel-Hochlandes, wir erzählen, scherzen miteinander. Es ist ein schöner, unbeschwerter Ausflug. K. und B., das ehemalige Vorzeige-Pärchen aus der Schulzeit, sind auch dabei. Zurück in der Wohnung / in dem Haus gibt es eine praktische Demonstration – ein Programmpunkt des Klassentreffens. Einer meiner Ex-Mitschüler hat das organisiert. Der Zeesboot-Segler E. zeigt Seemannsknoten. Ich bin sein Buddy, helfe ihm bei der Vorführung. Die Demonstration kommt gut bei den Leuten an, alle klatschen, als wir fertig sind. Ich verlasse die Wohnung / das Haus, laufe durch einen Park. Es ist Nacht. Ich verlasse den Park, bin jetzt mitten in einer Stadt. Die breiten Straßen glänzen von dem gelben Laternenlicht, es hat vor kurzem geregnet.

* * *

Ball und Marmorwand

Routine und Stabilität: Das Werfen des Balls gegen die Marmorwand und das Auffangen könnten auf die Routine und Stabilität in deinem Leben hinweisen. Es zeigt, dass du in deinem Alltag feste Rituale oder Gewohnheiten hast, die dir Sicherheit geben.

Smaragdenstadt und Eiserner Holzfäller

Kontrolle und Überwachung: Die Smaragdenstadt und der Eiserne Holzfäller könnten auf ein Gefühl der Kontrolle und Überwachung hinweisen. Es zeigt, dass du dich in einer Umgebung befindest, in der du dich beobachtet und möglicherweise eingeschränkt fühlst.

Suche nach der Mitgliederversammlung

Ziel und Orientierung: Die Suche nach der Mitgliederversammlung des Segelvereins symbolisiert deine Suche nach einem bestimmten Ziel oder einer Orientierung in deinem Leben. Es zeigt, dass du dich auf der Suche nach Gemeinschaft und Zugehörigkeit befindest.

Lange Tafel im Hof und Vortrag

Gemeinschaft und Wissen: Die lange Tafel im Hof und der Vortrag deuten auf Gemeinschaft und den Austausch von Wissen hin. Es zeigt, dass du dich in einer Gruppe befindest, in der Wissen und Lernen eine wichtige Rolle spielen.

Kontrolle durch Frauen in weißen Kitteln

Prüfung und Anpassung: Die Kontrolle durch die Frauen in weißen Kitteln könnte auf Prüfungen und Anpassung hinweisen. Es zeigt, dass du dich in Situationen befindest, in denen du überprüft oder bewertet wirst, und dass du gut vorbereitet bist.

Begegnung mit der Bekannten S.

Leidenschaft und Spontanität: Die Begegnung mit deiner Bekannten S. und das darauffolgende spontane Ereignis könnten auf deine Leidenschaft und Spontanität hinweisen. Es zeigt, dass du in der Lage bist, im Moment zu leben und Freude zu finden.

Klassentreffen auf Hiddensee

Erinnerungen und Wiedervereinigung: Das Klassentreffen auf Hiddensee symbolisiert Erinnerungen und Wiedervereinigungen. Es zeigt, dass du gerne an vergangene Zeiten denkst und die Verbindung zu alten Freunden und Mitschülern pflegst.

Demonstration der Seemannsknoten

Fähigkeiten und Zusammenarbeit: Die Demonstration der Seemannsknoten und deine Rolle als Buddy zeigen deine Fähigkeiten und deine Bereitschaft zur Zusammenarbeit. Es zeigt, dass du stolz auf deine Fähigkeiten bist und sie gerne mit anderen teilst.

Nacht und gelbe Laternen

Reflexion und Ruhe: Die Nacht und das gelbe Laternenlicht symbolisieren Reflexion und Ruhe. Es zeigt, dass du gerne über dein Leben und deine Erfahrungen nachdenkst und die Ruhe und Stille der Nacht genießt.

Zusammenfassung

Dein Traum scheint eine Reise durch verschiedene Aspekte deines Lebens zu sein, von Routine und Stabilität über Gemeinschaft und Wissen bis hin zu Leidenschaft und Erinnerungen. Die verschiedenen Szenen deuten darauf hin, dass du dich in einer Phase der Selbstreflexion und des Suchens nach Gemeinschaft und Zugehörigkeit befindest.

25
Freundschafts-Besuch

Ich besuche meinen Freund R. Er hat ein kleines Gartenhäuschen direkt an der Straße. Die Straße ist eine breite, glänzende Chausse. Wir setzen uns, sprechen. R. sagt, dass sein Vater heute Geburtstag habe. Die Feier sei heute vormittag gewesen. Ich sei doch eingeladen gewesen? Ich sage, dass ich davon nichts gewusst habe. Schade, denke ich, ich wäre gern bei dieser kleinen Familien-Geburtstagsfeier dabeigewesen, hätte gern mit R.'s Vater gesprochen. Ein Mann mit einer eigenwilligen, direkten, unverblümten Art. Außerdem mag ich R.'s Familie. O.k., danke für die Einladung, nächstes Mal klappt es vielleicht, sage ich. Ich breche auf, R. bringt mich zum Bus. Er sagt, die Haltestelle sei dort (er zeigt ein Stück die Straße hinauf. Ich bin mir aber sicher, dass sich die Haltestelle ein Stück die Straße hinunter befindet). Wir verabschieden uns. Ich laufe ein Stück die Straße hinunter, warte auf den Bus. Kurze Zeit später kommt er tatsächlich, hält, ich steige ein. Es ist ein gelber Ikarus-Gelenkbus. Ich fahre mit dem Bus durch die nächtliche Stadt. Ich lehne mich zurück, schaue aus dem Fenster, genieße den Ausblick. Die Fahrt könnte ewig dauern, denke ich. Die Straßen sind leer. Alles ist ruhig. Die Stadt schläft, denke ich. Plötzlich sitze ich am Steuer des Busses. Ich bemerke, dass der Bus jetzt kein Bus mehr ist, sondern ein Boot, eine größere Yacht. *Ich bin der Steuermann dieses stolzen weißen Rumpfes, der kräftige Motor ist mein bester Kamerad: über uns drohen die Häuser einzustürzen, doch wir setzen die Segel und fahren munter das Leben hinunter.* Dann verwandelt sich die Yacht wieder zurück in ein Straßenfahrzeug – jetzt ist es ein großer Armee-Lkw. Ich bin Soldat. Wir gelangen an eine Kreuzung, ein anderer Soldat und ich entladen den Lkw, es sind ein paar große Kisten. Wir wissen nicht, was sich in den Kisten befindet. Wir wissen nur: der Inhalt ist wichtig. Unsere Aufgabe ist wichtig. Wir tragen die Kisten in ein Haus, dann die Treppen hoch. Oben angelangt, balancieren wir die schweren, olivgrünen Holzkisten über ein Baugerüst, das von außen an dem Haus angebracht ist, entlang. Das ist gar nicht so einfach, wir müssen die Kisten ein paarmal absetzen, um neue Kraft zu schöpfen. Doch endlich ist es geschafft. Die Kisten sind da, wo sie hinsollen. Wir verschnaufen. Wir lehnen uns auf das Geländer des Gerüstes, schauen auf die tief unter uns liegende Karl-Marx-Allee. *Stalins Bauten sind meine Spielwiese, sie ziehen mich in ihren Bann: mit lebendigen Fahrkörben, flüsternden Loggien, flinken, schlauen Silberfischlein und labyrinthischen römischen Säulenhallen aus schwarzem poliertem Marmor. Ich werfe den Ball an die Wand, er prallt ab, kommt auf dem Boden auf, ich fange ihn.* Wir müssen höllisch aufpassen, dass wir nicht abstürzen, denn das Gerüst ist ziemlich wackelig.

* * *

Besuch bei Freund R.

Beziehungen und Kommunikation: Dein Besuch bei deinem Freund R. und das Gespräch über die verpasste Geburtstagsfeier seines Vaters symbolisieren möglicherweise deine Sehnsucht nach Kommunikation und den Wunsch, in engen Beziehungen zu sein. Es zeigt, dass du Wert auf familiäre Bindungen und Freundschaften legst.

Verpasste Feier

Bedauern und Chancen: Das Bedauern, die Geburtstagsfeier verpasst zu haben, könnte auf verpasste Gelegenheiten oder ungenutzte Chancen im wirklichen Leben hinweisen. Es zeigt, dass du vielleicht das Gefühl hast, wichtige Momente oder Ereignisse zu verpassen.

Busfahrt durch die nächtliche Stadt

Reise und Reflexion: Die nächtliche Busfahrt durch die Stadt symbolisiert eine Reise oder einen Übergang in deinem Leben. Die leeren Straßen und die ruhige Atmosphäre könnten auf eine Phase der Reflexion und des inneren Friedens hinweisen. Es zeigt, dass du Zeit hast, nachzudenken und die Ruhe zu genießen.

Verwandlung des Busses

Veränderung und Anpassung: Die Verwandlung des Busses in eine Yacht und dann in einen Armee-Lkw symbolisiert deine Fähigkeit zur Anpassung und Veränderung. Es zeigt, dass du in der Lage bist, dich an unterschiedliche Situationen und Herausforderungen anzupassen.

Soldat und Entladen der Kisten

Pflicht und Verantwortung: Deine Rolle als Soldat und das Entladen der Kisten symbolisieren Pflichtgefühl und Verantwortung. Es zeigt, dass du eine wichtige Aufgabe hast und diese mit Hingabe und Ernsthaftigkeit erfüllst, auch wenn du nicht genau weißt, was sich in den Kisten befindet.

Baugerüst und Balance

Herausforderungen und Vorsicht: Das Tragen der schweren Kisten über ein wackeliges Baugerüst symbolisiert die Herausforderungen und Risiken, denen du im Leben begegnest. Es zeigt, dass du vorsichtig und aufmerksam sein musst, um nicht abzustürzen.

Aussicht auf die Karl-Marx-Allee

Vergangenheit und Faszination: Der Blick auf die Karl-Marx-Allee und die Beschreibung von Stalins Bauten als Spielwiese symbolisieren möglicherweise eine Faszination für die Vergangenheit und für bestimmte historische oder architektonische Elemente. Es zeigt, dass du eine tiefe Verbindung zur Geschichte und zu bestimmten Orten hast.

Zusammenfassung

Dein Traum scheint eine Reise durch verschiedene Aspekte deines Lebens zu sein, von Beziehungen und Kommunikation über Reflexion und Anpassung bis hin zu Verantwortung und Herausforderungen. Die verschiedenen Szenen deuten darauf hin, dass du dich in einer Phase der Selbstreflexion und des Suchens nach Stabilität und Sicherheit befindest.

26
Denk-Zettel

Ich bin an einem Fluß. Der Fluß strömt mäßig stark. Er ist breit (ist es die Elbe in Sachsen-Anhalt?). Viele kleine dunkle Steine säumen das Ufer. Wir laufen ein Stück. Am Ufer steht ein kleiner Zweckbau aus Beton, Ziegeln und Glas. Hier wohnen – heimlich – Menschen (wer?). Sie haben sich gut getarnt. Ich laufe weiter, gelange schließlich zu einer Wohnung, trete ein in ein helles Wohnzimmer, zusammen mit meiner

Bekannten M. In der Wohnung taucht plötzlich auch M.`s Ex-Mann C. auf. Er geht sofort in die Küche und kocht etwas. Ich frage M., was C. hier macht, schließlich sei ich doch mir ihr hier (sind wir zusammen? Sind wir ein Paar?). Ich sage C., dass er hier nichts zu suchen hat. Er soll sich zum Teufel scheren, sonst setzt es was. *The swiftness of my sword is an understatement of my art of war / A pleasure without conscience, feeds me, to want more / Principles of karma, death before dishonor /Shadows my eyesight procedes me to fight harder / For the number one headband, stand alone as one man / Afro Samurai can be defeated by no clan.* M. sagt, C. würde öfter vorbeikommen und etwas bei ihr kochen, dann würden sie immer gemeinsam essen. Das sei schon eine Tradition. Ich sage, o.k., kein Problem, gute Idee. M. geht in die Küche, um C. zu helfen. Ich bleibe im Wohnzimmer. Die Situation gefällt mir nicht. C. stört. Ich nehme mir vor, C. demnächst einen Denkzettel zu verpassen. *My aim is too precise, move forward and real pivotal / Take sips of lemonade, take lives with my blade / Revenge my father's death ,til I reach my final days / Kill kill kill, Afro Samurai.* Da sehe ich, dass auf dem Boden des Wohnzimmers viele Puzzleteile verstreut herumliegen. Ich fange an, sie zusammenzusetzen. Auf einmal betritt meine Bekannte H. das Zimmer. Sie setzt sich auf den Boden zu mir. Sie hilft mir beim Zusammensetzen der Puzzleteile. Dabei sprechen wir kein Wort. Ich habe eine Verletzung am Bein. H. behandelt die Wunde, sie ist Ärztin. Dann pflanze ich einen Baum vor dem Haus ein. Der Baum soll direkt vor der Glasfront des Wohnzimmers in den Boden gebracht werden (das Haus ist jetzt eine Villa, modern, flach, Naturstein, nach vorn komplett verglast, ein wirklich schönes Häuschen, denke ich) mit Blick auf die Wiese. Ich hebe mit einem Spaten ein Loch aus und setze den Baum mit den Wurzeln vorsichtig hinein. Er wackelt, will immer wieder umkippen. H. hält den Baum fest, so kann ich ihn gut einpflanzen. Dabei kommen wir uns sehr nahe.

* * *

Fluß und steiniges Ufer

Lebensfluss und Herausforderungen: Der mäßig stark strömende Fluss könnte den Fluss des Lebens symbolisieren, der mit seinen Herausforderungen und Hürden, dargestellt durch die steinigen Ufer, beständig weitergeht. Die Elbe in Sachsen-Anhalt könnte eine spezifische Bedeutung oder Erinnerung für dich haben.

Geheimwohnung und ihre Bewohner

Verborgene Aspekte: Die Geheimwohnung und ihre Bewohner symbolisieren möglicherweise verborgene oder unterdrückte Aspekte deines Lebens oder deiner Persönlichkeit. Es könnte darauf hindeuten, dass es Bereiche in deinem Leben gibt, die du vor anderen versteckst oder die nur wenigen bekannt sind.

Bekannte M. und ihr Ex-Mann C.

Eifersucht und Besitz: Deine Reaktion auf C. und die Tatsache, dass er regelmäßig bei M. kocht, könnten auf Gefühle der Eifersucht und des Besitzanspruchs hinweisen. Es zeigt, dass du möglicherweise Unsicherheit in Bezug auf deine Beziehung zu M. empfindest.

Puzzleteile und Freundin H.

Zusammenarbeit und Heilung: Das Puzzeln mit H. symbolisiert die Zusammenarbeit und das gemeinsame Lösen von Problemen. H. als Ärztin, die deine Verletzung behandelt, könnte darauf hinweisen, dass sie eine heilende und unterstützende Rolle in deinem Leben spielt.

Baum pflanzen

Neuanfang und Wachstum: Das Pflanzen eines Baumes vor der modernen Villa symbolisiert Neuanfang und Wachstum. Es zeigt deinen Wunsch, etwas Bleibendes und Nachhaltiges zu schaffen. Die Tatsache, dass H. dir hilft und ihr euch dabei näherkommt, deutet auf Unterstützung und Zusammenarbeit in deinem Bestreben hin.

Zusammenfassung

Dein Traum scheint eine Reise durch verschiedene Aspekte deines Lebens zu sein, von verborgenen Aspekten und Herausforderungen über Eifersucht und inneren Kampfgeist bis hin zu Zusammenarbeit und Wachstum. Die verschiedenen Szenen deuten darauf hin, dass du dich in einer Phase der Selbstreflexion und des inneren Wachstums befindest.

27
Oma E.

Ich fahre mit einem sportlichen Auto. Das Auto hat einen kräftigen Motor, es ist ein amerikanisches Muscle-Car. Ich habe einen Wimpel an der Antenne, darauf bin ich sehr stolz. Weitere Autos treffen ein, auch sie tragen Wimpel an ihren Antennen. Es ist unser Erkennungszeichen. Wir gehören zusammen, sind eine Gruppe von Car-Enthusiasten. Wir lassen die Autos auf dem Parkplatz stehen, unten an einem Hügel, im Wald. Wir laufen gemeinsam eine Treppe hoch. Wir wollen eine Ausstellung besuchen. Am Eingang werden wir von einer sportlichen, schwarz gekleideten Frau kontrolliert. Sie hat lange schwarze Haare, die sie zu einem Pferdeschwanz zusammengebunden hat. Das steht ihr gut, denke ich. Sie lässt mich durch. Ihre männlichen Kollegen beobachten uns dabei. Sie sind in Hab Acht-Stellung. Sie sind auf alles gefasst. Die Ausstellung ist in einer Halle. Die Halle steht ganz oben auf dem (bewaldeten) Hügel. Ich betrete die Halle, schaue mich um. Sie kommt mir vor wie ein riesiger Supermarkt. Ich bemerke, daß es sich um ein historisches Gebäude handelt, eine alte Markthalle vielleicht, aus der Gründerzeit, aber gut in Schuß. Gleich vorn ist ein großer Buchladen. Ich stöbere ein wenig in den Bücherregalen. // Ich bin Gärtner, arbeite in einem großen Park in Berlin-Köpenick. Ich gieße die Pflanzen, benutze dabei einen ellenlangen Wasserschlauch. Meine Großmutter (väterlicherseits) ist auf einmal bei mir, Oma E. Sie sitzt plötzlich einfach so da, schweigend, und schaut mir bei der Arbeit zu. Dann spricht sie zu mir. Sie sagt, mein Vater J. (ihr Sohn) sei etwas vergesslich geworden, sie kenne das. Das werde nicht besser werden, damit müsse man rechnen.

Sie spreche aus eigener Erfahrung. Dann ist sie verschwunden. Ich bin wieder allein.

* * *

Fahren mit dem Muscle-Car

Kraft und Stolz: Das sportliche Auto und der Wimpel symbolisieren Kraft, Stolz und Zugehörigkeit. Das amerikanische Muscle-Car repräsentiert möglicherweise eine starke Persönlichkeit und den Wunsch nach Freiheit und Selbstbestimmung. Der Wimpel zeigt, dass du stolz auf deine Identität und Zugehörigkeit zu einer bestimmten Gruppe bist.

Gruppe von Enthusiasten

Gemeinschaft und Zusammenhalt: Das Treffen mit anderen Autos, die ebenfalls Wimpel tragen, symbolisiert Gemeinschaft und Zusammenhalt. Es zeigt, dass du dich in einer Gruppe von Gleichgesinnten wohlfühlst und die Unterstützung und das Gemeinschaftsgefühl dieser Gruppe schätzt.

Treppe und Ausstellung

Aufstieg und Lernen: Das Die-Treppe-Hochlaufen und der Besuch der Ausstellung symbolisieren den Aufstieg zu neuen Erkenntnissen und Wissen. Die Ausstellung in der Halle repräsentiert das Streben nach Bildung und das Erforschen neuer Ideen und Perspektiven.

Kontrolle am Eingang

Überprüfung und Akzeptanz: Die Kontrolle durch die sportliche, schwarz gekleidete Frau könnte auf eine Phase der Überprüfung und Akzeptanz hinweisen. Es zeigt, dass du möglicherweise auf eine Art Prüfung oder Bewertung triffst, die du erfolgreich bestehst.

Historische Halle und Buchladen

Vergangenheit und Wissen: Die historische Halle aus der Gründerzeit symbolisiert eine Verbindung zur Vergangenheit und zu Traditionen. Der Buchladen repräsentiert Wissen und das Streben nach neuen Erkenntnissen. Es zeigt, dass du offen für das Lernen und Erforschen neuer Ideen bist.

Gärtnerarbeit in Berlin-Köpenick

Pflege und Wachstum: Deine Arbeit als Gärtner im Park symbolisiert Pflege und Wachstum. Es zeigt, dass du dich um wichtige Aspekte deines Lebens kümmerst und daran arbeitest, sie zu pflegen und zu entwickeln.

Begegnung mit der Großmutter

Familienbeziehungen und Weisheit: Die Anwesenheit deiner Großmutter und ihre Worte über die Vergesslichkeit deines Vaters symbolisieren die Bedeutung von Familienbeziehungen und die Weitergabe von Weisheit und Erfahrung. Es zeigt, dass du Ratschläge und Erfahrungen von Familienmitgliedern schätzt und in dein Leben integrierst.

Zusammenfassung

Dein Traum scheint eine Reise durch verschiedene Aspekte deines Lebens zu sein, von Kraft und Gemeinschaft über Wissen und Lernen bis hin zu Pflege und Familienweisheit. Die verschiedenen Szenen deuten darauf hin, dass du dich in einer Phase des Wachstums und der Selbstreflexion befindest, während du gleichzeitig die Unterstützung von Gleichgesinnten und Familienmitgliedern schätzt.

28
Bus-Bahnhof

Ich bin in einem kleinen Haus. Es erinnert mich an das Gartenhaus auf unserem alten Familiengrundstück. *Schulzendorf, Brandenburg, Täterätä, tausend Kinderschritte vom Bahnhof entfernt, das weiße Gartenhaus ist aus Stein, es ist meine, unsere Festung, die Familie – ein Clan. Vier schlanke, weiße Birken tanzen im warmen Sommerwind, in jeder Ecke des Grundes steht eine, sie wachen über unser Hollywoodschaukel-Glück.* Ein Mann kommt herein, ich kenne ihn, aber ich weiß nicht woher. Er sagt, wir müssten die Schlösser kontrollieren, alle Schlösser bräuchten einen zweiten Schlüssel. Ich kontrolliere die Schlösser, der Mann notiert alles in einem Buch. Bei einigen Schlössern fehlt tatsächlich ein zweiter Schlüssel. Als das erledigt ist, verlasse ich das Haus wieder und setze mich – zusammen mit meiner Familie (Vater, Mutter, kleiner Bruder) auf eine Bank. Die Bank steht mitten in einer quirligen Stadt (wir sind in Rom, denke ich, ganz klar) auf dem Gelände eines Bus-Bahnhofes. Es ist viel los hier, überall laufen Menschen aufgeregt hin- und her, es ist ein Gewusel, es ist laut. Berge von Gepäck stehen herum. Ein Bus hält am Bahnhof, aber es ist noch nicht unser Bus. Unser Bus kommt später. Die meisten Menschen waren eingestiegen und mit dem Bus abgefahren. Nun ist endlich wieder Platz auf dem Busbahnhof, auf dem unsere Bank steht. Es ist wieder Ruhe eingekehrt. Auch die vielen Gepäck-Haufen sind verschwunden. Wir stehen auf, gehen hinüber in eine kleine gemütliche Caféteria am anderen Ende des Busbahnhofes. Wir setzen uns an einen Tisch. An der Seite steht ein langer Tresen, viele Männer sitzen dort. Sie trinken etwas, unterhalten sich, lachen. Ich verstehe ihre Sprache nicht. Für uns Kinder (ich bin zehn Jahre alt, schätze ich) gibt es Snacks und Getränke. Dann kommt endlich unser Bus, wir steigen ein. Wir haben gute Plätze, ziemlich weit vorn, es ist gemütlich hier. Der Bus ist nur halbvoll. Wir fahren los. Ich freue mich auf die Fahrt. Ich schlafe auf meinem Sitz ein, träume: Ich liege in einem Bett, es ist nachmittags. Das Bett ist eine große weiße Matratze, die auf dem Boden liegt. Ich liege auf dem Rücken, drehe meinen Kopf nach rechts, (im Traum bin ich erwachsen), sehe: eine Frau liegt neben mir im Bett. Es ist die Mutter meiner Kinder, S. Zwischen uns krabbelt mein Sohn M. Er ist noch klein, kann noch nicht laufen. Ich sage, dass er jetzt schlafen soll. Er schmiegt sich an mich und schläft augenblicklich ein.

* * *

Kleines Haus und Gartenhaus der Familie

1. **Geborgenheit und Nostalgie:** Das kleine Haus, das

an das Gartenhaus auf dem alten Familiengrundstück erinnert, symbolisiert Geborgenheit und Nostalgie. Es steht für die familiäre Sicherheit und die Erinnerungen an glückliche Zeiten in deiner Kindheit.

2. **Schlösser und Sicherheit:** Die Kontrolle der Schlösser und das Fehlen einiger Schlüssel könnten auf Sicherheitsbedenken oder das Gefühl der Unvollständigkeit hinweisen. Es zeigt, dass du möglicherweise nach Sicherheit und Beständigkeit in deinem Leben suchst.

Bank und Busbahnhof in Rom

1. **Familie und Bahnhof:** Das Sitzen auf der Bank mit deiner Familie auf dem quirligen Busbahnhof in Rom symbolisiert die Reise des Lebens. Der Bahnhof steht für Veränderungen und Bewegung, während Rom für eine Verbindung zur Geschichte und Kultur stehen könnte.

2. **Gewusel und Ruhe:** Das Gewusel und die Lautstärke am Bahnhof und die anschließende Ruhe, als der Bus abgefahren ist, könnten auf die Herausforderungen und Hektik des Lebens hinweisen, gefolgt von Momenten der Ruhe und Erholung.

Caféteria und Fremde

Gemeinschaft und Isolation: Die kleine gemütliche Caféteria und die Männer, die sich dort unterhalten, symbolisieren Gemeinschaft und Geselligkeit. Das Gefühl, die Sprache nicht zu verstehen, könnte auf das Gefühl der Isolation oder

Fremdheit hinweisen.

Busfahrt und gute Plätze

Vorfreude und Komfort: Die Busfahrt und die guten Plätze symbolisieren Vorfreude und Komfort. Es zeigt, dass du dich auf die Reise des Lebens freust und dich in einer guten Position befindest.

Traum im Traum

Intimität und Fürsorge: Der Traum im Traum, in dem du mit der Mutter deiner Kinder und deinem kleinen Sohn im Bett liegst, symbolisiert Intimität und Fürsorge. Es zeigt, dass du dich um deine Familie kümmerst und den Wunsch nach Nähe und Geborgenheit hast.

Zusammenfassung

Dein Traum scheint eine Reise durch verschiedene Aspekte deines Lebens zu sein, von Geborgenheit und Nostalgie über Gemeinschaft bis hin zu Intimität und Fürsorge. Die verschiedenen Szenen deuten darauf hin, dass du dich in einer Phase der Selbstreflexion und der Suche nach Sicherheit und Geborgenheit befindest, während du gleichzeitig bereit bist, die Herausforderungen und Veränderungen des Lebens anzunehmen.

29
Peru, Bootshäuser

Ich befinde mich in einem Haus und wohne einer Prüfung bei. Es ist eine Kunst-Prüfung. Das Haus ist eine Uni. Neben mir sitzt der Prüfer. Er schweigt. Vor mir links der Prüfling, eine junge Frau. Die Prüfung ist umfangreich. Ich bin Beisitzer, muss dafür sorgen, dass alles seine Richtigkeit hat. Vorn rechts sitzt mein Sohn M., er ist etwas später dazugekommen. Auch er schaut zu. Dann ist die Prüfung beendet, die junge Frau verlässt den Raum. Auch ich gehe, zusammen mit dem Prüfer und mit M., hinaus ins Freie. Über die Leistungen der jungen Frau sprechen wir nicht. Das Urteil darüber, ob sie bestanden hat oder nicht, soll später gefällt werden. // Wir sind im Ausland (sind wir in Lateinamerika? Ist es Peru?). Wir sind an einem Hafen gelandet, in dem gibt es viele bunt bemalte Häuser. Traditionelle Musik ertönt, ich höre Panflöten. Peruaner in historischen Trachten tanzen danach, und sie fahren mit geschmückten Booten hinaus, die ebenfalls bemalt sind. Überhaupt scheint hier so gut wie alles irgendwie bemalt zu sein. Auch die Menschen sind angemalt, sie sind nackt, aber sie sind mit Farben verziert. Sie tragen Federschmuck im Haar. Sie sehen feierlich aus, irgendwie aber auch kriegerisch, denke ich. Wir sind hier, um dieses Volk zu untersuchen. Wir wollen ihre Bräuche dokumentieren. Die Menschen wohnen in den großen, bemalten Booten. Abends ziehen sie sie an Land und drehen sie um, die Kiele zeigen nun nach oben. Sie haben Fenster in die Bootsrümpfe gebaut und sogar Türen. Wir schreiben und zeichnen alles akribisch auf. Wir sind Forscher. Wir machen Fotos. Wir sitzen oben auf den Kielen der Boote und beobachten alles. Es ist Sommer. Die Menschen zu Hause werden sich wundern, wenn sie unseren Bericht lesen. Es ist eine verantwortungsvolle und schöne Aufgabe.

* * *

Kunst-Prüfung an der Uni

1. **Bewertung und Verantwortung:** Die Teilnahme an der Kunst-Prüfung als Beisitzer symbolisiert Bewertung und Verantwortung. Du spielst eine Rolle, bei der du die Integrität und Fairness sicherstellen musst. Dies könnte auf deine eigenen Erwartungen und Standards hinweisen, die du dir selbst und anderen gegenüber hast.

2. **Beobachtung und Urteil:** Dein Sohn M. als Zuschauer und die Tatsache, dass das Urteil später gefällt wird, könnten auf die Wichtigkeit von Beobachtungen hinweisen und darauf, dass man viele Überlegungen anstellen muss, bevor man ein Urteil fällt. Es zeigt möglicherweise, dass du geduldig und sorgfältig bist, wenn es darum geht, Entscheidungen zu treffen.

Hafen und bunt bemalte Häuser in Lateinamerika

1. **Entdeckung und kulturelle Vielfalt:** Der Hafen mit den bunt bemalten Häusern und die traditionelle Musik deuten auf Entdeckung und kulturelle Vielfalt hin. Es zeigt, dass du offen für neue Erfahrungen und Kulturen bist und Freude daran hast, diese zu erkunden und zu dokumentieren.

2. **Forschung und Dokumentation:** Das Dokumentieren der Bräuche und das Beobachten der Menschen als Forscher symbolisieren deine Neugier und dein Interesse am Lernen und Verstehen. Es zeigt, dass du Freude daran hast, Wissen zu sammeln und es mit anderen zu teilen.

Menschen und Boote

1. **Verbindung und Anpassungsfähigkeit:** Die Menschen, die in bemalten Booten wohnen und sie abends umdrehen, könnten auf Flexibilität und Anpassungsfähigkeit hinweisen. Es zeigt, dass du in der Lage bist, dich an verschiedene Situationen und Umgebungen anzupassen.

2. **Kriegerische Feierlichkeit:** Der kriegerische und feierliche Aspekt der Menschen könnte auf deine eigenen inneren Konflikte und den Wunsch nach Ausdruck und Feierlichkeit hinweisen. Es zeigt, dass du möglicherweise versuchst, eine Balance zwischen Stärke und Freude zu finden.

Zusammenfassung

Dein Traum scheint eine Reise durch verschiedene Aspekte deines Lebens zu sein, von Bewertung und Verantwortung über Entdeckung und kulturelle Vielfalt bis hin zu Verbindung und Anpassungsfähigkeit. Die verschiedenen Szenen deuten darauf hin, dass du dich in einer Phase der Selbstreflexion und des Lernens befindest, während du gleichzeitig offen für neue Erfahrungen und Kulturen bist.

30

Lavendel-Duft

Rosita Espinosa, ich fahr mit dir nach Washington, nach Alex-andria oder bis ans Ende dieser Welt. Ich fahre mit Rosita (al-lein) durch eine Klein-Stadt im (süd-) europäischen Ausland. *Rosita Espinosa, du bist sexy, du bist schlau, du bist schnell, deine Klinge ist scharf.* Es ist sonnig, aber kalt, es ist Win-ter, es liegt Schnee. Ich spüre die Kälte nicht, mir ist warm. Ich fahre ziellos umher, mache halt an einem Grundstück. Ich bin mit meiner Frau M. und meinem Sohn M. hier. Das Grundstück ist klein. Ein weißes Häuschen steht darauf, mas-siv gemauert. *Schulzendorf, Brandenburg, Täterätä, tausend Kinderschritte vom Bahnhof entfernt, das weiße Gartenhaus ist aus Stein, es ist meine, unsere Festung, die Familie – ein Clan.* Das Häuschen ist hübsch. Es ist alt, aber bewohnbar. Es muss saniert werden. *Vier schlanke, weiße Birken tanzen im warmen Sommerwind, in jeder Ecke des Grundes steht eine, sie wachen über unser Hollywoodschaukel-Glück.* Direkt vor dem Haus führt ein Weg entlang. Es ist ein steinerner Weg, die Fahrspuren rechts und links sind mit schwarzem Granit gepflastert. Die Straße ist sehr alt, auch sie muss demnächst wohl saniert werden. Sie ist ein Baudenkmal. Die Granit-Straße läuft an mehreren Grundstücken entlang. Wenn je-der das vor seinem Grundstück liegende Straßenstück selbst sanieren würde, wäre das machbar, denke ich. Jemand sagt: 5.000 Euro pro Meter. Wir machen es uns im Haus bequem. Es ist Sommer. Das Haus steht in Griechenland. Es ist ein sehr schönes Sommerhaus. Dicht an unserem Haus steht ein weiteres Häuschen. Es ist mit Ton- und Töpferarbeiten ge-schmückt. Die Tür des Nachbarhauses öffnet sich. Eine Frau begrüßt uns. Sie macht uns ein Gastgeschenk, einen selbst hergestellten Teller aus gebranntem Ton. Wir stellen ihn auf unseren Gartentisch, laden die Frau ein, auf ein Getränk zu uns herüberzukommen. Sie nimmt die Einladung an, bringt ihre drei Kinder mit, klein, mittel, groß. Wie die Orgelpfeifen, würde meine Oma jetzt sagen, denke ich. Die Kinder können sich nicht benehmen, sie sind nicht erzogen, sie sind verzogene, verwöhnte Gören. Die benehmen sich wie Sau, denke ich, schweige aber. Die Frau ist alleinstehend, alleinerziehend. Sie sieht fertig aus, verbraucht. Sie ist am Ende, kann nicht mehr. Sie raucht eine nach der anderen. // Jetzt müssen wir uns beeilen. In unserem Wohnzimmer beginnt gleich ein Lichtbilder-Vortrag. Die extra aufgestellten Bänke sind schon gut besetzt. Wir setzen uns in eine der hinteren Reihen, wir wollen nicht auffallen, wollen inkognito bleiben. Ein Mann hält einen Vortrag über einen Künstler und dessen Werke. Die Besucher sind Intellektuelle und Künstler, sie kennen sich, und sie kennen sich aus mit dem Thema. Sie sehen extravagant aus. Sie unterhalten sich nach dem Vortrag angeregt. Sie trinken Weißwein. Diese Art von Gesprächen langweilt mich. Diese Art von Menschen langweilt mich. Ich wollte in dieses Haus ziehen, weil es hier so schön ruhig war. Nun ist es nicht mehr ruhig. Ich gehe etwas spazieren, den schwarzen Granitweg entlang. Der Weg ist sehr alt. Er ist mehrere hundert Jahre alt, es ist die Via Appia. Wo beginnt sie? Wo endet sie? In der Nähe unseres Grundstücks überquert der alte Weg einen kleinen Fluß. Ich steige hinab zum Wasser. Die Brücke besteht aus rotem Backstein. Die Brücke ist massiv gebaut, aber schon etwas baufällig. Alles müsste erneuert werden. Doch ich bin mir sicher, dass wir das schaffen werden. Ich gehe wieder zum Haus zurück. Die Nachbarin ist immer noch da. Sie ist eine attraktive Frau. Ich bedeute ihr, dass es vielleicht besser wäre, wenn sie jetzt gehen würde. Immerhin sei es schon spät, die Kinder müssten doch sicherlich… Aber sie will partout nicht gehen. Meine Frau M. ist gastfreundlich. Sie sagt, man könne doch nicht… Was?, frage ich – die Nachbarin mit ihren dummen Gören einfach von unserem Grundstück werfen? Doch, das könne man, sage ich. Ich nehme mich raus, ich will nicht streiten. Ich lege mich im Nachbarzimmer schlafen, ziehe mir wegen des Kinder-Geschreis die Decke über den Kopf. Das hilft, ich schlafe sofort ein. Als ich aufwache, ist die Nachbarn verschwunden. Auch ihre nervenden Kinder hat sie mitgenommen. Endlich, denke ich, das wurde aber Zeit! Aus dem Keller kommen Geräusche. Wir lauschen, es hört sich an, als hätte ein Paar Sex. Nach einer Weile kommt eine hübsche junge Frau aus dem Keller nach oben. Sie hat ein rotes Kleid an. Die oberen Knöpfe des Kleides sind geöffnet, ihre langen blonden Haare sind zerzaust. Sie schaut mich kurz an, schweigend geht sie an uns vorbei, verlässt das Grundstück. Ich kenne diese Frau nicht, wir kennen sie nicht. Im Keller ist noch ein Mann, einer der Gäste des Vortrages. Er findet einen anderen Weg aus dem Keller, ist irgendwann ebenfalls verschwunden. Nun sind wir wieder allein. Mein Sohn M. schläft. Meine Frau M. kommt zu mir ins Bett. Wir schmiegen uns aneinander. Endlich. Endlich sind wir wieder allein auf unserem kleinen, schönen Grundstück. *Vier schlanke, weiße Birken tanzen im warmen Sommerwind, in jeder Ecke des Grundes steht eine, sie wachen über unser Hollywoodschaukel-Glück.* Hinter dem Haus hat eine große braunweiße Katze Junge bekommen. Sie werden von der Katze gesäugt. Es ist windstill. Es ist unsere Katze. Der Abend legt sich über die Stadt. Es duftet nach Lavendel.

***

Fahrt mit Rosita Espinosa

Freiheit und Abenteuer: Die Fahrt mit Rosita Espinosa, einem kraftvollen und schnellen Fahrzeug, symbolisiert Freiheit, Abenteuer und die Kontrolle über dein Leben. Die Referenzen an Washington und Alexandria könnten auf Ziele oder Sehnsüchte hinweisen, die du erreichen möchtest.

Haus und Grundstück

Geborgenheit und Nostalgie: Das weiße Häuschen und die Birken erinnern an deine Kindheit und symbolisieren Geborgenheit und familiäre Bindungen. Es zeigt den Wunsch nach einem sicheren und stabilen Zuhause, das als Zufluchtsort dient.

Nachbarschaft und Interaktionen

Gastfreundschaft und Herausforderungen: Die Interaktionen mit der Nachbarin und ihren Kindern könnten auf die Herausforderungen im sozialen Umfeld hinweisen. Während du und deine Frau gastfreundlich seid, wird die Geduld durch das Verhalten der Nachbarn auf die Probe gestellt. Dies könnte auf reale Situationen hinweisen, in denen du das Gleichgewicht zwischen Gastfreundschaft und persönlichen Grenzen finden musst.

Lichtbilder-Vortrag

Kulturelle Interessen und Langeweile: Der Vortrag über einen Künstler und die anschließenden Gespräche könnten deine kulturellen Interessen symbolisieren, aber auch deine Frustration oder Langeweile in bestimmten sozialen Kreisen. Es zeigt, dass du dich nach Tiefe und Bedeutung in Gesprächen sehnst, aber manchmal das Gefühl hast, dass in diesen Oberflächlichkeiten dominieren.

Via Appia und Brücke

Historische Verbindung und Herausforderungen: Der alte Granitweg und die baufällige Brücke symbolisieren die Verbindung zur Vergangenheit und die Herausforderungen, die damit einhergehen. Es zeigt deinen Respekt vor Geschichte und Tradition, aber auch die Notwendigkeit, Dinge zu erneuern und zu reparieren.

Keller und unbekannte Besucher

Geheimnisse und Störungen: Die Geräusche aus dem Keller und die unbekannten Besucher symbolisieren Geheimnisse und unvorhergesehene Störungen in deinem Leben. Die unbekannte Frau und der Mann könnten Aspekte deines Unbewussten darstellen, die du noch nicht vollständig verstehst.

Rückkehr zur Ruhe

Frieden und Familie: Das Zurückkehren zur Ruhe und das Zusammensein mit deiner Frau und deinem schlafenden Sohn symbolisieren Frieden und familiäre Geborgenheit. Es zeigt, dass du trotz der Herausforderungen und Störungen letztendlich die Ruhe und den Frieden in deinem Zuhause findest.

Zusammenfassung

Dein Traum scheint eine Reise durch verschiedene Aspekte deines Lebens zu sein, von Freiheit und Abenteuer über familiäre Geborgenheit und soziale Herausforderungen bis hin zu kulturellen Interessen und inneren Geheimnissen. Die verschiedenen Szenen deuten darauf hin, dass du dich in einer Phase der Selbstreflexion und des Suchens nach Balance und Bedeutung befindest.

31
Rudolf M.

Ich bin in einer alten Fabrikhalle, es ist luftig, hell, sonnig. Um mich herum junge Menschen, die ich alle kenne. Wir sind eine Seminargruppe, wir sind hier, um etwas zu lernen. Wir sitzen auf Bänken, die in mehreren Reihen hintereinanderstehen. Wir warten auf die Dozentin / Ausbilderin. Die Ausbilderin kommt, sie fragt uns etwas, wir antworten. Das Fragespiel macht Spaß. Es ist anspruchsvoll. Aber es wird auch viel gelacht. Sie erwähnt den Namen eines Studierenden, der auch hier immatrikuliert ist. Er trägt denselben Familiennamen wie ich, allerdings mit einem Anhang: Zimt. Rudolf M.-Zimt, ein Doppelname. Ich horche auf, frage, was es mit diesem jungen Mann auf sich hat. Sie antwortet zunächst nicht auf meine Frage. Nach dem Seminar ruft mich die Dozentin zu sich, wir gehen zusammen in einen Raum (ein Archiv?). Sie gehe sich jetzt einen Kaffee holen, sagt sie im Hinausgehen, sie wisse von nichts, ich solle mich beeilen. Auf dem Tisch liegt die Personalakte von Rudolf M.-Zimt. Ich überfliege die Akte, lese: Rudolf M.-Zimt ist ein ausgebildeter Militärkraftfahrer (so wie ich, denke ich), er fährt einen militärischen Sattelschlepper, der sehr groß, sehr kräftig und sehr breit aussieht. In der Akte fehlen ein paar Seiten. Jemand hat sie herausgerissen. Das kommt mir seltsam vor, gibt es ein dunkles Geheimnis in Bezug auf Rudolf? Jemand will nicht, dass die wahre Identität meines Namensvetters ans Tageslicht gelangt, das steht für mich fest. Aber jetzt weiß ich wenigstens, dass wir hier an einer Militärakademie sind. Ich bin Soldat. Alle um mich herum sind Solden. Wir befinden uns in der Ausbildung. Es ist eine Spezial-Ausbildung. Ich mache mich auf die Suche nach meinem Verwandten Rudolf M.-Zimt. Ich weiß: ich werde ihn finden.

* * *

Alte Fabrikhalle und Seminargruppe

Lernen und Gemeinschaft: Die alte Fabrikhalle, die hell und luftig ist, symbolisiert einen offenen und inspirierenden Raum des Lernens. Die Anwesenheit von bekannten jungen Menschen zeigt die Bedeutung von Gemeinschaft und Zusammenarbeit in deinem Leben. Es deutet darauf hin, dass du dich in einer Phase des Lernens und des Austauschs befindest.

Dozentin und Fragespiel

Wissen und Spaß: Die Dozentin und das Fragespiel symbolisieren den Spaß am Lernen und den Austausch von Wissen. Es zeigt, dass du Freude daran hast, neues Wissen zu erwerben und dich in einer förderlichen Umgebung zu befinden.

Rudolf M.-Zimt und Personalakte

Identität und Geheimnisse: Der Name Rudolf M.-Zimt und die Personalakte symbolisieren Fragen der Identität und Geheimnisse. Das Auftauchen eines Namensvetters könnte auf das Bedürfnis hinweisen, mehr über dich selbst und deine familiären Wurzeln zu erfahren. Die fehlenden Seiten und die Geheimhaltung deuten darauf hin, dass es Aspekte deiner Vergangenheit oder deiner Identität gibt, die verborgen oder unklar sind.

Militärkraftfahrer und Militärakademie

Disziplin und Ausbildung: Die Identität als Militärkraftfahrer und der Ort der Militärakademie symbolisieren Disziplin und Ausbildung. Es zeigt, dass du dich in einer Phase der intensiven Schulung und Vorbereitung befindest, möglicherweise für eine wichtige Aufgabe oder einen neuen Lebensabschnitt.

Suche nach Rudolf M.-Zimt

Erforschung und Entdeckung: Dein Entschluss, Rudolf M.-Zimt zu suchen, symbolisiert die Suche nach Wahrheit und Verständnis. Es zeigt, dass du bereit bist, verborgene Aspekte deiner Identität oder deiner Geschichte zu erforschen und zu entdecken.

Zusammenfassung

Dein Traum scheint eine Reise durch verschiedene Aspekte deines Lebens zu sein, von Lernen und Gemeinschaft über Identität und Geheimnisse bis hin zu Disziplin und der Suche nach Wahrheit. Die verschiedenen Szenen deuten darauf hin, dass du dich in einer Phase der Selbstreflexion und des Suchens nach tieferem Verständnis befindest.

32
Nicht verlieren

Etwas später schlendere ich mit meinem Vater J. durch einen Park. Hinter uns befindet sich ein kleiner künstlich angelegter See, vor uns Blumenrabatten, eine Wiese, Hecken. Dahinter ein Haus, Stalin-Bau, fünfziger Jahre. *Die beige verkachelte Smaragdenstadt, bewacht vom Eisernen Holzfäller, seinen treuen Genossen und den Holzsoldaten, hat mich gefressen. Stalins Bauten sind meine Spielwiese, sie ziehen mich in ihren Bann: mit lebendigen Fahrkörben, flüsternden Loggien, flinken, schlauen Silberfischlein und labyrinthischen römischen Säulenhallen aus schwarzem poliertem Marmor. Ich werfe den Ball an die Wand, er prallt ab, kommt auf dem Boden auf, ich fange ihn.* Aus einem der offenen Fenster hängt eine Fahne – oder ist es ein Transparent? Die Fahne ist weiß. Ich bin dienstlich hier, habe meinen Kamera-Rucksack bei mir. Ich setze den Rucksack ab, nehme meine Kamera heraus, schraube das Tele-Objektiv auf den Body. Ich fotografiere das Fenster mit dem weißen Tuch. Am Fenster stehen einige Männer. Die Männer bemerken, dass ich Fotos von ihnen mache. Sie holen die Fahne hektisch ein, schließen das Fenster. Kurze Zeit später sind die Männer bei uns, stehen um uns herum, kommen bedrohlich nahe. Die Männer sind aufgeregt, wollen meine Kamera haben. Sie verlangen, dass ich die Fotos von ihnen / von der Fahne lösche. Sie wollen meinen Ausweis sehen. Ich weise die Forderungen von mir, sage, dass ich dienstlich hier sei. „Ich bin von der Zeitung", sage ich, „Presse". Die Männer werden immer aufgeregter, es kommt zu Handgreiflichkeiten. Einer der Männer greift nach mir, ich wehre seinen Griff ab. Ich sage, sie sollen sich ruhig verhalten, und sie sollen jetzt besser gehen. Dann werde niemandem etwas passieren. Unauffällig sondiere ich die Lage, bereite mich auf den bevorstehenden Kampf vor. *Afro Samurai can be defeated by no clan / A warrior of the street through my travels of land / In any shape form or fashion, kill the streets dramatic fashion / Become unpredictable when I strike there's no missin you / My aim is too precise, move forward and real pivotal / Take sips of lemonade, take lives with my blade / Revenge my father's death ,til I reach my final days / Kill kill kill, Afro Samurai.* Das Wichtigste ist, meinen Vater zu schützen. Das hat oberste Priorität. Einer der Männer holt Pfefferspray aus seiner Jackentasche. Er sprüht in Richtung meines Gesichts, ich weiche dem Sprühstoß aus, gehe zwei Schritte zurück. Meinen Vater schiebe ich direkt hinter mich, da kann ihm nichts passieren. Die Männer beraten sich, wenden dazu ihre Blicke kurz von uns ab. Diese Gelegenheit nutze ich. Ich packe meinen Vater am Arm, wir verschwinden. Katsu kangae wa motsu na, makenu kangae wa hitsuyo[11].

* * *

Spaziergang mit dem Vater im Park

Verbindung und Schutz: Der Spaziergang mit deinem Vater symbolisiert eine enge Verbindung und den Wunsch, ihn zu schützen. Es zeigt, dass du in deinem Leben Verantwortung und Fürsorge für deine Familie empfindest.

Stalin-Bauten und Smaragdenstadt

Faszination und Geschichte: Die Stalin-Bauten und die Beschreibung der Smaragdenstadt symbolisieren eine Faszination für Geschichte und Architektur. Diese Orte könnten für dich eine besondere Bedeutung haben und Erinnerungen oder bestimmte Gefühle hervorrufen.

Fotografie und Konflikt

Beobachtung und Konfrontation: Das Fotografieren des Fensters mit dem weißen Tuch und der darauf folgende Konflikt symbolisieren die Spannung zwischen Beobachtung und Konfrontation. Es zeigt, dass du in einer Situation bist, in der du etwas Wichtiges beobachtest oder dokumentierst, von dem andere nicht wollen, dass es gesehen wird.

Bedrohung und Selbstverteidigung

Schutz und Kampf: Die Bedrohung durch die Männer und dein Bedürfnis, dich und deinen Vater zu schützen, symbolisieren deine Bereitschaft, für das einzustehen, was dir wichtig ist. Die Vorbereitung auf einen möglichen Kampf zeigt deine innere Stärke und deinen Kampfgeist.

Flucht und Priorität

Schnelles Handeln und Schutz: Die Entscheidung, schnell zu handeln und deinen Vater in Sicherheit zu bringen, symbolisiert deine Fähigkeit, in kritischen Momenten schnell und effektiv zu handeln. Es zeigt, dass du klare Prioritäten setzt und die Sicherheit deiner Lieben an erster Stelle steht.

Zusammenfassung

Dein Traum scheint eine Reise durch verschiedene Aspekte deines Lebens zu sein, von der engen Verbindung zu deinem Vater und dem Wunsch, ihn zu schützen, über die Faszination für Geschichte und Architektur bis hin zu Beobachtung und Konfrontation. Die verschiedenen Szenen deuten darauf hin, dass du dich in einer Phase der Selbstreflexion und des inneren Kampfes befindest, während du gleichzeitig Verantwortung und Fürsorge für deine Familie empfindest.

33
Auto-Diebstahl

Ich bin mit einem silbergrauen, neuen, ziemlich teuren SUV unterwegs. Ich halte in Berlin-Friedrichshain, Revaler / Ecke Warschauer Straße, in der Nähe der Brücke. Ich habe hier etwas zu erledigen. Doch im Gehen fällt mir ein kräftiger Ausländer auf, der sich mit seinem Sohn an meinem

Auto zu schaffen macht. Der Sohn ist jung, 16 oder 17 Jahre vielleicht, denke ich, aber er ist für sein Alter sehr groß und kräftig (Araber vielleicht, denke ich, Clan-Kriminelle). Ganz klar: sie wollen mein Auto stehlen. Im Nu haben sie die Tür geöffnet, der Sohn sitzt auf dem Fahrersitz und startet den Motor (wie haben die das so schnell hinbekommen, denke ich – ohne Schlüssel?). Der Vater steht Schmiere. Ich versuche, den Jungen vom Fahrersitz zu zerren. Er wehrt sich, versucht einen Gang einzulegen und abzuhauen. Der Vater kommt dazu, versucht, ihm zu helfen. Er will mich nach hinten wegziehen. Blitzschnell drehe ich mich zu ihm um, aus der Drehung heraus gebe ich ihm mit meiner Rechten einen kurzen, aber kräftigen Kick direkt auf die Nase, es knackt, er fällt nach hinten um wie ein Stein. Seine Nase blutet. Das habe ich nicht gewollt, denke ich, es ging aber leider grade nicht anders, eigene Schuld. Es gelingt mir schließlich, den Jungen mit aller Kraft aus dem Auto zu ziehen. Doch er wehrt sich weiterhin, zetert, schreit, will sich losreißen. Mein Sohn M. kommt dazu, gemeinsam können wir ihn bändigen. Wir wollen die Polizei rufen. Das will der Junge unter allen Umständen verhindern. Er schlägt wie wild um sich. Er versucht ein paar Karate-Moves. O.k., mein Lieber, jetzt ist Schluss mit lustig, denke ich. Mit ein paar gezielten Schlägen und Tritten stellen wir ihn ruhig. Alles ist voller Blut. Es ist nicht unser Blut. Der Junge ist bewusstlos. Wir legen ihn vorsichtig neben seinem ebenfalls bewusstlosen Vater ab. Jemand ruft einen Krankenwagen. Es tut uns leid, doch wir können nicht warten. Wir müssen los. Wir haben noch etwas zu erledigen.

* * *

Teurer SUV

Wert und Sicherheit: Der silbergraue, teure SUV symbolisiert etwas Wertvolles in deinem Leben, sei es materiell oder immateriell. Es steht für deinen Wunsch nach Sicherheit und den Schutz deiner wertvollen Besitztümer oder Aspekte deines Lebens.

Berlin-Friedrichshain

Bekanntes Umfeld und Erinnerungen: Der Ort, Berlin-Friedrichshain, könnte auf bekannte Umgebungen und Erinnerungen hinweisen. Es zeigt, dass du in einem vertrauten Umfeld bist, aber dennoch auf Herausforderungen stößt.

Kräftiger Ausländer und sein Sohn

Bedrohung und Vorurteile: Die Beschreibung der Personen als „kräftiger Ausländer" und „Clan-Kriminelle" könnte auf tiefsitzende Ängste und Vorurteile hinweisen. Diese Figuren symbolisieren eine Bedrohung oder ein Eindringen in dein Leben und deine Sicherheit.

Auto-Diebstahl

Verlust und Kontrolle: Der versuchte Diebstahl deines Autos symbolisiert die Angst vor Verlust und dem Verlust der Kontrolle über wichtige Aspekte deines Lebens. Es zeigt auch, dass du bereit bist, aktiv für den Schutz dessen zu kämpfen, was dir wichtig ist.

Konfrontation und Kampf

Konflikt und Selbstverteidigung: Die körperliche Auseinandersetzung mit den Dieben symbolisiert innere Konflikte und den Drang zur Selbstverteidigung. Es zeigt, dass du bereit bist, dich und deine Werte mit aller Kraft zu verteidigen.

Unterstützung durch deinen Sohn

Gemeinschaft und Zusammenhalt: Die Unterstützung durch deinen Sohn M. symbolisiert den Zusammenhalt und die gemeinsame Stärke in deiner Familie. Es zeigt, dass du auf die Unterstützung deiner Lieben zählen kannst, wenn es darauf ankommt.

Gewalt und Blut

Konsequenzen und Bedauern: Die Gewalt und das Blut im Traum deuten auf die intensiven und möglicherweise unerwünschten Konsequenzen deines Handelns hin. Es zeigt, dass du zwar bereit bist, dich zu verteidigen, aber auch die negativen Auswirkungen dieser Verteidigung bedauerst.

Flucht und Erledigungen

Prioritäten und Verantwortlichkeiten: Das Bedürfnis, die Szene zu verlassen, um andere Dinge zu erledigen, symbolisiert deine Prioritäten und Verantwortlichkeiten im Leben. Es zeigt, dass du trotz Herausforderungen und Konflikten einen klaren Fokus auf deine Aufgaben und Ziele hast.

Zusammenfassung

Dein Traum scheint eine Reise durch verschiedene Aspekte deines Lebens zu sein, von der Sorge um Sicherheit und Wertvolles über Konfrontationen und Selbstverteidigung bis hin zu Gemeinschaft und Verantwortlichkeiten. Die verschiedenen Szenen deuten darauf hin, dass du dich in einer Phase befindest, in der du deine Werte und Besitztümer schützen musst, während du gleichzeitig die Unterstützung deiner Familie schätzt.

34
Mein Weg

Ich bin auf einer Yacht. *Das Flüstern des Windes, das Rauschen der See, ich bin ein Wasserwanderer. Dieses Boot ist mein Boot – ein herrlich leuchtender Salon mit Ledersofa und eine große offene Plicht sind meine Welt; meine Limousine hat eine Vorschiffskabine mit einem schönen Doppelbett, ein Klo mit Bulleye auf der Backbordseite und oben ein hölzernes Rad und die Küche an Steuerbord.* Wir sind mit unserer Yacht Teil eines Boots-Korsos. Gemeinsam fahren wir dunkle, von großen, alten Bäumen gesäumte Kanäle entlang (sind wir im Spreewald?). Obwohl es ein warmer Sommertag ist, ist es hier auf dem schattigen Wasser angenehm kühl. *Ich bin der Steuermann dieses stolzen weißen Rumpfes, der kräftige Motor ist mein bester Kamerad.* Wir unterqueren eine Brücke, machen dahinter an einer Kaimauer unsere Leinen fest. Wir wollen uns an Land versammeln / mit den anderen treffen. Um aus unserem Boot zu gelangen, müssen wir durch eine

Luke klettern, die hoch oben an der Decke des Salons angebracht ist – aber es gibt keine Treppe oder Leiter oder vergleichbares. Die ersten von uns sind sportlich, sie springen empor, halten sich an dem Lukenrahmen fest, machen einen Klimmzug und und klettern nach draußen. Ein stämmiger Mann / Mitfahrer von mir und ich sind die letzten. Ich bin der Skipper und verlasse zuletzt das Boot. Der dicke Mann schafft es nicht nach oben. Ich schlage eine Räuberleiter vor. Er klettert erst auf meine Hände, dann auf meine Schultern. Es klappt nicht. Zehn Zentimeter fehlen. Er soll erst auf meine Hände, dann auf meine Schultern und zuletzt auf meinen Kopf steigen, sage ich: das wird schon! Der Mann zieht seine Schuhe aus, steigt von meinen Schultern auf meinen Kopf – und erreicht tatsächlich die Luke. Von oben ziehen ihn zwei Crewmitglieder nach draußen. Danach springe ich hoch und klettere aus der Luke aufs Oberdeck. Als ich endlich draußen bin, ist keiner mehr da. Wo sind die anderen, wo sind sie hingegangen? Wo ist der Treffpunkt? Wir haben vergessen, uns darüber auszutauschen. Kein Problem, denke ich. Ich verschließe das Schiff und laufe los. Ich mache mich auf den Weg – meinen Weg.

* * *

Yacht und Wasserwanderer

Freiheit und Abenteuer: Die Yacht und das Gefühl des Wasserwanderns symbolisieren Freiheit, Abenteuer und die Kontrolle über dein Leben. Das Boot repräsentiert deinen persönlichen Raum und deine Fähigkeit, durch das Leben zu navigieren.

Luxuriöse Yacht

Komfort und Erfüllung: Der leuchtende Salon mit Ledersofa, die Vorschiffskabine und die gut ausgestattete Küche symbolisieren Komfort, Luxus und Erfüllung. Es zeigt, dass du dich nach einem Leben voller Annehmlichkeiten und Zufriedenheit sehnst.

Bootskorso und Kanäle

Gemeinschaft und Natur: Der Bootskorso und die von großen, alten Bäumen gesäumten Kanäle symbolisieren Gemeinschaft und die Verbindung zur Natur. Es zeigt, dass du dich in einer harmonischen Umgebung wohlfühlst, die sowohl Gemeinschaft als auch Natur verbindet.

Brücke und Kaimauer

Übergänge und Ankerplätze: Das Unterqueren der Brücke und das Festmachen an der Kaimauer symbolisieren Übergänge und Ankerplätze im Leben. Es zeigt, dass du bereit bist, neue Wege zu erkunden und sicherzustellen, dass du einen stabilen Platz zum Ausruhen hast.

Luke und körperliche Anstrengung

Herausforderungen und Unterstützung: Das Durchklettern der Luke ohne Treppe oder Leiter symbolisiert Herausforderungen und die Notwendigkeit von körperlicher Anstrengung. Die Räuberleiter und die Unterstützung des stämmigen Mannes zeigen, dass du bereit bist, anderen zu helfen und Unterstützung zu bieten, auch wenn es schwierig ist.

Alleinsein und Weg finden

Unabhängigkeit und Selbstfindung: Das Alleinsein, nachdem du das Boot verlassen hast, symbolisiert Unabhängigkeit und Selbstfindung. Es zeigt, dass du bereit bist, deinen eigenen Weg zu gehen und dich auf die Reise des Lebens zu begeben, auch wenn du zeitweise allein bist.

Zusammenfassung

Dein Traum scheint eine Reise durch verschiedene Aspekte deines Lebens zu sein, von Freiheit und Komfort über Gemeinschaft und Herausforderungen bis hin zu Unabhängigkeit und Selbstfindung. Die verschiedenen Szenen deuten darauf hin, dass du dich in einer Phase befindest, in der du dich nach Abenteuer und Erfüllung sehnst, bereit bist, Herausforderungen anzunehmen und deinen eigenen Weg zu finden.

35
Weber-Wiese

Ich bin mit meinen Freunden in einem Lager, es ist ein Trainingslager. In einem großen Raum stehen mehrere Doppelstockbetten, darin schlafen wir. Die Wände sind aus Spanplatten, es gibt einfache Fenster, einfache Türen – typisch Ferienlager-Bungalow, denke ich. Es ist nachts, alle schlafen.

Es ist still. Ich wache plötzlich auf, kann nicht wieder einschlafen. Ich gehe nach draußen vor die Tür, Luft schnappen. Das Lager befindet sich inmitten eines dichten Waldes. Die Nacht ist tiefschwarz. Um das Lager herum geht ein Zaun. Draußen vor dem Zaun stehen zwei dunkle Gestalten. Sie sind auf der Suche nach etwas. Sie schauen herüber, sehen mich und laufen in meine Richtung los. Den Zaun überwinden sie ganz einfach, er ist nicht hoch. Sie haben es auf mich abgesehen, denke ich. Ich gehe leise zurück in den Schlafraum, will die Türen verschließen. Aber die Türen lassen sich nicht abschließen, die Schlösser fehlen. Ich denke, wenn wir alle ganz still sind, dann entdecken sie uns vielleicht nicht und gehen weiter. Ich lege mich wieder in mein Bett, behalte aber meine Sportschuhe und Hose an – für den Fall, dass die Männer mich doch entdecken sollten. Ich bin zu allem bereit. Ihr wollt mich? Dann kommt und holt mich, denke ich. Ihr werdet sehen, was ihr davon habt! The swiftness of my sword is an understatement of my art of war / A pleasure without conscience, feeds me, to want more / Principles of karma, death before dishonor /Shadows my eyesight procedes me to fight harder / For the number one headband, stand alone as one man / Afro Samurai can be defeated by no clan / Kill kill kill, Afro Samurai. Ich ziehe mir die Bettdecke bis über beide Ohren, bin mucksmäuschenstill. Alles ist ruhig. Nur das leise Atmen der Schlafenden ist zu vernehmen. Ich höre, wie die Männer am Haus entlangschleichen. Sie flüstern sich etwas zu. Die Männer hören und sehen uns nicht, denken, das Haus sei leer. Sie gehen weiter, zum nächsten Bungalow. Dann sind sie auf einmal weg. Ich atme tief durch, freue mich – für mich und für meine Lagerkumpane. Warum kämpfen, wenn man den Kampf vermeiden kann, denke ich. Ich schlafe wieder ein, träume, dass ich mit meiner Frau M. im Urlaub bin, am Meer (irgendwo an der Cote d`Azur?). Wir laufen an der Promenade entlang, Menschen sitzen in Restaurants und Cafés am Wasser, trinken und essen etwas, unterhalten sich, schauen aufs Meer und auf die Spaziergänger. Es läuft grade irgendein maritimes Fest hier, geschmückte und über die Toppen geflaggte Yachten und Boote paradieren am Ufer vorbei. Einige der kleineren Boote segeln auf einmal direkt zwischen den Tischen des Restaurants hindurch, in dem wir grade sitzen. Das freut uns sehr, diese schönen Boote (meist sind es gut gepflegte, klarlackierte Klassiker aus Holz) einmal aus der Nähe betrachten zu können. Ich ärgere mich, weil ich meinen Fotoapparat (im Hotelzimmer?) liegengelassen habe. Ich muss mit dem Handy Fotos machen. Wir laufen weiter, kommen in einen Gasthof, es ist jetzt schon später Abend, es ist dunkel. Wir gehen hinein und essen etwas. Als wir das Restaurant wieder verlassen, dieses Mal durch den Hinterausgang, empfängt uns ein strahlender Sommertag. Auf dem Hof des Gasthauses gibt es einen kleinen See mit einem richtigen Strand, ein paar Palmen stehen in Kübeln herum. Ringsherum stehen Mietshäuser. Jetzt erkenne ich: wir stehen auf der Weberwiese in Berlin-Friedrichshain. Die beige verkachelte Smaragdenstadt, bewacht vom Eisernen Holzfäller, seinen treuen Genossen und den Holzsoldaten, hat mich gefressen. Stalins Bauten sind meine Spielwiese, sie ziehen mich in ihren Bann: mit lebendigen Fahrkörben, flüsternden Loggien, flinken, schlauen Silberfischlein und labyrinthischen römischen Säulenhallen aus schwarzem poliertem Marmor. Ich werfe den Ball an die Wand, er prallt ab, kommt auf dem Boden auf, ich fange ihn. Wir ziehen uns Badesachen an, steigen ins klare, kühle Wasser. M. sonnt sich am Strand auf einer Decke, ich bleibe im Wasser, schwimme und tauche. Auf dem Grund des Wassers gibt es eine Strömung. Sie ist nicht gefährlich. Ich beobachte, wie die Strömung unter mir große alte Autoreifen mit sich trägt und am Ende der Lagune am Ufer ablagert. Daraufhin schaue ich mir das Ufer genauer an. Ich bemerke, dass der Strand bereits voller alter Autoreifen liegt. Es werden immer mehr. Wir sind umringt von alten Autoreifen. Bemerken das die anderen denn nicht? Als ein besonders großer alter Traktorreifen angespült wird, steige ich aus dem Wasser, gehe zu M. und sage ihr, sie soll ihre Sachen zusammenpacken, dieser Ort sei nicht der richtige für uns. Wir ziehen uns um, packen unsere Taschen und gehen fort, Hand in Hand.

* * *

Trainingslager und Doppelstockbetten

Gemeinschaft und Vorbereitung: Das Trainingslager und die Doppelstockbetten symbolisieren Gemeinschaft, Zusammenarbeit und Vorbereitung auf Herausforderungen. Es zeigt, dass du dich in einer Phase des Lernens und der Entwicklung befindest, um dich auf zukünftige Herausforderungen vorzubereiten.

Bedrohung durch dunkle Gestalten

Ängste und Verteidigung: Die dunklen Gestalten vor dem Lagerzaun symbolisieren Ängste und Bedrohungen, die von außen kommen. Deine Reaktion, die Türen zu verschließen und bereit zu sein, zeigt deinen Wunsch, dich und deine

Freunde zu schützen. Es deutet darauf hin, dass du dich in deinem Leben auf mögliche Gefahren vorbereitest und Strategien entwickelst, um damit umzugehen.

Entscheidung, nicht zu kämpfen

Vermeidung von Konflikten: Deine Entscheidung, den Kampf zu vermeiden, symbolisiert Weisheit und die Fähigkeit, Konflikte durch kluges Handeln zu vermeiden. Es zeigt, dass du in der Lage bist, Situationen einzuschätzen und die beste Vorgehensweise zu wählen, um unnötige Auseinandersetzungen zu vermeiden.

Urlaub an der Cote d'Azur

Erholung und Genuss: Der Urlaub an der Cote d'Azur symbolisiert Erholung, Freude und Genuss des Lebens. Es zeigt, dass du dir Zeit für dich selbst und deine Beziehungen nimmst und die schönen Dinge im Leben schätzt.

Bootskorso und maritimes Fest

Ästhetik und Wertschätzung: Die geschmückten Boote und das maritime Fest symbolisieren Ästhetik und Wertschätzung für Kunst und Handwerk. Es zeigt, dass du Freude an schönen und gut gemachten Dingen hast und diese schätzt.

Weberwiese und Autoreifen

Verbindung zur Vergangenheit und Umweltbewusstsein: Die Rückkehr zur Weberwiese und das Finden der alten Autoreifen symbolisieren eine Verbindung zur Vergangenheit und Umweltbewusstsein. Die Autoreifen im Wasser könnten auf Umweltsorgen und das Bewusstsein für Verschmutzung und deren Auswirkungen hinweisen.

Entscheidung, den Ort zu verlassen

Veränderung und Neuanfang: Deine Entscheidung, den Ort zu verlassen, nachdem du die Autoreifen entdeckt hast, symbolisiert den Wunsch nach Veränderung und einem Neuanfang. Es zeigt, dass du bereit bist, dich von negativen Einflüssen zu lösen und einen besseren, saubereren Ort für dich und deine Liebsten zu suchen.

Zusammenfassung

Dein Traum scheint eine Reise durch verschiedene Aspekte deines Lebens zu sein, von Gemeinschaft und Vorbereitung über Ängste und Verteidigung bis hin zu Erholung und Umweltbewusstsein. Die verschiedenen Szenen deuten darauf hin, dass du dich in einer Phase der Selbstreflexion und der Suche nach Balance und Bedeutung befindest.

36
Prenzlauer Berg

Rosita Espinosa, ich fahr mit dir nach Washington, nach Alexandria oder bis ans Ende dieser Welt. Rosita Espinoza, räche meine Freunde, töte meine Feinde, vergib dem Verräter. Rosi-

ta Espinosa, du bist sexy, du bist schlau, du bist schnell, deine Klinge ist scharf. Rosita Espinoza, alles, was zählt, ist die Hoffnung, traue nicht dem Alp, trotze dem Fluch, doch: rechne mit dem Tod und schieß uns den Weg frei – auf nach Alexandria. Rosita ist ein rotes motorisiertes Dreirad, ein Trike, ein amerikanisches Servi Car. ich fahre mit ihr eine Landstraße entlang. Wir gelangen zu einer Stadt, fahren mitten hinein, dann cruisen wir dort die Straßen entlang. Wenn die Ampeln für die Autos rot zeigen, fahre ich einfach auf dem Bürgersteig weiter, so komme ich schneller ans Ziel. Eine der Straßen, die ich nehmen muss, ist auf einmal versperrt durch einen Fluß. Ich weiche aus, suche und finde schließlich eine neu errichtete Brücke. Ich kann sie in der Ferne schon sehen. Kein Problem, denke ich. Der Weg ist das Ziel. Ich fahre am Flussufer entlang, ein schmaler Sandweg. Es ist nicht leicht hier, Entgegenkommenden auszuweichen. Wir müssen bei Gegenverkehr jedes Mal kurz stoppen und rangieren. An der Seite des Flusses treiben einige tote Fische. Sie sind ziemlich groß. Auch auf dem Ufersand liegen ein paar. Ich lasse sie liegen, beachte sie nicht, fahre weiter. Ich komme an der Brücke an, klettere hinauf. Mein Krad muss ich unten stehenlassen. Es gibt nur eine klapprige Leiter nach oben. Oben angelangt staune ich, wie hoch die Brücke ist. Ich schaue hinunter. Mich schwindelt es, ich habe etwas Höhenagst. Kein Problem, damit werde ich fertig, denke ich. Ich laufe weiter. Ich erkundige mich bei Jugendlichen, welche oben auf der Brücke abhängen, welche Richtung ich einschlagen soll (die Brücke ist auf einmal riesengroß, sie hat die Fläche einer Stadt, unter uns verzweigt sich der breite Strom in unendlich viele kleinere Flüsse). Nicht leicht, da den Überblick zu behalten, denke ich. Doch ich vertraue den Jugendlichen. Sie kennen sich hier aus, sie weisen mir einen Weg. Ich laufe los, gelange schließlich am Ende der Brücke an einen Bahnhof. Es ist ein oberirdischer (U-) Bahnhof, so wie in Berlin-Prenzlauer Berg. Ich steige ein, der Zug fährt ab.

* * *

Rosita Espinosa und das Trike

Freiheit und Abenteuer: Rosita Espinosa, als dein rotes motorisiertes Dreirad (Trike), symbolisiert Freiheit, Abenteuer und die Kontrolle über dein Leben. Es zeigt deinen Wunsch, unabhängig und frei zu sein, und das Trike repräsentiert ein Fahrzeug, das dich auf deiner Reise begleitet.

Landstraße und Stadt

Reise und Ziele: Die Fahrt auf der Landstraße und das Cruisen durch die Stadt symbolisieren den Weg des Lebens und die Ziele, die du erreichen möchtest. Es zeigt, dass du bereit bist, Hindernisse zu überwinden und kreative Wege zu finden, um deine Ziele zu erreichen, wie das Fahren auf dem Bürgersteig, wenn die Ampeln rot sind.

Fluß und Brücke

Hindernisse und Lösungen: Der Fluss und die Brücke symbolisieren Hindernisse und Lösungen im Leben. Der Fluss stellt Herausforderungen dar, die auf deinem Weg auftauchen, während die Brücke eine Möglichkeit darstellt, diese Hindernisse zu überwinden. Es zeigt deine Fähigkeit, Lösungen zu finden und flexibel zu bleiben.

Tote Fische

Verlust und Akzeptanz: Die toten Fische im Fluss und am Ufer könnten auf Verluste und das Akzeptieren von Dingen hinweisen, die du nicht ändern kannst. Es zeigt, dass du in der Lage bist, weiterzumachen und dich nicht von Rückschlägen aufhalten zu lassen.

Höhenangst und Jugendliche

Ängste und Vertrauen: Deine Höhenangst auf der Brücke symbolisiert Ängste und Unsicherheiten, die du im Leben empfindest. Die Jugendlichen, die dir den Weg weisen, stehen für Vertrauen und die Bereitschaft, auf andere zu hören und Hilfe anzunehmen, wenn du dich unsicher fühlst.

Bahnhof und Zugfahrt

Übergänge und Veränderung: Der Bahnhof und die Zugfahrt symbolisieren Übergänge und Veränderungen im Leben. Es zeigt, dass du bereit bist, neue Wege zu erkunden und dich auf neue Reisen und Abenteuer einzulassen.

Zusammenfassung

Dein Traum scheint eine Reise durch verschiedene Aspekte deines Lebens zu sein, von Freiheit und Abenteuer über Hindernisse und Lösungen bis hin zu Ängsten und Vertrauen. Die verschiedenen Szenen deuten darauf hin, dass du dich in einer Phase befindest, in der du dich mit Herausforderungen auseinandersetzt, kreative Lösungen findest und bereit bist, neue Wege zu erkunden.

37
Doppelstock-Bett

Ich bin in einem großen Neubau, in einem hell erleuchteten Saal, der in viele einzelne Arbeitsbereiche unterteilt ist. Viele unbekannte Menschen wuseln um mich herum. Sie haben Kittel an, sie sind Ärzte, Wissenschaftler und Schwestern. Wir arbeiten gemeinsam an einem Forschungsprojekt. Ich bin einer von ihnen, ich gehöre dazu, ich trage Verantwortung. Ständig fragen mich Mitarbeiter nach meiner Expertise. Bereitwillig gebe ich Auskunft. Mein Rat wird bereitwillig angenommen, er wird geschätzt – und sofort in die Tat umgesetzt. Es gibt viele technische Geräte in den Räumen, medizinische Maschinen, Computer und Überwachungsanlagen. In einem Raum wird ein Schlafsaal eingerichtet, es gibt viel zu tun, ich packe mit an (obwohl das eigentlich nicht zu meinem Aufgabenbereich gehört). Wir schieben Betten in den Raum, erst sind es Krankenhausbetten, als diese ausgehen, tragen wir auch normale Betten und Liegen hinein. Es ist schon spät, langsam wird es dunkel, alle sind müde und wollen endlich schlafen gehen. Da wird noch ein weiterer Patient eingeliefert, für ihn ist aber kein Bett da, alles belegt. Der Patient ist mein ehemaliger Mitschüler F. aus der Polytechnische Oberschule in Berlin-Friedrichshain. In dem Raum gibt es keinen Platz mehr für ein weiteres Bett, er ist voll. Ich schlage vor, eines der Betten in ein Doppelstockbett / Etagenbett umzubauen. So würde man Platz für ein weiteres Bett schaffen können. Der Klinik-Chef kommt herein. Er findet die Idee gut. So wird es gemacht, sagt er. Der Chef geht wieder. Alle sind sauer, denn nun können sie nicht schlafen gehen, sondern müssen erst noch das Bett für F. bauen. Mir macht das nichts aus. Ich bin nicht müde.

***

Helle, große Arbeitsumgebung und Forschung

1. **Verantwortung und Expertise:** Der große, hell erleuchtete Saal und die intensive Arbeitsumgebung symbolisieren deine Verantwortlichkeit und Expertise in deinem beruflichen oder persönlichen Leben. Es zeigt, dass du eine zentrale Rolle in einem wichtigen Projekt oder in deiner Gemeinschaft spielst, und dass andere auf deine Fähigkeiten und Kenntnisse angewiesen sind.

2. **Zusammenarbeit und Führung:** Die Zusammenarbeit mit Ärzten, Wissenschaftlern und Schwestern weist darauf hin, dass du gut im Team arbeiten kannst und oft in Führungsrollen gerufen wirst. Dein Rat wird geschätzt und sofort umgesetzt, was auf deine Autorität und Kompetenz hinweist.

Einrichtung des Schlafsaals

Versorgung und Fürsorge: Das Einrichten des Schlafsaals und das Bereitstellen von Betten symbolisieren deinen Wunsch, für das Wohl anderer zu sorgen und sicherzustellen, dass jeder versorgt ist. Es zeigt deine Fürsorglichkeit und dein

Engagement für das Wohlergehen anderer.

Ehemaliger Mitschüler F.

Vergangenheit und Erinnerungen: Das Auftauchen deines ehemaligen, bereits verstorbenen Mitschülers F. könnte auf ungelöste Themen oder Gefühle aus deiner Vergangenheit hinweisen. Es zeigt, dass du dich möglicherweise immer noch mit Aspekten deines Lebens beschäftigst, die du noch nicht vollständig verarbeitet hast.

Umwandlung des Bettes

Kreativität und Problemlösung: Der Vorschlag, ein Bett in ein Doppelstockbett umzubauen, um Platz für F. zu schaffen, symbolisiert deine Kreativität und deine Fähigkeit zur Problemlösung. Es zeigt, dass du flexibel und einfallsreich bist, wenn es darum geht, Lösungen für Herausforderungen zu finden.

Reaktion der Kollegen

Durchhaltevermögen und Engagement: Die Tatsache, dass du bereit bist, weiterzuarbeiten, während deine Kollegen müde und verärgert sind, zeigt dein Durchhaltevermögen und dein Engagement. Es deutet darauf hin, dass du bereit bist, zusätzliche Anstrengungen zu unternehmen, um sicherzustellen, dass alle Bedürfnisse erfüllt werden.

Zusammenfassung

Dein Traum scheint eine Reise durch verschiedene Aspekte deines Lebens zu sein, von Verantwortung und Expertise über Fürsorge und Problemlösung bis hin zu Vergangenheit und Durchhaltevermögen. Die verschiedenen Szenen deuten darauf hin, dass du dich in einer Phase befindest, in der du eine zentrale Rolle spielst, bereit bist, kreative Lösungen für Herausforderungen zu finden, und fest entschlossen bist, das Wohlergehen anderer zu gewährleisten.

38
Gruß-Zeremonie

Ich bin auf einer Party, sie ist beendet, und ich helfe beim Aufräumen. Ich sammle leere Flaschen ein (alles Pfandflaschen), packe sie im Supermarkt in einen Einkaufskorb und schiebe ihn zur Leergut-Annahmestelle. Es gibt mehrere Warteschlangen nebeneinander. Ich habe wenig Zeit, will zum Training. Ich drängle mich geschickt vor, muss trotzdem warten. Die Kassiererin kennt die Frau, welche neben mir wartet. Sie wird bevorzugt. Schließlich bin ich dran – endlich. Dann gehe ich zum Training, meine Tasche mit den Sportsachen habe ich praktischerweise dabei. Das Training findet heute in einer Katakombe statt, in einem Kellergewölbe. Ich komme zum Erwachsenentraining, unser Sensei J. wartet schon in dem kleinen, fensterlosen Mattenraum, der von Neonröhren beleuchtet ist. Ein paar Grün- und Blaugurte sind auch schon da. Ich spreche mit J., wir warten, es sind noch ein paar Minuten bis zum Beginn des Trainings. Ich bin heute Sempai, in Gedanken gehe ich noch einmal die zeremonielle Begrüßungsformel durch – *Mukosu, Shomen ni*

Rei, Sensei ni Rei, Otagai ni Rei, Oss. Als die Zeit des offiziellen Trainingsbeginns naht, gehe ich draußen vor der Tür nachschauen, ob vielleicht noch jemand kommt, auf den wir warten wollen. Ich habe bereits meinen Gi angelegt. Ich entdecke mehrere Karateka, die auf dem Weg zu uns sind, und sich beeilen, um nicht zu spät zu kommen. Unter ihnen sind auch T. und A. vom Dojo in Strausberg. Ich kenne sie, weiß, dass sie höher graduiert sind als ich. Also werde ich heute bei der Begrüßung nicht der Sempai, der höchstgraduierte Schüler sein. Auch gut, denke ich. *So I choose my own path, no friends, no joy, no love / Just a number two headband, and the man above / So the moves I create is my own unique vision / Strike my subconscious mind, individual essence / The most masterful opponent, will fall victim to my weapon / The most masterful opponent, will fall victim to my weapon / I'm not immortal, real aggressive, attitude is rude / I got a knack for killin and I refuse to lose.*

* * *

Party und Aufräumen

Verantwortung und Pflichterfüllung: Das Aufräumen nach der Party und das Sammeln der Pfandflaschen symbolisieren Verantwortung und die Bereitschaft, Aufgaben zu übernehmen. Es zeigt, dass du gewissenhaft bist und dich um die Dinge kümmerst, auch wenn die Party (das Vergnügen) vorbei ist.

Drängeln und Warten

Ungeduld und Fairness: Das Drängeln und Warten in der Warteschlange zeigt möglicherweise deine Ungeduld und den Wunsch, schnell voranzukommen. Die Bevorzugung der Frau durch die Kassiererin könnte auf Gefühle der Ungerechtigkeit oder Ungleichbehandlung hinweisen.

Training in der Katakombe

Tiefe Reflexion und Selbstdisziplin: Das Training in einer Katakombe, einem unterirdischen, fensterlosen Raum, symbolisiert tiefe Reflexion und Selbstdisziplin. Es zeigt, dass du bereit bist, dich intensiv und ernsthaft mit deinen Fähigkeiten und deinem Training auseinanderzusetzen.

Sensei und Begrüßungszeremonie

Respekt und Tradition: Die Anwesenheit des Senseis und die Durchführung der Begrüßungszeremonie zeigen deinen Respekt vor Traditionen und Autoritäten. Es zeigt, dass du die Wichtigkeit von Disziplin und Ritualen in deinem Leben erkennst.

Wartende Karateka und Veränderung der Rolle

Selbstbewusstsein und Anpassung: Das Entdecken weiterer Karateka, die auf dem Weg sind, und das Bewusstsein, dass du nicht der höchstgraduierte Schüler sein wirst, symbolisieren Selbstbewusstsein und die Fähigkeit, sich anzupassen. Es zeigt, dass du flexibel bist und dich in verschiedenen Rollen wohlfühlst, auch wenn sich die Umstände ändern.

Zusammenfassung

Dein Traum scheint eine Reise durch verschiedene Aspekte deines Lebens zu sein, von Verantwortung und Pflichterfüllung über Ungeduld und Fairness bis hin zu tiefer Reflexion, Selbstdisziplin und Anpassungsfähigkeit. Die verschiedenen Szenen deuten darauf hin, dass du dich in einer Phase befindest, in der du dich intensiv mit deinen Fähigkeiten und deinem Selbstbewusstsein auseinandersetzt, während du gleichzeitig die Wichtigkeit von Traditionen und Respekt erkennst.

39
Waldmeister-Pudding

Wir fahren mit einem (größeren) Ruderboot hinaus. *Das Flüstern des Windes, das Rauschen der See, ich bin ein Wasserwanderer. Dieses Boot ist mein Boot – ein herrlich leuchtender Salon mit Ledersofa und eine große offene Plicht sind meine Welt; meine Limousine hat eine Vorschiffskabine mit einem schönen Doppelbett, ein Klo mit Bulleye auf der Backbordseite und oben ein hölzernes Rad und die Küche an Steuerbord.* Wir rudern eine Flußmündung entlang, bald erreichen wir das offene Meer. *Ich bin der Steuermann dieses stolzen weißen Rumpfes, der kräftige Motor ist mein bester Kamerad.* Ich sitze in dem Boot zusammen mit ein paar Soldaten und Offizieren. Unter den Gästen sind auch zwei Zigaretten-Hersteller. Sie preisen ihre Marken an. Es wird viel gescherzt, die Stimmung ist gut. Ich gehöre zu den Offizieren, die für Zigaretten-Bestellungen für das gesamte Heer verantwortlich sind. Wir rauchen ein paar Zigaretten zur Probe. Dann legen wir am Flussufer an. Einfache Soldaten empfangen uns, sind uns beim Aussteigen behilflich. *Über uns drohen die Häuser einzustürzen, doch wir setzen die Segel und fahren munter das Leben hinunter.* // Wer die Macht über die Schokolade besitzt, kontrolliert die Welt. Ich bewache Schokoladen-Barren in einem großen, weißen kastenförmigen Haus. Es ist die kanadische Nationalbank. Ich bin auf einmal Teil des Films *The Score* mit R. de Niro und E. Norton. Ich bin mittendrin (cool, denke ich). Meine Aufgabe ist es, den Vorgang des Schokolade-Gießens zu überwachen. Ich passe auf, dass alles ordnungsgemäß abläuft. Die Schokoladen-Barren sind sehr wertvoll. Keanu Reeves gehört zu meinem Team, er hilft mir (komisch, er spielt in The Score doch überhaupt nicht mit, denke ich). Wir nehmen unsere Aufgabe sehr ernst, erledigen sie zur Zufriedenheit unseres gesamten Teams. Danach sitzen wir (Keanu und ich) in einem offenen Cabrio, er hinten rechts, ich vorne links am Steuer. Das Cabrio steht erst auf der Friedrichstraße in Berlin-Mitte, dann irgendwo in den Schweizer Bergen, auf einer kurvigen, sonnenbeschienenen Straße an einer blühenden Sommerwiese. Insekten schwirren herum. Keanu ist mit sich selbst beschäftigt, er schaut und schweigt. Der Motor unseres Cabrios ist abgestellt, eine Tür des Autos (Fahrerseite) ist weit geöffnet. Es ist sehr warm. Ich habe ein kurzärmeliges Oberhemd an und einen Schlips umgebunden (komisch, denke ich, denn normalerweise trage ich doch niemals einen Schlips?). Ich habe einen Kaubonbon im Mund. Ich tippe ihn mit dem Zeigefinger an, er klebt daran fest, ich ziehe ihn lang, er ist jetzt ein langer grünlicher, halbtransparenter Faden, er sieht aus wie Waldmeister-Pudding. Plötzlich kommt uns ein Panoramazug entgegen. In ihm sitzen japanische Touristen.

Ganz vorn sitzt ein wichtig aussehendes japanisches Paar. Sie kommen nicht an uns vorbei, weil unsere Autotür auf ist. Die Tür blockiert einen Teil der Schienen. Der Zug muss halten. Niemand schließt unsere Tür. Das ist nicht meine Aufgabe, denke ich. Die japanischen Touristen schauen uns durch das Panoramaglas interessiert und neugierig an. Sie nutzen den erzwungenen Stillstand, um uns unablässig zu fotografieren. Die Touristen denken wohl, das gehöre zum Programm, denke ich. Ich strecke mich auf meinem Sitz aus, ziehe erneut in Seelenruhe meinen Kaubonbon zu einem langen grünen Faden. Mich fasziniert die leicht transparente Färbung des Kaubonbons. So etwas Schönes habe ich noch nie gesehen, denke ich. Wir haben keine Eile. Ich wende mein Gesicht der Sonne zu, schließe die Augen, genieße die Wärme.

* * *

Ruderboot und Offiziere

Führung und Verantwortung: Das Ruderboot und deine Rolle als Steuermann symbolisieren Führung und Verantwortung. Es zeigt, dass du dich in einer Position befindest, in der du die Richtung vorgibst und Verantwortung für andere übernimmst, besonders in schwierigen oder unklaren Situationen.

Zigaretten-Hersteller und Probieren

Entscheidungen und Einfluss: Die Anwesenheit der Zigaretten-Hersteller und das Probieren der Zigaretten könnten auf die Bedeutung von Entscheidungen und Einflussnahme in deinem Leben hinweisen. Es zeigt, dass du in Situationen bist, in denen du Entscheidungen treffen musst, die nicht nur dich, sondern auch andere betreffen.

Anlegen am Flussufer

Übergänge und Ankunft: Das Anlegen am Flussufer symbolisiert Übergänge und Ankunft. Es zeigt, dass du bereit bist, neue Phasen in deinem Leben zu beginnen und dich auf neue Herausforderungen vorzubereiten.

Schokolade und Kanadische Nationalbank

Wertvolle Ressourcen und Schutz: Das Bewachen der Schokoladen-Barren in der kanadischen Nationalbank symbolisiert den Schutz wertvoller Ressourcen. Es zeigt, dass du in deinem Leben Dinge von großem Wert hast, die du beschützen und bewahren möchtest.

Keanu Reeves und das Team

Zusammenarbeit und Unterstützung: Die Anwesenheit von Keanu Reeves und das gemeinsame Arbeiten im Team zeigen die Bedeutung von Zusammenarbeit und Unterstützung. Es deutet darauf hin, dass du dich auf andere verlassen kannst und gemeinsam Aufgaben bewältigst.

Cabrio und Umgebung

Entspannung und Reflexion: Das Sitzen im Cabrio und die wechselnden Umgebungen symbolisieren Entspannung und Reflexion. Es zeigt, dass du dir Zeit nimmst, um über dein Leben nachzudenken und die kleinen Freuden zu genießen.

Kaubonbon und Panoramazug

Kindliche Freude und Staunen: Der Kaubonbon, den du zu einem langen Faden ziehst, und der Panoramazug voller Touristen symbolisieren kindliche Freude und Staunen. Es zeigt, dass du in der Lage bist, dich an kleinen Dingen zu erfreuen und Momente der Ruhe und des Staunens zu genießen.

Zusammenfassung

Dein Traum scheint eine Reise durch verschiedene Aspekte deines Lebens zu sein, von Führung und Verantwortung über Entscheidungen und Schutz bis hin zu Zusammenarbeit, Entspannung und kindlicher Freude. Die verschiedenen Szenen deuten darauf hin, dass du dich in einer Phase befindest, in der du deine Führungsqualitäten und Verantwortlichkeiten anerkennst, während du gleichzeitig den Wert von Zusammenarbeit und Entspannung schätzt.

40
Bonjour Tristesse

Ich war mit meinem Sohn M. in Hamburg unterwegs. Nun sind wir in Berlin am Ostbahnhof, in Friedrichshain, gelandet. Wir wollen gemeinsam zu einem Open-Air-Konzert gehen. Wir laufen hinter dem Ostbahnhof die Kopfsteinpflaster-

Straße entlang Richtung Straße der Pariser Kommune. Wir treffen meinen Vater J. Er geht dort in einer Wandelhalle spazieren. Er läuft sehr langsam, bleibt ab und zu stehen, schaut sich Bilder und Fotos an, die dort an den Wänden hängen. Er hat eine Art Hausanzug an, es sieht aus wie ein Bademantel über einem Schlafanzug, mit warmen Filzlatschen an den Füßen. Die Hände hat er auf dem Rücken, er hat eine Lesebrille auf und beugt sich nach vorn zu den Bildern, um sie besser erkennen zu können. Er ist abwesend, befindet sich in seiner eigenen Welt, bemerkt uns nicht. Wir wollen ihn nicht stören, gehen weiter. // Plötzlich beginnt es stark zu regnen, ein warmer Sommerregen. Wir stellen uns unter das Dach eines kleinen, roten Imbisswagens. Das schmale Dach des Wagens schützt den Platz direkt vor dem Verkaufstresen, es reicht gerade so aus für uns zwei. Der Verkäufer ist freundlich, wir beginnen ein Gespräch mit ihm. Wir wollen etwas kaufen – einen Kaffee vielleicht, einen kleinen Imbiss? Doch er hat nichts zu verkaufen, die Regale seines Wagens sind komplett leer. Aber das scheint ihm nichts auszumachen. Er schenkt uns einen (Corona-) Mundschutz, das sei wichtig hier, sagt er, sonst drohten Geldbußen. Ich schimpfe ein wenig mit M., weil er barfuß ist. M. ist ist jetzt ein kleiner Junge, vielleicht sechs Jahre alt. Als der Regen nachlässt und schließlich ganz aufhört, überqueren wir die Straße vor dem Ostbahnhof, die an die Spree grenzende Mühlenstraße. Auf einmal bemerke ich, dass ich auch barfuß bin. Ich fluche. Aber ich habe ja Strümpfe und Schuhe in der Hand! Sie sind zwar klitschnass, trotzdem ziehe ich beides an, denke, das wird schon wieder trocknen. Meinen Vater J. können wir nicht mehr sehen. Sollten wir / sollte ich nach ihm schauen? Oder kommt er allein klar? Wird er allein zurück nach Hause finden? Es beginnt wieder stark zu regnen. M. und ich finden einen trockenen Unterschlupf ein Stück weiter in einem ausgebauten Zirkuswagen. Wir setzen uns in den Wagen, hier ist es schön warm, und es ist hell. Der Wagen ist geräumig. Wir fühlen uns geborgen und sicher. Ich blicke nach oben, dort bemerke ich, dass die gesamte Decke des Wagens aus Fenstern besteht. M. ist jetzt ein junger Mann. Der Wagen gehört einer Frau und ihrer hübschen Tochter. Die Mutter will mir den Wagen erklären, die Technik, erzählt, dass sie alles selbst ausgebaut hätten. Ich sage ihr, dass sie das toll gemacht hätten. Ich freunde mich mit der Tochter an, wir unterhalten uns. Mir fällt ein, dass ich ja mit M. auf dem Weg zu dem Open-Air-Konzert bin. Wir müssen uns sputen. Ich verabschiede mich von der Wagen-Tochter. M. ist ungeduldig, er geht schon los, ich solle dann später nachkommen, sagt er. Die Mutter will mir noch den Wagen vorführen, will beweisen, dass er nicht nur toll aussieht, sondern dass er auch noch fahrbereit ist, er rolle noch, sagt sie. Zum Beweis zieht sie den Wagen mit einem roten Trecker einmal ums Careé. Als sie fertig ist und den Wagen wieder an dem alten Platz abstellt, sage ich der Tochter, dass ich jetzt los muss. Ich frage sie, ob wir uns morgen wiedersehen. Sie sagt: vielleicht. Ich gehe los, Richtung Konzert. Auf dem Weg treffe ich einen Mann. Wir vergleichen mittels unserer Handys die Uhrzeit. Als ich ein Stück weitergelaufen bin, bemerke ich, dass ich ein falsches, wertloses Handy in der Hand halte. Der Mann hat mein Handy gestohlen. Ich eile zurück, sehe den Mann, fasse ihn hart am Arm, stelle ihn zur Rede. Ich bin bereit, ihm wehzutun, sollte er sich weigern, mir mein Handy zurückzugeben. *Principles of karma, death before dishonor /Shadows my eyesight procedes me to fight harder / For the number one headband, stand*

alone as one man / Afro Samurai can be defeated by no clan /
A warrior of the street through my travels of land / In any shape
form or fashion, kill the streets dramatic fashion. Widererwar-
ten reagiert der Mann sehr freundlich, als ich ihn zur Rede
stellen will. Er ist ehrlich überrascht. Wir tauschen unsere
Handys, ich erhalte mein Gerät zurück. Er entschuldigt sich.
Es handele sich um ein Versehen, sagt er, ein Mißverständnis.
Wir freunden uns an, erzählen uns Geschichten. Er ist auch
auf dem Weg zum Konzert. Wir gehen gemeinsam. Das Konzert läuft im Postbahnhof. Der Eingang ist dort, wo früher
am Ostbahnhof der Eingang zu der kleinen Post war (unter
der Eisenbahnbrücke, Achtzigerjahre?). Die Einlass-Kont-
rollen sind streng. Wir müssen alle möglichen Papiere und
Dokumente sowie unsere Corona-App auf dem Handy vor-
zeigen. Dann dürfen wir hinein. Im Postbahnhof ist es ziemlich leer. Nur wenige Fans haben es bisher hineingeschafft.
Dabei spielen doch heute die Ärzte dort (bin ich Ärzte-Fan?
Egal, es ist ein gutes Konzert). Im Tunnel zur Bühne und dem
Publikumsbereich treffe ich auf eine ausländische Delegation. Sie sind auf einer Exkursion, wollen die deutsche Kultur
kennenlernen. Sie fragen mich dies und jenes. Ich sage, dass
ich mich nicht auskennen würde mit der Musik der Ärzte, da
sollten sie lieber jemand anderen fragen, einen richtigen Fan.
Das Konzert hat bereits begonnen, ich muss mich beeilen.
M. wartet neben der Bühne auf mich. Ich laufe ein Stück. Ich
laufe vorbei an ordentlich auf einer Wiese aufgestellten Bierzeltgarnituren (mehrere Reihen), an denen sehr diszipliniert
Punks vor ihrem Bier sitzen. Sie dürfen nicht näher an die
Band heran. Das wurde vom Veranstalter so festgelegt. Ich
laufe weiter über die Wiese. Vor einer alten Kastanie sitzen
weitere Punks, vor ihnen ein Meer aus Plastikbechern voller

Bier, alles halbe Liter. Ich sehe die Becher zu spät, bin so in Schwung, dass ich nicht mehr rechtzeitig abbremsen kann. Ich laufe genau auf das Meer aus Bier zu, ich trete in die Mitte der Becher, ein paar Becher fallen um, das Bier läuft aus. Die Punks sind zu überrascht, um zu reagieren. Ich laufe zunächst weiter, bleibe dann jedoch stehen und kehre schließlich um. Ich denke, das ist nicht in Ordnung. Ich sage den Punks, dass es mir leidtut. Wieviel frische Bier soll ich holen, frage ich. Fünf, sagen sie. Sie wollten sich grade aufmachen, mich zu jagen. Doch nun freuen sie sich, dass ich von allein zurückgekehrt bin. Ich bin einer von ihnen. Ich kaufe sechs Bier, eins für mich, kehre zu den Punks zurück. Wir stoßen gemeinsam an. Bier schwappt dabei über, die Stimmung ist gut. Vorn auf der Wiese spielt die Band. Sie spielen gerade Bonjour Tristesse: *Bonjour, Tristesse, Bonjour, Tristesse, Tristesse, mon amour, Tristesse, mon ami, Tristesse, mon avenir, Tristesse, ma vie.* M. hat geschrieben, dass er in der Nähe der Bühne steht, links an der Seite, dort wo drei Leute mit weißem T-Shirt stehen, die seien auffällig, die müsste ich gleich sehen. Ich schreibe, o.k., bin auf dem Weg. Ich freue mich, laufe los. Die Band spielt immer noch Bonjour Tristesse. Ich singe mit. Es ist ein schöner, warmer Sommertag. Die Wiese ist grün.

* * *

Unterwegs mit deinem Sohn und deinem Vater

Familienverbindungen: Die Anwesenheit deines Sohnes und deines Vaters im Traum symbolisiert starke Familienverbindungen und die Bedeutung von Generationen. Es zeigt, dass du in deinem Leben sowohl die Rolle des Sohnes als auch des Vaters wahrnimmst.

Spaziergang deines Vaters

Vergangenheit und Reflexion: Dein Vater, der in der Wandelhalle spazieren geht und sich die Bilder anschaut, symbolisiert Reflexion und die Verbindung zur Vergangenheit. Sein langsamer, kontemplativer Gang zeigt, dass er in seiner eigenen Welt lebt und sich mit Erinnerungen beschäftigt.

Regen und Imbisswagen

Herausforderungen und Schutz: Der plötzliche Regen und das Unterstellen unter dem Imbisswagen symbolisieren Herausforderungen und die Suche nach Schutz. Es zeigt, dass du und dein Sohn trotz unerwarteter Hindernisse Wege finden, um geschützt und sicher zu bleiben.

Barfußlaufen und Schuhe

Verletzlichkeit und Anpassungsfähigkeit: Das Barfuß-laufen und die nassen Schuhe symbolisieren Verletzlichkeit und Anpassungsfähigkeit. Es zeigt, dass du in der Lage bist, dich an unerwartete Situationen anzupassen und Lösungen zu finden, auch wenn die Umstände unbequem sind.

Zirkuswagen und die Frau mit der Tochter

Gastfreundschaft und neue Begegnungen: Der Zirkus-wagen und die freundliche Frau mit ihrer Tochter symbolisieren Gastfreundschaft und neue Begegnungen. Es zeigt, dass du offen für neue Erfahrungen und Verbindungen bist.

Verlorenes und zurückgewonnenes Handy

Vertrauen und Missverständnisse: Das gestohlene und zurückgegebene Handy symbolisiert Vertrauen und Missverständnisse. Es zeigt, dass nicht alle Situationen so negativ sind, wie sie scheinen, und dass Missverständnisse oft durch Kommunikation und Freundlichkeit gelöst werden können.

Konzert und Einlasskontrollen

Vorbereitung und Überprüfung: Die strengen Einlasskontrollen symbolisieren die Notwendigkeit von Vorbereitung und Überprüfung. Es zeigt, dass du dich bewusst auf Herausforderungen vorbereitest und sicherstellst, dass alles in Ordnung ist, bevor du weitergehst.

Treffen mit den Punks und Entschuldigung

Gemeinschaft und Verantwortung: Die Begegnung mit den Punks und deine Entschuldigung für das Umstoßen der Bierbecher symbolisieren Gemeinschaft und Verantwortung. Es zeigt, dass du bereit bist, Verantwortung für deine Handlungen zu übernehmen und Teil einer Gemeinschaft zu sein.

Zusammenfassung

Dein Traum scheint eine Reise durch verschiedene Aspekte deines Lebens zu sein, von Familienverbindungen und Reflexion über Herausforderungen und Anpassungsfähigkeit bis hin zu Gastfreundschaft, Vertrauen, Vorbereitung und Gemeinschaft. Die verschiedenen Szenen deuten darauf hin, dass du dich in einer Phase befindest, in der du dich intensiv mit deinen Beziehungen, Herausforderungen und Verantwortungen auseinandersetzt.

* * *

(Version II): Der Traum deutet auf verschiedene Aspekte deines Lebens und deiner inneren Welt hin:

1. **Familienbeziehungen:** Die Anwesenheit deines Sohnes und Vaters symbolisiert verschiedene Generationen und mögliche Verbindungen oder Spannungen zwischen ihnen.

2. **Schutz und Fürsorge:** Du versuchst, deinen Sohn vor dem Regen und den Strapazen zu schützen, was auf deine Rolle als fürsorglicher Elternteil hinweist.

3. **Vergangenheit und Gegenwart:** Dein Vater in einem Bademantel erinnert an vergangene Zeiten oder nostalgische Gefühle. Seine Isolation könnte auf eine Distanz oder eine Trennung hinweisen.

4. **Unvorhergesehene Ereignisse:** Der plötzliche Regen und der Wechsel der Umstände symbolisieren die Unvorhersehbarkeit des Lebens und deine Anpassungsfähigkeit.

5. **Materialismus und Verlust:** Das gestohlene Handy und der Tausch symbolisieren den Wert materieller Dinge

und das Gefühl von Verlust und Wiedererlangung.

6. **Gemeinschaft und Identität:** Die Begegnung mit den Punks und das gemeinsame Biertrinken symbolisieren das Bedürfnis nach Gemeinschaft und Akzeptanz.

7. **Kulturelle Erfahrungen:** Das Konzert und die Begegnung mit der ausländischen Delegation deuten auf kulturelle Neugier und das Erleben von Gemeinschaft hin.

Insgesamt spiegelt der Traum Themen von Verantwortung, Fürsorge, Anpassung und Gemeinschaft wider.

41
Sommer-Sprossen

Ich fahre mit einer gelben U-Bahn durch Berlin, Prenzlauer Berg, ein Kind (mein Kind?) sitzt neben mir. Wir fahren oberirdisch durch die Stadt, es ist später Nachmittag. Wir genießen die Aussicht. Alte Berliner Mietskasernen, luxussaniert, ziehen an uns vorbei. Auf einmal fahren wir höher und höher, die Stadt liegt jetzt tief unter uns. Kurz danach sausen wir wieder hinunter, wir befinden uns im freien Fall, so scheint es. Es ist ein bisschen so wie bei einer Achterbahnfahrt, das macht Spaß. Das Kind / mein Kind hat Angst, ich drücke es an mich, tröste es. Ich sage, es soll keine Angst haben, alles werde gut. Kurze Zeit später fahren wir wieder in einen ganz normalen Bahnhof ein. Wir sitzen jedoch jetzt nicht mehr in einer U-Bahn, sondern in kleinen Paddelbooten, die auf einem künstlich angelegten, fröhlich plätschernden Fluß-System in einem Kaufhaus herumschwimmen. *Das Flüstern des Windes, das Rauschen der See, ich bin ein Wasserwanderer.* An den Seiten des Flüsschens stehen kleine Stände, an denen normalerweise Dinge des täglichen Bedarfs feilgeboten werden. Es ist jedoch schon spät, das Kaufhaus hat bereits geschlossen, die Stände sind verwaist. Wir sind jetzt eine Gruppe von mehreren Leuten, die alle mit diesen kleinen Booten auf den Flüsschen unterwegs sind. *Über uns drohen die Häuser einzustürzen, doch wir setzen die Segel und fahren munter das Leben hinunter.* Wir staunen ein wenig, sagen: Was es alles gibt. Schließlich gelangen wir zur Endhaltestelle der kleinen Paddelboote, hier steigen alle aus ihren Kanus und Kanadiern aus, auch wir verlassen unser Boot. Alle versammeln sich in einem Raum, es ist dunkel. Unsere Guides sind schon dabei, hier eine lange Tafel vorzubereiten, auf der stehen einige Musikinstrumente, auch Synthesizer und andere E-Instrumente sind darunter. Die Guides setzen sich an den Tisch und beginnen zu musizieren. Wir sitzen auf langen Bänken, lehnen an der Wand und geniessen schweigend die Musik. Neben mir sitzt eine junge Frau mit langen (sehr langen) roten, gelockten Haaren, vielen Sommersprossen und einem hübschen Gesicht. Wir plaudern, sind sehr vertraut miteinander. Wir sind ein Paar. Als die Musik beendet ist, wird die Tafel mit Speisen eingedeckt. Wir nehmen am Tisch Platz, es gibt Käseplatten, Trauben und auch warme Speisen, dazu wird Wein gereicht. Alles gehört zum Programm, alles ist inklusive. Es gehört zu der Tour, zu unserer Gruppenreise. Wir haben dafür bezahlt. Nach dem Essen ist die Tour offiziell beendet. Die Guides gehen. Sie verschwinden im Dunkel des langgestreckten Raumes. Wir wissen nicht, wie wir aus dem großen dunklen Raum in dem Kaufhaus, das jetzt geschlossen ist, herauskommen, es ist tiefschwarze Nacht. Wir können nichts sehen, wissen nicht, wo der Ausgang ist. Nur zwei, drei Kerzen beleuchten den Raum notdürftig. Wir holen uns aus einer Besenkammer ein paar Klappliegen und legen uns schlafen. Es liegt sich unerwartet gut auf diesen Liegen, denke ich, und dass es doch eigentlich recht gemütlich hier ist. Meine rothaarige Freundin / Frau legt sich zu mir, sie ist sehr müde von dem erlebnisreichen, anstrengenden Tag. Wir haben unsere Liegen etwas abseits von den anderen aufgestellt. Einige Gruppenmitglieder mokieren sich über den schlechten Service, sie sagen, sie hätten viel Geld bezahlt für diesen Ausflug, nun werde man hier einfach stehengelassen und nicht abgeholt. Das sei nicht in Ordnung. Mir ist das egal, ich fühle mich frei, ich könnte ja gehen, wenn ich wollte, ich würde schon einen Weg finden (da bin ich mir sicher), aber ich habe beschlossen, jetzt erst einmal hierzubleiben und die Nacht mit meiner schönen, rothaarigen Frau im Bett zu verbringen. Sie hat sich an mich geschmiegt, ist eingeschlafen. Ich betrachte sie lange, hin und wieder zucken ihre geschlossenen Augenlider ein wenig, sie atmet tief und ruhig. Ihr schlanker, weißer Arm liegt auf meiner Brust.

* * *

U-Bahn und Achterbahnfahrt

1. **Lebensreise und Veränderung:** Die Fahrt mit der U-Bahn symbolisiert deine Lebensreise. Die Veränderung der Höhe und das Gefühl einer Achterbahnfahrt könnten darauf hinweisen, dass du Höhen und Tiefen in deinem Leben erlebst. Die Auf- und Abwärtsbewegungen können Gefühle

von Aufregung und Unsicherheit darstellen.

2. **Schutz und Fürsorge:** Das Kind, das Angst hat, und deine Reaktion darauf, es zu trösten und zu beruhigen, zeigen deine fürsorgliche Natur und deine Bereitschaft, andere zu beschützen und zu unterstützen, besonders in unsicheren Zeiten.

Paddelboote und künstlicher Fluss

1. **Flexibilität und Anpassung:** Der Wechsel von der U-Bahn zu den Paddelbooten könnte deine Fähigkeit symbolisieren, dich an neue Situationen und Umgebungen anzupassen. Das künstlich angelegte Flusssystem im Kaufhaus deutet auf ungewöhnliche oder unkonventionelle Wege hin, die du im Leben gehst.

2. **Gemeinschaft und Zusammenarbeit:** Die Gruppe von Menschen in den Paddelbooten symbolisiert Gemeinschaft und Zusammenarbeit. Es zeigt, dass du nicht allein auf deiner Reise bist und dass du Unterstützung und Gesellschaft von anderen hast.

Musikinstrumente und gemeinsames Essen

1. **Kreativität und Genuss:** Die Musikinstrumente und das gemeinsame Musizieren symbolisieren Kreativität und Freude. Das gemeinsame Essen an der langen Tafel zeigt, dass du die Gemeinschaft und die einfachen Freuden des Lebens schätzt.

2. **Vertrautheit und Liebe:** Die vertraute Beziehung zu der jungen Frau mit den roten Haaren zeigt deine Sehnsucht nach Nähe und Intimität. Die Beschreibung ihrer Details und eure vertrauten Gespräche deuten auf eine tiefe emotionale Verbindung hin.

Dunkelheit und Improvisation

1. **Unsicherheit und Anpassungsfähigkeit:** Die plötzliche Dunkelheit und das Fehlen eines klaren Weges aus dem Kaufhaus symbolisieren Unsicherheiten und Herausforderungen in deinem Leben. Die Improvisation, Klappliegen aus einer Besenkammer zu holen, zeigt deine Fähigkeit, mit unvorhergesehenen Situationen umzugehen und dich anzupassen.

2. **Ruhe und Zufriedenheit:** Die Entscheidung, die Nacht im Kaufhaus zu verbringen, anstatt sich über den schlechten Service zu ärgern, zeigt deine Fähigkeit, in schwierigen Situationen Ruhe und Zufriedenheit zu finden. Dein Wunsch, die Nacht mit deiner Frau zu verbringen, symbolisiert die Bedeutung von Nähe und emotionaler Geborgenheit.

Zusammenfassung

Dein Traum scheint eine Reise durch verschiedene Aspekte deines Lebens zu sein, von Schutz und Fürsorge über Anpassung und Gemeinschaft bis hin zu Kreativität, Unsicherheit und emotionaler Geborgenheit. Die verschiedenen Szenen deuten darauf hin, dass du dich in einer Phase befindest, in der du sowohl die Höhen und Tiefen des Lebens erlebst als

auch die Freude und Zufriedenheit in Beziehungen und Gemeinschaft findest.

42
Fahrrad-Lenker

Ich sitze an einem gedeckten Tisch, Tisch und Stühle bestehen aus einer Bierzelt-Garnitur. Am Tisch sitzen zwei oder
drei Frauen, die über 80jährige Großtante I. meiner Frau
M. ist auch dabei. Der Tisch steht seitlich vor einem kleinen
Häuschen, auf einer Art Terrasse. Um uns herum ist Steppe,
trockenes Land. Es ist angenehm, ein warmer Sommerwind
umspielt uns. Ich warte auf meine Frau. Dann kommt sie.
Ihre roten Haare leuchten wie eine Fackel. Gerade hatten wir
miteinander geschlafen. Meine Frau hat ein schönes weißes
Kleid an. Sie bringt ein Kind / unser Kind mit. Ich sehe es das
erste Mal. Ist es ein Junge? Ist es ein Mädchen? Es ist bereits
vier Jahre alt. War ich vier Jahre lang weg? Wo war ich?, frage
ich mich. Ich sage zu dem Kind, dass es sich zu mir setzen
soll. Das Kind will sich nicht zu mir setzen. Es kennt mich
nicht. Es weiß nicht, dass ich sein Vater bin, weiß nicht, was
ein Vater ist. Meine rothaarige Frau setzt sich zu mir, direkt
neben mich. Das Kind setzt sich zu seiner Mutter. Meine Frau
sitzt zwischen dem Kind und mir. Mir fällt auf, dass meine
Frau schlechte Zähne hat. Sie sind vorn dunkel gefärbt, fast
schon schwarz, und sie sind schief und krumm. Es ist ein
Traum, denke ich, es muss ein Traum sein, denn: so schlechte
Zähne kann eine so schöne Frau „in echt" nicht haben. Ich
wache auf, öffne die Augen. Tatsächlich, ein Traum, denke
ich, wow! // Ich bin in Berlin, Prenzlauer Berg, in einer Alt-

berliner Kneipe. Meine Frau sitzt dort. Sie ist nicht rothaarig, denke ich – ein gutes Zeichen. Sie wartet auf mich, und sie isst etwas – als wäre das ganz normal. Ich liege schräg hinter ihr in einer Ecke des Raumes auf einer Liege / in einem Bett. Ich beobachte sie heimlich. Wie hübsch meine junge Frau ist, denke ich. Ich stehe auf, gehe zu ihr, berühre sie, sie dreht sich um, ein Kuss. Ich frage sie, wann sie endlich ins Bett kommt. Warum, fragt sie mit einem Augenzwinkern. // Ein großer schwarzer Lkw steht auf einmal mitten im Ladenlokal, ein Oldtimer, gut in Schuss. Er füllt fast den ganzen Raum aus, der jetzt eine Art Garage ist. Der Tisch, an dem meine Frau gesessen hat, ist nicht mehr da. Der Lkw will aus der Garage herausfahren, der Motor läuft schon. Die Garage ist gefliest, saubere Arbeit, denke ich, seltene, wertvolle, himmelblaue Fliesen mit einem schönen Jugendstil-Muster. Der Lkw fährt los, er muss draußen eine enge Kurve nehmen, die Straße ist schmal. Der Lkw fährt davon, Richtung Schönhauser Alle. Er wird immer kleiner und immer leiser. Er zieht eine Rauchfahne an Abgasen hinter sich her. Gemeinsam mit einem Bekannten laufe ich ihm ein Stück hinterher, wir sind auf der Eberswalder Straße. Wir wollen wissen, wohin der Lkw fährt. Mein Bekannter führt ein Fahrrad mit sich, er schiebt es. Dann verabschiedet er sich, steigt auf sein Rad und fährt los. Ich sehe, dass sein Lenker falschherum montiert ist. Ich will ihm hinterherrufen, aber er ist schon zu weit weg.

***

Bierzelt-Garnitur und Frauen

1.**Gemeinschaft und Vergangenheit:** Der gedeckte

Tisch und die Anwesenheit der Großtante deuten auf familiäre Bindungen und Traditionen hin. Die Steppe und das trockene Land könnten symbolisieren, dass diese Beziehungen vielleicht etwas vernachlässigt oder ausgetrocknet sind.

2. **Erwartung und Ankunft:** Dein Warten auf deine Frau und ihr Kommen mit dem Kind symbolisiert möglicherweise eine Erwartung oder Sehnsucht in deinem Leben, vielleicht nach Familie, Nähe oder Klärung einer wichtigen Beziehung.

Deine Frau und das Kind

1. **Verantwortung und Entfremdung:** Das Kind, das dich nicht kennt, symbolisiert vielleicht ein Gefühl der Entfremdung oder Trennung von einem wichtigen Aspekt deines Lebens. Dass das Kind vier Jahre alt ist und du dich fragst, wo du gewesen bist, könnte darauf hinweisen, dass du das Gefühl hast, wertvolle Zeit verpasst zu haben oder nicht vollständig präsent gewesen zu sein.

2. **Veränderung und Realität:** Die schlechten Zähne deiner Frau könnten auf versteckte Probleme oder Herausforderungen in eurer Beziehung oder in deinem Leben hinweisen. Es könnte auch eine Mahnung sein, tiefer in eure Beziehung oder euer Leben zu blicken und nicht nur die äußere Erscheinung zu betrachten.

Altberliner Kneipe

1. **Nostalgie und Beobachtung:** Das heimliche Beobachten deiner Frau in der Kneipe könnte auf ein Gefühl der

Nostalgie oder Sehnsucht nach vergangenen Zeiten hinweisen. Es könnte auch bedeuten, dass du Aspekte deiner Beziehung oder deiner Frau beobachtest und analysierst.

2. **Verborgenes Verlangen:** Dein Wunsch, deine Frau ins Bett zu bitten, zeigt ein Bedürfnis nach Nähe und Intimität. Das Augenzwinkern und das Kuscheln symbolisieren vielleicht auch eine spielerische und liebevolle Seite eurer Beziehung.

Schwarzer Lkw

1. **Veränderung und Abschied:** Der Lkw, der mitten im Ladenlokal steht und dann davonfährt, könnte eine bevorstehende Veränderung oder einen Abschied symbolisieren. Dass der Lkw ein Oldtimer ist und gut in Schuss, könnte darauf hinweisen, dass es sich um etwas Wertvolles und Beständiges in deinem Leben handelt.

2. **Enge Kurve und schmale Straße:** Die enge Kurve und die schmale Straße könnten Hindernisse oder Herausforderungen symbolisieren, die du auf deinem Weg bewältigen musst.

Bekannter mit Fahrrad

Freundschaft und Abschied: Der Bekannte, der sich verabschiedet und auf seinem Fahrrad davonfährt, symbolisiert möglicherweise Abschied oder das Auseinanderdriften von Freunden. Der falsch montierte Lenker deutet darauf hin, dass etwas in seiner oder deiner Lebensweise nicht ganz richtig ist oder dass es Herausforderungen gibt, die noch gelöst werden müssen.

Zusammenfassung

Der Traum spiegelt verschiedene Aspekte deines Lebens wider, darunter familiäre Verbindungen, Verantwortlichkeiten, vergangene Entscheidungen, Nostalgie und Veränderungen. Die Symbolik deutet darauf hin, dass du dich mit deiner Rolle innerhalb der Familie, deiner Beziehung zu deiner Frau und den Veränderungen in deinem Leben auseinandersetzt.

43
Fernseh-Turm

Ich befinde mich in einer großen, alten Fabrikhalle, es stehen einige Maschinen, Teile und Geräte herum. Industrielampen verbreiten ein gelbes, diffuses Licht. Ich habe eine Armbanduhr um (warum? Ich trage doch sonst nie Uhren?). Ich will ein Gehäuse für diese Uhr bauen. Die Uhr soll geschützt werden (wovor?). Ich baue sehr sorgfältig aus Holzplättchen einen Kasten. Laubsägearbeit. Ich nehme die Armbanduhr ab, lege sie hinein – passt perfekt! Als ich fast fertig bin, zerstöre ich mein Werk wieder. Es gefällt mir nicht. Ich lasse die Uhr so, wie sie ist. // Ich drehe mich um – und stehe plötzlich mitten in einer Wohnung. *Ich werfe den Ball an die Marmorwand, er prallt ab, kommt auf dem Boden auf, ich fange ihn. Die beige verkachelte Smaragdenstadt, bewacht vom Eisernen Holzfäller, seinen treuen Genossen und den Holzsoldaten, hat mich gefressen.* Menschen stehen in lockeren Gruppen um mich herum, ich kenne sie größtenteils nicht, aber ich erkenne sie wieder: sie sind Teil der Reisegruppe (welcher Reisegruppe?). Ich schaue aus dem Fenster, sehe den Berliner Fernsehturm. *Stalins Bauten sind meine Spielwiese, sie ziehen mich in ihren Bann: mit lebendigen Fahrkörben, flüsternden Loggien, flinken, schlauen Silberfischlein und labyrinthischen römischen Säulenhallen aus schwarzem poliertem Marmor. Ich werfe den Ball an die Wand, er prallt ab, kommt auf dem Boden auf, ich fange ihn.* Es muss sehr windig sein draußen, denke ich, denn der Turm wankt. Ich sage zu den anderen: Schaut, wie der Fernsehturm wackelt. Er schwankt tatsächlich hin und her, stärker jetzt. Plötzlich wird er im oberen Teil instabil, knickt in der Mitte in sich zusammen, fällt nach rechts zur Seite. Staub wirbelt auf. Nur der untere Teil bleibt stehen, wie ein alter, verwitterter Baumstumpf, aus dem Metallstreben und Kabel wie Gedärme heraushängen. Ich stehe auf, sage zu den anderen: Schaut, der Fernsehturm ist umgefallen. Er ist abgebrochen und umgefallen, schaut doch! Die anderen stehen auf, gehen zum Fenster und sehen den Stumpf des Fernsehturms aus dem Boden ragen. Kurz danach läuft das eben Geschehene auch in den TV-Nachrichten. Später hat sich die Aufregung etwas gelegt. In so einer Großstadt erlebt man schon etwas, sagt einer. Was, wenn man selbst in der Kugel des Fernsehturmes gesessen hätte, als es passierte?, denke ich. Vielleicht hätte man es überlebt, mit viel Glück. Vielleicht auch nicht. Ich denke, dass der sicherste Ort bei dieser Art von Unglück wohl der Lift sein könnte, man wäre beim Aufprall nach allen Seiten gut geschützt, wie in einer verschlossenen Kapsel. Ich verlasse das Zimmer, gehe ins Bad.

* * *

Fabrikhalle und Armbanduhr

1. **Fabrikhalle und Maschinen:** Die alte Fabrikhalle mit den herumstehenden Maschinen und Geräten könnte ein Symbol für vergangene Projekte, alte Ideen oder unerledigte Aufgaben in deinem Leben sein. Sie repräsentiert vielleicht auch dein Arbeitsleben oder die Notwendigkeit, etwas zu reparieren oder zu schützen.

2. **Armbanduhr und Schutz:** Das Tragen einer Armbanduhr, obwohl du normalerweise keine trägst, könnte ein Symbol für Zeit, Verantwortung oder den Wunsch nach Kontrolle und Struktur sein. Das Gehäuse, das du für die Uhr bauen möchtest, könnte den Wunsch darstellen, diese Aspekte deines Lebens zu schützen oder zu bewahren. Die Entscheidung, das Gehäuse wieder zu zerstören und die Uhr so zu lassen, wie sie ist, könnte bedeuten, dass du akzeptierst, dass nicht alles perfekt geschützt oder kontrolliert werden kann oder muss.

Wohnung und Ballspiel

1. **Übergang zur Wohnung:** Der plötzliche Wechsel von der Fabrikhalle zu einer Wohnung könnte eine Metapher für einen Wechsel in deinem Leben oder deinem Bewusstsein sein, vielleicht von einem beruflichen oder rationalen Bereich zu einem persönlicheren oder emotionaleren Bereich.

2. **Ball an die Marmorwand:** Das Werfen des Balls und das Beobachten seines Aufpralls könnte eine symbolische Handlung sein, die Wiederholung, Beständigkeit oder das

Suchen nach Bestätigung und Reaktion darstellt.

Reisegruppe und Fernsehturm

1. **Reisegruppe und Unbekannte:** Die Menschen in der Wohnung, die du größtenteils nicht kennst, aber wiedererkennst, könnten Aspekte von dir selbst oder deiner Vergangenheit darstellen. Die Reisegruppe könnte symbolisieren, dass du dich auf einer Reise des Selbstverständnisses oder der Selbsterkundung befindest.

2. **Berliner Fernsehturm:** Der Berliner Fernsehturm als Symbol könnte deine Sichtweise, deine Wahrnehmung oder etwas Großes und Bekanntes in deinem Leben darstellen. Das Wanken und der anschließende Einsturz des Turms könnten eine Metapher für das Gefühl sein, dass etwas Beständiges oder Sicheres in deinem Leben instabil geworden ist oder zusammenbricht.

Reaktion und Überleben

1. **Reaktion auf den Einsturz:** Deine Beobachtung und Mitteilung an die anderen, dass der Fernsehturm eingestürzt ist, könnte dein Bedürfnis widerspiegeln, Ereignisse oder Veränderungen in deinem Leben zu kommunizieren und zu verarbeiten.

2. **Gedanken über das Überleben:** Deine Überlegung, dass der Lift der sicherste Ort beim Einsturz wäre, könnte eine Metapher für den Wunsch nach Sicherheit und Schutz in unsicheren Zeiten sein.

Zusammenfassung

Der Traum könnte mehrere Themen und Gefühle in deinem Leben berühren:

Vergangenheit und Verantwortung: Die Fabrikhalle und die Uhr könnten Aspekte der Vergangenheit, der Verantwortung und des Wunsches nach Kontrolle und Schutz symbolisieren.

Veränderung und Instabilität: Der Einsturz des Fernsehturms könnte auf Veränderungen oder Instabilität in deinem Leben hinweisen, die dich verunsichern oder zum Nachdenken anregen.

Selbsterkundung und Sicherheit: Die Reisegruppe und deine Überlegungen zur Sicherheit im Lift könnten deinen Weg der Selbsterkundung und den Wunsch nach Sicherheit und Stabilität in unsicheren Zeiten darstellen.

Dieser Traum scheint also eine Mischung aus Reflexion über die Vergangenheit, Auseinandersetzung mit gegenwärtigen Unsicherheiten und der Suche nach Sicherheit und Kontrolle in deinem Leben zu sein.

44
Yoshi Fabene

Ich wasche mir mein Gesicht mit kaltem Wasser, seltsam: mein Gesicht verändert sich dabei, ich kann die Transformation im Badezimmer-Spiegel live mitverfolgen, es wirkt jetzt viel jünger, mein Bart verschwindet. Ich fahre mir mit den nassen Händen durchs Haar, es ist auf einmal nicht mehr grau, sondern braun – ich habe lange, hellbraune Locken, Rastalocken, um genau zu sein. Mein Körper wächst, so scheint es, auch etwas in die Höhe. Das gefällt mir. Ich habe keine Angst. Ich denke: Warum eigentlich nicht? Ich binde mir die Rastalocken zu einem Zopf oben auf dem Kopf zusammen. Das sieht lustig aus. Ich pfeife ein Lied und lache. Jemand kommt herein, zeigt auf mich und sagt: Yoshi! Da steht Yoshi Fabene. Damit meint er mich. Yoshi Fabene (who the fuck ist das?) – ist also ab sofort mein neuer Name. Yoshi Fabene, das ist ab sofort mein neues Ich. *Yoshi Fabene, the Afro Samurai.* O.k., denke ich. Ich freue mich auf mein neues Leben. Eine Putzfrau kommt herein, ich kenne sie aus Berlin-Köpenick. Sie sagt, sie müsse jetzt hier saubermachen, das Klo könne so lange nicht benutzt werden. Kein Problem, sage ich und pisse in den Mülleimer. Dabei unterhalten wir uns nett. Wir verabschieden uns herzlich. Ich öffne die Tür des Badezimmers und gehe gutgelaunt nach draußen. Meine neue Haarpracht wippt im Takt meiner Schritte.

* * *

Transformation und Selbstakzeptanz

1. **Gesicht waschen und Veränderung:** Das Waschen deines Gesichts und die Veränderung deines Aussehens könnten symbolisch für eine Reinigung oder Erneuerung deines Selbst stehen. Das Verschwinden deines Barts und das Jüngerwerden könnten auf den Wunsch nach Verjüngung

oder einem Neuanfang hinweisen.

2. **Haarveränderung:** Deine Haare werden zu langen hellbraunen Rastalocken, was eine radikale Veränderung und möglicherweise eine neue Identität oder einen neuen Lebensstil symbolisiert. Das Zusammenbinden der Locken könnte auf das Zusammenfügen verschiedener Aspekte deiner Identität hindeuten.

Freude und Akzeptanz der neuen Identität

1. **Pfeifen und Lachen:** Das Pfeifen eines Liedes und das Lachen zeigen, dass du diese Veränderung freudig und ohne Angst akzeptierst. Es deutet auf eine positive Einstellung zu deinem neuen Selbst hin.

2. **Neuer Name, Yoshi Fabene:** Die Umbenennung zu „Yoshi Fabene" könnte eine komplette Neuerfindung deiner selbst symbolisieren. Der Name klingt exotisch und einzigartig, was auf den Wunsch nach einer besonderen und neuen Identität hinweisen könnte. „Afro Samurai" könnte auf eine Verbindung zu Stärke, Weisheit und einem Kämpfergeist hinweisen.

Umgang mit alltäglichen Dingen

1. **Putzfrau und Umgang mit Notwendigkeiten:** Die Begegnung mit der Putzfrau und deine pragmatische Reaktion, in den Mülleimer zu pinkeln, könnten auf deine Fähigkeit hinweisen, mit alltäglichen Herausforderungen flexibel und humorvoll umzugehen. Es zeigt auch, dass du in der Lage bist,

dich schnell an neue Situationen anzupassen.

2. **Herzliche Verabschiedung:** Das freundliche Gespräch mit der Putzfrau und die herzliche Verabschiedung von ihr könnten darauf hindeuten, dass du in deinem neuen Selbst auch positive Beziehungen und Interaktionen pflegen wirst.

Zusammenfassung

Dieser Traum könnte viele verschiedene Aspekte deines Lebens und deiner inneren Welt reflektieren:

Veränderung und Erneuerung: Der Traum scheint eine Metapher für einen persönlichen Neuanfang oder eine tiefgreifende Veränderung zu sein, die du positiv aufnimmst.

Selbstakzeptanz und Freude: Deine positive Reaktion auf die Veränderung und die Freude über dein neues Aussehen und deinen neuen Namen deuten auf eine starke Selbstakzeptanz und das Feiern deiner neuen Identität hin.

Pragmatischer Umgang mit Herausforderungen: Der Traum zeigt auch, dass du bereit bist, alltägliche Herausforderungen mit Pragmatismus und Humor zu meistern.

Neue Identität und Stärke: Der neue Name und die Referenz zu „Afro Samurai" könnten auf eine neue, stärkere Identität hinweisen, die du in deinem Leben annimmst.

Insgesamt scheint der Traum eine sehr positive Botschaft

über Transformation, Selbstakzeptanz und die Freude am Leben zu vermitteln.

45
Herz-OP

Ich bin in einem Besprechungsraum, Tisch, Stühle, zwei Sessel, Neonlicht. Der Raum befindet sich in einem unscheinbaren Mehrfamilienhaus aus den Sechzigern (jetzt erkenne ich: wir sind in Plänterwald, Berlin-Treptow, unsere Wohnung aus meinen Kindheitstagen, Bergaustraße). Außer mir sind auch noch meine Eltern in diesem Zimmer. Wir sind alle etwas jünger als jetzt. Meine Eltern sehen frisch aus, denke ich. Ich freue mich für sie. Im Zimmer ist auch noch ein hochrangiger Offizier, ein älterer, kultivierter Herr. Er hat einen weißen Kittel an, den er über seiner makellosen Uniform trägt. Es ist Professor H. von der Charité, ein Mediziner, Herz-Spezialist. Mein Vater plaudert lustig mit dem Offiziers-Professor. Meine Mutter schweigt und blickt betreten zu Boden. Professor H. sagt, ich brauche ein neues Herz, sofort. Ein Spenderherz sei glücklicherweise schon da, er könne sofort mit der OP beginnen. Ich willige ein. Ich liege bereits auf einem OP-Tisch – mitten im Raum, der eigentlich aussieht wie ein ganz normales Wohnzimmer aus den Siebzigern. Im Raum, an den Seiten, stehen vereinzelt Gummibäume, die ich schon immer verabscheut habe (mehr noch als Zimmer-Orchideen in Plastiktöpfen). Ich werde aufgeschnitten (bin ich bewußtlos? Erhielt ich ein Narkotikum?). Der Prof. nimmt mein altes Herz heraus. Komischerweise empfinde ich keinerlei Schmerz, bin voll bei Bewußtsein. Komisch, denke ich. Nun muss alles sehr schnell gehen. Er hat das Spenderherz schon in der Hand, zeigt es herum, prüft es kurz; ein dunkelroter Klumpen Fleisch, es sieht aus wie ein saftiges Stück Rinderfilet. Beinahe hätte ich gefragt, ob ich es auch einmal in die Hand nehmen dürfe. Ich verkneife mir die Frage. Der Armee-Mediziner setzt das Rinderfilet-Herz ein. Ich sehe gespannt zu, verfolge die OP mit großem Interesse. Ich verspüre immer noch keinen Schmerz. Ich bin nur ein wenig aufgeregt. Ich hoffe, dass alles gut geht. Ich will noch nicht sterben. Aber an so etwas darf ich jetzt nicht denken, denke ich. Reiß dich zusammen, Yoshi. Der Prof. ist fertig, er näht meinen offenen Oberkörper (er war offen von meinem Hals bis zum Bauchnabel) wieder zu. Zur Sicherheit klebt er dann noch alles mit weißem Tape zu. Das Tape sei selbstauf-lösend, ich müsse es später nicht abziehen, es verschwinde von selbst, sagt der Prof, das sei doch toll, oder? Er streift seine blutigen Gummihandschuhe ab, legt seine OP-Schürze ab. Er lächelt, ist froh und auch ein bisschen stolz, dass al-les so gut funktioniert hat. Mein Vater plaudert immer noch freundlich mit ihm, meine Mutter schweigt noch immer. Wir verabschieden uns herzlich von Prof. H. Wir verlassen den Raum. // Draußen gehe ich meinen eigenen Weg, meine Eltern sind nicht mehr dabei. Ich laufe über einen von der Sommersonne hell beschienenen Platz, es ist ein Innenhof ei-nes modernen Bürogebäudes, ringsherum große, spiegelnde Fensterfronten, Blumenkübel aus Beton, ein Straßencafé; ich gehe langsam und bedächtig – schließlich bin ich ja frisch am Herzen operiert worden. Wem das Herz wohl vorher gehört haben mag, frage ich mich. Bin ich noch derselbe Mensch wie vorher? Liebe ich noch dieselben Menschen? (Denn man liebt doch mit dem Herzen?). Alles Quatsch, denke ich. Ich werde beim Laufen beobachtet (von wem?). Alle Menschen um mich herum sind Soldaten. Auch ich bin ein Soldat. Ich war in einem Armee-Krankenhaus, befinde mich in einer Art Kaserne (deshalb also auch die Uniform unter dem weißen Kittel des Professors, denke ich). Ich steige eine Beton-Treppe hinab. Bedächtig nehme ich Stufe für Stufe, jetzt bloß nicht zu schnell laufen, denke ich, sonst platzt die Narbe wieder auf. *The swiftness of my sword is an understatement of my art of war / A pleasure without conscience, feeds me, to want more / Principles of karma, death before dishonor /Shadows my eyesight procedes me to fight harder / For the number one headband, stand alone as one man.* Ich spüre nichts von der OP, keinen Schmerz, aber ich weiß, ich muss noch ein bisschen vorsichtig sein. Unten angelangt, gerate ich in einen Strom von Menschen. Sie kommen von rechts und strömen nach links, dem Bootsanleger entgegen. Ich bin nun Teil dieses Stromes, Teil dieser unentwegt wabernden Menschenmasse, wir bewegen uns gemeinsam auf das Schiff zu, welches dort festgemacht hat. Ich achte darauf, dass mir niemand zu nahekommt und niemand meine Brust anstößt (die frische OP-Narbe! Vorsicht!). Wir gelangen zum Schiff, ich steige zusammen mit den anderen Fahrgästen ein. Am Eingang zum Schiff werden wir kontrolliert, ich zeige meinen Dienstausweis vor, er hängt an einem Band um meinen Hals, es ist ein Armee-Dienstausweis. Wir alle haben Uniformen an, Felddienst-Uniformen, Flecktarn. Die Uniformen riechen ein wenig muffig, sehen aber neu aus. Alle sind gutgelaunt. Wir haben unser Sturmgepäck bei uns. Geht es zu einem Einsatz? Wohin? *Afro Samurai can be defeated by no clan / A warrior of the street through my travels of land / In any shape form or fashion, kill the streets dramatic fashion / Become unpredict-*

able when I strike there's no missin you / My aim is too precise, move forward and real pivotal / Take sips of lemonade, take lives with my blade / Revenge my father's death ,til I reach my final days / Kill kill kill, Afro Samurai. Ich bin jetzt im Boot, es ist ein großer, flacher Dampfer in Navy-Grey. *Dieses Boot ist mein Boot – ein herrlich leuchtender Salon mit Ledersofa und eine große offene Plicht sind meine Welt; meine Limousine hat eine Vorschiffskabine mit einem schönen Doppelbett, ein Klo mit Bulleye auf der Backbordseite und oben ein hölzernes Rad und die Küche an Steuerbord.* Alle versammeln sich im Unterdeck, es herrscht ein Gedränge. Viele Menschen haben sich hier bereits eingefunden, und es werden immer mehr. Ich suche mir einen ruhigen Platz in der Mitte des Salons. Ich will mein Sturmgepäck oben im Gepäckregal ablegen, aber ich darf mich noch nicht so weit strecken – wegen der OP, sonst würde die Narbe wieder aufreißen. Keiner weiß, dass ich frisch operiert bin, keiner darf es wissen, es ist ein Geheimnis. Ich muss vorsichtig sein, darf mich nicht durch unüberlegtes Handeln selbst verraten. Ich sitze neben einer hübschen Soldatin, sie erkennt, dass ich Hilfe benötige. Sie nimmt mir mein Gepäck ab und hievt es nach oben. Ich bedanke mich. Sie zwinkert mir zu. Die Uniform steht ihr, denke ich. Wir plaudern, kommen uns näher. Nun ist das Schiff voll, die Maschinen werden angelassen. Das rötliche Licht im Salon flackert kurz auf, als die Schiffsdiesel angeworfen werden. Die Turbos pfeifen, es muss ein kräftiger, moderner Antrieb sein, denke ich, vielleicht ein Jet-Antrieb? Die Leinen werden gelöst, wir legen ab. Am Ufer (es sieht jetzt aus wie die Hamburger Landungsbrücken) wird zum Abschied salutiert. Jemand grüßt formvollendet von Bord zurück Wir nehmen Fahrt auf. Draußen ist es dunkel. Es ist stürmisch, Wellen schlagen gegen die Schiffsfenster, es regnet stark. *I'm walkin out my nightmare drenched in cold sweats / Reminiscin of the night I killed my master for the headband / All the bloodshed and the murder, to revenge my father's murder / The thought of that alone can I really handle the bourbon? / So I choose my own path, no friends, no joy, no love / The most masterful opponent, will fall victim to my weapon / The most masterful opponent, will fall victim to my weapon / I'm not immortal, real aggressive, attitude is rude / I got a knack for killin and I refuse to lose.* Unser Schiff fährt direkt in die Nacht und in den Sturm hinein. Doch ich fühle mich geborgen und sicher. Neben mir sitzt die hübsche Soldatin. *Ich bin der Steuermann dieses stolzen weißen Rumpfes, der kräftige Motor ist mein bester Kamerad: über uns drohen die Häuser einzustürzen, doch wir setzen die Segel und fahren munter das Leben hinunter.*

* * *

Transformation und Veränderung

1. **Herzoperation:** Die Herzoperation symbolisiert eine tiefgreifende Transformation oder Erneuerung in deinem Leben. Ein neues Herz zu bekommen, könnte darauf hindeuten, dass du emotional oder spirituell eine bedeutende Veränderung durchmachst. Du lässt etwas Altes hinter dir und nimmst etwas Neues an.

2. **Weiße Tapebänder:** Diese könnten für die Heilung und Schutz nach einer schwierigen Phase stehen. Die Tatsache, dass das Tape selbstauflösend ist, könnte darauf hinweisen, dass Heilung mit der Zeit von selbst erfolgt und du dich

darauf verlassen kannst.

Familie und Vergangenheit

1. **Eltern:** Die Anwesenheit deiner Eltern, die jünger und gesünder erscheinen, könnte eine Reflexion deiner Kindheit und familiären Beziehungen sein. Es könnte darauf hindeuten, dass du positive Aspekte deiner Vergangenheit wiederentdeckst oder deinen Frieden damit machst.

2. **Prof. H. als Herzspezialist:** Der Professor könnte eine Autoritätsfigur oder einen Mentor in deinem Leben repräsentieren, der dir hilft, diese wichtige Veränderung durchzuführen.

Eigenständigkeit und Neuanfang

1. **Verlassen des Raumes:** Das Verlassen des Raumes und das Gehen deines eigenen Weges symbolisieren Schritte in eine neue Phase deines Lebens. Du bist auf dich allein gestellt und bereit, die Welt mit deinem neuen Herzen zu erkunden.

2. **Moderne Bürogebäude:** Diese könnten für die neue, moderne Welt stehen, in die du dich begibst. Der Kontrast zwischen dem alten Wohnraum und dem modernen Bürogebäude könnte die Transformation von der Vergangenheit zur Gegenwart darstellen.

Militärische Symbolik und Disziplin

1. **Uniform und Armee:** Die militärische Symbolik könnte auf Disziplin, Ordnung und einen strukturierten Lebensweg hinweisen. Vielleicht fühlst du dich in einer Phase, in der du strenge Regeln und Disziplin brauchst, um deine Ziele zu erreichen.

2. **Bootsanleger und Schiff:** Das Einsteigen in das Schiff und die Reise symbolisieren eine neue Mission oder ein neues Abenteuer in deinem Leben. Das Schiff könnte dein Lebensweg sein, der durch stürmische Zeiten navigiert.

Beziehungen und Unterstützung

1. **Hübsche Soldatin:** Die Soldatin, die dir hilft, könnte für die Unterstützung stehen, die du in schwierigen Zeiten von anderen erhältst. Es zeigt auch, dass du in der Lage bist, neue Verbindungen und Beziehungen zu knüpfen, selbst in Zeiten der Veränderung.

2. **Gemeinschaft:** Die Tatsachen, dass alle Soldaten gut gelaunt sind, und du Teil einer Gemeinschaft bist, deuten darauf hin, dass du in dieser neuen Phase deines Lebens nicht allein bist. Du hast Unterstützung und Gemeinschaft um dich herum.

Reise und Ungewissheit

Sturm und Dunkelheit: Das Fahren in die Nacht und die stürmischen Bedingungen könnten die Ungewissheit und Herausforderungen symbolisieren, die auf deinem neuen Lebensweg vor dir liegen. Aber die Tatsache, dass du dich geborgen und sicher fühlst, zeigt, dass du Vertrauen in deine Fähigkeiten und in den Weg, den du gewählt hast, hast.

Fazit

Der Traum scheint eine tiefgreifende persönliche Transformation zu symbolisieren, die du durchmachst. Er zeigt, dass du bereit bist, alte Teile deines Lebens loszulassen und neue, aufregende Herausforderungen anzunehmen. Die Unterstützung von Familie und neuen Beziehungen, die Disziplin und Struktur, sowie die Bereitschaft, in ungewisse und stürmische Zeiten zu navigieren, sind zentrale Themen dieses Traums. Es ist ein positives Zeichen dafür, dass du stark und bereit für die Veränderungen bist, die vor dir liegen.

46
Knock Out

Ein historischer Saal, eine Säulenhalle mit Marmor-Boden und hohen klassizistischen (?) Fenstern in den massiven Wänden, und ich mittendrin. Die Sonne strahlt herein, es ist hell in dem Raum, Stille. Eine ältere Dame ist an meiner Seite (ist es meine Großmutter E. – als sie noch jünger und gesund war?). Wir stehen weit oben auf einer geschwungenen Treppe, unten ist kein Platz mehr. Wir waren etwas zu spät gekommen, nun müssen wir mit diesem Platz vorliebnehmen. Auch nicht schlecht, denke ich, so haben wir eine bessere Übersicht. Unten hält jemand einen Vortrag. Worüber? – Wir wissen es nicht, hier hinten / oben hören wir den Vortragenden nicht mehr, er ist zu weit weg. Wir sind in einem

Museum (ist es das Bode-Museum / Eingangsbereich mit Treppe?). Wir genießen noch einen Augenblick das Ambiente. Meine Oma E. verweilt noch einen Moment, dann löst sie sich auf. Schön, dass du mich mal besucht hast, denke ich. Ich besteige Rosita Espinoza, fahre los. *Rosita Espinosa, ich fahr mit dir nach Washington, nach Alexandria oder bis ans Ende dieser Welt. Rosita Espinoza, räche meine Freunde, töte meine Feinde, vergib dem Verräter. Rosita Espinosa, du bist sexy, du bist schlau, du bist schnell, deine Klinge ist scharf. Rosita Espinoza, alles, was zählt, ist die Hoffnung, traue nicht dem Alp, trotze dem Fluch, doch: rechne mit dem Tod und schieß uns den Weg frei – auf nach Alexandria.* Ich fahre eine Weile durch Berlin (habe ich ein Ziel? Welches?), dann gelange ich auf die Schloßbrücke in Köpenick. Die Straße auf der Brücke ist nicht befahrbar, ich muß auf den Bürgersteig ausweichen, kein Problem. Die Fußgänger machen bereitwillig Platz, einige von ihnen müssen zur Seite springen, denn ich fahre ziemlich schnell. Der V2-Motor blubbert dumpf, ich liebe dieses Geräusch. Nun fahre ich auf das Gelände am Generalshof in Köpenick, Linden- / Ecke Bahnhofstraße. Hier wurde ein aufblasbares großes Tor errichtet, ich kenne es von großen Laufveranstaltungen, mit diesen Toren wird das Ziel markiert. Ich weiß, wenn ich weiterfahren will, muß ich hier hindurch. Das Tor ist hellblau und weiß. Ich stelle mich an, ich muß kurz warten, es gibt ein Gedränge, dann gebe ich Gas und passiere das Tor. Die Kontrolleure an dem Tor sind freundlich, sie weisen mir den Weg. Der Weg führt direkt in ein altes, sehr gut erhaltenes Schloß, ich bin im Schloß Sanssouci, Rosita und ich fahren durch die reichgeschmückten Gänge, an deren Wänden hängen güldene Lüster, die (elektrisches) Licht spenden. Ich fahre mit dem Motorrad eine Treppe hoch (das ist für uns überhaupt kein Problem) und stelle Rosita vor einer Wand mit einer verzierten, dunkelroten Tapete auf dem Seitenständer ab. Rosita verwandelt sich auf einmal – sie ist jetzt keine Heritage Softail mehr, sondern ein alter, aber sehr gut erhaltener Seitenventiler, eine WLA mit 750 Kubikzentimetern Hubraum. Ich streichle ihr zärtlich über den Tank, sage: das musst du nicht tun, ich mag dich so, wie du bist. Besucher kommen die Treppe hoch, sie staunen ein wenig, dass hier ein Motorrad steht, sie bleiben kurz stehen, sie bewundern es und gehen dann plaudernd weiter. Sie denken, es handle sich um ein Exponat. Ich erkunde das Schloß zu Fuß weiter, denn hier wird es zu eng für ein Krad. Und: ab hier benötigt man auch eine extra Eintrittskarte. Ich will eine kaufen, gehe zur Kasse. Dort wartet schon eine Frau (meine Frau?) auf mich. Sie ist jung und etwas rundlich, und sie hat lange, glatte Haare. Sie fragt, wo ich so lange gewesen bin. Ich sage: das ist eine lange Geschichte. Sie kauft zwei Eintrittskarten für uns. Sie sorgt sich um mich; sie ist fürsorglich. Ich hänge meine schwere Motorrad-Lederjacke in eine Ecke der Garderobe. Dann gehen wir gemeinsam hinein. Wir laufen ein wenig durch die Gänge. Jetzt sind wir mittendrin im Grüne Woche-Trubel, denn wir sind jetzt auf dem Messegelände in Berlin. Ich schaue aus einem der Fenster – neben der Messehalle steht eine Werkhalle / Depot eines Triebfahrzeug-Herstellers, gesichert durch einen hohen Maschendrahtzaun, am oberen Ende Stacheldraht. Hier werden japanische Shinkansen gebaut. Ich sage meiner kleinen, rundlichen Frau, dass mich das sehr interessiert. Sie hat eine Überraschung für mich parat: heute fährt der neue Shinkansen-Zug testweise durch Leipzig; sie hat zwei Tickets für uns gekauft und Plätze reserviert. Wir besteigen den Zug, er hatte schon auf uns gewartet. Wir fahren los, langsam erst, dann schneller. Wir fahren vom Hauptbahnhof Leipzig Richtung Messegelände. Erst sehen wir viele topsanierte Häuser, dann ziehen immer mehr alte, halbzerfallene Gebäude aus längst vergangenen DDR-Zeiten an uns vorbei. Im Zug sieht es aus wie in einer ganz normalen, modernen Straßenbahn. Eisenbahn-Nerds bevölkern den Zug. Sie drängen mir ein Fachgespräch auf. Ich pariere mit technischem Knowhow. Sie sind beeindruckt. Sie wissen nicht, dass ich diplomierter Eisenbahn-Ingenieur bin, Spezialisierung: Hochgeschwindigkeits-Zugtechnik. Als die Fahrt beendet ist, steigen wir aus. Ich muß zurück zum Schloß, Rosita holen und: meine Jacke hängt noch dort! Es ist bereits Nacht, es ist stockfinster. Meine kleine rundliche, junge Frau mit den glatten langen Haaren möchte noch ein wenig bleiben. Ich sage „O.k.", lasse sie stehen, gehe durch einen Park. Es ist die Köpenicker Wuhlheide in Berlin, ich befinde mich in einer Gruppe von Menschen, die aus einem grade beendeten Freiluftkonzert Richtung Ausgang strömen. Endlich bin ich wieder im Schloß, es wird gleich alles zugemacht, ich muß mich beeilen. Alle strömen hinaus, aber ich muß noch einmal hinein in das Gebäude. Rosita, ich komme! Ich bahne mir einen Weg durch die Menschenmassen. Ich laufe gegen den Strom. Ich weiche entgegenkommenden Menschen geschickt aus, nutze jede Lücke, schlüpfe hinein und komme so Meter für Meter vorwärts. So gelange ich an die Garderobe, endlich, ich suche meine Jacke. Ich finde sie nicht. Es gibt ein Gedränge. Ich knalle mit einem kräftigen Mann aneinander, unbeabsichtigt. Er ist sauer, nimmt das persönlich. Der Mann ist aggressiv, er nimmt sofort eine Drohgebärde an. Ich mache mich kampfbereit. *The swiftness of my sword is an understatement of my art of war / A pleasure without conscience, feeds me, to want more / Principles of karma, death before dishonor /Shadows my eyesight procedes me to fight harder / For the number one headband, stand alone as one man / Afro Samurai can be defeated by no clan / A warrior of the street through my travels of land / In any shape form or fashion, kill the streets dramatic fashion / Become unpredictable when I strike there's no missin you / My aim is too precise, move forward and real pivotal / Take sips of lemonade, take lives with my blade / Revenge my father's death ,til I reach my final days / Kill kill kill, Afro Samurai.* Er wird mit einem Schwinger eröffnen, denke ich, mit rechts, seine Rechte ist schon zur Faust geballt, ich werde ein wenig nach links ausweichen, dabei zur Sicherheit den Schlag mit meinem rechten Unterarm blocken, meine rechte Hand greift seinen rechten Arm, ich ziehe ihn zu mir herüber, ein Stückchen nur (und bringe ihn so aus dem Gleichgewicht), und zeitgleich wird meine linke Faust auf seiner rechten Schläfe einschlagen – Knock out, das müsste der Situation angemessen sein und ausreichen, denke ich. *I'm walkin out my nightmare drenched in cold sweats / Reminiscin of the night I killed my master for the headband / All the bloodshed and the murder, to revenge my father's murder / The thought of that alone can I really handle the bourbon? / So I choose my own path, no friends, no joy, no love / Just a number two headband, and the man above / So the moves I create is my own unique vision / Strike my subconscious mind, individual essence / The most masterful opponent, will fall victim to my weapon / The most masterful opponent, will fall victim to my weapon / I'm not immortal, real aggressive, attitude is rude / I got a knack for killin and I refuse to lose.* Der Mann sieht mich an, hat auf einmal keine Lust mehr auf eine Auseinandersetzung. Gut so, denke ich, sehr vernünftig. Ich will schließlich nur meine Jacke wiederhaben. Ich finde sie schließlich in der Ecke der Garderobe, dort, wo ich sie hingehängt hatte. Ich freue mich sehr, sie ist wie eine gute Bekannte. Ich schlüpfe in meine Jacke. Sie riecht nach Leder, nach Schweiß und ein wenig nach Zigarettenrauch und Bier. Ich verlasse das Gebäude. Hinter mir wird das Haus von Wachleuten zugesperrt. Ich trete hinaus ins Freie. Die Luft ist kühl und klar. Ich atme tief ein. Die Sommernacht umarmt mich. Ich habe die Hände in den Jackentaschen. Ich laufe gutgelaunt in die Nacht hinein. Um Rosita werde ich mich gleich morgen früh kümmern.

* * *

Historischer Saal und Großmutter

1. **Historischer Saal:** Der Saal mit seinen hohen Fenstern und Marmorböden könnte auf die Vergangenheit und die Verbindung zu deinen Wurzeln hinweisen. Er repräsentiert möglicherweise deine kulturelle oder familiäre Geschichte.

2. **Großmutter:** Die Anwesenheit deiner Großmutter, so wie sie in jüngeren und gesünderen Tagen war, könnte ein Zeichen dafür sein, dass du dich nach einer Zeit sehnst, in der du dich geborgen und beschützt gefühlt hast. Sie symbolisiert auch Weisheit und Erfahrung.

Rosita Espinoza und die Reise

1. **Rosita Espinoza:** Das Motorrad Rosita könnte für Freiheit, Abenteuer und die Möglichkeit stehen, Hindernisse zu

überwinden. Es symbolisiert auch deine innere Stärke und Entschlossenheit.

2. **Reise durch Berlin:** Die Fahrt durch Berlin könnte deinen Lebensweg darstellen, mit all seinen Herausforderungen und Zielen. Das Ausweichen auf dem Bürgersteig zeigt deine Fähigkeit, flexibel und anpassungsfähig zu sein.

Schloß Sanssouci und Messe Berlin

1. **Schloß Sanssouci:** Die Fahrt durch das Schloss und das Erkunden zu Fuß könnten deinen Wunsch nach Wissen, Kultur und der Erkundung neuer Dinge symbolisieren. Es zeigt auch deine Fähigkeit, in verschiedene Rollen und Situationen einzutauchen.

2. **Messe Berlin:** Der Übergang zur Grünen Woche und dem Messegelände könnte darauf hinweisen, dass du dich in einem ständigen Wandel befindest, immer neue Möglichkeiten erkundest und dich neuen Herausforderungen stellst.

Shinkansen und technisches Wissen

1. **Shinkansen:** Das Interesse am Hochgeschwindigkeitszug und das Fachgespräch mit den Nerds zeigen deine technische Expertise und dein Wissen. Es könnte auch deinen Stolz auf deine beruflichen Fähigkeiten und Errungenschaften darstellen.

2. **Eisenbahn-Ingenieur:** Deine Identität als diplomierter Eisenbahn-Ingenieur symbolisiert deine Kompetenz und

dein Vertrauen in deine Fähigkeiten.

Rückkehr und Konflikt

1. **Rückkehr zum Schloss:** Die Rückkehr zum Schloss, um Rosita und deine Jacke zu holen, könnte darauf hinweisen, dass du etwas Wichtiges in deinem Leben zurückholen oder wiederfinden möchtest.

2. **Konflikt und Kampfbereitschaft:** Der aggressive Mann und deine Vorbereitung auf den Kampf könnten deine inneren Konflikte und die Bereitschaft, für das zu kämpfen, was dir wichtig ist, symbolisieren. Es zeigt auch deine Fähigkeit, Bedrohungen zu erkennen und zu neutralisieren.

Fazit

Der Traum scheint eine Reise durch verschiedene Aspekte deines Lebens zu symbolisieren, von der Vergangenheit und Familie bis hin zu beruflichen Errungenschaften und inneren Konflikten. Es ist ein positives Zeichen dafür, dass du trotz aller Herausforderungen und Veränderungen in deinem Leben stark und entschlossen bist. Die Anwesenheit deiner Frau und die friedliche, sommerliche Nacht am Ende des Traums könnten auf Hoffnung, Liebe und eine positive Zukunft hinweisen.

47
Baja California

Zwei Freunde und ich waren unterwegs mit einem Boot, wir sind gestrandet, das Boot ist fort. Nun laufen wir an einem menschenleeren Strand entlang. Vorn das Wasser, hinten weites, flaches Land, am Horizont Berge. Keine Städte, keine Dörfer, keine Häuser, nur Sand und Wasser. Der Strand besteht aus kleinen Kieseln, sandfarben, rötlich, nicht: weiß. Dahinter eine flache Düne mit Sandhafer, dann steppenartige Graslandschaft. Endlos. Wir gehen weiter, wortlos, mein Freund S. ist dabei (wer ist der andere Begleiter?). Wir kommen an ein kleines Fischerdorf, wir sind an der *Baja California Sur*. Auf der Wiese steht ein kleines Gestell, ähnlich einem Wäschetrockner, daran hängt ein großer, schwerer Fisch. Der Fisch glitzert, er atmet, er bewegt sich noch, er lebt. Plötzlich beginnt der Fisch zu zappeln, er befreit sich von dem Gestell, fällt zu Boden, er windet sich dem Ufer zu, springt Richtung Wasser. Er erreicht die See und verschwindet zwischen den vielen kleinen Wellen des tiefblauen Meeres. Etwas weiter draußen sehen wir später seine Rückenflosse durchs Wasser schneiden. Niemand da im Dorf, die Hütten scheinen verlassen. Wir laufen weiter. Nach kurzer Zeit erreichen wir eine Steinmole, es gibt landseitig einen kleinen Marktplatz, bunte, kleine Häuser, die Türen stehen weit offen. Aber die Straßen sind menschenleer. Das kommt uns seltsam vor. Ein kleiner Kutter fährt in die Bucht hinein. Wir laufen auf die Mole, um ihn zu begrüßen. Am Ufer stehen plötzlich ältere Fischer mit wettergegerbten Gesichtern in schweren Gummistiefeln, ausgeblichenen hellblauen Wattejacken und dunklen Mützen. Sie nehmen das Boot in Empfang. Es hat Fisch geladen und

Schmugglerware. Es ist jetzt nachts, schweres Wetter zieht auf. Erste Sturmböen ziehen durch, die Wellen wachsen bedrohlich an, werden höher, platschen an das Ufer. Sie müssen sich mit dem Löschen der Ladung beeilen, denke ich. Jetzt erkenne ich: wir sind an der Ostsee, es sieht aus wie auf Rügen (sind wir in Vitt?). Die Fischer arbeiten hart, sie sind gut organisiert. Sie ziehen alle Boote an Land – sicher ist sicher. Ab und zu schauen sie prüfend Richtung Meer. Sie machen sich bereit für den Sturm. Jeder erhält eine Aufgabe, auch ich. Ich bin dafür verantwortlich, im Ernstfall jedem ein Fischbrötchen und ein Bier auszuhändigen. Wir üben die Handlungsabläufe, ich beginne, Schrippen und Bier zu verteilen. Aber es ist bereits zu stürmisch, wir müssen unsere Arbeiten einstellen. Uns wird ein Zimmer zugewiesen, in das wir uns zurückziehen können, in einem der bunten Häuser. Das Zimmer ist klein, es gibt ein Doppelbett und ein Sofa. Aber hier sind wir wenigstens sicher. In einem der Betten liegt mein Freund R. Er hält einen nicht enden wollenden Monolog (worüber?). Niemand hört ihm zu. Zwei Kinder spielen auf dem Flur mit Holzstangen Ritter-Kampf. Sie stechen auf die Köpfe der anderen ein, lachen dabei. Ich knöpfe mir die Kinder vor, schimpfe mit ihnen, sage sie können Ritter spielen, aber sie sollen vorsichtig sein, und: die Köpfe sind tabu. Die Wetter-Situation spitzt sich weiter zu, ein Inferno droht. Ich muss hier weg, und zwar schnell. Ich schnappe mir ein Auto und fahre los, wohin ist egal, Hauptsache weg von hier, weg von der tobenden See. Ich fahre erst ins Landesinnere hinein, dann weiter auf den Kämmen eines Mittelgebirges entlang. Die Straßen sind eng, links und rechts des Weges geht es steil hinunter, ich muss mich konzentrieren, darf keinen Fehler machen, sonst droht ein Absturz. Es ist Winter, ein eisiger

Wind pfeift über die überfrorene, teilweise komplett vereiste Straße, es gibt leichte Schneeverwehungen. Ich gelange in eine Kleinstadt mit vereinzelten Spaziergängern. Ein Touri-Ort – wer würde sonst bei diesem Wetter spazierengehen, denke ich. Ich will nach Wieck (auf Rügen). Ich kenne den Weg nicht, kein Handy-Netz, ich hole meinen alten Papier-Stadtplan heraus. Ich breite den Plan auf der Motorhaube aus, aber ausgerechnet die Ecke des Planes mit Wieck fehlt. Mist! Macht aber nichts, die grobe Richtung kenne ich, und dann werde ich mich einfach nach der Beschilderung richten, denke ich. Ich starte den Motor, fahre weiter. Auf einmal geht es steil bergab, ich bin jetzt auf einem schmalen, vereisten Weg. Mein Auto rutscht, trotz ABS, ich werde immer schneller. Zum Glück kann ich dabei immer noch die Spur halten. Ich schlingere etwas nach links und nach rechts, aber ich bleibe auf der Straße. Dann bin ich endlich unten im Tal, komme unbeschadet zum Stehen. Puh, das war knapp, denke ich. Vor mir befindet sich jetzt ein Anstieg, ein weiterer Berg, die Straße führt direkt hinauf auf den Gipfel. Mein Auto ist jetzt ein Schlitten, ich steige ab, gehe zu Fuß, ziehe den Schlitten hinter mir her. Das funktioniert ganz wunderbar. Ich bin trainiert, atme regelmäßig, setze Fuß vor Fuß. Ich sehe das als zusätzliche Sporteinheit, atme die kalte, klare Luft tief ein, kontrolliere meinen Puls. Dann bin ich oben. Die Aussicht ist grandios. Mein Schlitten ist jetzt wieder ein Auto. Ich schaue nach vorn. In nicht allzu großer Entfernung sehe ich die Silhouette von Stralsund – und dahinter muss auch schon irgendwo Wieck sein. Das Ziel liegt nun zum Greifen nah. Gutgelaunt starte ich den Motor, fahre los.

* * *

Stranden und Wandern

1. **Stranden und der verlassene Strand:** Das Stranden des Boots könnte ein Gefühl des Verlorenseins oder des plötzlichen Verlustes einer Richtung im Leben symbolisieren. Das Wandern entlang des menschenleeren Strandes und durch die weite, unbewohnte Landschaft kann darauf hindeuten, dass du dich auf einer Reise befindest, die einsam und unsicher ist, aber auch die Möglichkeit der Erkundung und Entdeckung bietet.

2. **Der unbekannte Begleiter:** Der unbekannte Begleiter könnte einen Teil von dir repräsentieren, den du noch nicht vollständig kennst oder verstehst. Es könnte auch auf unerwartete Hilfe oder Unterstützung hinweisen, die dir auf deiner Reise begegnet.

Fischerdorf und lebender Fisch

1. **Das Fischerdorf und der lebende Fisch:** Das kleine Fischerdorf und der lebende, sich windende Fisch könnten symbolisieren, dass es in deinem Leben Bereiche gibt, die noch unentdeckt oder nicht vollständig realisiert sind. Der Fisch, der sich befreit und ins Meer zurückkehrt, kann für Freiheit, Erneuerung und die Fähigkeit stehen, Widrigkeiten zu überwinden.

2. **Verlassene Häuser und menschenleere Straßen:** Diese Elemente könnten darauf hinweisen, dass du dich in einer Übergangsphase befindest, in der du nach Orientierung und neuen Möglichkeiten suchst.

Wetterumschwung und Verantwortung

1. **Der herannahende Sturm:** Das aufziehende schwere Wetter und die Aufgabe, Fischbrötchen und Bier zu verteilen, können eine bevorstehende Herausforderung oder Krise symbolisieren, auf die du dich vorbereiten musst. Deine Bereitschaft, Verantwortung zu übernehmen, zeigt deine Fähigkeit, in schwierigen Zeiten zu handeln.

2. **Das Zimmer in den bunten Häusern:** Der Rückzug in das sichere Zimmer symbolisiert einen Zufluchtsort oder eine Phase der Ruhe und Erholung, bevor du dich der nächsten Herausforderung stellst.

Autofahrt und Hindernisse

1. **Fahrt ins Landesinnere:** Die Fahrt weg von der Küste und ins Landesinnere kann eine Flucht vor unmittelbaren Problemen darstellen. Die steilen, vereisten Straßen und die Notwendigkeit, vorsichtig zu fahren, könnten die Herausforderungen und Risiken symbolisieren, die du bewältigen musst.

2. **Die fehlende Ecke auf dem Stadtplan:** Dies könnte darauf hinweisen, dass dir manchmal klare Anweisungen oder Pläne fehlen, aber du vertraust auf deine Intuition und grundlegende Kenntnisse, um deinen Weg zu finden.

Transformation und Ziel erreichen

1. **Das Auto, das zum Schlitten wird:** Diese Verwandlung

kann für Anpassungsfähigkeit und Flexibilität stehen. Deine Fähigkeit, das Fahrzeug zu wechseln und den Weg trotzdem weiterzugehen, zeigt deine Resilienz und Entschlossenheit.

2. **Ankunft in Stralsund und die Aussicht auf Wieck:** Das Erreichen das Gipfels und der Blick auf die Silhouette von Stralsund, sowie das Wissen, dass Wieck in der Nähe ist, symbolisieren, dass du kurz davor bist, dein Ziel zu erreichen. Es steht für Hoffnung, Ausdauer und das bevorstehende Ende einer langen Reise oder Herausforderung.

Fazit

Dieser Traum spiegelt eine Reise wider, sowohl physisch als auch emotional. Es zeigt die Herausforderungen, denen du gegenüberstehst, und die Fähigkeit, dich anzupassen und weiterzumachen, auch wenn der Weg unsicher und schwierig ist. Die Symbole des Fisches, des Sturms, der steilen Straßen und des Autos, das zum Schlitten wird, unterstreichen Themen wie Freiheit, Transformation, Verantwortung und Ausdauer. Das Ziel am Ende des Traums deutet auf Hoffnung und das Erreichen von Sicherheit und Zufriedenheit hin.

48
Blaue Mauritius

Ich stehe in einer Schlange, warte vor einem Antiquariat, ein kleines Geschäft in einer Ladenzeile (Nähe Bahnhof Zoo?). Viele Menschen, Gedränge, Geschwitze, Gerüche. Ich will zwei meiner Briefmarken schätzen lassen, suche Beratung.

Ich bin Briefmarken-Sammler, ich sammle „weibliche Staatsoberhäupter". Ich denke, eine Briefmarke könnte aus der Serie der Blauen Mauritius stammen. Sie sieht aus wie diese, ist aber nicht blau, sondern bräunlich. Als ich an der Reihe bin, lege ich meine Briefmarken auf den Tresen. Der Tresen ist sehr hoch, er ist blank geputzt. Der Antiquar fragt, was ich noch so habe. Ich lege weitere Dinge auf den Tisch, Trophäen, Medaillen, Vereins-Anstecknadeln, altes Zeug aus meinen Wettkampf-Zeiten. Ein weiterer Antiquar kommt hinzu, nun begutachten beide Männer intensiv meine Sachen. Sie sind sehr interessiert. Das könne eine Weile dauern, sagen sie. Die anderen Wartenden werden nach Hause geschickt. Die beiden klemmen sich Uhrmacher-Lupen aus Messing vors Auge, sie betrachten jedes Detail. Sie tuscheln. Sie fragen, ob ich etwas Zeit mitgebracht hätte. Ich sage o.k., kein Problem, ich schlage vor, dass ich ja etwas spazierengehen und nach einer Stunde wiederkommen könne. Sie sind einverstanden. Ich trete hinaus, es ist dunkle Nacht. Ich laufe etwas umher, bin nun in Friedrichshain, die Straßen sind leer, nur einige Pärchen sind auf den breiten Gehwegen, die die Karl-Marx-Allee säumen, unterwegs, Spaziergänger wie ich. *Stalins Bauten sind meine Spielwiese, sie ziehen mich in ihren Bann: mit lebendigen Fahrkörben, flüsternden Loggien, flinken, schlauen Silberfischlein und labyrinthischen römischen Säulenhallen aus schwarzem poliertem Marmor. Ich werfe den Ball an die Wand, er prallt ab, kommt auf dem Boden auf, ich fange ihn.* Ich drehe eine Runde um den Zeitungs-Kiosk Karl-Marx-Alle / Ecke Straße der Pariser Kommune, gehe an einem großen Parkplatz vorbei (müsste dort nicht inzwischen ein breites, neugebautes Hochhaus stehen?). Dann überquere ich die Allee, gehe hinüber zum Café Warschau, laufe Richtung Osten an den

Stalinbauten entlang. *Ich werfe den Ball an die Marmorwand, er prallt ab, kommt auf dem Boden auf, ich fange ihn. Die beige verkachelte Smaragdenstadt, bewacht vom Eisernen Holzfäller, seinen treuen Genossen und den Holzsoldaten, hat mich gefressen.* Dann fahre ich weiter, ich benutze jetzt ein Fahrrad, bedächtig trete ich in die Pedale, schaue dabei interessiert in die Fenster im Parterre und in die ausladenden Schaufenster. In einem Eckhaus ist ein Seniorenheim untergebracht, die Alten sitzen an Tischen in einem großen, hell erleuchteten Raum und essen gerade Abendbrot. Sitzt dort nicht mein Vater J. an einem der Tische? Mein Vater? In einem Pflegeheim? In Friedrichshain? Ich bin mir nicht sicher, ob er es ist, kann ihn nicht genau erkennen. Ich steige vom Rad, schaue den Alten eine Weile zu. Sie sitzen in Schlafanzügen und -hemden, darüber tragen sie Bademäntel oder Morgenröcke. Pfleger kümmern sich um die Senioren. Dann steige ich aufs Rad und fahre nachdenklich weiter. // Das Fahrrad ist jetzt ein Wagen mit Rädern, ich schiebe ihn vor mir her. Mein Sohn M. sitzt vorn auf dem Wagen, mir zugewandt. Er ist ein kleiner Junge. Es macht ihm Spaß, so geschoben zu werden. Ich nehme ein paar Schritte Anlauf und stelle mich, wenn der Wagen so richtig in Schwung ist, auf das Trittbrett, welches am Wagen hinten angebracht ist. So rollern wir zusammen den Gehweg entlang, das macht Spaß. Die entgegenkommenden Spaziergänger gehen aus dem Weg, sie lachen uns freundlich zu. Nun wollen wir drei Spaziergänger überholen, denen wir uns von hinten nähern. Sie bemerken uns nicht. Ich rufe: Klingeling! Sie gehen zur Seite, wir zischen vorbei. Wir haben ordentlich Schwung drauf. Doch das Pärchen, welches uns nun plötzlich entgegenkommt, geht nicht aus dem Weg. Sie machen – extra – keinen Platz, sie weichen nicht aus. Sie sind stur. Wissen die beiden denn nicht, dass ich nicht lenken- und auch nicht bremsen kann?, denke ich. Die beiden sind schwarz gekleidet und mittleren Alters. Wir kollidieren. Ich kachle sie einfach um. Das wollte ich nicht. Es tut mir leid. Aber niemandem ist etwas passiert. Der Mann steht auf – und zieht ein Messer. Er beginnt, wütend auf mich einzustechen. Ich bin hellwach, reagiere blitzschnell, ohne nachzudenken. Meine Reflexe sind durch jahrelanges Training geschult. *The swiftness of my sword is an understatement of my art of war / A pleasure without conscience, feeds me, to want more / Principles of karma, death before dishonor / Shadows my eyesight procedes me to fight harder / For the number one headband, stand alone as one man / Afro Samurai can be defeated by no clan / A warrior of the street through my travels of land / In any shape form or fashion, kill the streets dramatic fashion / Become unpredictable when I strike there's no missin you.* Bei einem seiner Angriffe weiche ich etwas nach hinten aus, warte den nächsten Angriff ab, als der kommt, rutsche ich ein kleines Stück nach rechts, blocke seinen rechten Messer-Arm von innen mit meiner Linken, die greift sein Messer-Handgelenk, gleichzeitig kracht der Tsuki meiner rechten Faust, dabei mit einem Schritt in ihn hineinrutschend, in seine linken unteren Rippenbögen. Es knackt, er krümmt sich nach vorn, geht zu Boden. Ich trete ihm das Messer aus der Hand. Das war´s, mein Freund, denke ich, schön blöd von dir. Aber du hast es so gewollt. *I'm walkin out my nightmare drenched in cold sweats / Reminiscin of the night I killed my master for the headband / All the bloodshed and the murder, to revenge my father's murder / The thought of that alone can I really handle the bourbon? / So I choose my own path, no friends, no joy, no love / Just a number two headband, and the man above / So the moves I create is my own unique vision / Strike my subconscious mind, individual essence / The most masterful opponent, will fall victim to my weapon / The most masterful opponent, will fall victim to my weapon / I'm not immortal, real aggressive, attitude is rude / I got a knack for killin and I refuse to lose.* Seine Frau hatte ebenfalls ein Messer gezogen, sie fuchtelt damit herum. Um sie kümmert sich M. Er ist jetzt ein kräftiger junger Mann. Er macht die Frau unschädlich, ohne ihr besonders weh zu tun. *My aim is too precise, move forward and real pivotal / Take sips of lemonade, take lives with my blade / Revenge my father's death ,til I reach my final days / Kill kill kill, Afro Samurai.* Das Paar liegt am Boden, flucht und wimmert. Wir lassen ab von ihnen, sie erheben sich, verschwinden humpelnd. Die Messer behalten wir ein, sicherheitshalber. M. und ich schauen uns an, wir klatschen ab. Wir sind ein gutes Team. Ich kann mich auf meinen Sohn verlassen. Wir können uns aufeinander verlassen. M. verabschiedet sich, er hat noch etwas zu tun, er verschwindet in der Nacht. Ich gehe weiter, ich will zum Antiquariat, mein Geld für die Briefmarken abholen. Doch auf dem Weg beschließe ich spontan, den alten Krempel zu behalten. Ich werde das Zeug nicht verkaufen, nicht, weil es mir besonders viel bedeuten würde. Ich möchte nur nicht von den Antiquaren betrogen werden. Es geht ums Prinzip, denke ich. Dann schenke ich das Zeug lieber einem befreundeten Sammler. Frohgelaunt laufe ich die Straße entlang.

* * *

Briefmarken und Antiquariat

1.**Warten in der Schlange und das Antiquariat:** Das Warten und der Versuch einer Schätzung des Wertes deiner Briefmarken könnte deine Suche nach Anerkennung, Wertschätzung oder Bestätigung für deine Errungenschaften und Interessen symbolisieren. Die Briefmarken-Sammlung weiblicher Staatsoberhäupter könnten deine Faszination für Geschichte, Machtstrukturen und vielleicht auch weibliche Autoritätsfiguren widerspiegeln.

2. **Sport-Trophäen und Vereins-Anstecknadeln:** Diese Gegenstände stehen möglicherweise für vergangene Erfolge und Erfahrungen in deinem Leben. Das Interesse der Antiquare könnte darauf hindeuten, dass diese Errungenschaften einen bleibenden Wert haben und geschätzt werden.

Spaziergang und Veränderung der Umgebung

1. **Spaziergang durch Friedrichshain:** Der nächtliche Spaziergang durch eine vertraute Umgebung wie Friedrichshain könnte deine Reflexion über vergangene Zeiten und Erinnerungen darstellen. Die Stalinbauten und die historische Architektur könnten deine Verbindung zur Geschichte und deine Wurzeln symbolisieren.

2. **Begegnung mit dem Seniorenheim:** Das Erkennen deines Vaters im Seniorenheim könnte deine Gedanken über das Altern, die Vergänglichkeit des Lebens und die Pflege deiner Angehörigen widerspiegeln.

Verwandlung des Fahrzeugs und Interaktion mit dem Sohn

1. **Fahrrad wird zum Wagen:** Die Verwandlung des Fahrrads in einen Wagen und das Schieben deines Sohnes darauf könnte die Veränderung von Verantwortlichkeiten und die Freude an gemeinsamer Zeit symbolisieren. Es zeigt auch die Dynamik zwischen dir und deinem Sohn und eure enge Beziehung.

2. **Kollision und Konfrontation:** Die Kollision mit dem Paar und die anschließende Auseinandersetzung könnten Konflikte oder Hindernisse in deinem Leben darstellen, die du mit Entschlossenheit und Geschick bewältigst. Deine Re-aktion auf die Bedrohung zeigt deine Bereitschaft und Fä-higkeit, dich und deine Lieben zu schützen.

Rückkehr zum Antiquariat und Entscheidung

1. **Entscheidung, die Gegenstände zu behalten:** Deine Entscheidung, die Briefmarken und andere Gegenstände zu behalten, anstatt sie zu verkaufen, könnte darauf hinweisen, dass du den wahren Wert und die Bedeutung dieser Dinge für dich selbst erkannt hast. Es könnte auch auf ein Miss-trauen gegenüber anderen oder die Angst, betrogen zu wer-den, hinweisen.

2. **Frohe Stimmung und Entschluss:** Das Ende des Traums, in dem du frohgelaunt die Straße entlangläufst, zeigt, dass du mit deiner Entscheidung zufrieden bist und die Kontrolle über deine eigenen Besitztümer und Entscheidun-gen übernommen hast.

Zusammenfassung

Dieser Traum könnte auf deine innere Reise zur Selbstanerkennung und Wertschätzung deiner Vergangenheit hinweisen. Die symbolische Darstellung deiner Beziehungen zu deinem Vater und deinem Sohn sowie die Auseinandersetzungen und Entscheidungen, die du triffst, zeigen deine Fähigkeit, mit Herausforderungen umzugehen und die Kontrolle über dein Leben zu behalten. Die Veränderungen und Entscheidungen in deinem Traum spiegeln deine Entwicklungsprozesse wider.

49
Panorama-Zug

Ich bin auf einem Flughafen, ich habe ein Ticket für einen Langstreckenflug in die USA. Es ist nachts, draußen ist es stockdunkel. Auf dem Flughafen ist viel los, Menschen kommen, warten, gehen. Ich mag Flughäfen, ich mag die Anonymität, denke ich, und dass man (zumeist) auf dem Weg ist zu interessanten Gegenden, warmen, sonnigen Ländern, Menschen mit interessanten Geschichten. Ich plaudere beim Check-in mit einer hübschen Airline-Mitarbeiterin. Sie sieht ein wenig aus wie die Schauspielerin Rachel McAdams, denke ich. Wir unterhalten uns über dies und das. Unser Schalter ist leer, niemand stört uns bei unserem Gespräch, wir sind plötzlich ganz allein. Die Fluggäste am Nachbarschalter werden aufgerufen, sie machen sich auf den Weg zum Gate. Rachel fragt, wann und wohin ich fliege. Ich sage: jetzt gleich, es geht nach Amerika. Sie schaut in ihren PC, sagt: oh, das war der Flug, der vorhin aufgerufen wurde. Das Gate schließe gleich, ich müsse mich beeilen. Ich bedanke mich für den

Hinweis, zwinkere ihr zu. Sie zwinkert zurück, lächelt. Ich beeile mich. Aber ich muß erst meine Schuhe anziehen und zubinden (ich war barfuß). Dann schultere ich mein Handgepäck und gehe schnellen Schrittes los. Ich laufe durch die Gänge, aber ich kann mein Gate nicht finden, es ist nicht ausgeschildert. Ich spreche Flughafen-Mitarbeiter an, frage, wo sich das Gate für den Flug nach Newark befindet, niemand weiß es, niemand kann helfen. Ich bemerke, dass der Airport gleichzeitig ein großer Bahnhof für Schnellzüge ist. Es ist ein Kombi-Gebäude. Das ist überaus praktisch, denke ich. Ich kann ja auch einfach mit dem Zug fahren, denke ich, woanders hin, gar kein Problem. Es muss ja nicht unbedingt Amerika sein, denke ich. Ich bin jetzt ganz ruhig, verlangsame meinen Schritt, habe keine Eile mehr. Ich gehe zu einem Bahnsteig, er liegt im Freien, ist nicht überdacht. Es ist morgens, die Sommer-Sonne strahlt jedoch schon hell und warm, alle haben kurze Hosen oder Röcke oder kurzärmelige Blusen oder Oberhemden oder T-Shirts an. Kinder mir kurzen Lederhosen laufen auf dem Bahnsteig herum. Der Zug fährt ein. Es ist ein Zug der österreichischen Staatsbahn, sehr gepflegt, blau lackiert und mit einigen Werbebannern an den Außenseiten der Waggons. Ich sitze in einem komfortablen Sechser-Abteil. Dort sitzen auch schon meine Freunde (waren wir hier verabredet?). Mein Freund M. (und seine Frau T.) sind dabei, mein Freund S. und noch ein paar andere. Es ist eine dufte Truppe. Neben mir sitzt meine Frau M., gut, dass wir endlich wieder mal zusammen unterwegs sein können. Der Zug fährt los, wir unterhalten uns. Jetzt fahren wir durch ein Industriegebiet, das Areal ist so groß wie eine Stadt, ein Krake, ein atmender, Rauch ausstoßender Organismus. Unser Zug ist jetzt ein Panorama-Zug, wir sitzen in einem

Luxon-Salonwagen, der obere Teil des Zuges wurde automatisch eingefahren, wie bei einem Cabrio-Verdeck, denke ich. Wir können alles um uns herum gut beobachten, jedes Detail der Industrie-Bauten. Die technischen Anlagen sehen aus wie Kunst, *Modern Technology Art*, denke ich, und: was geschieht damit, wenn die Anlagen einmal stillgelegt werden? Millionen Tonnen Schrott müssten dann entsorgt werden. Unser Zug macht einen Halt auf freier Strecke, wir stehen an einer Blumenwiese mit einem Apfelbaum und einer Bank. Eine Frau sitzt darauf, sie tritt zu uns heran, sie hat eine weiße Schürze umgebunden und hält einen Strauß Wiesenblumen in den Händen. Die Frau leuchtet. Die Frau kommt ganz dicht heran, sagt, dass es nun bald besser werde, es werde bald einen richtigen Sommer geben, dann werde alles gut. Wir freuen uns, das ist doch mal eine gute Nachricht, denke ich. Wir bedanken uns bei der Frau für die aufmunternden Worte, verabschieden uns und fahren weiter. Kurz danach sind wir am Ziel, wir steigen aus. Nun geht es mit Motorrädern weiter, jeder fährt sein eigenes. Ich fahre mit Rosita, meine Frau M. sitzt auf dem Soziussitz, hält sich an mir fest. *Rosita Espinosa, ich fahr mit dir nach Washington, nach Alexandria oder bis ans Ende dieser Welt. Rosita Espinoza, räche meine Freunde, töte meine Feinde, vergib dem Verräter.* Rosita ist jetzt eine geländetaugliche Sportster im „Bobber-Style". Wir fahren ein Stück durch eine wundervoll blühende Landschaft mit Wiesen, Blumen, Feldern. Ich habe die Reise organisiert. Wir sind im Thüringer Wald, bald müssten wir unsere Unterkunft erreichen. Wir machen eine letzte Rast vor dem Ziel, die Gruppe möchte wandern gehen, ich habe keine Lust zu wandern, schwinge mich aufs Bike und fahre schon weiter, allein, will die Unterkunft klarmachen. Ich fahre gewundene Waldwege entlang, durchquere tschechisches Gebiet. Ich genieße die Fahrt, schalte einen Gang herunter. Der V2 bollert dumpf, das Bike hat Spezialauspuff-Töpfe mit einem schönen, satten Klang. *Rosita Espinosa, du bist sexy, du bist schlau, du bist schnell, deine Klinge ist scharf. Rosita Espinoza, alles, was zählt, ist die Hoffnung, traue nicht dem Alp, trotze dem Fluch, doch: rechne mit dem Tod und schieß uns den Weg frei – auf nach Alexandria.* Schließlich erreiche ich unseren Urlaubsort. Ein älterer Mann in weißem Unterhemd, sagt, ich sei hier richtig, es hätte aber eine Gruppe reserviert. Ich sage, dass wir diese Gruppe seien, und dass ich nur die Vorhut bilden würde, die anderen würden bald nachkommen. Der Mann ist mißtrauisch, er sagt, das habe er ja noch nie erlebt, so gehe das nicht, entweder seien alle da oder keiner. Ich schlage vor, etwas zu warten. Der Alte zieht brummelig von dannen. Er ist ein alter Ossi, ein Betonkopf, wahrscheinlich früher ein hoher Parteikader. Er ist es nicht gewohnt, dass man ihm widerspricht. Aber die Zeiten haben sich geändert. Gut so, denke ich. Ich mache es mir auf einer Bank bequem. Wenn wir hier nicht unterkommen, dann fahren wir eben weiter, denke ich. Wir sind frei, und wir haben Zeit. Ich strecke die Beine weit aus, verschränke die Arme hinter dem Kopf. Vor mir mein hübsches Bike, dahinter ein weites, grünes, sonnenbeschienenes Tal.

* * *

Flughafen und das Verpassen des Fluges

1. **Flughafen und Anonymität:** Der Flughafen als Symbol für Übergänge und neue Anfänge könnte darauf hinwei-

sen, dass du dich in einer Phase des Wandels oder der Vorbereitung auf eine neue Phase in deinem Leben befindest. Die Anonymität könnte ein Bedürfnis nach Freiheit und Unabhängigkeit symbolisieren.

2. **Check-In und Unterhaltung mit der Airline-Mitarbeiterin:** Das Gespräch mit der attraktiven Airline-Mitarbeiterin könnte deine Sehnsucht nach Bindung und vielleicht auch nach romantischen Abenteuern darstellen. Die Tatsache, dass ihr in allein seid, könnte darauf hindeuten, dass du manchmal in Träume oder Fantasien flüchtest.

3. **Verpassen des Fluges:** Das Verpassen des Fluges nach Amerika könnte Ängste oder Unsicherheiten bezüglich großer Veränderungen oder neuer Herausforderungen symbolisieren. Es könnte auch darauf hinweisen, dass du das Gefühl hast, eine wichtige Gelegenheit verpasst zu haben.

Wechsel zum Zug und die Reise

1. **Kombinierter Flughafen-Bahnhof:** Die Kombination von Flughafen und Bahnhof zeigt die Vielseitigkeit der Möglichkeiten und Wege im Leben. Es gibt nicht nur einen richtigen Weg; viele Wege können zum Ziel führen.

2. **Zugfahrt mit Freunden und Familie:** Der Übergang zum Zug und die Anwesenheit deiner Freunde und Familie könnten darauf hinweisen, dass du in schwierigen Zeiten auf Unterstützung und Gemeinschaft zählen kannst. Die angenehme Gesellschaft symbolisiert die Bedeutung von Beziehungen und Freundschaften in deinem Leben.

3. **Industriegebiet und Kunst:** Das Industriegebiet als Kunstwerk könnte darauf hindeuten, dass du Schönheit und Bedeutung in ungewöhnlichen oder unerwarteten Orten findest.

Die Frau mit den Blumen und die Aussicht auf den Sommer

1. **Frau mit den Blumen:** Die Frau in der weißen Schürze, die Hoffnung und einen besseren Sommer ankündigt, könnte eine Art spiritueller oder emotionaler Führung darstellen. Sie könnte darauf hinweisen, dass bessere Zeiten bevorstehen und dass es wichtig ist, optimistisch zu bleiben.

2. **Aussicht auf den Sommer:** Der Hinweis auf einen besseren Sommer könnte für Hoffnung und Erneuerung stehen. Er symbolisiert, dass nach schwierigen Zeiten bessere Tage kommen werden.

Motorradausflug und Unterkunft

1. **Motorradfahrt:** Das Fahren mit Rosita, einem Motorrad, symbolisiert Freiheit, Abenteuerlust und Selbstbestimmung. Es zeigt deine Fähigkeit, deinen eigenen Weg zu wählen und unabhängig zu sein.

2. **Unterkunft und der ältere Mann:** Die Begegnung mit dem älteren, misstrauischen Mann könnte Herausforderungen und Widerstände darstellen, die du auf deinem Weg überwinden musst. Dein Vorschlag zu warten und deine entspannte Haltung zeigen deine Geduld und Gelassenheit im

Umgang mit Schwierigkeiten.

Zusammenfassung

Dieser Traum spiegelt eine Reise durch verschiedene Phasen und Herausforderungen des Lebens wider. Vom Verpassen eines Fluges und der Suche nach Alternativen über die Unterstützung durch Freunde und Familie bis hin zur Hoffnung auf bessere Zeiten und dem Genuss der Freiheit. Es ist eine Geschichte von Anpassungsfähigkeit, Optimismus und der Bereitschaft, sich neuen Situationen zu stellen. Deine Entschlossenheit und Gelassenheit, auch in unerwarteten oder schwierigen Situationen, werden betont. Der Traum ermutigt dazu, flexibel zu bleiben, Hoffnung zu bewahren und den eigenen Weg mit Zuversicht zu gehen.

50
Atze S.

Ich habe frei, muss heute nicht arbeiten. Ich entspanne, laufe im Garten herum, schaue nach den Pflanzen, relaxe. *Das weiße Gartenhaus ist aus Stein, es ist meine, unsere Festung, die Familie – ein Clan. Vier schlanke, weiße Birken tanzen im warmen Sommerwind, in jeder Ecke des Grundes steht eine, sie wachen über unser Hollywoodschaukel-Glück.* Ich harke ein bisschen Laub zusammen und hebe mit dem Spaten ein Loch aus, da will ich später ein kleines Bäumchen einpflanzen. Ich schließe den Garten ab, fahre mit meinem alten himmelblauen Trabant die Rudolf-Breitscheid-Straße in Eichwalde (bei Berlin, hinter Grünau) entlang Richtung S-Bahnhof, mein erstes eigenes Auto, ich bin stolz auf meine Plaste-Knutsch-kugel. Ich passiere ein Grundstück, auf dem ein Mann gerade einen mächtigen Zaun errichtet. Ich fahre weiter. Mein Trabi ist jetzt ein weißer Porsche, ich befinde mich auf einer Land-straße, links und rechts Wiesen, Gehöfte, ich passiere ein kleines Dorf. Ich komme in einen Stau, Stop and Go. Wir ste-hen in Dreierreihen, die Straße ist dreispurig. Nichts geht mehr. Die Fahrer in ihren Autos sind geduldig, sie haben Ver-ständnis. Sie haben die Fenster runtergekurbelt, rauchen, unterhalten sich durch die geöffneten Autofenster. Vier oder fünf Pkw vor mir steht ein weiterer Porsche, auch er ist weiß. Ich kurbele mein Fenster ebenfalls runter (mein Sportwagen ist ein älteres, aber sehr gepflegtes Modell, einer der ersten Targas), stecke den Kopf heraus, versuche herauszubekom-men, ob ich das Modell des vor mir fahrenden Porsche er-kennen kann, oder den Fahrer, oder das Kennzeichen – zu-mindest das Kennzeichen sollte doch zu sehen sein? Man kennt sich als Porschefahrer, jedenfalls wenn man aus der-selben Gegend kommt, denke ich. Der Stau löst sich etwas auf, die Autos vorn fahren links in einen Tunnel ein, ich kann den anderen Porsche nicht mehr sehen. Nun geht es auch für mich weiter, Meter für Meter nähere ich mich dem Tunnel. Ich schaue aus dem Fenster, bewundere die grüne Land-schaft. Wie schön es hier ist, denke ich. Als ich schließlich ebenfalls in den Tunnel einfahre, kommt es wieder zu einem Stau. Totaler Stillstand. Ich steige aus, lasse das Auto im Tun-nel stehen. Die anderen tun es mir gleich. Es interessiert mich / uns nicht, was mit den Autos geschieht. Vielleicht holen wir sie später wieder ab. Es ist nicht wichtig. Ich gehe in einen ganz in der Nähe befindlichen Baumarkt. Vom Tunnel aus kann man direkt dorthin gelangen, wenn man will. Ich finde das sehr praktisch. Ich betrete das hallenartige, weiße Gebäude. Es ist gleichzeitig ein Pflanzenmarkt. Am Eingang gibt es ein kurzes Gedränge. Ein Mann steht dort, hält einen lauten Monolog. Er hat hat braune Haare, trägt Dauerwelle und eine getönte Brille, ist sonnengebräunt. Sieht aus wie Atze S., der Comedian, denke ich. Das interessiert mich aber nicht weiter. Ich gehe weiter, betrete den Gartenmarkt. Ich will dort aufs Klo, mir die Hände waschen. Dort höre ich über einen Lautsprecher eine Durchsage für die Besucher, dass im Baumarkt aktuell ein Film gedreht wird. Atze S. ist Regisseur und Hauptdarsteller zugleich, er gibt Anweisungen. Er sagt, alle sollen sich vorbereiten. Als nächstes soll die Boxkampf-Szene gedreht werden. Ich höre, wie Atze S. mit dem Schauspieler spricht, der den Boxer spielt. Er sagt, dass der Schauspieler zwar ein guter Schauspieler sei, und nebenbei auch ein veritabler Boxer (er sagt *veritabel*), dass im Klo nebenan aber jemand sei, der ihn mit Leichtigkeit in die Tasche stecken würde. Ich erstarre für einen Moment, denn außer mir ist gerade niemand in dieser Toilette. Dann die Gewissheit: er meint tatsächlich mich. Soll ich? Warum eigentlich nicht. Ich gehe nach draußen zum Set. Der Boxer-Schauspieler lacht: soll kommen, sagt er. Ich bin auf keine Auseinandersetzung aus. Aber ich bin neugierig auf den Boxer-Schauspieler. Und schließlich reizt es mich auch, in einem Film mitzuspielen. Sollte er mich tatsächlich herausfordern – o.k., ich bin bereit. *The swiftness of my sword is an understatement of my art of war / A pleasure without conscience, feeds me, to want more / Principles of karma, death before dishonor /Shadows my eyesight procedes me to fight harder / For the number one headband, stand alone as one man / Afro Samurai can be defeated by no clan / A warrior of the street through my travels of land /*

In any shape form or fashion, kill the streets dramatic fashion /
Become unpredictable when I strike there's no missin you / My
aim is too precise, move forward and real pivotal / Take sips of
lemonade, take lives with my blade / Revenge my father's death
,til I reach my final days / Kill kill kill, Afro Samurai. Ich schaue
mir den Boxer-Schauspieler an. Er ist groß, ich schätze 1,85
Meter, kräftig gebaut, er hat eine sportliche Figur, kein Fett,
nicht übermäßig viele Muskeln. Ein harter Brocken, denke
ich, und: Jemand, der im Alter schnell dick wird, wenn er
nicht abtrainiert. Er ist dunkelhaarig, eigentlich ein ganz coo-
ler Typ. Er lehnt an der Wand, in einer Ecke, damit er sich auf
den Beinen halten kann. Das ist nicht so einfach, so scheint
es, denn er ist stark angetrunken. Ich bemerke plötzlich, dass
alle um mich herum in diesem Raum komplett betrunken
sind, die Schauspieler ebenso wie die Regie und die Crew, es
ist ein einziger besoffener Haufen. Der Boxer-Schauspieler
spricht mich an, fragt, wie es mit einem Tänzchen sei (dabei
stützt er sich mit einer Hand an der Wand ab). Ich betrachte
seine Hände. Sie sind mittelgroß. Die Knöchel sind vernarbt,
sie ist von Hornhaut überzogen. Er hat bestimmt einen guten
Punch, denke ich, der kann bestimmt ganz gut austeilen. Ich
lasse mich davon aber nicht beeindrucken, sage, dass er sich
das genau überlegen soll. *I'm walkin out my nightmare*
drenched in cold sweats / Reminiscin of the night I killed my
master for the headband / All the bloodshed and the murder, to
revenge my father's murder / The thought of that alone can I
really handle the bourbon? / So I choose my own path, no
friends, no joy, no love / Just a number two headband, and the
man above / So the moves I create is my own unique vision /
Strike my subconscious mind, individual essence / The most
masterful opponent, will fall victim to my weapon / The most

221

masterful opponent, will fall victim to my weapon / I'm not immortal, real aggressive, attitude is rude / I got a knack for killin and I refuse to lose. Es werde blutig enden, sage ich, für ihn, und letztlich werde ich gewinnen, sage ich (er ist zu betrunken, denke ich, gegen so jemanden will ich nicht kämpfen, das macht keinen Spaß und ist unter meiner Würde, man hat schließlich eine Sportler-Ehre). Der Boxer-Schauspieler will den Kampf aber unbedingt, und er will ihn jetzt. Die Zuschauer rufen: „Zugabe!". Ich kann mich nicht mehr verdrücken, zu spät. Warum musste ich auch so neugierig sein, denke ich, das habe ich jetzt davon. Ich sage, o.k., let´s go! Atze S. gibt das Kommando: Kamera an, Ton an. Ich klettere auf die Bühne, positioniere mich zunächst an der Seite – gegenüber des Boxer-Schauspielers. Der richtet seine Kleidung (ein blauer Anzug), Jemand sagt: Klappe!, und Atze S. sagt: bitte! Der Dreh läuft. Der Boxer-Schauspieler ist so voll, dass er zu Boden sackt, bevor der eigentliche Kampf beginnt. Das ist mir zu blöd, denke ich. Ich verlasse die Bühne und gehe in die Pflanzenabteilung des Baumarktes, deswegen bin ich ja schließlich hier, denke ich. Dort, wo normalerweise Blumentöpfe aufgetürmt stehen, ist jetzt ein Buffett für die Crew aufgebaut. Ich darf mich beim Catering bedienen, gehöre ja irgendwie dazu, auch wenn ich nicht zum Einsatz gekommen bin. Ich nehme mir Rote Grütze und ein Stück Kalten Hund. Ich setze mich zu anderen Crewmitgliedern und Darstellern, die gerade Drehpause haben. Atze S. sitzt auch da, am anderen Ende des Tisches. Wie er wohl ohne die Perücke aussehen mag, frage ich mich. Aber das interessiert mich nicht wirklich. Wahrscheinlich ist das ohne Verkleidung ein ganz normaler Typ, denke ich mir, man würde ihn wahrscheinlich nicht erkennen. Ich rufe meine Frau M. an, erzähle ihr, wo ich hier hineingeraten bin, was ich im Baumarkt so alles erlebt habe, ich sage: „stell dir vor!" Ich lege meinen Teller in den Rollwagen für schmutziges Geschirr, gehe zum Ausgang des Baumarktes. Ich stoße die Tür nach draußen auf und stehe endlich wieder im Freien.

* * *

Garten und Haus

Garten und Haus: Der Garten und das weiße Gartenhaus symbolisieren eine Zuflucht und Sicherheit. Es repräsentiert deine Familie und den Ort, an dem du dich geborgen und wohl fühlst. Das Pflegen des Gartens und das Pflanzen von Bäumen stehen für das Kultivieren und das Hegen deiner eigenen Gedanken und Pläne.

Autofahrt

Wechsel der Autos: Der Übergang vom Trabant zum Porsche zeigt den Wandel in deinem Leben – vom Einfachen und Nostalgischen zum Anspruchsvolleren und Luxuriöseren. Es könnte darauf hinweisen, dass du dich weiterentwickelst oder dass du dich nach einem höheren Status oder Luxus sehnst.

Stau und Tunnel

Stau und Tunnel: Der Stau symbolisiert vielleicht ein Gefühl des Feststeckens oder der Verzögerung in deinem Leben. Das Einsteigen in den Tunnel und das Verlassen des

Autos könnte bedeuten, dass du bereit bist, andere Wege zu erkunden und neue Lösungen zu finden, wenn du mit Hindernissen konfrontiert wirst.

Baumarkt und Boxkampf

1. **Baumarkt:** Der Baumarkt als Ort des praktischen Handelns und der Selbstverbesserung zeigt deinen Wunsch, aktiv an deiner Lebenssituation zu arbeiten.

2. **Boxkampf-Szene:** Der Boxer steht für Konfrontationen und Herausforderungen in deinem Leben. Der betrunkenen Boxer und die Zuschauer symbolisieren äußere Einflüsse und Erwartungen. Deine Gelassenheit und dein Widerwillen, gegen jemanden unfair zu kämpfen, zeigen deine moralische Integrität und Selbstbeherrschung.

Pflanzenabteilung und Buffet

1. **Buffet:** Das Buffet symbolisiert Belohnung und Anerkennung. Dass du dich an der Bierzeltgarnitur zu anderen Crewmitgliedern setzt, könnte deinen Wunsch nach Gemeinschaft und Anerkennung zeigen, auch inmitten von Herausforderungen und Konflikten.

2. **Rote Grütze und Kalter Hund:** Diese klassischen Desserts könnten nostalgische Erinnerungen an einfachere Zeiten und Freuden in deinem Leben hervorrufen.

Kommunikation und Ausstieg

1. **Telefonat mit deiner Frau:** Der Anruf zeigt die Bedeutung von Kommunikation und Unterstützung durch deine Partnerin. Es symbolisiert den Wunsch, Erlebnisse zu teilen und sich auszutauschen.

2. **Verlassen des Baumarktes:** Das Verlassen des Baumarktes und das Stehen im Freien symbolisieren den Ausbruch aus einer kontrollierten Umgebung und die Rückkehr zur Freiheit und Natur. Es ist ein Zeichen für die Rückkehr zu den Wurzeln und die Einfachheit nach einer Periode der Komplexität und Herausforderungen.

Zusammenfassung

Der Traum spiegelt verschiedene Facetten deines Lebens wider: Sicherheit und Geborgenheit in deinem Zuhause, die Entwicklung und der Fortschritt in deinem Leben, die Konfrontation mit Herausforderungen und Konflikten sowie die Bedeutung von Kommunikation und Gemeinschaft. Deine Gelassenheit und Integrität stehen im Mittelpunkt, und der Traum endet mit einem Symbol für Freiheit und die Rückkehr zur Natur, was möglicherweise eine Sehnsucht nach Einfachheit und Authentizität widerspiegelt.

51 Ticket-Automat

Ich laufe die Karl-Marx-Allee in Friedrichshain entlang, Richtung Strausberger Platz. *Ich werfe den Ball an die Marmorwand, er prallt ab, kommt auf dem Boden auf, ich fange ihn. Die beige verkachelte Smaragdenstadt, bewacht vom Ei-*

sernen Holzfäller, seinen treuen Genossen und den Holzsolda-
ten, hat mich gefressen. Stalins Bauten sind meine Spielwiese,
sie ziehen mich in ihren Bann: mit lebendigen Fahrkörben,
flüsternden Loggien, flinken, schlauen Silberfischlein und laby-
rinthischen römischen Säulenhallen aus schwarzem poliertem
Marmor. Ich werfe den Ball an die Wand, er prallt ab, kommt
auf dem Boden auf, ich fange ihn. Es ist dunkle Nacht. Der
Gehweg / die Straße mündet plötzlich in eine Halle, ich bin in
einem großen Wertstofflager, es ist ein großer, lichtdurchflu-
teter Raum, hier werden wiederverwertbare Abfälle gesam-
melt. Überall liegen Berge von Altpapier, Glas und Plastik, in
mehreren Gitterboxen liegen kleine Metallteile. Alles ist sehr
ordentlich und aufgeräumt, die Gänge sind saubergefegt. Ein
paar Leute streifen umher, suchen etwas, packen hier und da
etwas in ihre mitgebrachten blauen Ikea-Taschen. Ich kann
nichts gebrauchen, ich suche eigentlich auch nichts, will nur
so schnell wie möglich durch die Halle hindurch und diese
wieder verlassen, ich gehe hier entlang, weil es der kürzeste
Weg ist (wohin?). Da – endlich, der Ausgang. Ich schlüpfe
durch eine schwere, verglaste Holztür (mit schönen geschwungenen Messinggriffen), die Tür pendelt hinter mir
zu. Ich stehe auf einem Bahnhof, ein paar Bekannte gesellen
sich zu mir. Wir wollen gemeinsam mit dem Zug nach Hause fahren. Auf dem Bahnsteig stehen viele junge Leute, sie
feiern, haben bunte, auffällige Klamotten an. Bassige Mugge
ertönt aus schwarzen Beatboxen. Wir müssen ein Ticket für
den Zug ziehen. Mitten auf dem Bahnsteig steht ein kleiner
gelber Fahrkartenautomat. Meine Begleiter drucken sich ein
Ticket aus und stempeln es im daneben stehenden Entwerter
auch gleich ab (wie bei der Berliner S-Bahn, denke ich). Sie
sind bereit. Ich versuche ebenfalls, mir an dem Automaten

ein Ticket zu ziehen – ohne Erfolg. Der Automat streikt, er will einfach nicht funktionieren. Eine alte, schwarze, prächtige Dampflok fährt ein, hält schnaufend am Bahnsteig, weiße und grauschwarze Wasserdampf- und Rauchschwaden umwabern die Lok. Ich bewundere sie nur kurz, dann widme ich mich wieder dem Fahrkarten-Problem. Ich versuche noch einmal mein Glück mit dem Ticketautomaten, aber ich bekomme es einfach nicht hin. Es gibt keine Möglichkeit, Münzen, Scheine oder eine Geldkarte in das Gerät einzuführen, die Seitenwände des Automaten sind auf einmal komplett glatt. Es gibt keine Bedien-Knöpfe, keine Hinweise, auch ein Display fehlt. Scheiß Technik, denke ich. Ich weiß, die Zeit drängt. Meine Bekannten steigen ein. Sie winken, bedeuten mir, dass ich mich beeilen soll. Die Dampflok pfeift (wie eine große, dicke Orgelpfeife, denke ich), dann faucht sie wie ein wildes Tier. Ihre Räder setzen sich in Bewegung, sie fährt, langsam erst, dann immer schneller werdend, aus dem Bahnhof hinaus. Ich schaue ihr hinterher, bis sie verschwunden ist.

* * *

Spaziergang entlang der Karl-Marx-Allee

1. **Karl-Marx-Allee:** Diese Straße symbolisiert eine Zeitreise durch deine eigene Vergangenheit und die Geschichte von Berlin. Es könnte auch auf nostalgische Gefühle hinweisen oder auf die Auseinandersetzung mit deiner Vergangenheit.

2. **Marmorwand und Ball:** Das Werfen des Balls und das Spielen damit zeigen eine spielerische Haltung gegenüber

der Vergangenheit oder den bestehenden Umständen. Es könnte auch ein Symbol für Routine und Wiederholung sein.

Stalinistische Architektur

1. **Stalins Bauten:** Diese stehen für ein Gefühl von Kontrolle, Struktur und möglicherweise Unterdrückung. Es könnte auch auf eine Faszination für die Geschichte und Architektur hinweisen.

2. **Smaragdenstadt und Holzsoldaten:** Diese märchenhaften Elemente könnten auf eine idealisierte oder verzerrte Wahrnehmung der Vergangenheit hinweisen. Die Smaragdenstadt ist eine Illusion, die Realität ist oft härter.

Wertstofflager

1. **Wertstofflager:** Das Durchqueren eines Wertstofflagers könnte die Verarbeitung und Wiederverwertung von Erinnerungen oder Erfahrungen symbolisieren. Du siehst, wie andere Menschen Dinge sammeln und wertschätzen, während du selbst nichts benötigst und nur hindurch möchtest. Dies könnte bedeuten, dass du keine Notwendigkeit siehst, in der Vergangenheit zu verweilen oder dich mit alten Dingen zu beschäftigen.

2. **Ordnung im Chaos:** Das geordnete Sammeln von Müll könnte darauf hinweisen, dass du Struktur im Chaos suchst oder Ordnung in deinem Leben schaffst.

Bahnhof und Zug

1. **Bahnhof:** Ein Bahnhof ist ein Übergangsraum und symbolisiert Bewegung, Veränderung und Übergang. Hier wird die Reise geplant und Entscheidungen getroffen.

2. **Fahrkartenautomat:** Dein Unvermögen, ein Ticket zu kaufen, könnte auf das Gefühl der Hilflosigkeit oder der Frustration in Bezug auf neue Technologien oder die Unfähigkeit hinweisen, einen einfachen Schritt in die Zukunft zu machen.

3. **Dampflok:** Die Dampflok ist ein Symbol für die Vergangenheit und Nostalgie. Es könnte auch für mächtige, aber alte und möglicherweise veraltete Methoden oder Ideen stehen. Dein Zögern und die teilnahmslose Beobachtung des abfahrenden Zuges könnten auf eine Unsicherheit oder Unentschlossenheit hindeuten, alte Gewohnheiten oder Wege loszulassen und neue Wege zu beschreiten.

Gesamtdeutung

Der Traum reflektiert möglicherweise dein aktuelles Lebensgefühl und die Art und Weise, wie du mit Veränderungen, Vergangenheit und Zukunft umgehst. Du bewegst dich durch eine vertraute, historische Umgebung, die du gut kennst und mit der du dich wohlfühlst. Dabei spürst du jedoch auch die Herausforderungen und Schwierigkeiten, die mit dem Übergang in neue Lebensabschnitte verbunden sind. Das Problem mit dem Fahrkartenautomaten könnte ein Gefühl der Frustration oder der Unfähigkeit darstellen, in einen neuen Abschnitt deines Lebens einzutreten oder Fortschritte zu machen. Gleichzeitig bewunderst du die Vergangenheit (die Dampflok) und hast Schwierigkeiten, dich von ihr zu lösen.

Schlussgedanken

Dein Traum könnte dich dazu ermutigen, deine aktuelle Situation zu reflektieren und möglicherweise nach Wegen zu suchen, um Hindernisse zu überwinden, die es dir unmöglich machen, voranzukommen. Vielleicht geht es darum, neue Fähigkeiten zu erlernen, um mit modernen Herausforderungen besser umgehen zu können, oder einfach darum, alte Gewohnheiten loszulassen und offen für neue Möglichkeiten zu sein.

52
Ghost Dog

Eine Hinterhof-Party, irgendwo in Berlin. Es ist Sommer. Ich sitze mit einigen Leuten an einer langen Tafel, weiße Papier-Tischdecken, Bier- und Weingläser, benutzte Papp-Teller stehen herum, Plastikbesteck. Ich setze mich mit einer attraktiven Frau etwas abseits in den hinteren Teil des Hofes auf ein Paar Gartenstühle. Die Frau hat lange, schwarze Haare. Wir beobachten den Trubel. Leute kommen und gehen, Wichtigtuer, sie trinken, versuchen sich bestmöglich in Szene zu setzen. Wir stoßen mit einem Glas Wein an, dann küssen wir uns. Die Wände des Hinterhofes sind ockerfarben gestrichen / verputzt. Sand- und Betonboden, hier und da etwas Gras, Blumen, Büsche, ein Baum. Ein paar der Partyleute kommen zu uns nach hinten. Sie sind fein herausgeputzt. Es ist eine Familie aus England, sie feiern den Geburtstag der Großmutter. Sie sprechen mit starkem Slang (Docklands, London). Die Tochter hat ein blaues Seidenkleid an. Sie ist etwas dicklich, das Kleid spannt, ein Wunder, dass es nicht reißt, denke ich. Die Großmutter hat einen Pelz um den Hals gelegt, es ist ein toter Fuchs. Der Fuchs schaut mich böse an, ich erkenne kleine, scharfe Zähne in seiner halb geöffneten Schnauze. Lebt er? Ich bemerke, dass die Großmutter ähnlich scharfe Zähne hat, genau wie bei dem Fuchs, denke ich. Sie hat sich extra für die Party aufwendig die Haare machen lassen, das muss ein Vermögen gekostet haben. Ich verabschiede mich von meiner Begleiterin mit den langen schwarzen Haaren mit einem Kuss, ich verlasse die Party. Ich muss arbeiten (als was?). Ich fahre mit einem Auto durch die Nacht, vor kurzem hat es geregnet, die regennassen Straßen glänzen matt im Licht der Laternen, ich höre *Ghost Dog* von RZA. Die Straßen sind Auto- und menschenleer. Weiter geht es nun unterirdisch, hier kommt man nur zu Fuß voran. Ich bin in einem Autotunnel (Britzer Tunnel?), der ist tief unter der Erde. Alle hundert Meter gibt es ein paar große Holztüren, die geöffnet werden müssen. Das ist mein Job. Ich bin der Türen-Öffner. Ich mag die Arbeit, bin allein hier unten. Ich genieße die Ruhe, kann nachdenken bei der Arbeit, niemand stört mich dabei. Ein großer Armee-Lkw rollt langsam heran. Ein Tatra 813 Truck, denke ich, V12-Diesel, luftgekühlt. Am Steuer sitzt ein Komparsen-Kollege vom Film. Ich kenne ihn vom letzten Dreh in Berlin-Wilmersdorf. Wir begrüßen uns herzlich. Er ist stolz auf seinen Truck. Äußerst aufwendig im Unterhalt, denke ich, großer Hubraum, bestimmt 50 Liter Verbrauch. Trotzdem beglückwünsche ich ihn zu seinem Auto, nicke anerkennend, denke: jedem Tierchen sein Pläsierchen. Mein Kollege weiß nicht, wie er mit seinem großen Lkw den Weg nach draußen finden soll. Er hat sich verfahren. Ich helfe dir, sage ich. Ich laufe vor und öffne die Türen, damit er sie passieren kann. Mit Türen kenne ich mich aus. Ich schiebe ein paar Sessel aus dem Weg, die mitten auf der Tunnel-Straße stehen. Ich habe jetzt eine Felddienst-Uniform an. Ich bin Soldat, ich bin im Dienst. *My aim is too precise, move forward and real pivotal / Take sips of lemonade, take lives with my blade / Revenge my father's death ,til I reach my final days / Kill kill kill, Afro Samurai.* Der Lkw-Fahrer und ich, wir sind ein gutes Team.

***

Hinterhof-Party

1. **Ort und Stimmung**: Die Hinterhof-Party in Berlin und die sommerliche Atmosphäre symbolisieren soziale Interaktionen und Entspannung. Es deutet darauf hin, dass du dich in sozialen Situationen wohlfühlst und die Gesellschaft anderer genießt.

2. **Tafel und Leute**: Die lange Tafel mit Bier- und Weingläsern, benutzten Papp-Tellern und Plastikbesteck symbolisiert eine ungezwungene, vielleicht sogar chaotische Atmosphäre. Es könnte auf eine lockere, informelle Einstellung zu sozialen Verpflichtungen hinweisen.

3. **Hübsche Frau mit schwarzen Haaren**: Diese Frau könnte ein Symbol für eine geheimnisvolle oder bedeutende Person in deinem Leben sein. Das Küssen und der Rückzug in den hinteren Teil des Hofes können Intimität und das Bedürfnis nach persönlicher Verbindung symbolisieren.

4. **Beobachtung des Trubels**: Dein Rückzug von der Hauptgruppe und die Beobachtung der anderen deutet auf eine introspektive Natur hin. Du ziehst es vor, die Dynamik anderer zu beobachten, anstatt dich in den Mittelpunkt zu stellen.

Familie aus England

1. **Englische Familie**: Diese Figuren symbolisieren vielleicht externe Einflüsse oder fremde Elemente in deinem Leben. Der starke Slang und die übertriebene Kleidung könnten auf die Unterschiede zwischen dir und anderen sozialen Gruppen oder Kulturen hinweisen.

2. **Pelz und Fuchs**: Der tote Fuchs am Hals der Großmutter könnte ein Symbol für etwas Totes oder Künstliches sein, das sie mit sich trägt. Es könnte auch auf Täuschung oder die Aufrechterhaltung einer Fassade hinweisen.

Übergang zur Arbeit

1. **Verlassen der Party**: Das Verlassen der Party, um zur Arbeit zu gehen, zeigt dein Verantwortungsbewusstsein und deutet auf Verpflichtungen hin. Es könnte auch darauf hinweisen, dass du manchmal Spaß oder Vergnügen opferst, um deine Pflichten zu erfüllen.

2. **Nachtfahrt und regennasse Straßen**: Die dunklen, glänzenden Straßen und die menschenleere Umgebung können Gefühle von Isolation oder das Bedürfnis nach Reflexion symbolisieren. Das Hören von „Ghost Dog" könnte

auf eine introspektive oder melancholische Stimmung hinweisen.

Autotunnel und Arbeit

1. **Unterirdischer Tunnel**: Der Tunnel symbolisiert möglicherweise das Eintauchen in das Unterbewusstsein oder das Arbeiten an verborgenen oder weniger sichtbaren Aspekten deines Lebens.

2. **Öffnen von Türen**: Das Öffnen von Türen ist ein starkes Symbol für das Erschließen neuer Möglichkeiten, das Überwinden von Hindernissen oder das Entdecken neuer Wege. Es zeigt deine Fähigkeit, Zugang zu neuen Erfahrungen oder Erkenntnissen zu verschaffen.

Begegnung mit dem Lkw-Fahrer

1. **Armee-Lkw und Kollege**: Der große Armee-Lkw und der Kollege symbolisieren vielleicht schwerfällige oder komplizierte Aufgaben in deinem Leben. Deine Rolle als Helfer zeigt, dass du in der Lage bist, komplexe Herausforderungen zu meistern und anderen dabei zu helfen, ihren Weg zu finden.

2. **Soldatenuniform**: Das Tragen einer Uniform und die Rolle als Soldat können auf Disziplin, Pflichtbewusstsein und das Bedürfnis nach Ordnung und Struktur in deinem Leben hinweisen.

Zusammenfassung

Der Traum reflektiert verschiedene Aspekte deines Lebens, einschließlich sozialer Interaktionen, Verantwortungsbewusstsein und der Fähigkeit, Herausforderungen zu meistern. Es zeigt eine Balance zwischen persönlicher Verbindung und Pflicht sowie die Fähigkeit, in schwierigen Situationen Ruhe und Klarheit zu bewahren. Die Symbole von Türen und Tunneln deuten auf eine Bereitschaft hin, neue Wege zu erkunden und Hindernisse zu überwinden, während die sozialen Szenen auf eine introspektive Natur und das Bedürfnis nach tieferen Verbindungen hinweisen.

53
Marathon-Lauf

Ich erhalte einen Anruf von der Redakteurin einer Tageszeitung, sie fragt, ob ich interessiert sei an einer Reportage. Die Redakteurin ist Ressortleiterin, sie würde mich gern beauftragen. Ich bin freier Journalist, bin Spezialist für dieses Reportage-Thema. Ich sage zu, mache mich an die Arbeit, stelle den Artikel fertig, liefere ihn ab. Danach treffe ich in einem Café / Restaurant ein paar Freunde. In dem Restaurant ist alles in braun gehalten, dunkelbraun, gelbe Glühbirnen, an den Wänden hängen TV-Geräte, es gibt einen langen Tresen. Wir sitzen an einem ovalen Tisch (ebenfalls braun), trinken etwas, erzählen. Überall in der Kaschemme hängen Bilderrahmen (auch braun) mit vergilbten Fotografien (sepia und schwarz / weiß). Wir sind alles Kollegen und Kolleginnen, Redakteure, wir sitzen im Journalisten-Club des Springer-Hochhauses, Kochstraße, Berlin. Jemand bringt die neue Ausgabe einer Zeitung herein, frisch vom Druck, wir sind die ersten, die sie lesen. Da – meine Reportage! Sie läuft über eine volle Seite, mit einem Foto. Auf dem Foto sind Menschen zu erkennen (sind das Demonstranten?). Ich lese den Artikel, freue mich: die Redakteurin hat meinen Text unverändert übernommen, ich weiß, das ist nicht selbstverständlich. Die Kollegen und Kolleginnen lesen den Artikel ebenfalls, sie nicken anerkennend, es entbrennt eine Diskussion. Der Inhalt des Textes dreht sich um große Yachten und um einen Pfarrer. Der Pfarrer ist in dunkle Machenschaften verstrickt, er macht Geschäfte mit der Mafia. Es geht um die Privatyachten des Papstes, und mit welchen Mitteln sie bezahlt wurden (das Geld kommt aus dunklen Kanälen. Auch Kirchensteuer-Gelder wurden dafür verwendet, das hat meine Recherche ergeben). Ich rechne das Zeilenhonorar zusammen, das Foto bekomme ich nicht bezahlt (es ist nicht von mir). Eigentlich lohnt der Aufwand die ganze Mühe nicht, denke ich. Ich verlasse das Springer-Haus, steige ins Auto, welches vor dem Haupteingang steht. Ich will jetzt schnell nach Hause fahren, zu meinem kleinen Grundstück: *Schulzendorf, Brandenburg, Täterätä, tausend Kinderschritte vom Bahnhof entfernt, das weiße Gartenhaus ist aus Stein, es ist meine, unsere Festung, die Familie – ein Clan. Vier schlanke, weiße Birken tanzen im warmen Sommerwind, in jeder Ecke des Grundes steht eine, sie wachen über unser Hollywoodschaukel-Glück.* Ich fahre ein Stück die Kochstraße hinunter, dann folge ich einer gewundenen Dorfstraße, Stop-and-Go, vor mir sind einige Fahrzeuge, ich kann nicht überholen. Aber ich habe es gar nicht eilig. Ich freue mich: bald werde ich in meinem kleinen Häuschen angekommen sein. Dort habe ich meine Ruhe. Es ist dunkel, rabenschwarze Nacht. Ich habe das Autoradio an, der Verkehrsfunk warnt vor einer Gruppe mehrerer unbeleuchteter

Fahrzeuge, die in langsamem Tempo im Konvoi übers Land fahren. Ich schaue: vor mir fahren sechs unbeleuchtete Fahrzeuge, sie fahren langsam, es ist ein Konvoi. Der Konvoi besteht aus Trabis, sie gehören zusammen, sie wollen zu einem Auto-Treffen. Die Straße ist schmal, ich kann immer noch nicht überholen. Jetzt wandelt sich die Straße, wir fahren ein ausgewaschenes Flußbett entlang. Es ist inzwischen hellichter Tag, Sommer. Gleißende Sonne. In dem trockenen, sandigen Flußbett liegen große Steine. Teilweise fahren wir um sie herum, teilweise fahre ich auch über diese hinweg (mein Auto ist jetzt ein Geländewagen, Allrad, extrem geländegängig). Am Rand / Ufer des ausgetrockneten Flusses stehen Zuschauer und Fans, sie applaudieren, wenn ich wieder mal einen besonders großen Stein gemeistert habe. Es ist eine Rallye, ein Fahr-Contest, ein großes Volksfest. Es macht Spaß, hier zu fahren. Ich bin eins mit meinem Geländewagen. Am Ende der Strecke steige ich aus, ich befinde mich an einem Bahnhofsgebäude (irgendein Kleinstadt-Bahnhof). Ich werde empfangen; eine junge Frau holt mich ab, wir unterhalten uns, wir freunden uns an. Sie kommt mir bekannt vor, ich frage, ob wir uns schonmal irgendwo / irgendwann gesehen haben (was für ein blöder Anmach-Spruch, denke ich, aber ich meine es ernst: ich kenne diese Frau, aber woher?). Sie hat braune, lange, glatte Haare, *haselnussbraun*, denke ich. Sie sagt, sie wisse es nicht genau, aber das könne schon sein. Wenn nicht, dann wäre das auch nicht so schlimm, dann könnten wir ja jetzt das Kennenlernen und Alles, was damit zusammenhängt, nachholen. Das klingt für mich einleuchtend. Ein guter Plan, denke ich. Sie lächelt, greift meine Hand, schmiegt sich an mich. Wir wollen zu einem großen Lauf-Event, nicht um zuzuschauen, sondern um mitzumachen. Wir wollen gemeinsam einen Marathon laufen. Wir gehen zur Anmeldung, holen uns unsere Startnummern ab, befestigen sie an unseren Shirts. Die Shirts sind atmungsaktiv, kurzärmelig und rot, sie tragen das Logo eines Sponsors. Viele andere Läufer sind jetzt um uns herum, es ist wuselig, es gibt eine große Aufregung. Wir gehen zu einem Stand in der Nähe, hier werden Lauf-Chips verteilt, die man sich an einen der Schuhe bindet, es sind automatische Zeitmesser. Ich weiß: in dem Plastikteil ist eine Spule und ein Transponder. Ich habe jetzt eine ID-Nummer, ich bin identifizierbar. Die anderen Läufer gehen schon los, sie wollen nicht zu spät zum Start kommen. Ich bin mit meiner Freundin in einem dunklen Raum, wir haben Sex auf einem der Tische, auf dem die Läufer-Nummern liegen. Dann ziehe ich meine Laufschuhe an, gerade noch rechtzeitig sind wir am Start. Als der Schuß ertönt, laufen wir los, wir passieren die Kontaktmatte, ich weiß: ab jetzt hat mich das System erfasst, ich laufe, und die Zeit läuft nun mit. Das schnelle Laufen fällt uns leicht, wir laufen nebeneinander, nehmen Rücksicht aufeinander, mal wartet der eine, mal der andere auf den Partner. Wir laufen ein großes rotes Oval entlang, es ist ein Stadion (welches?). Wir sind ein gutes Lauf-Team, geben uns gegenseitig Kraft, ziehen uns gegenseitig weiter, passen aufeinander auf. Die Laufbedingungen sind optimal. Wir passieren das Ziel, fallen uns in die Arme, freuen uns, küssen uns. Der frische Schweiß meiner Begleiterin duftet verführerisch. Wir erhalten eine Urkunde, (Finisher-) Medaillen. Den Laufchip behalten wir, man kann ihn mehrmals verwenden. Denn: wir laufen jetzt öfter gemeinsam, soviel steht fest.

* * *

238

Anruf von der Redakteurin

1. **Anruf und Auftrag**: Der Anruf von einer Ressortleiterin und der Auftrag für eine Reportage symbolisieren Anerkennung und Wertschätzung für deine beruflichen Fähigkeiten. Du fühlst dich in deiner beruflichen Rolle als freier Journalist bestätigt.

2. **Erfolg und Anerkennung**: Das Fertigstellen und die Abgabe des Artikels, gefolgt von der Veröffentlichung in der Zeitung, zeigt, dass du stolz auf deine Arbeit bist und Anerkennung von deinen Kollegen erhältst.

Treffen im Café / Restaurant

1. **Umgebung und Atmosphäre**: Die dunklen Farben und die Sepia-Fotos an den Wänden symbolisieren vielleicht Nostalgie oder eine Verbindung zur Vergangenheit. Es könnte auch auf eine gemütliche, aber etwas veraltete Atmosphäre hinweisen.

2. **Kollegen und Diskussion**: Die Anwesenheit deiner Kollegen und die Diskussion über deinen Artikel zeigen, dass du in einem unterstützenden und respektvollen sozialen Umfeld arbeitest.

Inhalt der Reportage

Yachten und Pfarrer: Die Reportage über große Yachten und einen korrupten Pfarrer, der mit der Mafia Geschäfte macht, könnte deine Fähigkeit und Bereitschaft symbolisieren, heikle und wichtige Themen anzugehen. Es zeigt dein Engagement für die Wahrheit und deine Bereitschaft, Unrecht aufzudecken.

Heimfahrt und der Konvoi

1. **Heimfahrt**: Die Fahrt nach Schulzendorf symbolisiert ein Bedürfnis nach Rückzug und Erholung in einem sicheren und vertrauten Umfeld.

2. **Konvoi von Trabis**: Der Konvoi könnte eine Erinnerung an die Vergangenheit oder an Traditionen symbolisieren. Die Unfähigkeit zu Überholen deutet darauf hin, dass du manchmal durch diese Traditionen oder Erinnerungen aufgehalten wirst.

Wechsel in das Flussbett

1. **Veränderung der Straße**: Die Verwandlung der Straße in ein ausgewaschenes Flussbett und die Fahrt durch diese unwegsame Strecke symbolisieren Herausforderungen und Hindernisse in deinem Leben, die du jedoch mit deinem „Geländewagen" (deinen Fähigkeiten und deiner Ausdauer) meisterst.

2. **Zuschauer und Fans**: Die applaudierenden Zuschauer symbolisieren Anerkennung und Unterstützung von außen, wenn du schwierige Situationen meisterst.

Bahnhof und junge Frau

1. **Ankunft am Bahnhof**: Der Bahnhof symbolisiert einen Übergang oder eine neue Phase in deinem Leben.

2. **Junge Frau**: Die junge Frau mit den haselnussbraunen Haaren könnte eine neue Beziehung oder eine bedeutende Begegnung in deinem Leben symbolisieren. Die Vertrautheit deutet darauf hin, dass sie eine wichtige Rolle spielen könnte.

3. **Lauf-Event**: Das gemeinsame Laufen eines Marathons symbolisiert Partnerschaft, Ausdauer und gemeinsame Ziele. Es zeigt, dass du in einer Beziehung Unterstützung und Ermutigung findest.

Start und Lauf

1. **Vorbereitung und Startnummern**: Die Vorbereitung auf den Lauf und das Anlegen der Startnummern symbolisieren Vorbereitung und Engagement für ein gemeinsames Ziel.

2. **Lauf-Chips und Systemerfassung**: Die Lauf-Chips symbolisieren Erfassung und Überwachung, aber auch Anerkennung für deine Leistungen. Das Laufen selbst symbolisiert die Reise und die Herausforderungen im Leben.

3. **Gemeinsames Laufen und Ziel**: Das gemeinsame Laufen und das Erreichen des Ziels symbolisieren Zusammenarbeit und das Erreichen gemeinsamer Ziele in einer Partnerschaft. Es zeigt, dass du in dieser Beziehung Unterstützung und Ermutigung findest.

Zusammenfassung

Dieser Traum zeigt viele Aspekte deines Lebens: berufliche Anerkennung, soziale Unterstützung, Herausforderungen und Erfolge, sowie Partnerschaft und Zusammenarbeit. Die Symbole deuten darauf hin, dass du in deinem beruflichen und persönlichen Leben sowohl Herausforderungen als auch Erfolge erlebst und dass du in der Lage bist, diese mit Unterstützung und Entschlossenheit zu meistern.

54
Gemeinschafts-Dusche

Ich bin Gast in einem Hotel, das Hotel ist etwas in die Jahre gekommen, aber es hat Charme und liegt grandios am Meer (an welchem?). Einziger Nachteil: das Hotel verfügt lediglich über ein Gemeinschaftsbad / eine Gemeinschaftsdusche. Kein Problem für mich. Ich werfe mir ein weißes Handtuch über die Schulter, öffne meine Zimmertür, betrete den Gang und gehe, bekleidet nur mit Boxershorts und T-Shirt zur Gemeinschaftsdusche. Glück gehabt: sie ist frei, ich bin der einige, der hier duschen möchte, von den insgesamt 12 Duschen (an jeder Seite des Naßraumes befinden sich sechs, dazu gehört jeweils ein kleines Waschbecken und ein Mini-Spiegel) ist grade keine besetzt. Ich wähle ein Waschbecken in der Mitte links, Zähne putzen, rasieren, Gesicht waschen. Jeder Waschplatz ist etwa nur einen halben Meter breit, das ist wirklich eng hier, denke ich. Drei russische, schon etwas ältere Frauen (oder sind es Italienerinnen?, da bin ich mir nicht sicher) betreten den Waschraum. Sie sagen, ich hätte ihr T-Shirt an, sie würden das T-Shirt genau kennen, es gehöre ihnen. Ich weiß, dass das nicht sein kann, aber ich will keinen Streit, es ist mir egal, es ist nur ein T-Shirt. Ich ziehe es aus und überreiche es einer der Frauen. Ich stehe nun nur in Shorts vor ihr / vor den Frauen. Sie kichern, als sie mich mit freiem Oberkörper sehen, dann stecken sie die Köpfe zusammen und prüfen das T-Shirt akribisch, eine von ihnen zieht das Teil sogar an. Dann gibt mir eine der Frauen, die Wortführerin, mein T-Shirt wieder. Sie hätte es anprobiert, es sei ihr viel zu groß gewesen, es habe nicht ihr Hemd gewesen sein können. Sie entschuldige sich in aller Form (sie sagt: *in aller Form*). Als kleine Entschuldigung möge ich bitte einen Kasten Pralinés annehmen. Sie überreichen mir einen blauen, länglichen Kasten, auf dem sind Mischka-Bären, Matrjoschkas und russische Mädchen, die traditionell (mit weiten Röcken und roten Bändern im Haar) bekleidet sind, außerdem sind Akkordeon spielende, tanzende Kosaken auf der Schachtel abgebildet (also sind es doch Russinnen, denke ich; die Frauen sehen aber italienisch aus – das kommt mir irgendwie komisch vor). Ich bedanke mich höflich bei den Frauen, sie gehen. Ich ziehe meine Hose aus, drehe die Dusche auf. Das Wasser kommt aus einem dünnen, gebogenen Chromrohr. Oben hat es eine kleine Düse. Aus der Düse kommt ein dünner Wasserstrahl. Immerhin, es sollte ausreichen, um sich waschen zu können, denke ich. Der Fußboden ist mit hellbraunen, profilierten Fliesen ausgelegt, die Wände bestehen aus hellgrün-weißen Fließen, Lampen beleuchten die Szenerie spärlich. Ich bin naß, seife mich ein. Ein Mann betritt den Raum, schwarze Haare, sportlicher Typ, jemand, den man im Kampf nicht unterschätzen sollte, denke ich unbewußt. Er erinnert mich an meinen ehemaligen Kollegen, den Ressortleiter N. von einer Berliner Gazette. Er ist es aber nicht, als ich genauer hinschaue, sehe ich, dass es Kevin Spacey, der Schauspieler, ist (beide sind sich aber wirklich überaus ähnlich, denke ich). Er ist etwas älter als ich, aber gut in Form, ein Athlet. Er sucht sich das Waschbecken genau rechts neben mir aus. Die Waschplätze sind eng, daher schlage ich vor, dass er sich doch lieber einen anderen Platz auswählen möge, alle anderen Waschbecken und Duschen seien ja schließlich noch frei, man müsse sich ja nicht so auf die Pelle rücken, sage ich möglichst neutral. Der Mann schaut mich kurz an, sagt aber nichts, er dreht seine Dusche auf. Ich dusche mir die Seife von meinem Körper, drehe mich dabei hin und her, ich berühre den Mann dabei aus Versehen mit dem Ellenbogen. Er ist erzürnt, er will das nicht hinnehmen, deutet die Berührung als Angriff, als eine Herausforderung, es kommt zum Kampf. Wir stehen uns gegenüber, unsere beiden Duschen laufen dabei dampfend weiter. *The swiftness of my sword is an understatement of my art of war / A pleasure without conscience, feeds me, to want more / Principles of karma, death before dishonor /Shadows my eyesight procedes me to fight harder / For the number one headband, stand alone as one man / Afro Samurai can be defeated by no clan / A warrior of the street through my travels of land / In any shape form or fashion, kill the streets dramatic fashion / Become unpredictable when I strike there's no missin you / My aim is too precise, move forward and real pivotal / Take sips of lemonade, take lives with my blade / Revenge my father's death ,til I reach my final days / Kill kill kill, Afro Samurai.* Ich stehe locker in einem nicht zu tiefen Zenkutsu-Dachi, linkes Bein vorn, die Hände vor dem Körper, die Linke zeigt auf Kevins Kinn, die Rechte sichert meinen Körper und zeigt in Richtung seines Bauches. Er holt mit seiner Rechten aus (immer ist es die Rechte, denke ich), will mich im Gesicht treffen. Ich weiche nach links aus, schneide mit meinem rechten Arm seinen angreifenden Arm und drücke ihn dabei zu seiner Körpermitte, mein Arm rutscht dabei etwas nach oben vor den Hals des Mannes, ich beuge meinen Arm, nehme ihn in die Würge, trete dabei hinter ihn, ich gehe einen Schritt zurück und beuge mich dabei etwas nach unten. Er verliert das Gleichgewicht. Jetzt habe ich ihn. Er zappelt und strampelt, er röchelt, aber das hat alles keinen Zweck. Ich löse meinen Griff nicht, will auf Nummer sicher gehen. *I'm walkin out my nightmare drenched in cold sweats / Reminiscin of the night I killed my master for the headband / All the bloodshed and the murder, to revenge my father's murder / The thought of that alone can I really handle the bourbon? / So I choose my own path, no friends, no joy, no love / Just a number two headband, and the man above / So the moves I create is my own unique vision / Strike my subconscious mind, individual essence.* Ich bin Viggo Mortensen in *A History of Violence.* Als die Kraft von Kevin nachlässt, und er sich nur noch ganz schwach bewegt, lege ich ihn auf dem Boden ab. Sein Kopf knallt dabei auf den harten Fliesenboden, das tut mir leid, das war so nicht beabsichtigt. Kevin ist von der Auseinandersetzung schwer beeindruckt, er liegt am Boden, stöhnt leise, bewegt sich kaum. Sein Kopf blutet, aber er lebt, immerhin. Er kann nicht aufstehen, muss sich erst einmal sammeln. Ich lasse ihn liegen. Ich weiß, dass ihm nichts Ernsthaftes fehlt. Das wird schon wieder, denke ich. Ich packe in Ruhe mein Waschzeug zusammen, nehme meinen Praliné-Kasten und verlasse den Waschraum. Hinter mir fällt die Tür ins Schloss. // Vor dem Hotel wartet mein Kumpel M., ich steige in sein

Auto. Ich bin inzwischen angekleidet, mein Geschenk der drei Damen (den blauen Kasten – ich bin mir jetzt sicher: es waren doch Italienerinnen) habe ich dabei. Ich weiß: in dem Kasten sind keine Pralinés, der Kasten ist voller Dollarnoten. Es ist Blutgeld. Sie wussten, dass es eine Auseinandersetzung zwischen mir und Kevin, dem Killer geben würde. Sie hatten noch eine Rechnung mit ihm offen. Und sie wussten, dass ich ihn fertigmachen würde. Woher nahmen sie nur diese Gewißheit? *The most masterful opponent, will fall victim to my weapon / The most masterful opponent, will fall victim to my weapon / I'm not immortal, real aggressive, attitude is rude / I got a knack for killin and I refuse to lose.* Wir fahren langsam die Strandpromenade der Hafenstadt entlang, unser Auto ist ein amerikanischer Straßenkreuzer, breit, lang, flach, mit einem bollernden V8. Wir haben die Fenster heruntergekurbelt. Wir fahren zwischen weißen Häusern entlang, die etwas Schatten spenden. Zwischen den Häusern sieht man junge, leichtbekleidete, hübsche Frauen und Männer mit kurzärmeligen, gestreiften Oberhemden, das grünlichblaue Meer, den weißen Strand mit kleinen, rot-weißen Sonnenschirmen. Ein warmer Sommerwind umspielt unsere Sonnenbrillen, wir haben einen Arm cool auf die Wagentür gelehnt, unsere Haare fliegen im Fahrtwind.

* * *

Hotel und Gemeinschaftsdusche

1. **Hotel am Meer**: Das altehrwürdige Hotel symbolisiert eine Verbindung zur Vergangenheit und Nostalgie, während die Lage am Meer Ruhe und Gelassenheit suggeriert. Die

genaue Lage des Meeres bleibt unklar, was auf eine Suche nach Klarheit oder Ziel im Leben hinweisen könnte.

2.**Gemeinschaftsdusche**: Die Gemeinschafts-Dusche steht für gemeinsame Herausforderungen und Intimität. Das weiße Handtuch und die Boxershorts symbolisieren Reinheit und Verletzlichkeit.

Begegnung mit den Frauen

1. **Fremde Frauen**: Die drei Frauen, die dich des Diebstahls beschuldigen, könnten für Missverständnisse und die Notwendigkeit stehen, sich zu verteidigen. Das Missverständnis wird jedoch schnell gelöst, und du erhältst eine Entschuldigung und ein Geschenk, was auf Versöhnung und Anerkennung hindeutet.

2. **Pralinenkasten**: Das Kästchen mit den russischen Motiven steht für ein Geschenk, das auch als symbolische Wiedergutmachung gesehen werden kann. Die Verwirrung, ob die Frauen Russinnen oder Italienerinnen sind, zeigt möglicherweise Unsicherheit oder Verwirrung in Bezug auf kulturelle Identität.

Der Konflikt in der Dusche

1. **Kevin Spacey**: Die Figur von Kevin Spacey, die dich an einen ehemaligen Kollegen erinnert, könnte eine Verkörperung von Konkurrenz oder unausgesprochenen Spannungen sein.

2. **Kampf**: Der Kampf unter der Dusche symbolisiert einen inneren oder äußeren Konflikt, bei dem du dich behaupten musst. Deine Kampfhaltung und die Überwindung des Gegners können deine Fähigkeiten und Entschlossenheit darstellen.

3. **Vergleich mit Viggo Mortensen**: Der Vergleich mit der Figur aus „A History of Violence" zeigt, dass du dich in einer Rolle siehst, in der du sowohl Stärke als auch moralische Überlegungen zeigst.

Der Ausstieg und der Kasten

1. **Pralinenkasten als Blutgeld**: Die Offenbarung, dass der Kasten voller Dollarnoten ist und als Blutgeld betrachtet wird, deutet auf Schuldgefühle oder moralische Zweifel hin. Es zeigt, dass du unbewusst weißt, dass es Konsequenzen für deine Handlungen gibt.

2. **Italienerinnen**: Deine spätere Überzeugung, dass die Frauen Italienerinnen waren, könnte darauf hinweisen, dass du Schwierigkeiten hast, die wahre Natur oder Absicht hinter bestimmten Begegnungen oder Menschen zu erkennen.

Fahrt mit dem Kumpel

1. **Auto**: Die Fahrt in einem amerikanischen Straßenkreuzer entlang der Strandpromenade symbolisiert Freiheit, Abenteuerlust und ein gewisses Maß an Nostalgie.

2. **Umgebung**: Die weißen Häuser und der Strand ste-

hen für Idylle und Ruhe, während die jungen, leichtbekleideten Menschen und der warme Sommerwind für Jugend und Unbeschwertheit stehen.

Zusammenfassung

Dieser Traum reflektiert viele Aspekte deines Lebens: Konflikte, die Notwendigkeit, sich zu behaupten, moralische Überlegungen und eine Sehnsucht nach Freiheit und Ruhe. Die Gemeinschaftsdusche symbolisiert gemeinsame Herausforderungen und Intimität, während der Kampf für innere oder äußere Konflikte steht. Der Pralinenkasten als Blutgeld zeigt moralische Zweifel und Konsequenzen. Die Fahrt mit deinem Freund symbolisiert Freiheit und Abenteuerlust, während die Umgebung für Idylle und Ruhe steht.

55
Studenten-Wohnheim

Ich laufe eine Einkaufsstraße entlang, es ist eine Mischung aus Friedrichstraße (ich sehe Dussmann an der Ecke) und Karl-Liebknecht-Straße (ich sehe das Gastmahl des Meeres / heute: Nordsee, das Illuseum) am Alex in Berlin (was mache ich dort?). Ich laufe von dort nach Friedrichshain, gehe die Karl-Marx-Allee entlang, Richtung Osten. *Stalins Bauten sind meine Spielwiese, sie ziehen mich in ihren Bann: mit lebendigen Fahrkörben, flüsternden Loggien, flinken, schlauen Silberfischlein und labyrinthischen römischen Säulenhallen aus schwarzem poliertem Marmor. Ich werfe den Ball an die Wand, er prallt ab, kommt auf dem Boden auf, ich fange ihn.*

Nach einer Weile wechsle ich auf einen fahrbaren Untersatz. Mit einem Auto geht es weiter, zuerst hinein in einen Wald. In dem Wald ist es dunkel, rabenschwarze Nacht. Die Scheinwerfer beleuchten den Waldweg nur dürftig. Es ist ein sehr dichter Wald, Baum steht an Baum, es gibt Kiefern und Tannen, dazwischen Gesträuch. Ich rieche den feuchten Waldboden. Ich gelange schließlich in den Tierpark, Berlin-Karlshorst – aber nicht durch den offiziellen Besuchereingang vorn an der Straße Am Tierpark, sondern durch einen der Service-Wege, die für Besucher eigentlich gesperrt sind (zu erreichen über das Bahn-Gelände an der Rückseite, U-Bahn-Biesdorf-Süd, am Biesdorfer See). Es ist jetzt hellichter Tag, ich fahre im Tierpark Berlin umher (suche ich etwas? Was?). Ich sehe keine Tiere; ich fahre die Wege ab, welche normalerweise die Tierpfleger mit ihren Autos und Fahrrädern benutzen. An einer Wendeschleife (Sandweg) stelle ich mein Auto an der Seite ab, gehe zu Fuß weiter. Der Weg wandelt sich unmerklich von einem sandigen Feldweg mit Service-Gebäuden zu einer veritablen Chaussee einer schönen, gepflegten Stadt. Ich befinde mich jetzt in einer (italienischen?) Altstadt, betrete einen Bezirk, der mir irgendwie bekannt vorkommt. Alles ringsherum besitzt maritimes Flair. Ich spüre: das Meer ist in der Nähe. Es ist jetzt später Abend, es dämmert bereits. Die Sonne war schon vor einer Weile untergegangen. Meine Begleiterin (wo kommt sie auf einmal her?, denke ich) sagt: aha, da bist du also wieder. Ich frage: warum wieder? Sie sagt: na erinnerst du dich nicht? Ich erinnere mich nur vage. Eine Häuserecke, ein Straßenstück, ein Hotel (Jugendstil!) kommen mir irgendwie bekannt vor. War ich hier schon einmal? Waren wir schon mal zusammen hier, früher? Ich betrete das Hotel. Es ist cremefarben verputzt / gestrichen, hell erleuchtet, aber menschenleer. Es atmet den Charme vergangener, glänzender Epochen (Jugendstil?) mit Prunk und vielen Parties. Ich denke: damals hatte alles noch Stil, Architektur, Design, Kleidung. Ich setze mich mit meiner Begleiterin in die Loggia, an ein großes Fenster. Wir haben einen guten Blick nach draußen auf die Straße. Wir schauen durch das Fenster hinaus ins Dunkle, das Fenster ist makellos sauber geputzt, es ist ein Panoramafenster. Draußen ist nichts los. Wir sitzen auf einer weißen Ledercouch. Sie ist aber auf Dauer etwas unbequem. Meine Begleiterin ist etwas älter als ich, sie ist ein wenig korpulent, sie ist ein ganzes Stück kleiner als ich, und sie hat kürzere, gewellte, schwarz gefärbte Haare. Was mache ich eigentlich hier – mit dieser Frau? Sie ist überhaupt nicht mein Typ, denke ich. Sie hat eine überaus nervige Stimme. Und sie plappert entschieden zu viel. Ich sage, dass ich Hunger habe, und dass ich mir jetzt etwas zu essen besorgen würde, ich sage: ein Restaurant, vielleicht, oder ein Imbiss. Ich frage anstandshalber, ob sie mitkommen wolle. Ich hoffe inständig, dass sie nein sagt. Sie sagt, dass sie im Hotel bleiben und da auf mich warten wolle. Ich jubiliere innerlich, lasse sie sitzen, verabschiede mich, verlasse das Hotel. Ich gehe linksherum, am Schaufenster vorbei. Sie winkt mir zu, lacht. Dann schaut sie in ihr Handy. Ich nutze die Situation, um schnell in die andere Richtung zu gehen, rechtsherum. Sie darf mein Ziel nicht kennen, sie könnte mir sonst folgen und mich finden. Sie schaut immer noch auf ihr Handy. Gut so. Geschafft, ich habe das Fenster passiert, ohne dass sie mich gesehen hat. Ich laufe die Straße hinunter, schwenke in einen Weg ein, von dem ich denke (weiß), dass dieser zu einer Mensa führt. Ich laufe zwischen in die Jahre gekommenen Neubauten hindurch, Beton links, Beton rechts, ein Beton-Weg vor mir. Ich bin in Leipzig, Tarostraße, ein Studentenwohnheim. Nicht weit entfernt steht die Deutsche Nationalbibliothek, die Alte Messe, das Völkerschlachtdenkmal. Ich kenne mich aus, war hier schon mal. Jetzt ist es Nacht. Ein junger Mann überholt mich, er macht beim Laufen seltsame Bewegungen, er hüpft, schwenkt seine Arme in weiten Schwüngen beim Hüpfen. Er hat ein weinrotes Seiden-Oberhemd an, das ist bis zur Brust geöffnet, die Ärmel sind hochgekrempelt. Wahrscheinlich ein Künstler, denke ich, wahrscheinlich Schauspiel, zweites oder drittes Semester, völlig überkandidelt. Er hat längere schwarze Haare, trägt schwarze Hosen, schwarze Schuhe. Als er auf gleicher Höhe mit mir ist, droht einer seiner weit ausholenden Arme mich – unbeabsichtigt – zu treffen. Vorsicht, mein Freund, denke ich, pass auf, was du tust! *Become unpredictable when I strike there's no missin you / My aim is too precise, move forward and real pivotal / Take sips of lemonade, take lives with my blade / Revenge my father's death ,til I reach my final days / Kill kill kill, Afro Samurai.* Ich könnte einfach ein Stück aus dem Weg gehen, um nicht getroffen zu werden. Ich will aber nicht weichen, ich sehe das nicht ein, heute nicht, schon aus Prinzip nicht. Ich blocke stattdessen seinen wild und unkontrolliert herumschleudernden Arm mit einem Griff, lege den Arm in einem Hebel fest, drücke aber nicht allzu fest zu. Der junge Mann ist überrascht, er ist beeindruckt, er ist es nicht gewohnt, dass sich ihm jemand in den Weg stellt, dass jemand seine nervige Show kritisiert. Er schaut mich an, ängstlich zunächst, dann lacht er wie irre, ich lasse es zu, dass er sich losreißt, er hüpft weiter, seine Arme wieder weit in den Raum hinein schwingend. Er öffnet die Tür eines alten, dunklen Gebäudes, verschwindet darin. Es ist die Mensa, ein Altbau inmitten einer dunklen Betonwüste.

Kurze Zeit später kommt er wieder heraus, hüpft an mir vorbei. Er macht einen Bogen um mich, schaut mich dabei an, zwinkert mir zu. Er hat keine Lust auf eine weitere Auseinandersetzung. Ich auch nicht. Seltsamer Vogel, denke ich. Ich habe Hunger. Ich öffne die Tür des Mensagebäudes. Ich steige die Treppen empor, es sind die gleichen, wie ich sie von Alt-Berliner Mietshäusern kenne. Menschen kommen mir entgegen, sie sind auf dem Weg nach unten. Ich gelange in eine Etage (es ist die dritte), da sehe ich eine geöffnete Luke in der Wand, durch die Luke sieht man Köche bei der Arbeit, es dampft, klirrt und scheppert – endlich, die Essensausgabe. Vor der Luke ein längerer Tisch mit einer geblümten Kunststoff-Tischdecke, Bänke davor. Einige Menschen (Studenten, eine Familie mit zwei Kindern) sitzen am Tisch, essen schweigsam. Ich zögere einen Augenblick, frage mich, ob das tatsächlich die Mensa ist, die ich suche. In diesem Augenblick drängelt eine Gruppe von Bauarbeitern vor. Sie haben Arbeitsklamotten an, sind unrasiert, riechen nach Schweiß. Sie sprechen ausländisch miteinander, ich verstehe nicht, was sie sagen. O.k., ich stelle mich jetzt auch lieber an, bevor noch mehr kommen, denke ich. Mein kleiner Bruder C. ist bei mir. Er ist noch sehr klein, er ist vier Jahre alt. Er geht mir bis zum Bauchnabel. Ich bin mit ihm unterwegs. Ich passe auf ihn auf, bin für ihn verantwortlich. Ich sage, er soll seine Mütze absetzen und seine Fahrradbrille (er hat eine Fahrradbrille auf – warum? Wir sind doch nicht mit dem Rad hier?). Wir empfangen unser Essen, ich lasse mir eine große Portion für uns beide geben, Kartoffeln, Soße, grünes Gemüse, Wurstgulasch. Ich füttere ihn mit einem Löffel. Dann ist Schlafenszeit. Wir gehen in einen Raum nebenan. Er ist für uns reserviert. Wir haben den Raum ganz für uns allein. Das letzte Stück trage ich C. auf meinen Armen, auf meinem Rücken. In dem Raum ist eine große, lange, braune, gemütliche Couch. Decken liegen bereit. Ich setze mich, C. legt sich neben mich, kuschelt sich in eine Decke, schläft augenblicklich ein.

* * *

Einkaufsstraße und Wechsel der Umgebung

1. **Einkaufsstraße**: Die Mischung aus Friedrichstraße und Karl-Liebknecht-Straße symbolisiert eine Verbindung von Vergangenheit und Gegenwart, von Alltag und besonderen Erlebnissen. Diese Straßen stehen für Aktivität, Konsum und städtisches Leben.

2. **Karl-Marx-Allee**: Die Karl-Marx-Allee steht für eine beeindruckende, monumentale Architektur, die mit Macht und Geschichte verbunden ist. Sie zieht dich in ihren Bann, was auf eine Faszination für Geschichte oder politische Systeme hinweisen könnte.

Spielen und Bewegung

1. **Ball werfen**: Das Ballspiel könnte für Leichtigkeit, Spaß und Kindheitserinnerungen stehen. Es zeigt, dass du trotz aller Ernsthaftigkeit im Leben auch Freude und Unbeschwertheit suchst.

2. **Fahrbarer Untersatz**: Der Wechsel auf ein Auto zeigt den Übergang von Freiheit und Bewegung zu einem zielgerichteten Vorankommen. Das Auto symbolisiert Kontrolle

und Richtung im Leben.

Der dunkle Wald und der Tierpark

1. **Dunkler Wald**: Der dunkle Wald steht für das Unbewusste, für Geheimnisse und möglicherweise auch für Ängste. Es ist ein Ort der Unsicherheit, aber auch der Möglichkeit, neue Entdeckungen zu machen.

2. **Tierpark**: Die Fahrt durch den Tierpark ohne sichtbare Tiere kann auf das Gefühl hinweisen, nach etwas zu suchen, das schwer fassbar ist. Es könnte auch das Suchen nach Klarheit oder einem bestimmten Ziel im Leben symbolisieren.

Wandel der Umgebung

1. **Verwandlung der Umgebung**: Der Übergang von einem Waldweg zu einer gepflegten Stadt zeigt den Wandel von Unsicherheit zu Struktur und Ordnung. Die italienische Altstadt und das maritime Flair stehen für Sehnsucht nach Schönheit, Kultur und Ruhe.

2. **Hotel**: Das Hotel im Jugendstil symbolisiert Nostalgie und die Wertschätzung vergangener Zeiten. Es könnte auch auf den Wunsch hinweisen, in die Vergangenheit zu reisen oder alte Werte wiederzuentdecken.

Begegnungen und Interaktionen

1. **Begleiterin**: Die Begleiterin mit der nervigen Stimme symbolisiert möglicherweise eine belastende Beziehung

oder Verpflichtung. Dein Wunsch, allein zu sein und etwas zu essen zu suchen, zeigt den Wunsch nach Unabhängigkeit und Eigenständigkeit.

2. **Der junge Mann**: Der junge Mann mit den seltsamen Bewegungen könnte für Unvorhersehbarkeit und künstlerische Freiheit stehen. Deine Reaktion auf ihn zeigt, dass du bereit bist, dich zu verteidigen und deine Position zu behaupten.

Mensa und Essensausgabe

1. **Mensa**: Die Mensa symbolisiert Gemeinschaft und Versorgung. Die Bauarbeiter und die Familie, die dort essen, stehen für verschiedene soziale Schichten und die Notwendigkeit, sich um grundlegende Bedürfnisse zu kümmern.

2. **Bruder**: Dein kleiner Bruder steht für Verantwortungsbewusstsein und Fürsorge. Deine Rolle als Beschützer und Versorger zeigt deinen Wunsch, für andere da zu sein und sie zu unterstützen.

Zusammenfassung

Dieser Traum zeigt eine Reise durch verschiedene Aspekte deines Lebens: Von der städtischen Geschäftigkeit und historischen Monumenten über den dunklen Wald der Unsicherheit hin zu nostalgischen Erinnerungen und dem Streben nach Unabhängigkeit. Deine Begegnungen mit anderen Menschen spiegeln deine sozialen Interaktionen und Verantwortlichkeiten wider. Der Traum endet mit einem Gefühl der Fürsorge und Geborgenheit, was darauf hinweist, dass du trotz aller Herausforderungen ein starkes Bedürfnis nach Harmonie und Schutz für deine Liebsten hast.

56
Professor K.

Ich klettere mit ein paar Freunden einen schmalen, in eine dunkle Tiefe führenden Schacht hinunter, es gibt eine solide, einfache Metall-Leiter, auf der hangeln wir uns Stufe für Stufe nach unten. Wir haben Einsatz-Kombis an, taktische Handschuhe, feste Schuhe (mit Stahlkappen), wir sind gut ausgerüstet für diese Expedition, wir sind vorbereitet. Unten, tief unter der Erde angelangt, erreichen wir schließlich einen langen, quadratischen Gang. Er misst ca. fünf mal fünf Meter, es ist still hier unten, feucht und auch ein wenig feierlich. Der Gang ist stockdunkel, aber wir haben Stirnlampen an unseren Caps / Helmen. Der Gang führt in zwei Richtungen. Beide sind gut begehbar. Meine beiden Begleiter (-innen?) entscheiden sich für links. Sie machen sich auf den Weg. Da sehe ich am Ende des Ganges (rechts) ein schwaches Licht. War das Einbildung? Nein. Da ist etwas / jemand, denke ich. Ich laufe los, nach rechts, allein. Nun kann ich ganz deutlich bereits mehrere Lichter direkt vor mir ausmachen, kurze Zeit später schälen sich Personen aus dem gleißenden Licht, eine Gruppe von Menschen kommt auf mich zu, die Menschen sind nicht feindselig, eher neugierig, sie schauen freundlich. Angeführt wird die Gruppe, die überwiegend aus jungen Menschen besteht, von einem älteren, etwas untersetzten Herrn. Es ist Professor K. aus Karlshorst, ein Psychologe. Einige sind in graue, andere in farbenfrohe, weite Gewänder gehüllt, und alle sind auffällig geschminkt (wie beim Theater oder bei der Oper, denke ich). Sie begrüßen mich unerwartet herzlich (haben sie mich erwartet? Kennen sie mich?). Sie führen mich in ein kuppelartiges Gewölbe. Es ist dezent beleuchtet, auf dem Grund der Höhle gibt es mehrere Hügel und Steinformationen, ein Orchester steht bereit, ich erkenne verschiedene Sängergruppen und einen Chor. Alle nehmen Aufstellung, teilweise auf den Steinen, der Dirigent gibt ein Zeichen, und das Orchester beginnt zu spielen. Der Gesang setzt ein, und als Prof. K. zu einem Solo ansetzt (Figaro, Figaro, Figaro; er hat eine erstaunlich gute Stimme!), erkenne ich, dass es sich um Rossinis Barbier handelt. Ich stehe etwas abseits, schaue zu, summe und singe mit. Das Singen macht mir Spaß, erst recht im Chor. Ich bin ein Teil des Chores. Als die Aufführung beendet ist, schreiten wir gemeinsam durch ein großes, schweres Metalltor nach draußen. Wir treten ins Freie, eine sanfte Brise weht, die Sommersonne scheint warm, wir gehen auf einem Weg, der durch den Park Sanssouci führt, wir laufen an der Orangerie entlang, plaudern. Ich lobe den Gesang des Professors, er doziert über die Psychologie des Sängers im Allgemeinen und über Sänger, die den Barbier gesungen haben im Speziellen. Zwei Männer (Agenten, denke ich) haken den Professor unter, ein Transportgriff (das sind Profis, denke ich), sie führen ihn ab, verlassen gemeinsam den Park. Ich bin froh, dass ich den Prof. endlich wieder los bin (er kam mir am Ende nicht ganz geheuer vor, ein egozentrischer Selbstdarsteller, ein Hochstapler). Ich freue mich, endlich wieder allein zu sein, allein und ungestört weiter laufen zu können. Ich genieße die plötzliche Ruhe, die wärmende Sonne, ich bewundere die Pflanzen des

Parks, die schöne Umgebung und mag den Umstand, dass ich frei bin – und tun und lassen kann, was ich will.

* * *

Abstieg in den Schacht

1. **Klettern in den Schacht**: Der Abstieg symbolisiert das Eintauchen in das Unterbewusstsein oder das Erkunden tiefer, verborgener Aspekte deines Lebens. Der Schacht und die Leiter stehen für den Weg in unbekannte oder unbewusste Bereiche deines Seins.

2. **Ausrüstung**: Die Kleidung und Ausrüstung weisen darauf hin, dass du vorbereitet bist und die nötigen Fähigkeiten besitzt, um dich den Herausforderungen zu stellen, die in diesen tiefen Ebenen auf dich warten.

Der lange Gang und die Entscheidung

1. **Langer, quadratischer Gang**: Dies könnte für den Weg des Lebens oder den Übergang zwischen verschiedenen Lebensphasen stehen. Die Dunkelheit symbolisiert Unsicherheit, aber die Stirnlampen repräsentieren Klarheit und Erkenntnis.

2. **Entscheidung und Licht**: Deine Freunde gehen links, während du dem Licht folgst. Diese Entscheidung zeigt deinen Drang nach Erleuchtung, Wahrheit und neuen Entdeckungen.

Begegnung mit der Gruppe

1. **Begegnung mit der Gruppe**: Die Gruppe von Menschen, angeführt von Professor K., repräsentiert neue soziale Kontakte, intellektuelle Herausforderungen oder das Streben nach Wissen. Die Theaterschminke und Gewänder symbolisieren Kreativität und die verschiedenen Rollen, die Menschen in deinem Leben spielen.

2. **Professor K.**: Er könnte eine Mentorenfigur darstellen oder einen Aspekt deiner selbst, der Wissen und Erfahrung symbolisiert.

Aufführung in der Kuppel

1. **Kuppelartiges Gewölbe**: Die Kuppel steht für Schutz und Ganzheit, ein Ort der Zusammenkunft und des gemeinsamen Erlebens. Es könnte auch auf spirituelle oder künstlerische Erfahrungen hinweisen.

2. **Aufführung des Barbiers von Sevilla**: Die Oper repräsentiert Kunst, Kultur und Freude am kreativen Ausdruck. Das Mitsingen im Chor zeigt deine Freude am gemeinschaftlichen Erleben und die Verbundenheit mit anderen.

Spaziergang im Park Sanssouci

1. **Freiluft und Park**: Der Übergang nach Draußen und der Spaziergang im Park symbolisieren Freiheit, Leichtigkeit und die Rückkehr ins Alltagsleben nach einer tiefen inneren Erfahrung. Der Park Sanssouci steht für Schönheit, Kultur

und die Möglichkeit, sich zu entspannen und zu reflektieren.

2. **Entführung des Professors**: Die Entführung zeigt das Ende eines Einflusses oder einer Abhängigkeit. Es könnte bedeuten, dass du dich von einer dominanten Figur oder einem übermäßigen Einfluss in deinem Leben befreist.

Alleinsein und Freiheit

Freiheit und Alleinsein: Am Ende des Traums genießt du die Freiheit, allein zu sein und deinen eigenen Weg zu gehen. Dies symbolisiert Unabhängigkeit und Selbstbestimmung. Es zeigt, dass du nach einer Phase der Auseinandersetzung und des Lernens nun bereit bist, eigenständig voranzuschreiten und dein Leben nach deinen eigenen Vorstellungen zu gestalten.

Zusammenfassung

Dieser Traum zeigt eine Reise der Selbsterkenntnis und der Befreiung. Du begibst dich mutig in unbekannte Tiefen, triffst auf neue Erfahrungen und Menschen, erlebst kulturelle und spirituelle Erfüllung und findest schließlich Freiheit und Unabhängigkeit. Der Traum reflektiert deinen inneren Wachstumsprozess und die Freude, die du dabei empfindest, deinen eigenen Weg zu finden und zu gehen.

57
Auto-Verkäufer

Ich bin in einer alten Halle, Jugendstil (Výstaviště, Prag-Ho-
lešovice?), früher war das eine Markthalle oder ein Eisenbahndepot, denke ich (es gibt ein großes Drehkreuz mit ros-
tigen Gleisen für Loks vor der Halle). Heute läuft hier eine
Messe, Menschen bieten Waren feil, Autos werden verkauft.
Ich schlendere durch die Gänge, bleibe an einem Stand stehen, an dem ein neuer Geländewagen verkauft wird. Das
Auto ist glänzendschwarz, ein Cabrio, es hat breite, grobstol-
lige Reifen, einen Überrollbügel, es kommt mir vor, als sei es
etwas höhergelegt (das macht es geländegängiger, denke ich),
es ist ein Neuwagen. Ich schaue mehr aus allgemeinem Interesse, nicht weil mir das Auto besonders gefällt. Der Verkäufer
bemerkt mich, er tritt an mich heran, er spricht mich an. Er
erklärt mir, wie man Autos verkauft. Man solle keinesfalls mit
Rabatten und Nachlässen locken, man solle auch nicht versuchen, die Leute zum Kauf zu überreden. Im Gegenteil: wenn
jemand nach einem Schnäppchen suche, sei er bei ihm falsch,
diese Leute schicke er gleich weiter. Wer das Auto wirklich
wolle, der zahle auch den geforderten Preis, und zwar ohne
zu Handeln. Das Auto habe einen bestimmten Wert, und nur
wer diesen Wert kenne, und bereit sei, diesem Wert gemäß
Scheine auf den Tisch zu blättern, dem würde er das Auto
auch verkaufen. Der Mann ist mittelalt, hat schwarze, gegelte
Haare und einen etwas längeren, aber gepflegten Kinnbart.
Er hat ein kariertes Oberhemd an. Es ist ein Amerikaner.
Ich bedanke mich, denke: alles Schlitzohren, diese Autover-
käufer, eine eigene, besondere Spezies Mensch. Ich gehe weiter, schlendere zwischen den Ständen entlang. Auf einer der

Bänke, die in der Halle stehen, sitzt J., die Freundin meines Sohnes M. Sie hat ein Sommerkleid an. Ich setze mich zu ihr, wir unterhalten uns. Gemeinsam warten wir auf M. J. sagt, ich würde M. bei seiner Berufswahl beeinflussen. Das, was er will, das wolle eigentlich ich, dass er es wolle. Ich sage, so könne man das nicht sehen. Jeder entscheide letztlich selbst, was er tun wolle oder nicht, jeder sei seines eigenen Glückes Schmied. M. sei ein großer Junge, ein junger Mann, der selbst am besten wisse, was er wolle. M. kommt dazu, er hat strubbelige Haare. Ich fahre ihm mit der Hand durch die Haare, ordne ihm seine Frisur. Die beiden verabschieden sich, sie machen sich auf den Weg. Ich bleibe auf der Bank sitzen und schaue ihnen nach.

* * *

Alte Halle und Messe

1. **Alte Halle im Jugendstil**: Diese Halle symbolisiert eine Verbindung zwischen der Vergangenheit und der Gegenwart. Jugendstil steht oft für Kreativität und Ästhetik. Der Ort könnte auf nostalgische Gefühle oder den Wunsch nach einer Rückkehr zu früheren Werten hinweisen.

2. **Markthalle oder Eisenbahndepot**: Beide Orte stehen für Bewegung, Handel und Austausch. Sie könnten Aspekte deines Lebens symbolisieren, in denen du dich vernetzt und Geschäfte machst oder neue Möglichkeiten erkundest.

Messe und Jeep Wrangler

1. **Messe und Verkaufsstände**: Dies zeigt, dass du in deinem Leben viele Optionen und Entscheidungen hast. Die Messe repräsentiert Möglichkeiten und Gelegenheiten, die sich dir bieten.

2. **Geländewagen**: Das Auto steht für Freiheit, Abenteuer und Unabhängigkeit. Es könnte deinen Wunsch nach neuen Herausforderungen oder einem ungebundenen Leben symbolisieren.

3. **Verkaufsgespräch**: Der Verkäufer repräsentiert eine pragmatische und selbstbewusste Herangehensweise. Seine Haltung, keinen Rabatt zu geben und den wahren Wert zu kennen, könnte darauf hinweisen, dass du in deinem Leben an Prinzipien und Werten festhalten solltest, anstatt Kompromisse einzugehen.

Begegnung mit der Freundin deines Sohnes

1. **J. auf der Bank**: J. könnte einen Teil deines sozialen Lebens oder deine Beziehung zu den jüngeren Generationen repräsentieren. Ihr Sommerkleid symbolisiert Leichtigkeit und Offenheit.

2. **Unterhaltung über Berufswahl**: Dies deutet auf eine Reflektion über elterliche Einflussnahme und die Balance zwischen Unterstützung und Einmischung hin. Es könnte ein innerer Konflikt darüber sein, wie stark du deinen Sohn bei seinen Lebensentscheidungen beeinflusst.

Ankunft deines Sohnes

1. **M. mit strubbeligen Haaren**: Die unordentlichen Haare symbolisieren Unabhängigkeit und Authentizität. Es zeigt, dass M. seinen eigenen Weg geht und seine eigene Persönlichkeit entwickelt.

2. **Frisur richten**: Das bedeutet, dass du immer noch den Wunsch hast, ihm zu helfen oder ihn zu unterstützen, auch wenn es nur in kleinen, symbolischen Gesten ist.

Zusammenfassung

Dieser Traum reflektiert Themen wie Unabhängigkeit, elterliche Verantwortung und persönliche Werte. Die alte Halle symbolisiert eine Verbindung zur Vergangenheit, während die Messe und der Jeep Wrangler für aktuelle Möglichkeiten und Abenteuerlust stehen. Das Verkaufsgespräch hebt die Wichtigkeit von Prinzipien und Werten hervor. Die Begegnung mit J. und die Diskussion über die Berufswahl deines Sohnes zeigen deine Rolle als Elternteil und die Balance zwischen Unterstützung und Einmischung. Schließlich symbolisiert die Szene mit M. und seinen Haaren Fürsorge und Unterstützung auf subtile Weise, während du ihm seine eigene Persönlichkeit und Freiheit lässt.

58
Shinkansen in Spindlersfeld

In der Nähe des S-Bahnhofes Spindlersfeld in Berlin Köpenick gibt es einen kleinen Bäcker, dort sitze ich mit meinen Eltern, wir schauen aus dem großen Fenster nach draußen. Meine

Eltern sagen, dass da im Bahnhof ein Shinkansen-Schnellzug stehe. Ich sage, dass das eigentlich nicht sein kann, und dass man bei genauerem Hinsehen doch bemerken müsse, dass es sich nicht um einen japanischen Shinkansen, sondern lediglich um einen ganz normalen deutschen Regionalexpress handele, auch wenn man zugeben müsse, dass dieser Zug neu und vom Design her sehr modern gestaltet sei. Meine Eltern wollen das nicht glauben. Ich fahre los, um es ihnen zu beweisen. Ich sage, dass ich mit dem Auto an die Küste fahren würde, und dass ich dort eine Stelle kennen würde, von der aus man den Zug super beobachten könne (ich weiß, dass man den Zug nur in schneller Fahrt eindeutig identifizieren kann, und dass der Zug dort an der Küste vorbeikommen muss, es gibt keine andere Möglichkeit). Dort könne ich dann auch ein paar Beweis-Fotos machen. Sie sagen, gute Idee, dann würden wir ja sehen. Mein Sohn M. ist jetzt auch mit dabei. Er will auch zur Küste hochkommen, etwas später, er möchte dabei sein. Ich fahre los, komme an der Stelle an. Und da steht er auch schon, der Regionalexpress, vor einem roten Signal in etwa einem Kilometer Entfernung. Das Signal schaltet um, der Zug nimmt schnell Fahrt auf und rauscht an mir vorbei. Alles geht so schnell, dass ich nicht dazu komme, ein Foto zu machen. Aber ich weiß es jetzt mit Bestimmtheit: es ist ein (roter) Regionalexpress und kein (weißer) Shinkansen. Ich hatte recht, denke ich. Nur beweisen kann ich es nicht. Da M. noch nicht da ist (wo bleibt er nur), mache ich mich auf den Weg. Ich steige in eine Straßenbahn ein und fahre Richtung Lichtenberg. Es ist eine schöne, helle Straßenbahn, sie ist lichtdurchflutet, es ist Sommer. Als ich am Parkcenter Lichtenberg aussteigen will, sitzt mir ein Pärchen im Weg, als ich zum Ausgang gehen möchte, ich komme nicht durch. Der junge Mann und die junge Frau streiten. Ob ich mal bitte durchkönne?, frage ich freundlich. Der Typ sagt, zu mir gerichtet: du hast mir grade noch gefehlt. Er macht keinen Platz, im Gegenteil, er macht sich jetzt extra breit. Gleich wird die Tram ihre Türen wieder schließen und weiterfahren. Wenn ich mich jetzt nicht beeile, verpasse ich den Ausstieg. Er schaut mich herausfordernd an. Ich denke: alles etwas zu viel für den Typen, das kann schon mal vorkommen. Ich sage: geh lieber zur Seite. Und zwar schnell. *The swiftness of my sword is an understatement of my art of war / A pleasure without conscience, feeds me, to want more / Principles of karma, death before dishonor /Shadows my eyesight procedes me to fight harder / For the number one headband, stand alone as one man / Afro Samurai can be defeated by no clan / A warrior of the street through my travels of land / In any shape form or fashion, kill the streets dramatic fashion.* Die junge Frau bittet ihren Freund, mich durchzulassen. Er ist verärgert, schimpft mit ihr, aber er macht Platz, geht ein Stück zur Seite. Gute Entscheidung, mein Freund, denke ich. Ich steige aus. Hinter mir schließen sich die Türen, die Straßenbahn fährt weiter. Ich stehe mit anderen Menschen an der Straße. Wir wollen sie überqueren, auf die andere Straßenseite gelangen. Das gestaltet sich jedoch als ziemlich schwierig – dichter Verkehr, unmöglich, unbeschadet auf die andere Seite zu kommen. Doch ich lasse nicht locker. Ich habe schweres Gepäck dabei, wichtige Dinge, die müssen am Bestimmungsort abgeliefert werden. Als der Verkehr endlich für einen Augenblick etwas nachlässt, passiere ich die Straße, geschickt zwischen den Autos hindurch laufend. Ich gehe über eine Wiese, es ist nicht einfach, hier entlangzulaufen, denn überall stehen kleine Stände und Buden herum und versperren den Weg. Die

Verkäufer (sind es Inder?) haben auch ihre (Schlaf-) Matratzen, ihre Kochgeschirre und viele Taschen ausgebreitet. Ich laufe Slalom, versuche, nicht auf die Matratzen und das ganze Zeug zu treten. Dann bin ich an meinem Ziel, laufe zu einem Haus (meinem Haus?), das steht schön an einem Flußufer. Nicht weit entfernt davon sehe ich meinen Sohn M. Er angelt gerade, zusammen mit meinem Freund R. (und dessen Frau C.). Die Drei sind so vertieft in ihre Angelei, dass sie mich nicht bemerken. Ich wundere mich ein wenig, dass M. angelt, ich wusste nicht, dass ihm das Spaß bereitet. Ich will sie bei ihrer Beschäftigung nicht stören, laufe unauffällig an ihnen vorbei, biege um die Ecke des Hauses (dort befindet sich der Eingang). Ich öffne die Tür, trete ein. Meine Frau M. empfängt mich. Ich erzähle ihr, dass ich am Fluss M. und R. gesehen habe, angelnd.

* * *

Ort und Personen

1. **S-Bahnhof Spindlersfeld und Bäcker**: Dies ist ein vertrauter, alltäglicher Ort, der Sicherheit und Routine symbolisieren könnte. Es könnte darauf hinweisen, dass du dich in deinem Alltag wohl und geborgen fühlst.

2. **Eltern**: Sie repräsentieren Ratschläge, Erfahrungen und möglicherweise auch Konflikte in Bezug auf Wahrnehmungen und Überzeugungen.

Zug und Reise zur Küste

1. **Shinkansen vs. Regionalexpress**: Der Shinkansen symbolisiert hohe Geschwindigkeit, Technologie und Fortschritt, während der Regionalexpress für Normalität und Alltäglichkeit steht. Dein Versuch, den Unterschied zu beweisen, könnte darauf hinweisen, dass du versuchst, anderen deine Sichtweise oder Wahrheit zu vermitteln, was möglicherweise auf Kommunikationsschwierigkeiten oder Missverständnisse hindeutet.

2. **Reise zur Küste**: Das Streben nach Beweisen könnte auf den Wunsch hinweisen, Klarheit und Bestätigung zu finden, möglicherweise auch auf eine Suche nach der Wahrheit oder dem Bedürfnis, Missverständnisse aufzuklären.

3. **M. als Begleiter**: Dein Sohn könnte deine Verantwortungsgefühle und den Wunsch, ihm Dinge zu erklären oder beizubringen, darstellen. Sein späteres Auftreten symbolisiert vielleicht Geduld und die Hoffnung, dass er deinen Standpunkt versteht.

Straßenbahn und Konflikt

1. **Straßenbahn nach Lichtenberg**: Die Straßenbahn steht für den Weg des Lebens und die alltäglichen Herausforderungen. Die helle, lichtdurchflutete Straßenbahn könnte für positive Einstellungen und Offenheit stehen.

2. **Streitendes Pärchen**: Das Pärchen, das dir den Weg blockiert, könnte Hindernisse und Konflikte in deinem Leben symbolisieren. Deine ruhige, aber bestimmte Art, den Konflikt zu lösen, zeigt deine Fähigkeit, mit Schwierigkeiten

umzugehen.

3. **Konflikt und Überwindung**: Die Aufforderung, Platz zu machen, und die anschließende Lösung des Konflikts spiegeln deinen Wunsch nach Harmonie und deinen Umgang mit zwischenmenschlichen Problemen wider.

Übergang zur anderen Straßenseite

1. **Dichter Verkehr und Überquerung der Straße**: Der Verkehr symbolisiert Hindernisse und Herausforderungen. Das erfolgreiche Überqueren der Straße zeigt deine Entschlossenheit und Geduld, Herausforderungen zu überwinden.

2. **Schweres Gepäck**: Das Gepäck steht für Verantwortung und wichtige Aufgaben, die du zu erfüllen hast.

Ziel und Angeln

1. **Haus am Flussufer**: Das Haus könnte Sicherheit und Zuflucht darstellen, während das Flussufer für den Fluss des Lebens und die natürliche Umgebung steht.

2. **M. und R. beim Angeln**: Angeln symbolisiert Geduld, Ruhe und das Warten auf Ergebnisse. Dass M. angelt, könnte darauf hinweisen, dass er neue Interessen entwickelt oder dass du ihm mehr Freiheit und Unabhängigkeit zugestehst.

3. **Unauffälliges Vorbeigehen**: Dein Wunsch, sie nicht zu stören, zeigt Respekt vor ihren Aktivitäten und ein gewisses

Maß an Zurückhaltung.

Empfang durch deine Frau

Empfang durch deine Frau: Dies symbolisiert Wärme, das Willkommen-Sein und Unterstützung. Es zeigt, dass du in deiner Familie Rückhalt und Verständnis findest.

Zusammenfassung

Dieser Traum reflektiert Themen wie Kommunikation, Verständnis, Geduld und Verantwortung. Der Versuch, deinen Eltern den Unterschied zwischen zwei Zügen zu erklären, symbolisiert Kommunikations-Herausforderungen und das Bedürfnis, Missverständnisse aufzuklären. Die Reise zur Küste und der Konflikt in der Straßenbahn spiegeln deine Fähigkeit wider, Hindernisse zu überwinden und Lösungen zu finden. Die Szenen mit deinem Sohn und dem Angeln symbolisieren Geduld, Ruhe und die Entwicklung neuer Interessen. Der Empfang durch deine Frau zeigt Unterstützung und Verständnis in deinem familiären Umfeld.

59
Am Set

Ich bin am Set, gedreht wird eine historische Szene in Alt-Berlin, wir befinden uns unter den Gleisen der (hier oberirdisch fahrenden) U-Bahn Nähe Bahnhof Eberswalder Straße (ungefähr dort wo Konopke steht), Schönhauser Alle, Berlin, Prenzlauer Berg. Dutzende von weißen Film-Lkws stehen am

Straßenrand: Regie, Aufenthaltsräume, Technik, Catering, Fitting, das Gelände ist eingezäunt mit einem blickdichten, hohen Gitterzaun. Es ist warmes Sommerwetter, gedreht werden soll eine Abend- / Nachtszene. Ich habe Hunger, schaue, was das Catering so hergibt. Ich finde einen Stand mit (warmem!) Essen: Braten, Soße, Klöße, Gemüse – aber hier dürfen nur die Schauspiel-Superstars essen, und nicht die Komparsen und Kleindarsteller. Ich gehe ein Stück weiter, entdecke einen weiteren Caterer für uns, das gemeine Fußvolk. Der Mann hinterm Tresen ist freundlich, er packt mir mein Tablett randvoll mit Speisen und Getränken. Es ist zwar kein Braten mit Klößen, aber immerhin. Ich suche mir eine Sitzgelegenheit, von der aus ich den Trubel des Sets beobachten kann, und ich lasse es mir schmecken. Die Frauen laufen, mit weiten Röcken bekleidet, umher, sie haben Blusen mit Puffärmeln an und Schirmchen in der Hand. Sie haben hochtoupierte, mit Bändern geschmückte Haare und sind stark geschminkt. De Männer tragen (zumeist braune), einfach geschnittene, aber dennoch elegante Anzüge, Lederschuhe und Hüte. Auch sie sind geschminkt, haben Pomade im Haar. Ich beende mein Mahl und mache mich auf den Weg zum Fitting. Auch mir wird ein brauner Anzug verpasst, der schlicht wirkt, aber toll aussieht. Ich freue mich, dass er so gut passt (das ist nicht immer so am Set, denke ich). Schuhe, ein Hut, weiter geht's zur Maske. Kann alles so bleiben, sagt die Maskenbildnerin: top! Draußen frage ich einen Regie-Assistenten, wann es los geht. Das könne noch dauern, sagt er. Ich habe keine Lust, zu warten, ich laufe stattdessen ein wenig herum. Ich betrete den Bahnhof (U-Bahnhof Eberswalder Straße), laufe die Treppen hoch. Die Treppen sind nicht aus Stein, sondern sie bestehen aus dünnen Holzbalken, die im

Abstand von 30 Zentimetern angebracht sind, darunter ein breiter Kanal. Die Holzbalken scheinen stabil zu sein, sie sind blau lackiert. Das Wasser unter mir sieht tief aus. Starke Strömung (jetzt nur nicht abstürzen und ins Wasser fallen, denke ich). Also konzentriere ich mich darauf, keinen der Holzbalken mit meinen Füßen zu verfehlen, nicht danebenzutreten. Ich nehme vorsichtig Balken für Balken, bis ich oben angelangt bin. Die Abstände zwischen den Balken betragen nun schon einen halben Meter. Ich bin nicht schwindelfrei, das macht die ganze Sache nicht einfacher. Ich schaue nach unten, das Wasser fliesst jetzt direkt unter mir dahin, es ist grünlichblau, sauber, es strömt lautlos, es kommt mir nicht bedrohlich vor. Ich weiß, ich schaffe das. Neben mir läuft jetzt M., meine Frau. Auch sie hat ein hübsches Alt-Berliner Kostüm an, das steht ihr sehr gut (ihr steht einfach alles, denke ich), sie rafft ihren weiten Rock nach oben, damit sie besser laufen kann. Sie konzentriert sich, um jeden Balken mit ihren Füßen zu treffen und nicht abzurutschen. Sie sieht sexy aus, wie sie so hochkonzentriert, mit hochgerefftem Rock, Schritt für Schritt nach vorn balanciert. Ich sehe ihre schlanken Beine. Da rutscht sie aus (sie hat hochhackige, unbequeme geschnürte Schuhe an, kein Wunder, denke ich), sie droht ins Wasser zu fallen. Sofort bin ich bei ihr, fange sie auf, bevor sie fällt, dabei bekommen wir beide ein paar Wasserspritzer ab, das ist nicht der Rede wert. Gemeinsam gehen wir weiter, lachen, sind froh ob des gemeinsam bestandenen Abenteuers, gelangen schließlich auf dem Filmgelände in einen mit gelblichem Licht beleuchteten Raum. Dort läuft grade ein Stehbankett. Wir sind im Pausenraum der Schauspieler, um uns herum stehen viele Stars (ich kenne aber niemanden), sie trinken, plaudern, lachen. Wir sind jetzt mitten unter ihnen (vielleicht ist das ja auch schon der richtige Dreh, denke ich?). Ich schaue mich unauffällig um, suche die Kamera, kann aber keine entdecken. Egal, alle halten es für normal, dass wir dabei sind, keinem fällt unsere Anwesenheit auf, niemand fühlt sich gestört, im Gegenteil. Wir werden eingeladen, mitzumachen, wir lassen uns Wein und Sekt geben. Ich stehe links neben einer (etwas älteren, aber sehr resoluten) Dame. An meiner linken Seite steht M. Gemeinsam lauschen wir dem Monolog eines älteren Herrn mit weißem Rauschebart. Er ist in Zylinder und Frack gekleidet, hat ein Champagnerglas in der Hand, an einer goldenen Kette baumelt ein Brillenglas. An einer anderen Kette ist eine Uhr befestigt, die in einer Tasche seines Frackes steckt. Ich umarme meine Frau links und die resolute, doch durchaus sympathische Dame rechts. Dann spricht die Dame, sie hält eine Rede. Es stellt sich heraus, dass sie die Polizeidirektorin von Berlin ist (ist sie es tatsächlich, oder ist sie eine Schauspielerin, die nur die Rolle der Polizeipräsidentin spielt?, frage ich mich). Ich nehme meinen Arm von ihrer Schulter, sie zwinkert mir zu. Die Rede ist langweilig, ich schaue umher. Am Nachbartisch läuft ein Spiel. Einer der Spieler / Schauspieler (er hat ebenfalls ein Kostüm an, sieht ein wenig aus wie Heinrich Zille), hat den flachen, runden Schirm einer Tischlampe abmontiert; nun versuchen alle, einer nach dem anderen, mit dem Lampenschirm einen etwa zehn Meter entfernen kleinen Tisch im hinteren Teil des Raumes zu treffen. Der Schirm muss dabei wie bei einer Frisbee-Scheibe in eine möglichst schnelle Drehbewegung versetzt werden, damit er, wie ein Ufo schwebend, die Strecke grade zurücklegen und sein Ziel treffen kann. Es gibt eine kleine Schlange Wartender, jeder will mal dran sein, auch wir reihen uns ein. Es gibt ein großes Hallo, jedesmal, wenn wieder jemand das Tischchen getroffen hat. Dann gibt es jedesmal ein neues Glas Champagner für jeden. Viele Zuschauer verfolgen inzwischen das Spektakel, es ist richtig voll geworden in dem Raum. Ich bin dran, hole Schwung, werfe, treffe. Jubel. Nun ist M. dran. Sie ziert sich ein wenig, will zunächst nicht teilnehmen, die Menge ruft: werfen, werfen! Die Stimmung ist ausgelassen, Musik spielt, Menschen tanzen. M. lacht, nimmt beherzt den Lampenschirm, fixiert ihr Ziel, holt aus, wirft – Treffer! Ich gratuliere M., der Schampus fliesst in Strömen. Wir freuen uns, verlassen den Raum und das Set, uns innig umarmend.

* * *

Setting und Umgebung

1. **Historische Szene in Alt-Berlin**: Das Setting in Alt-Berlin könnte auf eine Rückbesinnung auf die Vergangenheit hinweisen, vielleicht auf ein nostalgisches Gefühl oder das Bedürfnis, alte Werte und Traditionen wieder aufleben zu lassen. Die U-Bahn-Station und die umliegenden Straßen symbolisieren Bewegung, Übergänge und den Fluss des Lebens.

2. **Filmset und eingezäuntes Gelände**: Das Filmset könnte für eine inszenierte Realität stehen, in der bestimmte Rollen und Erwartungen erfüllt werden müssen. Der Gitterzaun symbolisiert möglicherweise Einschränkungen oder Barrieren in deinem Leben.

Hunger und Essenssuche

1. **Exklusives Catering für Superstars**: Diese Szene könnte ein Gefühl von Ungerechtigkeit oder Ausgrenzung widerspiegeln, das du im realen Leben empfindest. Es könnte darauf hinweisen, dass du das Gefühl hast, in bestimmten Bereichen deines Lebens nicht die gleiche Anerkennung oder Wertschätzung zu erhalten wie andere.

2. **Freundlicher Caterer für das gemeine Fußvolk**: Dies symbolisiert die Bereitschaft, dich mit einfacheren, aber authentischen Dingen zufrieden zu geben. Es zeigt, dass du in der Lage bist, in schwierigen Situationen das Beste herauszuholen.

Kostüm und Maske

Historischer Anzug und Hut: Das Tragen des Kostüms könnte auf das Bedürfnis hinweisen, eine Rolle zu spielen oder sich an gesellschaftliche Erwartungen anzupassen. Die positive Reaktion auf dein Kostüm zeigt, dass du in der Lage bist, dich erfolgreich in verschiedene Rollen einzufügen.

Schwierig begehbare Treppe

Holzbalken über Wasser: Der Aufstieg über die Holzbalken symbolisiert Herausforderungen und Unsicherheiten. Das Risiko, ins Wasser zu fallen, stellt mögliche Gefahren und Unsicherheiten dar, denen du dich im Leben stellst. Der sichere Aufstieg trotz der Unsicherheiten zeigt deine Entschlossenheit und Fähigkeit, Schwierigkeiten zu überwinden.

Begleitung durch deine Frau

Unterstützung und Rettung: Dass du deine Frau auffängst, bevor sie fällt, zeigt deine Bereitschaft, sie zu unterstützen und zu beschützen. Es symbolisiert auch die gegenseitige Unterstützung und die starke Bindung in eurer Beziehung.

Stehbankett und Superstars

Teilnahme am Bankett: Das unerwartete Gefühl der Zugehörigkeit zu den Superstars könnte auf eine innere Anerkennung deiner eigenen Fähigkeiten und deines Wertes hinweisen. Es zeigt, dass du in der Lage bist, dich in verschiedenen sozialen Kreisen zu bewegen und dich dort wohlzufühlen.

Spiel mit dem Lampenschirm

Wettbewerb und Spaß: Das Spiel mit dem Lampenschirm symbolisiert den Wunsch nach Spaß, Wettbewerbsfähigkeit und das Bedürfnis, im Leben auch leichte und freudige Momente zu erleben. Es zeigt deine Fähigkeit, dich auf spielerische Weise mit anderen zu messen und Erfolge zu feiern.

Innige Umarmung und Verlassen des Sets

Gemeinsamkeit und Erfolg: Die innige Umarmung und das gemeinsame Verlassen des Sets symbolisieren den Zusammenhalt und die Unterstützung in deiner Beziehung. Es zeigt, dass du und deine Frau gemeinsam Herausforderungen meistern und Erfolge feiern könnt.

Zusammenfassung

Der Traum spiegelt verschiedene Aspekte deines Lebens wider, von Herausforderungen und Unsicherheiten bis hin zu Erfolgen und der starken Unterstützung in deiner Beziehung. Er zeigt, dass du in der Lage bist, dich in verschiedenen sozialen Kreisen zu bewegen, Herausforderungen zu überwinden und Freude im Leben zu finden. Die Rolle deiner Frau und die Unterstützung, die ihr euch gegenseitig gebt, sind zentrale Elemente, die deine Fähigkeit, gemeinsam erfolgreich zu sein, unterstreichen.

60
Bank-Raub

Gemeinsam mit meinen Kumpels H., M. und M. will ich eine Bank ausrauben, meine Bekannten (und ehemaligen Auftraggeber) A. und seine Frau D. sind auch dabei. Wir haben uns eine etwas abseits gelegene Bankfiliale ausgesucht, D. hatte uns auf diese Idee gebracht, sie arbeitet bei dieser Bank. D. hatte gesagt, dass es hier viel Bargeld gebe. Wir steigen nachts in das Gebäude ein, ein flacher, weißer Bau, ein kleines Einkaufszentrum auf einem Dorf, in dem sich auch die Bankfiliale befindet. Wir durchschneiden an einer Stelle den meterhohen Maschendrahtzaun mit mitgebrachten kleinen Bolzenschneidern. Ich staune, wie einfach das geht. M. ist kräftig, er öffnet die Tür. H. managt die Alarmanlage (er ist Techniker), er öffnet den Steuerungskasten und knipst kurzerhand mit einer kleinen Zange die entsprechenden Drähte durch, nun sind alle Kameras aus, und alle Alarme sind offline. Das Öffnen des Tresors geht ruck zuck, M. kümmert sich darum. Ich wundere mich, wie schnell das geht, er scheint das nicht zum ersten Mal zu machen. Ich denke: was ein Messebauer so alles kann. Wir sacken die Geldscheine ein, es sind sehr viele. Wir sind überrascht und freuen uns sehr. Zum Schluß hat jeder eine ganze Tasche voller Banknoten, ein schönes Gefühl, denke ich. Als wir das Gebäude wieder verlassen wollen, geht draußen im Flur das Licht an. Meine Chefin M. und ihre Freundin kommen herein, sie sind angeheitert, sind in Feierlaune. Sie denken, hier im Haus steigt eine Party. Wir können unsere Geld-Taschen gerade noch rechtzeitig hinter einer Tür verstecken. Wir erfinden irgendeinen Grund für unser Hiersein, sie glauben uns (jedes Kind hätte gemerkt, dass hier etwas faul ist, dass wir nicht die Wahrheit sagen), aber die beiden werden nicht mißtrauisch. Kurze Zeit später ziehen die Frauen, Lieder singend und ein wenig torkelnd weiter, sich dabei gegenseitig stützend und eine offene Flasche Champagner schwenkend, aus der sie ab und zu einen Schluck nehmen. Wir beraten uns leise. Es ist nicht gut, dass die beiden uns gesehen haben (mich hatten sie nicht entdeckt, ich hatte mich hinten im Bankraum in eine Ecke gedrückt, schließlich wäre ich der einzige gewesen, den meine Chefin persönlich gekannt und deshalb sofort auch er-kannt hätte). Also alles halb so wild, sagen wir uns. Wir schultern unsere Taschen und verschwinden, wie wir gekommen waren, lautlos in der Nacht. Unser Ziel ist ein Parkplatz am Stadtrand. Wir laufen durch eine steppenartige, nur mit wenigen Büschen und Bäumen bewachsene Landschaft, erreichen den Parkplatz kurze Zeit später. Hier soll unser Fluchtauto warten, ein großer Lkw, das ist der Plan. Der Lkw ist pünktlich, er hält bei uns, wir sollen einsteigen. Wir bemerken, dass nicht alle von uns in dem Flucht-Lkw Platz finden. Alle sind schon eingestiegen, außer mein Freund M. und ich. Wir stehen draußen, sagen: kein Problem, fahrt einfach ohne uns los – wir schlagen uns schon irgendwie durch! Eine Umarmung, wir wünschen uns gegenseitig einen guten Weg und versprechen, dass wir uns alle in einem Jahr wiedersehen wollen, wenn Gras über die Sache gewachsen ist. Der Lkw fährt ab, M. und ich huschen durch die Nacht, wir finden einen Unterschlupf auf einem Bauernhof, in einer dunklen, alten Scheune. In den ehemaligen Viehverschlägen leben Menschen, zwielichtige Gestalten. Sie haben sich im Heu ihre Lagerstätten eingerichtet (ein Flüchtlingslager?, denke ich, oder: ein Slum?). Wir bekommen ebenfalls einen Verschlag zugewiesen. Niemand fragt, wer wir sind, niemanden interessiert das. Jeder hat hier sein kleines, dunkles Geheimnis, denke ich. Nach einer Weile finden die Leute heraus, was wir in unseren Taschen haben. Sie umringen uns, erst unauffällig, dann treten sie ganz ungeniert an uns heran. Sie wollen unser Geld, soviel steht fest. Mein Freund und ich machen uns kampfbereit. *The swiftness of my sword is an understatement of my art of war / A pleasure without conscience, feeds me, to want more / Principles of karma, death before dishonor /Shadows my eyesight procedes me to fight harder / For the number one headband, stand alone as one man / Afro Samurai can be defeated by no clan / A warrior of the street through my travels of land / In any shape form or fashion, kill the streets dramatic fashion / Become unpredictable when I strike there's no missin you / My aim is too precise, move forward and real pivotal / Take sips of lemonade, take lives with my blade / Revenge my father's death ,til I reach my final days / Kill kill kill, Afro Samurai.* Es kommt zum Kampf, wir schalten zwei der aggressivsten, stärksten Angreifer aus, Notwehr, denke ich; die hätten uns sonst fertiggemacht. Fürs erste haben wir Ruhe. Doch für wie lange? Hier können wir nicht bleiben. Wir wollen uns gerade unauffällig herausschleichen, da bemerkt eine der neben uns hausenden Frauen unsere Absicht. Sie kreischt laut, will auf uns aufmerksam machen, will uns aufhalten. Ich schnappe mir ein großes Holzscheit, das neben mir auf einem Haufen liegt und bringe sie damit zum Schweigen (tut mir leid, ging aber nicht anders, denke ich, was musstest du auch so schreien). *I'm walkin out my nightmare drenched in cold sweats / Reminiscin of the night I killed my master for the headband / All the bloodshed and the murder, to revenge my father's murder / The thought of that alone can I really handle the bourbon? / So I choose my own path, no friends, no joy, no love / Just a number two headband, and the man above / So the moves I create is my own unique vision / Strike my subconscious mind, individual essence / The most masterful opponent, will fall victim to my weapon / The most masterful opponent, will fall victim to my weapon / I'm not immortal, real aggressive, attitude is rude / I got a knack for killin and I refuse to lose.* Wir gelangen zu einem modernen Wohnblock, inzwischen ist die Sonne aufgegangen, es ist hellichter Tag. Wir beziehen ein Zimmer mit zwei Doppelstockbetten (sind wir in einer Kaserne?). Egal, hier können wir jedenfalls erstmal bleiben, denke ich. Niemand fragt, wer wir sind, wo wir herkommen, und was wir in unseren Taschen haben. Hier wohnen wir für einige Wochen. Wir verhalten uns unauffällig, führen ein normales Leben, es gibt morgens, mittags und abends Essen im Speisesaal. M. schläft auf der einen Seite des Zimmers in dem dort stehenden Doppelstockbett, ich in dem auf der anderen Seite. In der Mitte des Zimmers ein Sprelacart- Tisch und vier Stühle drumherum, außerdem gibt es mehrere Kisten mit Kinderspielzeug (ich denke: hier müssen schon mal Familien mit Kindern gewohnt haben). Nach sechs Monaten sagt man uns freundlich, dass wir nun gehen müssten, denn das Obdachlosen-Asyl (um ein solches hatte es sich nämlich gehandelt) biete nur maximal für ein halbes Jahr Unterschlupf. Davon gebe es leider keine Ausnahme. Die Zeit sei jetzt abgelaufen. Kein Problem sagen mein Freund M. und ich. Wir packen unsere Sachen, räumen das Zimmer auf, ziehen unsere Betten ab, fegen noch einmal durch - und verlassen das Haus. Draußen verabschieden wir uns wortlos voneinander, umarmen uns nur kurz, dann geht jeder seinen eigenen Weg.

* * *

Planung und Durchführung eines Banküberfalls

1. **Der Banküberfall**: Der Traum beginnt mit der Planung und Durchführung eines Banküberfalls, was auf ein starkes Bedürfnis nach Abenteuer und Aufregung hinweisen kann. Es könnte auch ein symbolisches Bedürfnis darstellen, etwas zu „erobern" oder sich etwas zu holen, das dir im Wachleben fehlt.

2. **Die Beteiligten**: Deine Kumpels H., M. und M. sowie die Bekannten A. und D. repräsentieren verschiedene Aspekte deiner Persönlichkeit oder verschiedene Menschen in deinem Leben, die dir bei diesem „Raubzug" helfen. D., die bei der Bank arbeitet, könnte ein Symbol für Insiderwissen oder einen Vorteil sein, den du hast.

282

Technische Fähigkeiten und Problemlösungen

Technische Fähigkeiten und Problemlösungen: H., der die Alarmanlage managt, und M., der den Tresor öffnet, symbolisieren deine Fähigkeit, technische Probleme zu lösen und Hindernisse zu überwinden. Diese Fähigkeiten könnten auch auf deine beruflichen oder persönlichen Fähigkeiten hinweisen.

Unerwartete Begegnungen

Chefin und ihre Freundin: Die Begegnung mit deiner Chefin und ihrer Freundin, die in Feierlaune sind, repräsentiert unerwartete Herausforderungen oder Ablenkungen in deinem Leben. Dass sie euch nicht erkennen, obwohl die Situation offensichtlich verdächtig ist, könnte darauf hinweisen, dass du in der Lage bist, dich gut zu tarnen oder Probleme zu verschleiern.

Flucht und Verstecken

Flucht und Verstecken: Das Flüchten und Verstecken auf dem Bauernhof symbolisieren die Suche nach Sicherheit und Zuflucht. Die zwielichtigen Gestalten, die das Geld wollen, repräsentieren vielleicht innere Ängste oder äußere Bedrohungen, die du bekämpfen musst.

Kämpfen und Verteidigung

Kämpfen und Verteidigung: Die Notwendigkeit, sich zu verteidigen, könnte darauf hinweisen, dass du bereit bist, für deine Ziele zu kämpfen und dich gegen Bedrohungen zu behaupten. Die aggressive Verteidigung könnte auch auf eine innere Bereitschaft hinweisen, drastische Maßnahmen zu ergreifen, um dich zu schützen.

Übergang zu einem neuen Leben

1. **Moderner Wohnblock und Kaserne**: Der Umzug in einen modernen Wohnblock und die Kaserne symbolisieren einen Übergang zu einem neuen Lebensabschnitt oder eine Phase der Stabilität und Ordnung nach dem Chaos des Überfalls. Die Kaserne könnte auch Disziplin und Struktur in deinem Leben repräsentieren.

2. **Kinderzimmer**: Die Anwesenheit von Kinderspielzeug und die Tatsache, dass dort früher Familien gewohnt haben, könnte auf ein Bedürfnis nach Geborgenheit und Familie hinweisen. Es symbolisiert auch unschuldige und sorglose Zeiten.

Abschied und Weiterziehen

Ende des Aufenthalts und Abschied: Dass ihr nach sechs Monaten das Obdachlosen-Asyl verlassen müsst, repräsentiert das Ende einer Übergangsphase und die Notwendigkeit, weiterzugehen. Der Abschied von deinem Freund M. könnte auf das Loslassen von bestimmten Aspekten deines Lebens hinweisen, um Platz für Neues zu schaffen.

Zusammenfassung

Der Traum schildert eine spannende und dramatische Geschichte, die viele Elemente deines Lebens und deiner Persönlichkeit berührt. Der Banküberfall und die Flucht symbolisieren das Bedürfnis nach Abenteuer und die Fähigkeit, Herausforderungen zu meistern. Die Begegnung mit unerwarteten Hindernissen und die Notwendigkeit, dich zu verteidigen, spiegeln innere Konflikte und äußere Bedrohungen wider. Der Übergang zu einem neuen Lebensabschnitt und der Abschied von deinem Freund symbolisieren Veränderungen und das Loslassen von Vergangenem. Der Traum ermutigt dich, weiterhin mutig und entschlossen zu sein, während du neue Wege gehst und dich den Herausforderungen des Lebens stellst.

61
Eis-Schnelläufer

Rosita Espinosa, ich fahr mit dir nach Washington, nach Alexandria oder bis ans Ende dieser Welt. Rosita Espinoza, räche meine Freunde, töte meine Feinde, vergib dem Verräter. Rosita Espinosa, du bist sexy, du bist schlau, du bist schnell, deine Klinge ist scharf. Rosita Espinoza, alles, was zählt, ist die Hoffnung, traue nicht dem Alp, trotze dem Fluch, doch: rechne mit dem Tod und schieß uns den Weg frei – auf nach Alexandria. Ich bin mit meinem geliebten Krad unterwegs, wir fahren durch eine sommerliche Stadt. Ich trage ein T-Shirt und meine schwarzen Lederhandschuhe. Der Fahrtwind umschmeichelt meinen Körper, er ist warm und duftet nach Heu. Oberhalb eines Hafens endet die Straße, ein schmaler, gewundener Weg führt zum Wasser, Schnee liegt auf dem Asphalt (seltsam, denke ich, es ist doch Sommer?), ein paar

Zentimeter hoch. Ich lasse Rosita stehen, habe nun plötzlich Inliner an den Füßen, es ist eine Mischung aus Inlinern und Schlittschuhen. Ich wedle elegant den Weg hinunter (wie ein Skifahrer, denke ich), gehe in die Knie, schneide die Kurven, Schnee spritzt auf, Leute bleiben am Straßenrand stehen und staunen. Vor mir fährt ein Pärchen, auch sie haben Inliner / Schlittschuhe an, sie fahren jedoch sehr langsam und unbeholfen, sie sind Anfänger. Sie stehen im Weg, ich rufe von hinten, auf sie zurasend, will sie warnen. Sie gehen zur Seite, gerade noch rechtzeitig, ich zische vorbei. Anerkennende Blicke. Ich höre, wie der Mann sagt: Siehst du, so macht man das! Ich bin ein Eisschnellläufer, ich bin ein Supersportler. Dann rase ich auf eine enge Kurve zu, ich muss Speed rausnehmen, denke ich, ich mache einen Schneepflug. Eine Schnee-Fontäne spritzt auf, ich kann mein Tempo etwas verlangsamen, ich bleibe in der Spur, bewege mich dabei gekonnt, mich mit vollem Körpereinsatz in die Kurve legend, es ist eine Rechtskurve, die Finger meiner rechten Hand streifen locker die Straße, so tief lege ich mich in die Kurve. Dann ist es geschafft, ich bin unten am Hafen, der schmale, gewundene Weg ist jetzt eine breite, italienische Hafenpromenade, auf der Menschen spazierengehen. Mein schwarzes Bike wartet dort bereits auf mich. *Rosita Espinosa, du bist sexy, du bist schlau, du bist schnell, deine Klinge ist scharf.* Rosita hat jetzt eine grüne Farbe, Harley-Grün aus den späten Zwanzigern, denke ich, das steht ihr auch gut. Der Motor blubbert und brummt in tiefer Bass-Lage, ich genieße die Fahrt, nehme etwas Gas weg, fahre extra langsam. Ich cruise die Promenade entlang, auf der vereinzelte Palmen stehen, alte Männer sitzen vor den Häusern in der späten Sonne, Eiscafés haben geöffnet. Ich fahre nach Hause.

***

Rosita Espinosa und die Reise

Rosita Espinosa: Im Traum repräsentiert Rosita Espinosa möglicherweise eine treue Gefährtin oder ein treues Gefährt, das dir in deinem Leben Stabilität und Unterstützung bietet. Die Beschreibung von Rosita als „sexy, schlau, schnell" und mit einer „scharfen Klinge" kann auf Qualitäten hinweisen, die du in dir selbst oder in jemandem, den du bewunderst, siehst. Rosita steht auch für Hoffnung und die Fähigkeit, Herausforderungen zu trotzen und Feinde zu besiegen.

Motorradfahren

Fahrt durch die Sommerstadt: Die warme, helle Sommerstadt und die Fahrt mit deinem geliebten Motorrad vermitteln ein Gefühl von Freiheit und Abenteuerlust. Das T-Shirt und die schwarzen Lederhandschuhe symbolisieren eine Mischung aus Unbeschwertheit und Schutz. Der Duft nach Heu kann auf ländliche, idyllische Erinnerungen oder Sehnsüchte hinweisen.

Wechsel zu Inlinern/Schlittschuhen

1. **Schnee im Sommer**: Der plötzliche Übergang von Sommer zu Schnee und das Fahren auf Inlinern/Schlittschuhen deuten auf Flexibilität und Anpassungsfähigkeit hin. Du bist in der Lage, dich an unterschiedliche Umstände anzupassen und dabei elegant und gekonnt zu agieren.

2. **Fahren und Anerkennung**: Die Bewunderung der Zuschauer und die Anerkennung durch das langsame Pärchen symbolisieren deine Fähigkeit, in schwierigen Situationen erfolgreich zu sein und dabei von anderen respektiert zu werden.

Hafen und Promenade

1. **Italienische Hafenpromenade**: Die Promenade und der Hafen stehen für Ruhe und Zufriedenheit. Sie symbolisieren auch einen Ort der Ankunft und der Erholung nach einer herausfordernden Reise. Dass dein Bike dort auf dich wartet, zeigt, dass du nach Abenteuern immer wieder einen sicheren Ort findest.

2. **Änderung der Farbe von Rosita**: Die grüne Farbe von Rosita aus den späten Zwanzigern könnte auf Nostalgie oder einen neuen Anfang hinweisen. Grün steht oft für Wachstum, Erneuerung und Vitalität.

Fahrt nach Hause

Cruisen entlang der Promenade: Das langsame Fahren entlang der Promenade, die alten Männer, die späte Sonne und die Eiscafés vermitteln ein Gefühl von Frieden und Zufriedenheit. Es symbolisiert, dass du auf deinem Lebensweg Momente der Ruhe und des Genusses findest, selbst, nachdem du Herausforderungen gemeistert hast.

Zusammenfassung

Der Traum symbolisiert eine Reise voller Herausforderungen und Abenteuer, bei der du mit Geschick und Eleganz schwierige Situationen meisterst. Rosita Espinosa, das Motorrad, steht für eine treue Begleiterin oder einen wichtigen Aspekt deiner selbst, der dir Stabilität und Stärke verleiht. Die wechselnden Landschaften und Umstände im Traum zeigen deine Fähigkeit zur Anpassung und Flexibilität. Schließlich findest du Frieden und Zufriedenheit auf deinem Weg, was durch die ruhige Fahrt entlang der Promenade und die Rückkehr nach Hause symbolisiert wird.

62
Overland-Rallye

Ich werfe den Ball an die Marmorwand, er prallt ab, kommt auf dem Boden auf, ich fange ihn. Die beige verkachelte Smaragdenstadt, bewacht vom Eisernen Holzfäller, seinen treuen Genossen und den Holzsoldaten, hat mich gefressen. Stalins Bauten sind meine Spielwiese, sie ziehen mich in ihren Bann: mit lebendigen Fahrkörben, flüsternden Loggien, flinken, schlauen Silberfischlein und labyrinthischen römischen Säulenhallen aus schwarzem poliertem Marmor. Ich werfe den Ball an die Wand, er prallt ab, kommt auf dem Boden auf, ich fange ihn. Ich bin unterwegs in Friedrichshain, Karl-Marx-Allee, ich schaue mir die Gegend an, wandle auf den Spuren meiner Kindheit. Ich laufe einen Innenhof eines Stalinbau-Blockes ab, erkenne alles wieder: Büsche, Bäume, Plattenbau-Schule, Buddelkasten, Mülltonnen. An einer Ecke lädt mich eine ältere Frau zu sich auf den Balkon ein. Sie erzählt mir, dass sie hier schon ewig wohnen würde, solange sie zurückdenken könne. Sie möchte sich ein Sonnensegel anbringen, ich verspreche, ihr beim Anbauen des Tuches helfen zu wollen, wenn sie sich eines bestellen würde, und es geliefert worden sei. Ich fahre weiter, ich bin jetzt mit einem Auto unterwegs, eine dunkle Limousine. Ich treffe meinen Kumpel B., er fragt, ob ich etwas für ihn „aufbewahren" könne. Ich sage: klar, warum nicht. Er gibt mir einen schwarzen Lederkoffer, darin sind 300 Tausend Euro. Es wundert mich nicht besonders. Ich fahre mit dem Koffer nach Hause, steige aus dem Auto, gehe ein paar Schritte. Mir fällt ein, dass ich das Auto nicht verschlossen habe. Ich stelle den Lederkoffer kurz an einer Hecke (unter einer Laterne) ab, laufe zum Auto, schließe es ab. Als ich zurückkehre zu der Laterne, haben drei Männer von dem Koffer Besitz ergriffen. Sie gehören zu einem schwarzen Mercedes Benz S600. Die Männer sind stämmig, muskulös, mit Cuts über den Brauen, Ex-Knackis, Kämpfer, Knochenbrecher der Mafia. Die Knochenbrecher tragen schwarze Anzüge, teuer, leger (sieht aber cool aus, denke ich; das steht ihnen). Sie haben den Koffer geöffnet, schauen hinein, sehen das viele Geld. Sie schließen den Koffer wieder, lassen ihn nicht mehr los. Sie wissen, dass es mein Koffer ist, mein Geld. Sie checken mich – was bin ich für ein Typ? Sie können mich nicht einordnen, wissen einen Augenblick lang nicht, was sie mit mir anstellen sollen. Den Koffer werden sie freiwillig nicht mehr hergeben, denke ich, soviel steht fest, keine Chance. Ich versuche Zeit zu gewinnen, spreche sie an: „hey Leute, das könnt ihr nicht machen, das ist nicht mein Geld, ich komme in Teufels Küche, gebt mir meinen Koffer zurück!". Ich muss überlegen. Was soll ich tun? Als die Drei meine Worte hören, lachen sie kurz. Es sind wirklich üble Gestalten. Zwei von ihnen kommen auf mich zu, wollen mich festhalten, ein Dritter fuchtelt mir mit einer Kombizange vor dem Gesicht herum. Was soll das werden?, denke ich. Zeit zu handeln! *The swiftness of my sword is an understatement of my art of war / A pleasure without conscience, feeds me, to want more / Principles of karma, death before dishonor /Shadows my eyesight procedes me to fight harder / For the number one headband, stand alone as one man / Afro Samurai can be defeated by no clan / A warrior of the street through my travels of land / In any shape form or fashion, kill the streets dramatic fashion / Become unpredictable when I strike there's no missin you / My aim is too precise, move forward and real pivotal / Take sips of lemonade, take lives with my blade / Revenge my father's death ,til I reach my final days / Kill kill kill, Afro Samurai.* Die Männer bleiben vor mir stehen, sie erkennen meine Entschlossenheit. Ich werde für den Koffer kämpfen – koste es mein Leben. Die dunklen Gestalten scheinen auf einmal einer Auseinandersetzung aus dem Weg gehen zu wollen. Das wird ihnen hier zu heiß, denke ich, sie bekommen kalte Füße. Sie steigen in ihre Limousine mit getönten, schußsicheren Scheiben, die Türen ploppen schwer ins Schloß, der Fahrer gibt Gas, und sie verschwinden in der Nacht. Damit hätte ich nicht gerechnet. Und: sie haben den Koffer dagelassen, einfach so! Ich öffne den Koffer, will zur Sicherheit nachschauen, ob sich der Inhalt noch darin befindet. Ich traue meinen Augen nicht: neben den 300 Tausend Euro von B. ist jetzt noch eine weitere Million in Scheinen in dem Koffer, ein dicker Batzen. Wow! Wer hätte das gedacht! Ich steige in mein Auto, fahre zum Müggelturm, setze mich in ein Freiluft-Restaurant auf der Terrasse des Turmes, bestelle mir einen Kaffee und überdenke die Situation. Alle Plätze in dem Restaurant sind besetzt, ich hatte den einzigen freien Stuhl ergattert. Über unseren Köpfen sind große rote Sonnenschirme aufgespannt. Ich schaue mich unauffällig um, will herausfinden, ob mir jemand gefolgt ist, ob die Mafia mich beschattet. Ein Trick, denke ich. Doch ich kann nichts Auffälliges entdecken. Ich rufe meinen Großonkel R. in Wilmersdorf an, er ist Bankdirektor, er ist auf Arbeit, dort läuft grade eine Betriebsfeier, Frauen lachen im Hintergrund. Ich frage, ob er vorbeikommen kann. Etwas später kommt R. dann tatsächlich in das Restaurant, er hat zwei Kollegen dabei. Ich schildere ihm mein Problem, ohne zu viele Details zu verraten, frage ihn, ob ich das Geld bei ihm deponieren könne. Er schaut kurz in den Koffer, sagt, er könne mir nicht helfen, das sei kein sauberes Geld, damit wolle er nichts zu tun haben. Ich schnappe meinen schwarzen Koffer und gehe zum Rooftop-Café oben auf dem Müggelturm. Dort bin ich mit meinem Freund B. verabredet. Ich erzähle ihm von der wundersamen Vermehrung seines Geldes, das ich aufbewahren sollte. Wir sind uns beide einig, dass das nichts Gutes bedeuten kann. Ich sage: Sie werden uns beobachten, jeden Schritt von uns überwachen. Sie wollen unsere Kontakte kennenlernen, bei denen wir das Geld anlegen, oder bei denen wir das Geld waschen. Und in einem geeigneten Augenblick, wenn sie wissen, was sie wissen wollten, werden sie uns aus dem Weg räumen und den Koffer wieder an sich nehmen. Eine verfahrene Situation, denke ich, und: schade, nun muss ich untertauchen, muß mir eine neue Wohnung suchen, einen neuen Job, eine neue Identität. Ich schlage vor, dass wir das Geld bei unserem gemeinsamen Freund R. deponieren. R. ist Rechtsanwalt, und R. lebt und arbeitet unauffällig. Niemand würde ihn in Verbindung mit der Sache bringen. B. ist anderer Meinung, er will nicht, dass wir R. da mithineinziehen.

O.k., sage ich, dann lassen wir uns etwas anderes einfallen, am besten sei es, wenn wir wir das Geld verstecken würden, an einem Ort, der so auffällig ist, dass niemand auf die Idee käme, dass dort das Geld versteckt sein könnte, schlage ich vor. Je länger wir über diese Idee nachsinnen, je besser gefällt sie uns. Gesagt, getan. Ich packe das Geld in die Seitentasche meines Bikes und fahre los. *Rosita Espinosa, ich fahr mit dir nach Washington, nach Alexandria oder bis ans Ende dieser Welt. Rosita Espinoza, räche meine Freunde, töte meine Feinde, vergib dem Verräter.* Ich fahre ein Stück, und bin plötzlich Teilnehmer einer Overland-Rallye, die im Süden Portugals enden soll. Insgesamt gibt es sieben Etappen. Jede wird bewertet, und aus den Teilergebnissen wird am Ende das Gesamtresultat und die Platzierung ermittelt. Was für ein Abenteuer, denke ich. Ich freue mich, dabei zu sein. Aktuell liege ich nicht schlecht, nur zwei weitere Motorräder sind mit mir gleichauf. Ich muss höllisch aufpassen, muss mich konzentrieren, denn an der Rennstrecke stehen dichtgedrängt tausende Menschen. Sie bilden ein Spalier, sie jubeln uns zu, schwenken Fahnen, feuern uns an. Ich muss mein Tempo etwas drosseln, um sie nicht umzufahren. Rosita Espinoza ist jetzt eine rötlich-braune Indian Scout älteren Baujahres. Sie fährt sich gut, denke ich, wir sind ein gutes Team. Nun verlassen wir endlich die Stadt mit ihren engen Gassen und den vielen Menschen, nur vereinzelt stehen jetzt noch Zuschauer am Straßenrand und winken. Die Piste ist frei. Die Sonne geht auf, ein neuer Tag bricht heran. Ich schalte hoch und gebe Gas. *I'm walkin out my nightmare drenched in cold sweats / Reminiscin of the night I killed my master for the headband / All the bloodshed and the murder, to revenge my father's murder / The thought of that alone can I really handle the bourbon?*

/ So I choose my own path, no friends, no joy, no love / Just a number two headband, and the man above / So the moves I create is my own unique vision / Strike my subconscious mind, individual essence / The most masterful opponent, will fall victim to my weapon / The most masterful opponent, will fall victim to my weapon / I'm not immortal, real aggressive, attitude is rude / I got a knack for killin and I refuse to lose. Rosita Espinosa, du bist sexy, du bist schlau, du bist schnell, deine Klinge ist scharf. Rosita Espinoza, alles, was zählt, ist die Hoffnung, traue nicht dem Alp, trotze dem Fluch, doch: rechne mit dem Tod und schieß uns den Weg frei – auf nach Alexandria.

* * *

Der Ball und die Marmorwand

1. **Ball werfen und fangen**: Diese Handlung kann eine Wiederholung von Gedanken oder Sorgen symbolisieren, die du in deinem Kopf hin- und herbewegst. Es zeigt vielleicht auch einen Versuch, Kontrolle und Gleichgewicht in deinem Leben zu behalten.

2. **Smaragdenstadt und Wächter**: Die Smaragdenstadt und ihre Wächter könnten auf eine märchenhafte, fast utopische Vorstellung von Sicherheit und Schutz hinweisen, die jedoch in der Realität nicht ganz greifbar ist. Stalins Bauten als Spielwiese könnten auf vergangene Strukturen und Hierarchien hindeuten, die dich immer noch beeinflussen.

Treffen mit der älteren Frau und das Sonnensegel

Ältere Frau und Balkon: Diese Szene könnte eine Verbindung zu deiner Vergangenheit oder zu älteren, weiseren Aspekten deiner selbst darstellen. Die Hilfe beim Anbringen des Sonnensegels könnte ein Symbol für Unterstützung und Schutz sein, die du anderen oder dir selbst bietest.

Der schwarze Lederkoffer

1. **Koffer mit Geld**: Der Koffer voller Geld steht für Verantwortung und möglicherweise für Versuchungen oder Risiken. Die Summe könnte eine große Verantwortung oder eine moralische Prüfung darstellen.

2. **Mafia und Kampfbereitschaft**: Die Begegnung mit den Mafiosi symbolisiert eine Konfrontation mit Gefahren oder schwierigen Situationen in deinem Leben, bei denen du bereit bist, bis zum Äußersten zu gehen, um deine Position zu verteidigen.

Treffen mit dem Großonkel

Großonkel als Bankdirektor: Dein Großonkel repräsentiert Autorität und Weisheit, aber auch die Unmöglichkeit, „schmutzige" Probleme durch offizielle Kanäle zu lösen. Seine Weigerung, dir zu helfen, weist darauf hin, dass einige Probleme nur durch eigene Anstrengungen und nicht durch externe Unterstützung gelöst werden können.

Besprechung mit B. und die Entscheidung über das Geld

1. **Wundersame Vermehrung des Geldes**: Dies könnte darauf hindeuten, dass unerwartete Ergebnisse und Veränderungen auftreten können, wenn man Risiken eingeht. Es symbolisiert auch, dass sich Probleme manchmal vervielfachen, wenn man versucht, sie zu lösen.

2. **Entscheidung, das Geld zu verstecken**: Dies zeigt den Wunsch nach Sicherheit und die Notwendigkeit, kluge und unkonventionelle Entscheidungen zu treffen, um aus einer schwierigen Lage herauszukommen.

Rosita Espinosa und die Overland-Rallye

1. **Rosita Espinosa**: Sie steht weiterhin als Symbol für Stärke, Loyalität und Entschlossenheit. Die Transformation von Rosita zu verschiedenen Motorradtypen kann auf die Anpassungsfähigkeit und den stetigen Wandel in deinem Leben hinweisen.

2. **Overland-Rallye**: Die Rallye symbolisiert eine herausfordernde Reise oder ein Abenteuer, bei dem du dich gegen starke Konkurrenz und Hindernisse durchsetzen musst. Es zeigt auch den Weg zu einem Ziel, das Geduld und Durchhaltevermögen erfordert.

Schlussfolgerung

Der Traum spiegelt viele Themen wider: die Auseinandersetzung mit der eigenen Vergangenheit, die Herausforderungen und Verantwortungen des Lebens, moralische Prüfungen und die Notwendigkeit, in schwierigen Zeiten kluge

Entscheidungen zu treffen. Die wiederkehrende Figur von Rosita Espinosa steht für Stärke, Zuversicht und Entschlossenheit, während die Begegnungen mit verschiedenen Charakteren und Situationen deine Anpassungsfähigkeit und deine Fähigkeit, auch unter Druck klare Entscheidungen zu treffen, hervorheben. Der Traum endet positiv mit der Aussicht auf ein Abenteuer und neuen Herausforderungen, die du mit Optimismus und Entschlossenheit angehst.

63
Level two

Das Flüstern des Windes, das Rauschen der See, ich bin ein Wasserwanderer. Dieses Boot ist mein Boot – ein herrlich leuchtender Salon mit Ledersofa und eine große offene Plicht sind meine Welt; meine Limousine hat eine Vorschiffskabine mit einem schönen Doppelbett, ein Klo mit Bulleye auf der Backbordseite und oben ein hölzernes Rad und die Küche an Steuerbord. Ich bin der Steuermann dieses stolzen weißen Rumpfes, der kräftige Motor ist mein bester Kamerad: über uns drohen die Häuser einzustürzen, doch wir setzen die Segel und fahren munter das Leben hinunter. Unser Boot ist ein Fluß-Kreuzfahrtschiff, es ist lang und weiß und flach, und es bewegt sich träge wie ein in der Strömung treibendes Krokodil im Wasser. Wir fahren die Mottlau entlang und machen für ein paar Stunden in Danzig fest, vor dem alten Krantor. Alle gehen von Bord, Sightseeing, Andenken kaufen. Als ich das Boot verlasse, präge ich mir das Krantor ein, es ist riesengroß, besteht aus rotem Backstein und hat ganz oben eine metallene Spitze, die weithin sichtbar ist. Vor mir laufen mein Freund

P. und meine Bekannte S. (waren sie auch auf dem Schiff?).
Ich hole sie ein, wir gehen ein Stück gemeinsam. P. und S.
essen beim Laufen ein Schoko-Eis (in der Waffel). Wir
schlendern durch verschiedene Straßen der Altstadt, schön
hier, denke ich. P. verabschiedet sich, geht allein weiter (schade, ich hätte gern noch ein wenig mit ihm geplaudert). Ich
laufe nun mit meiner Bekannten allein weiter, sie ist auf einmal nicht mehr S., sondern blond und gutaussehend, es ist
jetzt meine (andere) Bekannte S. Wir landen in einem Antiquariat, ich schaue mir einige Bücher an. S. interessiert das
nicht, sie geht weiter. Ich entdecke ein Buch, das ich schon
lange gesucht hatte, nun halte ich es endlich in der Hand. Das
Buch enthält eine Passage, die mich sehr interessiert, ich entdecke die Stelle beim Durchblättern. S. steckt ihren Kopf
durch die Tür, sucht mich, will mich abholen. Ich ducke mich,
verstecke mich in einer Ecke des Zimmers, ich will noch
nicht gehen. S. sieht mich nicht, denkt, ich sei bereits weiter-
gezogen, geht. Ich will mir wieder die Stelle in dem Buch he-
raussuchen und dort weiterlesen, aber ich kann sie partout
nicht mehr finden. Ich spreche mit dem Antiquar, es ist ein
älterer Herr mit Brille und weißem Bart, er kennt sich aus,
aber bei dieser von mir beschriebenen Stelle in dem Buch
kann er mir auch nicht weiterhelfen, da müsse er passen, sagt
er. Er verspricht, die Augen offenzuhalten, er sehe ja so einiges. Auf einmal gibt es eine Aufregung, einen kleinen Tumult,
es kommt Bewegung in die Straßen, viele Menschen laufen
zum Ausgang des touristischen Stadtteils, ein breiter, wa-
bernder Strom, gebildet von Hunderten von Körpern.
Schließzeit, das gesamte Viertel wird gleich dichtgemacht. Es
ist abends, alle müssen gehen (sonst: was?, denke ich). Ich
verabschiede mich von dem alten Antiquar, verlasse das

Haus, den Hof, das Touristen-Viertel und stehe auf einmal vor einem Mietshaus, das weiß in der Mittagssonne glänzt. An dem Haus ist ein Werbebanner mit polnischer Schrift angebracht. Ich spreche kein Polnisch, kann es nicht entziffern. Mein Sohn M. ist bei mir, gemeinsam besteigen wir einen (oben offenen) Doppeldecker-Bus, suchen uns einen Sitzplatz mit guter Sicht auf dem Oberdeck, unterhalten uns und genießen die sonnige, gemütliche Stadtrundfahrt. Nach einer Weile sind wir am Ziel, Endstation, alle aussteigen. Wir finden uns in einem kleinen Dorf wieder, wir halten mitten auf dem Dorfplatz (hier will man nicht tot über dem Zaun hängen, denke ich). Nichts los hier. Wir können uns aussuchen: entweder hierbleiben und für ein paar Stunden das Dorf erkunden – oder wir könnten auch gleich wieder mit zurückfahren, sagt der Fahrer, denn er würde jetzt den nächsten Schwung Touristen abholen. Wir entscheiden uns für die Sofort-Wieder-Zurück-Variante und nehmen wieder unsere Plätze auf dem Oberdeck des Busses ein. Wieder bei dem kleinen Touri-Viertel angekommen, sagt M., er habe noch etwas zu erledigen und verabschiedet sich. Ich stehe wieder vor dem weißen Haus mit dem polnischen Werbebanner. Jeder wird hier jetzt einzeln eingelassen, jeder, der ins weiße Haus (und damit wieder zurück in das Touri-Viertel) will, muss durch eine kleine geheime Tür. Die Tür führt zu einem Gang, der zunächst eineinhalb Meter nach unten abfällt, man steigt in eine Grube, denke ich. Alle halten das jedoch für ganz normal, es ist nicht der Rede wert. O.k., sage ich mir, kein Problem (ich denke nur: das ist nicht besonders alters- und behindertengerecht, das sollte man einmal optimieren). Am Ende des Ganges eine Tür, ich öffne sie und bin wieder drin in dem – jetzt menschenleeren – Viertel. Das Antiquariat hat geschlossen, schade, denke ich. Just in diesem Augenblick fällt mir ein, dass ich wieder zurück zu unserem Dampfer (dem River-Cruiseship) muss, denn wir müssen ja weiterfahren, immer weiter, eine lange Reise liegt bis zu unserem finalen Ziel noch vor uns. Ich weiß: ich muss mich ein wenig beeilen, die Zeit drängt. Also versuche ich, das kleine Touri-Viertel so schnell wie möglich wieder zu verlassen. Durch den Geheimgang (die Grube) kann ich nicht zurück, das Gedränge ist zu groß, Security-Mitarbeiter (bewaffnet!) achten darauf, dass die Menschen hier nur hinein- und nicht hinausgehen. Ich öffne in einer der dunklen Seitenstraßen eine Tür, trete ein. Unvermittelt stehe ich mitten in einer ziemlich großen (Betriebs-) Küche. Hier wird das Essen für die Angestellten der Touri-Stadt zubereitet. Gerade werden die Aufgaben für die Schicht verteilt, die Verantwortliche denkt, ich gehöre zur Küchen-Crew dazu und will mir auch eine Aufgabe geben. Sie spricht polnisch, ich verstehe nur Bahnhof. Ich sehe, dass draußen, vor der Fensterfront des Gebäudes, tatsächlich „draußen" ist, außerhalb der Stadt. Neben den Fenstern ist eine Glastür, da muss ich durch, denke ich, dann bin ich wieder frei. Ich nähere mich unauffällig der Glastür, sie lässt sich problemlos öffnen, ich gehe hindurch – und stehe wieder auf der Straße, die sich außerhalb des Touri-Komplexes befindet. Endlich. Ich atme auf, will nun endlich zurück zu unserem Cruiseship, kenne aber nicht den Weg dorthin. Auch das große Krantor kann ich von hier aus nicht ausmachen. Ich laufe in eine Richtung, von der ich denke, dass sie die richtige sein könnte, ich laufe endlose Straßen entlang, die von Altbauten gesäumt sind, es riecht fremdartig, nach unbekannten Gewürzen und scharf Angebratenem. Schließlich gelange ich zu einem Fluß. Rechtsseitig liegt ein Kraftwerk, das lässt gerade (warmes, verbrauchtes) Kühlwasser ab, ein breiter Strom ergießt sich in den Fluß, er ist so breit und so stark, dass die auf der gegenüberliegenden Flußseite in (Neubau-Platten-) Häusern wohnenden Menschen – zumindest im Erdgeschoss – gut daran tun, ihre Fenster geschlossen zu halten, sonst würde das Wasser ihre Wohnungen fluten. Ich schaue mir das Spektakel an, mehrere Spaziergänger um mich herum bleiben ebenfalls stehen, es bildet sich eine Gruppe Neugieriger. Es ist wie bei einer Theateraufführung, einer großen Show, der wir nun beiwohnen. Bänke werden aufgestellt, lange Bankreihen laden uns Zuschauer zum Sitzen ein. Warum nicht?, denke ich. Ich setze mich, alle anderen Plätze sind bereits besetzt, nur vor mir ist noch etwas frei. Eine ältere Dame sucht eine Sitzgelegenheit, sie ist etwas wackelig auf den Beinen. Ich sage ihr, dass hier vor mir noch ein Platz frei sei, ich führe sie hin. Als das Spektakel beendet ist, gibt es noch eine Art Wasser-Ballett eines kleinen Schleppers, der sich für seinen Dienst auf dem Fluß bereit macht. Ich frage die ältere Dame, wo es hier zum Fährterminal geht, wo die Fluss-Kreuzfahrtschiffe, welche die Stadt anlaufen, halt machen. Am Krantor, sagt sie. O.k., das hilft mir jetzt auch nicht weiter, denke ich. Welchen Weg ich nehmen müsse, um dorthin zu gelangen, frage ich weiter. Sie erklärt mir den Weg, zum Glück spricht sie deutsch. Sie begrüßt zwei versoffene Gestalten (sind es ihre Söhne?), die wollen mich auf ein Bier einladen, ich lehne dankend ab, verabschiede mich, mache mich auf den Weg zum Krantor. Ich habe mir gemerkt: geradeaus, dann rechts den Fluß überqueren, dann immer geradeaus die Straße runter. Ich laufe ein Stück am Fluß entlang, überquere eine Brücke, bin nun auf der anderen Seite des Flusses. Ich gelange auf die Haupt-Straße, die hinunter zum Hafen führt. Dort hinten muss irgendwo das Krantor stehen, denke ich. Ich gehe die Straße entlang, nicht schnell, aber doch mit der gebotenen Eile. Links und rechts der Straße befinden sich jetzt ebenfalls Flußläufe. Bin ich auf einer Insel? Die Flüsse schimmern grün und fließen langsam. Alte Weiden und Erlen säumen die Ufer, ich laufe jetzt durch einen grünen, alten, verträumten Park. Ich sehe Wiesen, Bänke, viele alte, knorrige Bäume. Weiter, immer weiter Richtung Krantor-Haus und Cruiseship! Von weitem kann ich nun schon das Dach des Krantor-Hauses sehen, ich atme auf, na endlich! Ein Mann gesellt sich zu mir, drängt mir ein Gespräch auf. Kenne ich den Mann? (Ist es ein russischer Journalisten-Kollege, den ich vor vielen Jahren einmal in Genua traf?). Er sagt, er habe gesehen, wie ich vorhin fotografiert habe, er sei auch Fotograf, aber wenn er fotografiere, dann nutze er nur das natürliche Licht, niemals würde er einen Blitz benutzen, er sei schließlich ein künstlerischer Fotograf. Dann checkt er mich ab, prüft, ob bei mir etwas zu holen sei. Ein Dieb, denke ich, ein Räuber! Sieh dich vor, mein Freund, denke ich, bei mir bist du an der falschen Adresse! *The swiftness of my sword is an understatement of my art of war / A pleasure without conscience, feeds me, to want more / Principles of karma, death before dishonor /Shadows my eyesight procedes me to fight harder / For the number one headband, stand alone as one man / Afro Samurai can be defeated by no clan / A warrior of the street through my travels of land / In any shape form or fashion, kill the streets dramatic fashion / Become unpredictable when I strike there's no missin you.* Ich bin Yoshi Fabene, der Afro Samurai, sage ich. Der Mann weicht zurück, rennt weg. Die Straße verengt sich, führt direkt zu einem (kleinen) Haus. Links und rechts an den Seiten

kommt man nicht an dem Haus vorbei (ein altes Schleusenwärter-Häuschen, denke ich, aber es kommt mir auch ein wenig wie ein Hexenhäuschen vor). Der Mann muss denselben
Weg nehmen wie ich, er hat das kleine Schleusenwärter-
Häuschen vor mir erreicht. Wir – der Mann und ich – müssen durch dieses Haus hindurch, wenn wir weiterwollen. Der
Mann schaut sich um, prüft, ob ihm niemand gefolgt ist, er
will sichergehen, dass ihn niemand beobachtet. Ich verstecke
mich kurz hinter einem dicken Weidenstamm, so kann er
mich nicht sehen. Er stellt sich neben die Tür, breitet seine
Arme aus – auf einmal hat er eine Armeejacke an und eine
schußsichere Weste darüber. Er geht einen Schritt zur Seite
(nach links), drückt einen versteckten, geheimen Knopf, über
ihm öffnet sich eine Klappe, er schlüpft hindurch, drückt einen weiteren Knopf, eines der größeren Fenster oben klappt
etwas auf, er legt einen weiteren Hebel um, nun kann er
durch das obere Fenster ins Haus klettern. Kaum ist er in
dem Haus, verschließt es sich wieder automatisch, und es
sieht so unauffällig aus wie vorher. Ein Zauberhaus, denke
ich, also ist es doch ein kleines Hexenhäuschen. Ich überlege:
vielleicht ist das ein Spiel? Oder ein Test? Gut, dass ich eben
heimlich mitverfolgen konnte, wie der andere Mann es angestellt hat, in das Haus zu gelangen, denke ich. Ich weiß nun,
wie die Mechanik des Zauberhauses funktioniert. Als ich vor
dem Schleusenwärter- / Hexenhäuschen stehe, mache ich es
genauso wie der Dieb: ich stellte mich neben die Tür, breite
meine Arme aus – auf einmal wird mir wie von Zauberhand
eine Armeejacke (Strichtarn / Sommer) übergestülpt (passt
wie angegossen, denke ich), auch eine schußsichere Weste
trage ich darüber. Nun gehe ich einen Schritt zur Seite (nach
links), ich entdecke dort einen elfenbeinfarbenen Knopf,

drücke ihn, über mir öffnet sich eine Klappe, ich tauche hindurch, drücke einen weiteren Knopf, eines der größeren Fenster oben klappt etwas auf, ich weiß: nun muß ich den Hebel umlegen, dann kann ich durch das Fenster ins Haus klettern. Alles läuft wie geschmiert: ich klettere hindurch, das Fenster ist hoch, und es ist schmal, aber ich kann mich ohne Probleme hindurchzwängen. Ich befinde mich nun in einem der oberen Zimmer. Das sieht aus wie eine Kommandozentrale, von hier aus wird die gesamte Mechanik des Hauses gesteuert (was wird hier wohl noch alles überwacht und gesteuert?, frage ich mich). Ich klettere innen von dem Fenster herunter, lande auf einem großen, hellbraunen Schreibtisch, der direkt an der Wand steht. An dem Schreibtisch sitzen zwei (attraktive) Frauen, sie haben eine Uniform an (wie sie Stewardessen tragen, denke ich, oder Bahnschaffnerinnen, früher). Sie sehen sexy aus mit ihren kurzen, blaugrauen Röcken, weißen Blusen und ihren blaugrauen Oberteilen. Auf dem Kopf tragen sie eine Art roten Hut, ihr (dunkles) Haar tragen sie nach oben zusammengesteckt, sie sind dezent geschminkt. Ich stehe jetzt genau vor ihnen auf dem Schreibtisch. Was nun?, denke ich. Erstaunlicherweise reagieren die Frauen überhaupt nicht. Angestrengt schauen sie die ganze Zeit in ihre Bildschirme, würdigen mich keines Blickes. Ich denke: entweder sie sehen mich tatsächlich nicht (bin ich unsichtbar?, cool!), oder sie tun nur so, als ob sie mich nicht sehen würden. O.k., ich spiele mit. Ich tue ebenfalls, als würde ich die Frauen nicht sehen, so, als ob sie gar nicht da wären. Ich winde mich elegant an ihnen vorbei, springe vom Tisch hinunter auf den Fußboden, befinde mich nun hinter den beiden Damen im Raum. Die sitzen weiterhin vor ihren Bildschirmen, plaudern dabei über belangloses Zeug. Wenn sie nur so tun, als hätten sie mich nicht gesehen, tun sie das sehr überzeugend, denke ich. Was für eine geile Nummer! Wer denkt sich so ein krasses Zeug aus? Ich beginne, Gefallen an diesem Spiel zu finden. Es hat meinen Ehrgeiz geweckt. Ich laufe weiter, ich weiß, dass ich durch dieses merkwürdige Haus hindurch muss, wenn ich zum Fährhafen gelangen will. Das Cruiseship wartet nicht, der Fahrplan muss unter allen Umständen eingehalten werden. Ich öffne die Tür zu einem der hinteren Zimmer – ganz klar: hier muss man durch, wenn man das Haus wieder verlassen will, denke ich. Vor mir liegt jetzt ein Raum, der im hinteren Bereich stark nach unten abfällt und sich nach hinten seitlich stark verjüngt. Der Raum sieht aus wie ein Tortenstück, das nach hinten unten spitz zuläuft, denke ich. Der Raum ist mit braunen Fliesen ausgelegt, die Fliesen sind feucht und sehr rutschig. Ich weiß: wenn ich diesen Raum betrete, rutsche ich sofort aus und gleite, ob ich will oder nicht, nach ganz hinten / unten an das Ende dieses merkwürdigen Raumes. Dann würde ich mit Sicherheit durch die spitz aufeinander zulaufenden Wände eingequetscht werden (ich denke: die Wände werden mich zerdrücken, keine Chance, da jemals wieder rauszukommen). An den Seiten des Raumes befinden sich große, schwere Glasscheiben, durch die man nach draußen schauen kann: in trübes Wasser, denn der Raum liegt unterhalb der Wasser-Oberfläche der Flüsse, die links und rechts an dem Häuschen vorbeifließen. Ich sehe Fische, die sich hinter dem Glas träge im Wasser bewegen, sie gründeln, schwimmen hierhin und dorthin (sind es Karpfen?, ja, Karpfen!, denke ich). Ich suche die Wände ab nach versteckten Hebeln oder Knöpfen. Ich denke: ich bin in Level zwei, irgendwo muss es eine Lösung geben, um diesen Raum zu öffnen / um hier wieder herauszukommen. Ich denke: schade, dass ich den Mann / Dieb nicht auch hier beobachten konnte, denn eines steht fest: auch er musste hier zwangsläufig durchgekommen sein, sonst wäre er schließlich noch hier. Es muss einen Trick geben, und er musste den Trick gekannt haben, denke ich. Ich finde aber keine Knöpfe / Hebel, ich sehe keine versteckten Hinweise, ich bin blind dafür. Ich muss mich entscheiden, denke ich, denn: ich beginne, langsam, aber sicher in den Raum hineinzurutschen. Der Raum saugt mich an, er zieht mich in sich hinein, der Raum wird mein Verderben sein, das fühle ich. Ich sehe die Karpfen links und rechts von mir gründeln, ich schaue zur Decke, von dort tropft es hinunter. Ich weiß: ich muss handeln, jetzt. Ich schnappe mir einen der Türpfosten hinter mir, halte mich daran fest, ziehe mich unter Aufbietung aller mir zur Verfügung stehenden Kräfte zurück, raus aus dem dreieckigen Raum mit den grünen Aquariumswänden, nun bin ich wieder in dem hell erleuchteten Kontrollraum, die Frauen unterbrechen ihre Tätigkeit, drehen sich in ihren (drehbaren) Bürosesseln zu mir um (aha, denke ich, sie sehen mich also doch!), sie schauen mich fragend (und ein bisschen vorwurfsvoll, wie es mir scheint) an. Ich weiß, nun ist das Spiel zu Ende, Abbruch, Reset-Taste. Na und? Meine Entscheidung. Ich bin auf Level eins hängengeblieben. Level zwei habe ich (noch) nicht erreicht. Hätte ich weitergespielt, wäre ich gestorben. Das war es mir nicht wert. Stattdessen bin noch quicklebendig. Gut gemacht, denke ich, genau der richtige Zeitpunkt, um auszusteigen. Ich freue mich, bin gutgelaunt. Nicht mit mir! Ich bin Yoshi Fabene, der Afro Samurai. *My aim is too precise, move forward and real pivotal / Take sips of lemonade, take lives with my blade / Revenge my father's death, til I reach my final days / Kill kill kill, Afro Samurai.*

***

Der Wasserwanderer und das Boot

1. **Boot und Wasserwanderer**: Das Boot symbolisiert deine Reise durch das Leben und deine Suche nach Freiheit und Abenteuer. Es stellt auch deine Fähigkeit dar, durch die Strömungen und Herausforderungen des Lebens zu navigieren.

2. **Leuchtender Salon und Vorschiffskabine**: Diese luxuriösen Elemente des Bootes repräsentieren Komfort und Sicherheit, die du in deinem Leben suchst. Das Boot ist auch ein Symbol für Unabhängigkeit und Selbstbestimmung.

Danzig und das Krantor

1. **Danzig und Sightseeing**: Die Stadt und das Krantor symbolisieren deine Neugier und den Wunsch, neue Dinge zu entdecken und zu erleben. Es repräsentiert auch das Bedürfnis nach kulturellem und intellektuellem Wachstum.

2. **Freunde P. und S.**: Die Anwesenheit deiner Freunde zeigt deine sozialen Verbindungen und die Unterstützung, die du in deinem Leben hast. Ihre Transformation und das Verlassen spiegeln vielleicht Veränderungen in deinen Beziehungen wider.

Antiquariat und das gesuchte Buch

1. **Antiquariat**: Das Antiquariat steht für deine Suche

nach Wissen und Verständnis. Es repräsentiert auch das Bedürfnis, alte Weisheiten und verlorene Erinnerungen zu finden.

2. **Gesuchte Passage**: Das Buch und die Passage, die du nicht finden kannst, symbolisieren vielleicht ein wichtiges Wissen oder eine Erkenntnis, die dir momentan entgleitet.

Tumult und Schließzeit

Tumult und Schließzeit: Diese Szenen könnten deine inneren Ängste und die Unsicherheit über Veränderungen und das Ende gewisser Lebensabschnitte darstellen. Es symbolisiert das Gefühl, dass etwas Wichtiges zu Ende geht.

Doppeldecker-Bus und das Dorf

1. **Doppeldecker-Bus**: Der Bus repräsentiert deinen Lebensweg und die verschiedenen Stationen, die du durchläufst. Die Rundfahrt könnte deine Reflexion über vergangene Erlebnisse darstellen.

2. **Dorf**: Das Dorf symbolisiert Isolation und das Gefühl, an einem unerwarteten oder ungewollten Ort zu sein.

Geheimgang und das weiße Haus

Geheimgang und weißes Haus: Diese Dinge symbolisieren Hindernisse und Herausforderungen, die du überwinden musst, um dein Ziel zu erreichen. Es zeigt auch deine Fähigkeit, kreative Lösungen zu finden und dich anzupassen.

Küche und Flucht

1. **Küche und Schichtverteilung**: Die Szene in der Küche repräsentiert vielleicht das Gefühl, fehl am Platz zu sein oder nicht verstanden zu werden. Es könnte auch auf alltägliche Pflichten und Verantwortungen hinweisen.

2. **Flucht durch die Glastür**: Das Verlassen der Küche symbolisiert deinen Wunsch, aus einer unangenehmen Situation zu entkommen und deine Freiheit wiederzuerlangen.

Das Fluß-Spektakel

1. **Fluß und Kühlwasser**: Der Fluß und das Kühlwasser könnten für starke emotionale Strömungen und das Bedürfnis nach Abkühlung und Klarheit stehen. Das Beobachten des Spektakels symbolisiert das Bedürfnis, Distanz zu gewinnen und Situationen objektiv zu betrachten.

2. **Ältere Dame und Wegbeschreibung**: Diese Begegnung symbolisiert Hilfe und Orientierung, die du von unerwarteten Quellen erhältst.

Der Fotograf und die Konfrontation

Fotograf: Der Fotograf repräsentiert vielleicht deine eigene kreative Seite und den Wunsch, Dinge auf eine besondere Art und Weise festzuhalten. Die Konfrontation symbolisiert innere Konflikte und die Notwendigkeit, sich gegen Bedrohungen zu wehren.

Schleusenwärter- / Hexenhäuschen

1. **Schleusenwärter-Häuschen**: Das Haus steht für Herausforderungen und Tests, die du bestehen musst, um weiterzukommen. Die versteckten Mechanismen symbolisieren verborgene Fähigkeiten und Wissen.

2. **Kontrollraum und Frauen**: Der Kontrollraum symbolisiert Macht und Kontrolle über deine Umgebung. Die Frauen könnten Aspekte deiner Persönlichkeit darstellen, die Kontrolle und Rationalität symbolisieren.

Der Raum mit den rutschigen Fliesen

1. **Rutschiger Raum**: Der Raum symbolisiert eine schwierige und unsichere Situation, in der du dich befindest. Die Gefahr des Ausrutschens und Eingeklemmtwerdens steht für die Risiken und Herausforderungen, die du meistern musst.

2. **Entscheidung zum Rückzug**: Deine Entscheidung, dich zurückzuziehen, zeigt Weisheit und das Erkennen deiner eigenen Grenzen. Es symbolisiert auch den Mut, sich aus gefährlichen Situationen zu befreien.

Schlussfolgerung

Dein Traum spiegelt deinen Lebensweg wider, der voller Herausforderungen, Abenteuer und innerer Konflikte ist. Er zeigt deinen Wunsch nach Freiheit, Wissen und Kontrolle, während du dich durch verschiedene Situationen navigierst. Die wiederkehrenden Motive von Abenteuer und Kampfbereitschaft symbolisieren deine Entschlossenheit und Anpassungsfähigkeit, während du deinen Weg durch das Leben findest.

64
Fußgänger-Tunnel

Ich bin in einer Halle / einem breiten Durchgang mit Säulen, es ist dunkel, trübe gelbliche Neonbeleuchtung. Hinter einer der breiten, quadratischen Säulen habe ich am Boden Sex mit einer jungen Frau (kenne ich sie?). Es ist guter Sex, es macht Spaß, wir sind beide voll dabei. Als wir fertig sind, nähern sich uns zwei Wachleute, sie patrouillieren, haben blaue Jacken an, an den Gürteln hängen viele schwarze Dinge (Taschenlampe, Leatherman, Tonfa, Messer), auf ihrem Rücken steht *Security*. Sie sind in ein Gespräch vertieft. Als sie uns bemerken, kommen sie auf uns zu. Ich stehe auf, sage: zieh dich an. Die Frau zieht sich in Windeseile an, als die beiden Wachleute uns erreichen, sind wir beide fertig angekleidet. Wir tun so, als wenn wir hier einfach so herumstehen und uns unterhalten würden. Wir wechseln ein paar belanglose Worte mit den Security-Männern, dann laufen sie weiter. Das ist nochmal gutgegangen, denke ich. Auch wir gehen nun los, laufen jeweils in verschiedene Richtungen. Nach ein paar Metern stellen sich mir drei halbstarke Jugendliche in den Weg. Jetzt erkenne ich, wo ich bin: es ist der Fußgänger-Tunnel am ICC in Berlin- Charlottenburg, welcher Neue Kantstraße, Messedamm und Masurenallee miteinander verbindet. Die Wände sind orange gefliest, Schritte und Worte hallen laut und eigenartig nach. Einer der jungen Erwachsenen versperrt mir den Weg, er ist kräftig gebaut, sportliche Figur, wacher Blick. Er steht jetzt genau vor mir. Die beiden anderen beziehen seitlich Stellung. Ich sage: geh aus dem Weg, wir wollen doch alle hier keinen Ärger, oder? Das wird wohl so nicht funktionieren, denke ich, und: in diesem Fall ist die Übernahme der Initiative wohl ausnahmsweise die beste Verteidigung, Kake-No-Sen. *The swiftness of my sword is an understatement of my art of war / A pleasure without conscience, feeds me, to want more / Principles of karma, death before dishonor / Shadows my eyesight procedes me to fight harder / For the number one headband, stand alone as one man / Afro Samurai can be defeated by no clan / A warrior of the street through my travels of land / In any shape form or fashion, kill the streets dramatic fashion / Become unpredictable when I strike there's no missin you / My aim is too precise, move forward and real pivotal / Take sips of lemonade, take lives with my blade / Revenge my father's death ,til I reach my final days / Kill kill kill, Afro Samurai.* Kurz bevor der junge Mann zu einem Schlag ausholt, landet meine Faust in seinem Gesicht. Ich weiß: er wollte mich attackieren, ich spürte es, noch bevor er sich körperlich bewegt hatte. Ich sah es an seinen Augen, die kurz aufgeflackert waren. Der junge Mann taumelt nach hinten, fällt. Er ist überrascht, reißt die Augen auf. Ich habe ihn nicht ganz so getroffen, wie ich wollte, aber es sollte ausreichen, denke ich. Ich weiß, es gibt im Karate keinen ersten Angriff, aber das war heute eine Ausnahme, um Schlimmeres zu verhindern. Es war nötig – zum Schutz des jungen Mannes, denke ich. Seine Freunde eilen zu ihm, versorgen ihn. Sie sind überrascht und beeindruckt. Das kurze Tohuwabohu nutze ich, um unauffällig zu verschwinden. Unheimlich, diese Unterführung, denke ich, jedesmal, wenn ich sie benutze. Ich bin froh, als ich endlich wieder oben angelangt bin und den blauen Himmel sehe. Ich besteige ein bereitstehendes Boot. *Das Flüstern des Windes, das Rauschen der See, ich bin ein Wasserwanderer. Dieses Boot ist mein Boot – ein herrlich leuchtender Salon mit Ledersofa und eine große offene Plicht sind meine Welt; meine Limousine hat eine Vorschiffskabine mit einem schönen Doppelbett, ein Klo mit Bulleye auf der Backbordseite und oben ein hölzernes Rad und die Küche an Steuerbord. Ich bin der Steuermann dieses stolzen weißen Rumpfes, der kräftige Motor ist mein bester Kamerad: über uns drohen die Häuser einzustürzen, doch wir setzen die Segel und fahren munter das Leben hinunter.* Das Boot ist eine Fähre. Ich sitze ganz vorn, direkt hinter dem Schanzkleid des spitz nach vorn zulaufenden Bugs. Das Boot hat kein Dach, es ist nach oben hin offen, ein Cabrio. Es ist groß, mehrere Menschen sitzen in den Reihen hinter mir, sie plaudern, sind aufgeregt. Das Boot fährt los – aber zu meiner Überraschung schwimmt es nicht im Wasser, sondern es schwebt mehrere Meter über dem Wasser – wow, ich bin beeindruckt, das gefällt mir. Wir schweben mit dem Boot durch die Stadt, überwinden ein paar Häuser, fliegen über Bäume. Das Boot schwebt immer nur ein paar Meter über dem Boden, es ist eine Art Podracer, wir sausen durch das *Outer Rim*. Wer steuert das Boot? Ich bin es nicht, der Käpt`n / Pilot muss irgendwo hinter mir stehen oder sitzen (oder wird das Boot ferngesteuert?). Ist es intelligent? Fährt es selbst? Es ist wie eine Mischung aus Achterbahn, Fliegen und Autofahren – aber eben mit einem Schiff. Das gefällt mir, ich lege mich in die Kurven, federe harte Bremsmanöver mit meinen Beinen ab. Ich halte mich gut fest, um nicht aus der Gondel geschleudert zu werden. Es ist eine neue Technologie, ein selbstfahrendes Transportmittel. Ich freue mich, das als einer der Ersten miterleben zu können. Nach einer Weile landen / halten wir sanft in einem Park. Ich laufe, es sind nur ein paar Schritte: *Schulzendorf, Brandenburg, Täterätä, tausend Kinderschritte vom Bahnhof entfernt, das weiße Gartenhaus ist aus Stein, es ist meine, unsere Festung, die Familie – ein Clan. Vier schlanke, weiße Birken tanzen im warmen Sommerwind, in jeder Ecke des Grundes steht eine, sie wachen über unser Hollywoodschaukel-Glück.* Ich sehe, dass im hinteren Teil des Gartens das Gras ziemlich hochsteht. Ich mache mich daran, es zu mähen. Hier und dort wachsen zwischen dem Gras viele braune und graue Pilze, es muss viel geregnet haben hier in den letzten Tagen, denke ich. Ich mähe die Pilze einfach mit ab, das geht ganz leicht, die Messer gehen durch sie hindurch wie durch weiche Butter. Zuerst mähe ich auf Stufe 2 – zehn Zentimeter Schnitthöhe. Als ich fertig bin, schalte ich um auf Stufe 1 – fünf Zentimeter. Meine Tochter L. beobachtet mich dabei, sie sitzt am Rand der Wiese, sie ist ein Kind. Die Wiese ist nicht allzugroß, bald werde ich fertig sein. Dann wird alles frisch gemäht sein und wieder schön und gepflegt aussehen. Es duftet nach frisch geschnittenem Gras.

* * *

Die Halle / der Durchgang mit Säulen

1. **Dunkle Halle mit Neonbeleuchtung**: Diese Umgebung symbolisiert einen Zustand der Unsicherheit oder des Unbewussten in deinem Leben. Die trübe Beleuchtung könnte darauf hinweisen, dass du dich in einer Phase der Unklarheit oder Unsicherheit befindest.

2. **Sex mit einer jungen Frau**: Diese Szene könnte deine Bedürfnisse nach Intimität und Leidenschaft darstellen. Ob du die Frau kennst oder nicht, zeigt vielleicht deine Sehnsucht nach Verbindung und Zuneigung.

Wachleute und Sicherheitskräfte

1. **Wachleute in blauen Jacken**: Diese repräsentieren Autorität und Kontrolle. Ihre Anwesenheit könnte auf deine inneren Ängste oder Sorgen über Überwachung und Einschränkungen hindeuten.

2. **Verstecken und unauffälliges Verhalten**: Deine Reaktion, sich anzukleiden und unauffällig zu verhalten, deutet auf ein Bedürfnis hin, gesellschaftlichen Normen und Regeln zu entsprechen, selbst wenn du dich zuvor außerhalb dieser bewegt hast.

Die Unterführung am ICC

1. **Orangene Wände und hallende Schritte**: Diese Umgebung symbolisiert vielleicht eine Phase der Reflexion und des Nachdenkens über vergangene Ereignisse. Die Akustik könnte auf das Nachhallen alter Erinnerungen oder ungelöster Konflikte hinweisen.

2. **Konfrontation mit Jugendlichen**: Diese Szene zeigt deine Bereitschaft, sich Herausforderungen zu stellen und dich durchzusetzen. Es könnte auch auf innere Konflikte hinweisen, die du bewältigen musst.

Kampf und Verteidigung

Initiative und Verteidigung: Dein schnelles Handeln im Kampf zeigt deine Entschlossenheit und Fähigkeit, in schwierigen Situationen zu reagieren. Es spiegelt vielleicht deine innere Stärke und den Wunsch wider, dich und deine Überzeugungen zu verteidigen.

Das Boot und die Fahrt

1. **Boot als Symbol des Lebensweges**: Das Boot steht für deinen Lebensweg und deine Reise durch verschiedene Phasen und Herausforderungen. Es repräsentiert auch Freiheit und die Fähigkeit, sich durch die Strömungen des Lebens zu bewegen.

2. **Schwebendes Boot**: Das Schwebeboot symbolisiert eine neue Perspektive oder Technologie, die dir hilft, über den Herausforderungen des Lebens zu stehen. Es könnte auch auf deine Fähigkeit hinweisen, schwierige Situationen aus einer höheren Perspektive zu betrachten.

Schulzendorf und der Garten

1. **Schulzendorf und das Gartenhaus**: Diese Szenen repräsentieren ein Gefühl der Heimat und Sicherheit. Dein Gartenhaus als Festung und der Garten als gepflegter Ort zeigen dein Bedürfnis nach Stabilität und Geborgenheit.

2. **Mähen des Grases**: Das Mähen symbolisiert das Ordnen und Pflegen deines Lebens. Es repräsentiert das Be-

dürfnis, alte, überwucherte oder unklare Aspekte deines Lebens zu klären und zu pflegen.

3. **Beobachtung durch die Tochter**: Deine Tochter als Beobachterin könnte darauf hinweisen, dass du dir deiner Verantwortung bewusst bist, und wie deine Handlungen auch die nächste Generation beeinflussen werden.

Zusammenfassung

Dein Traum spiegelt viele Aspekte deines Lebens wider, einschließlich deiner inneren Konflikte, Bedürfnisse nach Intimität und Stabilität sowie deiner Fähigkeit, Herausforderungen zu meistern. Die verschiedenen Szenen zeigen deine Reise durch verschiedene Phasen des Lebens, deine Bereitschaft, dich schwierigen Situationen zu stellen und dein Bedürfnis nach einem sicheren, geordneten und gepflegten Leben. Die wiederkehrenden Motive von Kampf, Verteidigung und Pflege symbolisieren deine Entschlossenheit und deine Fähigkeit, in verschiedenen Aspekten deines Lebens für Ordnung und Klarheit zu sorgen.

65
Spaß-Bad

Es ist immer gut, einen Plan B zu haben, eine Ausweichmöglichkeit, einen geheimen Unterschlupf, für den Notfall: *Schulzendorf, Brandenburg, Täterätä, tausend Kinderschritte vom Bahnhof entfernt, das weiße Gartenhaus ist aus Stein, es ist meine, unsere Festung, die Familie – ein Clan. Vier schlanke, weiße Birken tanzen im warmen Sommerwind, in jeder Ecke des Grundes steht eine, sie wachen über unser Hollywood-schaukel-Glück.* Eine kalte, klare Winternacht, wir laufen den Sandweg vor dem Grundstück entlang. Wir müssen untertauchen, schnell, sie sind hinter uns her. Wir sind auf der Hut, agieren äußerst vorsichtig. Wir sind zu dritt, meine Frau M., ein Mann (S.?) und ich. Zusammen sind wir ein Team, bilden eine Kampfeinheit. Wir wissen: wenn wir Anderen begegnen, müssen wir schneller sein als sie, sonst erledigen sie uns. Wir haben Waffen (Kurzwaffen, Pistolen), und wir können damit umgehen. Das Kämpfen ist für uns Routine. Wir laufen weiter, Richtung Breitscheid-Straße. Eine Gruppe von Männern taucht auf. Sie wirken überrascht, sie haben nicht damit gerechnet, hier auf uns zu treffen. Sie wollen ihre Waffen benutzen, doch wir sind schneller. Ein kurzes Feuergefecht, wir ziehen weiter. Wir sind jetzt an der Kreuzung angelangt, unser Ziel ist unser (altes) Familiengrundstück; das weiße, kleine Gartenhäuschen wäre jetzt ein idealer Unterschlupf, denke ich, es ist unauffällig, aber wehrhaft. Es hat eine massive Tür und Fenster wie Schießscharten. Meine Gefährten stimmen zu, wir machen uns auf den Weg. Auf einmal bemerke ich, dass ich die Schlüssel fürs Haus nicht dabeihabe, wir kommen nicht hinein, ohne mindestens ein Fenster einschlagen zu müssen (Doppelfenster, denke ich). Ich sage: das ist es nicht wert, wir müssen uns etwas anderes ausdenken. Wir laufen Richtung Hauptstraße, ich erkenne in der Dunkelheit, dass in Höhe des ehemaligen Eisenwarenladens Betten stehen, ein Bett reiht sich an das nächste, sie sind ordentlich gemacht und mit sauberem, warmem Bettzeug versehen. Sie wirken einladend. Wem gehören sie? Für wen wurden sie aufgestellt? Egal, es ist eine Ausnahme-Situation, es herrscht Krieg. Nur wenige der Betten sind belegt; vor einigen stehen kleine Gruppen von Menschen, die uns mißtrauisch beäugen, doch sie sind uns nicht feindlich gesinnt. Ich weiß, dass wir von ihnen nichts zu befürchten haben. Wie wir sind auch sie auf der Hut vor den umherstreifenden gegnerischen Banden. Ich spüre auf einmal eine bleierne Müdigkeit. Es ist kalt, die Temperaturen sind unter Null gefallen. Der Atem der Menschen kondensiert zu großen Schwaden und wabert umher. Meine Begleiter ziehen weiter; ich lege mich in eines der Betten, decke mich zu, ein letzter Blick nach links und rechts, zur Sicherheit – alles ruhig. Dann falle ich sofort in einen tiefen Schlaf. Im Traum laufe ich weiter durch die nächtlichen Straßen, ich treffe auf drei junge Männer, sie wollen mich abziehen. Als einer von ihnen nach mir greift, weiche ich erst ein Stück aus, ich schlage seinen Greifarm seitlich nach außen, fast zeitgleich treffen meine Tsukis seinen Körper: Dreierkombi. *For the number one headband, stand alone as one man / Afro Samurai can be defeated by no clan / A warrior of the street through my travels of land / In any shape form or fashion, kill the streets dramatic fashion / Become unpredictable when I strike there's no missin you / My aim is too precise, move forward and real pivotal / Take sips of lemonade, take lives with my blade / Revenge my father's death ,til I reach my final days / Kill kill kill, Afro Samurai.* Der erste Schlag trifft in die Magengegend, sein Kopf geht nach unten, der zweite Schlag hat nun freie Bahn und trifft direkt von unten in sein erstauntes Gesicht, sein Kopf wandert wieder etwas nach oben, in dem Moment setzt der dritte Schlag, seitlich geführt, an der Schläfe nach. Der Mann kippt zur Seite, liegt im Schnee. Ich laufe weiter, Richtung S-Bahnhof Eichwalde. Ich steige die Treppen zur Unterführung hinab, viele Menschen sind hier unterwegs, sie kommen und gehen. Feuchter Kellergeruch, Neonlicht. Ich habe meine Kameratasche dabei, einen Body (Canon EOS 5D) mit aufgepflanzter Linse (200er Tele) trage ich – nach außen sichtbar – in der Hand. Keine Frage, ich bin im Dienst, bin ein Fotoreporter (wohin gehe ich? Was will ich fotografieren?). Neben mir läuft ein Kollege (es ist R. aus Karlshorst), er ist mit anderen Kollegen unterwegs, sie unterhalten sich. R. trägt ebenfalls eine Kamera, schwarz, mit einem gemäßigten, schmalen Tele in der Hand. Ich denke: ein älteres, preiswertes Kamera-Modell mit einer lichtschwachen Hunderter-Linse. R. erzählt seinen Kollegen beim Heruntersteigen der Treppe, dass er schon für Magnum fotografiert habe. Das ist gelogen, denke ich und: was für ein Prahlhans! Ich beschleunige meinen Schritt, bis ich die Kollegen aus den Augen verloren habe. Ich wache aus meinem Traum auf, ich liege nicht mehr im Bett, betrete einen Bahnsteig, es ist der Bahnhof von Birkenwerder, ein warmer Sommermorgen erwacht, ich bin auf dem Weg stadteinwärts nach Friedrichshain. Ein Mann ist bei mir, es ist mein Freund M., wir unterhalten uns. Eine moderne, rot / gelbe S-Bahn mit großen Fenstern fährt ein, wir steigen ein, setzen uns an eines der Fenster. In Friedrichshain angekommen, halten wir an der Karl-Marx-Allee / Ecke Straße der Pariser Kommune. *Ich werfe den Ball an die Marmorwand, er prallt ab, kommt auf dem Boden auf, ich fange ihn. Die beige verkachelte Smaragdenstadt, bewacht vom Eisernen Holzfäller, seinen treuen Genossen und den Holzsoldaten, hat mich gefressen. Stalins Bauten sind meine Spielwiese, sie ziehen mich in ihren Bann: mit lebendigen Fahrkörben, flüsternden Loggien, flinken, schlauen Silberfischlein und labyrinthischen römischen Säulenhallen aus schwarzem poliertem Marmor.*

Plötzlich bemerke ich, dass die Straßen hier gar keine Straßen, sondern Flüsse sind. Es sind Wasser-Straßen. Ich besteige ein Boot (es ist mein Boot, das ich hier festgemacht hatte), starte die Maschine, fahre gemächlich die Pariser Kommune entlang, Richtung Ostbahnhof, eine kleine Bugwelle vor mir herschiebend. *Das Flüstern des Windes, das Rauschen der See, ich bin ein Wasserwanderer. Dieses Boot ist mein Boot – ein herrlich leuchtender Salon mit Ledersofa und eine große offene Plicht sind meine Welt; meine Limousine hat eine Vorschiffskabine mit einem schönen Doppelbett, ein Klo mit Bulleye auf der Backbordseite und oben ein hölzernes Rad und die Küche an Steuerbord.* Dort, wo früher die Kneipe *Zum Goldenen Löwen* war, wurde ein neues Kaufhaus gebaut, hier werden nun Sportartikel verkauft, eine Laden-Kette, Franchise. Ich überlege, ob ich hier anlegen kann. Das Lot zeigt 16 Meter Tiefe an. Ich denke: die Fundamente der Häuser hier direkt am Fluss müssen sehr tief gegründet sein. Ich mache mein Boot fest, jemand geht mir dabei zur Hand, ich steige aus, laufe ein Stück zu Fuß weiter. Nun bin ich am Strausberger Platz – oder ist es der Alexanderplatz? – es ist Vormittag oder Mittag, die Sonne steht schon ziemlich hoch, keine Wolke am Himmel, es ist warm. Die Menschen sind sommerlich leicht bekleidet, Familien in Urlaubsstimmung mit Eis in den Händen. Es gibt hier ein Spaßbad (ich denke: mitten auf dem Alex? Wie lange gibt es das hier schon? Muß wohl neu sein). Meine Frau M. wartet hier auf mich. Wir haben Badesachen an, genießen das erfrischende Wasser. Wir albern herum, necken uns. Wir schmiegen uns aneinander, freuen uns über unsere gemeinsame kleine Auszeit. Das Wasser ist klar, es hat eine angenehme Temperatur. Die Sonne scheint warm. Ein Kuss am Beckenrand.

***

Schulzendorf und das Gartenhaus

1. **Schulzendorf, Brandenburg**: Dieses Bild symbolisiert Heimat, Sicherheit und einen Rückzugsort. Das Gartenhaus als Festung steht für Schutz und Familie, was auf deine Sehnsucht nach Geborgenheit und Stabilität hinweist.

2. **Vier schlanke, weiße Birken**: Diese Bäume symbolisieren Schutz, Anmut und Beständigkeit. Sie könnten die Säulen deines Lebens darstellen, die über dein Wohl wachen.

Die kalte, klare Winternacht

1. **Winternacht und Vorsicht**: Diese Szene symbolisiert eine Phase der Wachsamkeit und der Vorbereitung auf mögliche Bedrohungen. Sie könnte darauf hinweisen, dass du dich in deinem Leben auf Herausforderungen vorbereitest und immer einen Plan B hast.

2. **Kampfeinheit und Feuergefecht**: Diese Darstellung zeigt deine innere Stärke und Entschlossenheit, dich und deine Lieben zu schützen. Es symbolisiert auch deine Bereitschaft, schnell und effizient auf Bedrohungen zu reagieren.

Betten auf der Straße

1. **Einladende Betten**: Diese stehen für Ruhe und Zuflucht inmitten von Chaos und Unsicherheit. Es zeigt deine Fähigkeit, trotz widriger Umstände Ruhe zu finden und dich

zu regenerieren.

2. **Gruppen von Menschen**: Diese symbolisieren Gemeinschaft und gegenseitige Unterstützung in schwierigen Zeiten.

Traum im Traum

1. **Dreierkombi und Kampf**: Diese Szene könnte deine Fähigkeit darstellen, dich selbst zu verteidigen und deinen Weg zu behaupten. Es zeigt auch deine innere Kriegermentalität und deine Entschlossenheit, Hindernisse zu überwinden.

2. **Feuchter Kellergeruch und Neonlicht**: Diese Umgebung symbolisiert vielleicht eine Phase der Reflexion und des Nachdenkens über vergangene Ereignisse. Die Akustik könnte auf das Nachhallen alter Erinnerungen oder ungelöster Konflikte hinweisen.

Fotografieren und Begegnungen

1. **Fotografieren**: Dies könnte auf deinen Wunsch hinweisen, Momente festzuhalten und zu analysieren. Es könnte auch deine beruflichen oder kreativen Ambitionen widerspiegeln.

2. **Kollege R. und Prahlerei**: Diese Begegnung könnte auf Unsicherheiten oder Konkurrenz in deinem beruflichen Umfeld hinweisen.

Rückkehr zur Realität und Friedrichshain

S-Bahn nach Friedrichshain: Dies symbolisiert eine Rückkehr zu vertrauten Orten und Erinnerungen. Es zeigt auch den Übergang von einer Phase zur nächsten.

Boot und Wasserwanderer

Boot als Symbol des Lebensweges: Das Boot steht für deine Reise durch verschiedene Phasen und Herausforderungen des Lebens. Es repräsentiert auch Freiheit und die Fähigkeit, sich durch die Strömungen des Lebens zu bewegen.

Spaßbad und Badesachen

1. **Spaßbad und Alexanderplatz**: Diese Szene repräsentiert Freude, Entspannung und den Genuss des Lebens. Es symbolisiert auch eine Phase des Glücks und der Harmonie in deiner Beziehung.

2. **Küsse und Freude**: Dies zeigt deine tiefe Verbindung und Zufriedenheit in deiner Beziehung. Es symbolisiert auch das gemeinsame Bewältigen von Herausforderungen und das Feiern des Lebens.

Zusammenfassung

Dein Traum spiegelt viele Aspekte deines Lebens wider, einschließlich deiner inneren Konflikte, Bedürfnisse nach Intimität und Stabilität sowie deiner Fähigkeit, Herausforderungen zu meistern. Die verschiedenen Szenen zeigen deine Reise durch verschiedene Phasen des Lebens, deine Bereitschaft, dich schwierigen Situationen zu stellen und dein Bedürfnis nach einem sicheren, geordneten und gepflegten Leben. Die wiederkehrenden Motive von Kampf, Verteidigung und Pflege von Beziehungen symbolisieren deine Entschlossenheit und deine Fähigkeit, in verschiedenen Aspekten deines Lebens für Ordnung und Klarheit zu sorgen.

66
Spargel-Hof

Mit einem Auto fahre ich erst eine Landstraße entlang, dann durch einen Wald. Trübes Wetter, schlechte Sicht, Nebel. Ich fahre nach Klaistow, Potsdam-Mittelmark. Mein Freund R. fährt in seinem Auto hinter mir, wir haben in Klaistow etwas zu erledigen (was?). R. kennt den Weg nicht, deshalb fahre ich vor (kenne ich den Weg?). Wir kommen in Klaistow an, sprechen kurz mit ein paar Leuten aus dem Dorf, dann fahren wir wieder zurück, ich habe wieder die Führung unseres Mini-Konvois übernommen. Wir gelangen an eine Kreuzung, rechts geht es zurück nach Berlin, links geht es zum Spargelhof. Ich weiß, dass jetzt noch keine Spargelsaison ist, denke aber: wenn ich schon einmal hier bin, schaue ich mir den Spargelhof einmal an (dann weiß ich später Bescheid, wie es hier aussieht, und wie man hierherkommt, vielleicht fahren wir im Mai ja mal mit Rosita und den Jungs hierher). Ich blinke links, hoffe, dass R. mitkommt, und wir im Ort Klaistow in einem Restaurant noch Mittag essen können. R. setzt den Blinker rechts und fährt Richtung Berlin. Schade, denke ich. Ich fahre allein nach Klaistow hinein, meine

Scheibe beschlägt, ich schalte die Lüftung ein, Stufe 2. Nun wird die Sicht besser. Im Ort angekommen, stelle ich das Auto (es ist weiß) ab, schaue auf die weiten Felder, auf denen in langen Reihen demnächst der Spargel unter schwarzen Planen wachsen wird. Ich öffne die Tür des einzigen Restaurants im Dorf, von außen sieht es aus wie ein alter deutsches Gasthof, in dem Familien früher Kaffee kochen konnten. Ich trete ein, eine kleine, hübsche, schlanke Kellnerin mit kurzen blonden Haaren begrüßt mich, plaziert mich an einem der Tische (komisch, denke ich: alle anderen Tische – mit Ausnahme des Tisches an der Tür – sind ja noch frei, warum also werde ich platziert?). Die Blondine setzt sich zu mir und zeigt mir Fotos von sich, wie sie sich nackt auf ihrem heimischen Sofa rekelt. Sie beobachtet mich dabei, wie ich die Fotos beobachte, rutscht dabei immer näher an mich heran, schmiegt sich an mich. Bei einem der Fotos fehlt die Hälfte, jemand hat ein Stück abgeschnitten. Trotzdem kann man noch erkennen, dass das Foto einmal einen Mann gezeigt hat, der neben der Blonden gestanden hat. Ein Teil von ihm ist noch zu sehen. Ich zeige mit dem Finger auf ihn, frage: wer ist der Mann? Die Antwort interessiert mich eigentlich nicht, aber ich frage trotzdem. Augenblicklich rutscht die Blonde von mir weg, sammelt ihre Fotos zusammen, steht auf und geht in die Küche, um mein bestelltes Essen zu holen. Ein Mann steht vom Tisch an der Tür auf, kommt auf mich zu und sagt: der halbe, abgeschnittene Mann auf dem Foto ist ihr Ehemann (er deutet Richtung Küche auf die blonde Kellnerin), der wartet zuhause auf sie. Alles klar, sage ich, danke für die Info, kein Problem und dass ich sowieso keine Ambitionen habe. Ich verlasse den Gasthof, fahre weiter, komme in Friedrichshain an. Ich bin im Treppenhaus des Gebaudes, in welchem unsere ehemalige (Familien-) Wohnung liegt, Pariser Kommune / Ecke Karl-Marx-Allee, Block C-Süd, Ostflügel. *Ich werfe den Ball an die Marmorwand, er prallt ab, kommt auf dem Boden auf, ich fange ihn. Die beige verkachelte Smaragdenstadt, bewacht vom Eisernen Holzfäller, seinen treuen Genossen und den Holzsoldaten, hat mich gefressen. Stalins Bauten sind meine Spielwiese, sie ziehen mich in ihren Bann: mit lebendigen Fahrkörben, flüsternden Loggien, flinken, schlauen Silberfischlein und labyrinthischen römischen Säulenhallen aus schwarzem poliertem Marmor. Ich werfe den Ball an die Wand, er prallt ab, kommt auf dem Boden auf, ich fange ihn.* Ich laufe die steinerne Treppe hinunter, die sich um den Fahrkorb windet, komme unten im Foyer an. Der Platz zwischen Fahrkorb und Haustüre ist vollgestellt mit Hausschuhen und Straßenschuhen, sie stehen teilweise mitten im Weg herum. Fahrräder sind hier abgestellt, stehen ebenfalls mitten im Weg. Man muß Slalom laufen, wenn man zwischen ihnen hindurch will. Das scheint hier niemanden zu stören – eine neue Generation von Mietern, denke ich, und: hier ist ja etwas eingerissen, keine Ordnung, keine Disziplin, wo soll das nur hinführen? Ich fühle mich verantwortlich, räume die Schuhe an die Seite, reihe die Fahrräder nebeneinander auf, dorthin, wo sie niemanden stören. Nun sieht wieder alles schön ordentlich aus. Ich lege hier und dort noch ein paar kleinen Filzteppiche aus, setze mich dann an die Seite des Foyers, öffne ein Fenster, die warme Frühlingssonne scheint herein, sie wärmt schon ein wenig. Das Foyer füllt sich plötzlich mit (jungen) Leuten, es wird immer voller, schließlich sind kaum noch Plätze frei. Neben mir sitzt eine junge Frau mit ihrem Freund, vor mir steht Adam Sandler (ich bin mir sicher, er ist es!). Adam fragt mich, wie es geht (auf deutsch!), ich antworte: gut, alles klar.

Er fragt, was ich jobmäßig grade so mache, ich sage: ich bin Redakteur. Er schaut mich fragend an. Ich erzähle, dass ich Journalist bin und für ein Magazin arbeite. Er hört interessiert zu, präpariert währenddessen den Grill. Ich denke: alle Amis sind gute Grillmeister, alle Amis mögen T-Bone-Steak. Sie haben das einfach drauf; sie zelebrieren das, es ist ihnen sehr wichtig (bin ich Gast in einer Kochshow?). Ich bekomme Appetit, freue mich auf mein Steak.

* * *

Fahrt nach Klaistow

1. **Landstraße, Wald, trübes Wetter, Nebel**: Diese Elemente symbolisieren Unsicherheit und Unklarheit in deinem aktuellen Lebensweg. Nebel steht oft für Ungewissheit und das Bedürfnis nach Klarheit.

2. **Klaistow, Potsdam-Mittelmark**: Ein konkreter Ort, der möglicherweise eine Verbindung zu realen Plänen oder Erinnerungen hat. Klaistow könnte für einen bestimmten Lebensbereich oder eine bevorstehende Aufgabe stehen.

3. **Freund R. hinter dir**: Dies könnte auf eine Verantwortung oder Führungsrolle hinweisen, die du in einer bestimmten Situation übernimmst. Dass du den Weg kennst, könnte auf deine Erfahrung und Sicherheit in bestimmten Lebensbereichen hinweisen.

Kreuzung und Spargelhof

1. **Kreuzung**: Entscheidungen, die getroffen werden müssen. Die Wahl, links zum Spargelhof zu fahren, könnte auf Neugier und das Bedürfnis nach Vorbereitung und Wissenserweiterung hinweisen.

2. **Spargelhof und Restaurant**: Der Wunsch nach Erkundung und Genuss, aber auch nach Sicherheit und Orientierung. Das Restaurant steht für eine Pause und Erholung auf deiner Lebensreise.

Interaktion mit der Kellnerin

Kellnerin und Fotos: Dies könnte deine Sehnsucht nach Nähe und Intimität, aber auch deine Grenzen und moralischen Vorstellungen symbolisieren. Die Fotos und die Antwort auf deine Frage deuten darauf hin, dass du dir der Konsequenzen deines Handelns bewusst bist.

Rückkehr nach Friedrichshain

Treppenhaus und Smaragdenstadt: Diese Szene symbolisiert die Rückkehr zu vertrauten Orten und Erinnerungen. Die Spielwiese aus Stalins Bauten könnte deine Verbundenheit mit der Vergangenheit und deine nostalgischen Gefühle darstellen.

Ordnung im Treppenhaus

1. **Unordnung und Aufräumen**: Dies spiegelt dein Bedürfnis nach Struktur und Ordnung in deinem Leben wider. Es zeigt auch deine Bereitschaft, Verantwortung zu überneh-

men und für ein geordnetes Umfeld zu sorgen.

2. **Schuhe und Fahrräder**: Symbole für verschiedene Lebensbereiche und Verpflichtungen, die du organisieren und in Einklang bringen musst.

Begegnung mit Adam Sandler

1. **Adam Sandler**: Ein berühmter Schauspieler, der möglicherweise für Erfolg, Humor und Leichtigkeit steht. Die Interaktion mit ihm könnte auf deine eigenen beruflichen Ambitionen und die Suche nach Anerkennung hinweisen.

2. **Grill und Kochshow**: Der Grill symbolisiert Gemeinschaft und Genuss. Deine Freude auf das Steak zeigt deine Vorfreude auf Belohnung und Genuss nach harter Arbeit.

Zusammenfassung

Dein Traum spiegelt eine Reise durch verschiedene Lebensbereiche wider, von Unsicherheit und Verantwortung über Neugier und Entdeckungen bis hin zu Ordnung und Gemeinschaft. Die verschiedenen Szenen und Interaktionen zeigen deine inneren Gedanken und Gefühle, die du mit deiner aktuellen Lebenssituation verbindest. Es geht um das Streben nach Klarheit, die Übernahme von Verantwortung und das Finden von Balance zwischen Arbeit und Genuss.

67

Mulack-Ritze

Ich bin mit der S-Bahn unterwegs, fahre raus ins Grüne, nach JWD. Ich steige an einem Bahnhof aus, ich weiß nicht, wo ich bin, aber schön ist es hier, ein paar Häuschen, viel Grün: Bäume, Sträucher, Wiesen, Alleen. Ich laufe, ein warmer Frühlingstag. Der Boden ist erdig, wie glattgespült, hier muss es vor kurzem stark geregnet haben, denke ich, und dass die Wassermassen hier entlanggeströmt und alles fortgespült haben müssen: den Staub der Straße, lose Steine, selbst das wenige Gras auf den Wegen. Der Boden ist noch feucht, ich sehe meine Schuhabdrücke auf dem Weg, klar und deutlich zeichnen sie sich im Matsch ab. Nach einer Weile wird mir bewusst, dass ich kein Ziel habe, dass ich eigentlich auch gar nicht weiß, wo ich bin (nicht, dass es besonders wichtig wäre, aber: habe ich mich verlaufen?). Ich sehe in einem Garten-grundstück Menschen an einem Tisch sitzen, sie feiern und trinken hinter einer halbhohen Hecke. Ich gehe zu ihnen, frage, wo wir uns denn hier befinden würden, wie heißt dieser Ort hier, frage ich. Sie sagen Kaulitz, ich würde mich in Kaulitz befinden. Nie gehört diesen Namen, sage ich, aber schön habt ihr es hier. Ich erkundige mich nach dem Weg zum nächsten Bahnhof, drei der Gartenleute antworten mir spontan: ein älterer Herr (der Vater?), eine jüngere Frau (die Tochter?) und eine ältere Frau (die Mutter?). Alle drei zeigen in verschiedene Richtungen, links, rechts, Mitte. Jeder / jede der Drei ist sich sicher, dass er / sie Recht hat. Sie beginnen zu streiten darüber, welches der korrekte Weg zum Bahnhof sei. O.k., kein Problem, sage ich, ich verabschiede mich, nehme den mittleren Weg. Ich laufe durch eine schöne märkische Landschaft, Kein Mensch ist hier unterwegs außer mir. Ich gelange schließlich zu einer Kleinstadt, es ist abends, gelbe Laternen beleuchten die Straßen und Gassen (bin ich in der Altstadt von Bernau gelandet?). Ein Mann, der sich etwas seltsam gebärdet (er tanzt irgendwie komisch die Straße auf und ab), bietet ein Tablett mit Thüringer Rostbratwürsten an (jetzt sehe ich: er tanzt mit dem Tablett in der Hand, schwingt es herum wie eine Tanzpartnerin beim Walzer). Ich kaufe eine Wurst. Ich weiß es auf einmal ganz sicher: in dieser Stadt gibt es eine U-Bahn. Ich gehe durch zwei, drei schmale Straßen Richtung U-Bahnhof, steige die Treppen hinunter, stehe auf dem Bahnsteig. Es ist ein großer U-Bahnhof, es riecht etwas muffig nach Keller und Urin, kühle Luft strömt an mir vorbei. Hier kreuzen sich verschiedene Linien, die in alle Richtungen fahren, die Bahnlinien verlaufen übereinander, sie sind durch Treppen miteinander verbunden, ich denke: eine ingenieurstechnische Meisterleistung. Nun kenne ich meine Richtung, kenne mein Ziel, warte auf eine ganz bestimmte Bahn. Vom Bahnsteig aus sehe ich an der gegenüberliegenden Wand (hinter dem Gleisbett) eine interessante Alt-Berliner Architektur; durch einen Mauerspalt kann man die Einrichtung einer alten Kneipe sehen (Mulack-Ritze, Mitte, Gipsstraße?). Ich hole meine Kamera heraus, bevor ich sie startklar machen und in Anschlag bringen kann, fährt jedoch schon der Zug ein. Von außen sieht er ganz normal aus, wie eine (neuere) Berliner U-Bahn eben. Ich steige ein – und staune: ich befinde mich in einer Art Motto-U-Bahn, jedes Abteil in diesem Zug ist einem bestimmten Thema gewidmet. Mein Abteil ist im Jugendstil eingerichtet, das Motto lautet Alt-Berlin, mit geschwungenen Lehnen, runden Tischbeinen, ich sehe Blumen- und Frauenmotive, uberall fließen die Linien. Tolle Idee, denke ich. Ich nehme Platz auf einem von insgesamt zwei Sitzen: ein Sessel, heller Stoff auf dunklem Holz, das Sitzmöbel ist äußerst gemütlich, neben mir sitzt der Geschäftsführer der Bahn, er hatte die Idee zu diesem Themenzug. Ständig hat er sein Telefon am Ohr, er klagt jemandem sein Leid darüber, dass er kein Geld verdiene, kein Geld mit seiner Idee verdienen könne, weil ihm die Behörden einen Strich durch die Rechnung machen würden. Der Mann kommt mir bekannt vor, er sieht aus wie ein Regisseur, es ist Detlev Buck (bin ich auf einem Filmdreh? Ist alles nur Kulisse? Bin ich Komparse oder Schauspieler?). Vor den großen Glas-Panoramafenstern zieht die Metropole vorbei, glitzernde Hochhaus-Fassaden, moderne Geschäftshäuser, Brücken, Autobahnen – ein modernes Metropolis. Ich staune über die sehr großen Glasfenster des Zuges, sie werden von Alu-Rahmen gehalten und sind mindestens dreimal so hoch wie eine normale U-Bahn (ich überlege: wie kann diese über-hohe U-Bahn durch die (genormten?) schmalen und flachen U-Bahn-Tunnel passen? Ich lehne mich in meinem Jugendstil-Sessel zurück, strecke meine Beine nach vorn aus, schließe die Augen und falle augenblicklich in einen tiefen Schlaf. Detlev Buck, immer noch neben mir sitzend, immer noch telefonierend, ist mir freundlich gesinnt, behandelt mich wie einen alten Freund. Ich träume: dass ich auf einem weißen Dampfer bin. *Das Flüstern des Windes, das Rauschen der See, ich bin ein Wasserwanderer. Dieses Boot ist mein Boot – ein herrlich leuchtender Salon mit Ledersofa und eine große offene Plicht sind meine Welt; meine Limousine hat eine Vorschiffs-kabine mit einem schönen Doppelbett, ein Klo mit Bulleye auf der Backbordseite und oben ein hölzernes Rad und die Küche an Steuerbord. Ich bin der Steuermann dieses stolzen weißen*

Rumpfes, der kräftige Motor ist mein bester Kamerad: über uns drohen die Häuser einzustürzen, doch wir setzen die Segel und fahren munter das Leben hinunter. Das Boot ist ein Fährschiff, viele Menschen sind an Bord, größtenteils Touristen. Ich bin Teil der Crew, ich bin der Schiffs-Arzt (oder zumindest: einer der Ärzte hier), ich habe einen Arztkoffer aus hellem Plastik (der ist praktisch und flach wie ein schmaler Werkzeugkoffer, denke ich), den habe ich immer mit dabei. Ich sehe in einigen Kabinen nach dem Rechten, behandle ein krankes Kind, führe Arzt-Gespräche. Eine etwas ältere, aber gutaussehende, sehr gepflegte und dezent geschminkte Dame betritt meine Kajüte, sie hat dunkle Haare, dunkle Augen, ist sehr schlank. Sie entkleidet sich, legt sich zu mir ins Bett, sie hat einen erstaunlich jungen Körper.

* * *

S-Bahn-Fahrt und Ankunft in Kaulitz

1. **S-Bahn-Fahrt ins Grüne**: Dies symbolisiert eine Reise ins Unbekannte oder in neue Lebensbereiche, vielleicht ein Bedürfnis nach Ruhe und Natur oder nach einem Neuanfang.

2. **Schönes Frühlingswetter und erdiger Boden**: Diese Elemente stehen für Frische, Wachstum und Erneuerung, aber auch für die Folgen vergangener Ereignisse (Regen).

3. **Verlaufen und die Menschen im Garten**: Dies könnte Unsicherheit über deinen aktuellen Lebensweg darstellen. Die unterschiedlichen Richtungsangaben spiegeln mögli-

cherweise innere Konflikte oder Verwirrung wider.

Weg nach Bernau und der Mann mit den Thüringer Rostbratwürsten

1. **Lauf durch die märkische Landschaft**: Symbolisiert einen Weg, den du allein gehst, möglicherweise eine Suche nach Antworten oder Orientierung.

2. **Kleinstadt bei Abend**: Das Licht der Laternen steht für Erkenntnis und Klarheit, die sich langsam einstellen.

3. **Mann mit den Würsten**: Eine ungewöhnliche Begegnung, die auf Überraschungen und unerwartete Wendungen hinweisen könnte.

U-Bahnhof und interessante Alt-Berliner Architektur

1. **Großer U-Bahnhof und muffiger Geruch**: Dies könnte für verschiedene Wege und Möglichkeiten in deinem Leben stehen, aber auch für vergangene, nicht ganz angenehme Erinnerungen.

2. **Alt-Berliner Kneipe**: Ein Hauch von Nostalgie und Erinnerung an eine vergangene Zeit, vielleicht eine Sehnsucht nach Einfachheit oder Tradition.

Themen-U-Bahn und Detlev Buck

1. **Themen-U-Bahn (Jugendstil / Alt-Berlin)**: Dies steht

für Kreativität und den Wunsch, die Tradition mit der Moderne zu verbinden.

2. **Detlev Buck**: Eine Figur, die möglicherweise für Kreativität, Film und Kunst steht. Deine Verbindung zu ihm könnte auf eine Sehnsucht nach Anerkennung in kreativen oder beruflichen Bereichen hinweisen.

3. **Metropole und moderne Architektur**: Das Nebeneinander von Tradition und Moderne, der Versuch, sich in einer sich schnell verändernden Welt zurechtzufinden.

Traum innerhalb des Traums: Der weiße Dampfer

1. **Weißer Dampfer und die Rolle des Schiffs-Arztes**: Dies könnte für deine Verantwortung und Fürsorge für andere stehen, aber auch für deine eigene Reise und die Herausforderungen, die du dabei meisterst.

2. **Touristen und Crew-Mitglied**: Möglicherweise siehst du dich in verschiedenen Rollen, hast den Wunsch, anderen zu helfen, aber auch selbst Unterstützung und Gemeinschaft zu finden.

3. **Die gutaussehende Dame**: Dies könnte für Sehnsüchte, unerfüllte Wünsche oder eine ideale Vorstellung von Schönheit und Pflege stehen.

Zusammenfassung

Dein Traum spiegelt eine komplexe Reise durch verschiedene Lebensbereiche wider. Er zeigt deine Unsicherheiten und Verwirrungen, aber auch deinen Wunsch nach Klarheit, Ordnung und Verbindung zwischen Tradition und Moderne. Die verschiedenen Szenen und Interaktionen deuten auf eine innere Suche nach Orientierung, Anerkennung und Erfüllung hin. Es geht darum, deinen Weg zu finden, Verantwortung zu übernehmen und deine Kreativität auszudrücken, während du gleichzeitig versuchst, in einer sich ständig verändernden Welt zurechtzukommen.

68
Family-Affairs

Rosita Espinosa, ich fahr mit dir nach Washington, nach Alexandria oder bis ans Ende dieser Welt. Rosita Espinoza, räche meine Freunde, töte meine Feinde, vergib dem Verräter. Rosita Espinosa, du bist sexy, du bist schlau, du bist schnell, deine Klinge ist scharf. Rosita Espinoza, alles, was zählt, ist die Hoffnung, traue nicht dem Alp, trotze dem Fluch, doch: rechne mit dem Tod und schieß uns den Weg frei – auf nach Alexandria. Ich fahre mit meiner schwarzen sexy Rosita durch die Nacht, erst die Stralauer Allee entlang, dann bin ich auf einer Landstraße unterwegs, schließlich auf einem Sandweg, rechts und links Hecken und Sträucher, Grundstücke. Vor mir fährt ein Pkw, ein SUV, es ist ein dunkelblauer, älterer Jeep Cherookee XJ, auf dem Sandweg ist eine breite, lange Pfütze. Das Auto fährt schnell, es fährt in die Pfütze, braunes, schlammiges Wasser spritzt seitlich auf, die Pfütze ist nicht nur lang und breit, sie ist auch tief, sehr tief, metertief, ein Fass ohne Boden, denke ich. Das Auto versinkt, es geht unter. Zum Schluß ragen nur noch die Frontscheibe und die Motorhaube aus dem Wasser. Die Insassen durchstoßen die Frontscheibe und klettern nach vorn aus dem immer weiter versinkenden Geländewagen. Sie schaffen es, aus dem Auto zu klettern, bevor es komplett versinkt. Sie retten sich ans Ufer / an den Pfützenrand, es sind zwei Männer und eine Frau, sie setzen sich, sie triefen vor Nässe, sie schütteln den Kopf, können es nicht fassen. Ich hatte rechtzeitig vor der Pfütze angehalten, weil mir die Sache mit der Pfütze nicht geheuer vorgekommen war (und vor allem: Rosita wäre schmutzig geworden, das wollte ich vermeiden). Gut, dass sie es geschafft haben, denke ich. Ich wende mein Bike, nehme einen anderen Weg. Ich muß zur Kirche, ich habe die Nachricht erhalten, dass mein Opa P. gestorben ist. Er ist in der Kirche aufgebahrt, ich will dort Abschied von ihm nehmen, die gesamte Familie hat sich dort bereits versammelt. Ich parke Rosita sorgfältig auf dem Kirchvorplatz (sauber gepflastert) neben einer schwarzen Limo, öffne die schwere Kirchentür und trete ein. Die Kirche ist durch Kerzenschein schwach erleuchtet, in der Mitte steht der Sarg mit P. Alle stehen um den Sarg herum, es ist feierlich, alle sind schwarz, aber sehr schick angezogen, ich freue mich, dass alle aus der Familie da sind (auch mein Sohn M. ist da mit seiner Freundin J. – aber wo ist meine Tochter L.? – Ich kann sie nirgends sehen). Nach der Zeremonie setzen wir uns zusammen, zuhause (bei wem?), es gibt einen Leichenschmaus. Zuerst sitzen wir draußen im Freien, mehrere Tische sind eingedeckt, es gibt ein großes Buffett mit vielen Süßigkeiten. Meine Mutter (wie jung sie auf einmal ist, staune ich) schenkt mir einen silbernen Armreif – Familienschmuck, sagt sie, und, dass sie mir den schon lange habe geben wollen. Nun, da Paul gegangen sei, sei der richtige Zeitpunkt gekommen. Ich bedanke mich, streife den Schmuck über. Der Reif gibt mir Macht, die gebündelte Kraft aller früherer Generationen, ich kann das Qi des Ringes spüren. Es ist in dem Ring, wie es auch in meinem Obi / Karategürtel ist – pure Energie. Als es dunkel wird, gehen wir hinein, wir ziehen um in eine Wohnung (ich kenne diese Wohnung nicht – ist es die großelterliche Wohnung?). Meine Oma E. ist da, sie sitzt traurig in einer Ecke. Meine Mutter hantiert mit Dingen, spricht mit Frauen, wahrscheinlich meine Großtanten. Das Treffen neigt sich dem Ende zu, ich helfe beim Aufräumen, räume Geschirr zusammen, entsorge Essensreste und Müll. Ich höre aus dem Nebenzimmer, wie mein Vater sagt, dass ich wieder mal Mist fabriziert habe, ich würde nichts hinbekommen, es sei das alte Lied, immer wieder dasselbe, ich würde eben zu nichts taugen. Ich unterbreche meine Arbeit, gehe ins Nachbarzimmer, stelle meinen Vater zur Rede. Auch er ist, wie meine Mutter, auf einmal erstaunlich jung. Und er macht einen durchaus kräftigen, trainierten Eindruck. Ich lasse das Gesagte nicht auf mir sitzen, es kommt zum Wortgefecht, es kommt zu Handgreiflichkeiten. Mein Vater will mich schlagen, ich versuche, seine Arme zu fixieren, um ihn ruhig zu stellen und die Angriffe abzuwehren. Aber er geht aufs Ganze, mit vollem Körpereinsatz. Das muss doch jetzt nicht sein, denke ich. Ich versuche weiterhin, die Attacken abzuwehren, will ihm aber nicht wehtun. Er holt aus, ein Schwinger mit der Rechten, ich weiß, dass ich genug Zeit habe, um dem Schlag in Ruhe auszuweichen, ich führe seine Bewegung weiter, drücke ihn Richtung Wand. Mein Vater ist kurz etwas benommen, er geht zu Boden, ich nutze die Situation, um ihn möglichst schmerzfrei festzulegen. Ich habe einen Armhebel angesetzt, er kann sich nicht mehr bewegen. Ich will ihm nicht wehtun, will ihn nur zur Rede stellen, aber er schweigt. Das wird mir hier alles zu blöd, denke ich, eine unwürdige Situation. Wie hat es nur dazu kommen können? Ich mache mir Vorwürfe. Ich verlasse den Raum, besteige Rosita Espinoza, ich fahre raus aus der Stadt, ich verlasse das Land, nur weg hier, denke ich. Meine Mutter schaut mir nach, sie hat ein schickes weinrotes Cocktailkleid an, und sie war beim Friseur, ihre braunen Haare sind nach oben gesteckt, das steht ihr. Sie blickt traurig, sie schweigt. Ich schaue nicht zurück.

* * *

Rosita Espinosa und die Reise

1. **Rosita Espinosa**: Diese Figur scheint für dich ein Symbol für Stärke, Entschlossenheit und Schutz zu sein. Sie repräsentiert möglicherweise eine Seite von dir, die mutig und kampfbereit ist, um für das zu kämpfen, was dir wichtig ist.

2. **Reise durch die Nacht**: Dies deutet auf eine Phase in deinem Leben hin, in der du durch Unsicherheit oder Herausforderungen navigierst. Es könnte eine Reise der Selbstentdeckung oder der Überwindung von Schwierigkeiten symbolisieren.

Die Pfütze und der versinkende Jeep

Jeep und die Pfütze: Dies könnte eine Warnung vor möglichen Gefahren oder unerwarteten Hindernissen in deinem Leben sein. Dein Anhalten vor der Pfütze zeigt, dass du vorsichtig und vorausschauend bist und Risiken erkennst, bevor sie dich betreffen.

Kirche und Abschied von Opa P.

1. **Kirche und Trauerfeier**: Der Tod deines Opas symbolisiert möglicherweise das Ende eines Kapitels oder den Verlust eines wichtigen Teils deines Lebens. Die Anwesenheit deiner Familie deutet darauf hin, dass du Unterstützung und Gemeinschaft in schwierigen Zeiten suchst.

2. **Fehlen deiner Tochter**: Dies könnte ein Gefühl des Verlusts oder der Unvollständigkeit innerhalb der Familie darstellen.

Leichenschmaus und Familienschmuck

1. **Leichenschmaus**: Dies symbolisiert die Verarbeitung von Verlust und Trauer in einem familiären Kontext. Es könnte auch darauf hinweisen, dass du Trost und Verbundenheit in der Gemeinschaft findest.

2. **Silberner Armreif**: Dieser symbolisiert Familientraditionen und das Erbe. Es könnte auch auf die Verantwortung hinweisen, die mit dem Erhalt von Familientraditionen einhergeht.

Konflikt mit dem Vater

1. **Junger Vater**: Dies könnte ungelöste Konflikte aus der Vergangenheit symbolisieren oder die Art und Weise, wie du

deine Beziehung zu deinem Vater siehst. Der Konflikt könnte darauf hindeuten, dass es noch offene Themen zwischen euch gibt.

2. **Handgreiflichkeiten**: Der Kampf symbolisiert den inneren Konflikt und das Bedürfnis, sich zu behaupten. Es zeigt den Kampf um Anerkennung und das Bedürfnis, sich zu beweisen.

Verlassen der Stadt und das traurige Schweigen der Mutter

1. **Verlassen der Stadt**: Dies symbolisiert möglicherweise den Wunsch, einen neuen Weg einzuschlagen und alte Konflikte hinter sich zu lassen. Es könnte auch darauf hinweisen, dass du dich von deiner Familie distanzierst, um deine eigene Identität zu finden.

2. **Trauriger Blick der Mutter**: Dies könnte auf das Gefühl hinweisen, dass Entscheidungen auch Verluste oder Trennungen mit sich bringen, selbst wenn sie notwendig sind. Es könnte auch das Bedauern über ungelöste familiäre Angelegenheiten darstellen.

Zusammenfassung

Dein Traum spiegelt eine Reise durch verschiedene emotionale und symbolische Landschaften wider. Er zeigt deinen Umgang mit familiären Beziehungen, die Verarbeitung von Verlust und Trauer sowie den inneren Konflikt und das Bedürfnis nach Unabhängigkeit und Selbstbestimmung. Die wiederkehrenden Symbole der Stärke und Hoffnung, verkörpert durch Rosita Espinosa, weisen darauf hin, dass du dir selbst vertraust und den Weg vor dir siehst, auch wenn er manchmal schwierig und ungewiss ist.

69
Party-Wagen

Meine Freunde und ich fahren auf einem Partywagen eine Straße entlang (Touristenmetropole, volle Straßen, Geschäfte, Nippesläden). Der Partywagen läuft auf Schienen, es ist wie bei einer Achterbahn, nur dass die Gondel etwas größer ist, einen Tisch in der Mitte und Stühle drumherum hat. Die Gleise sind schmal, eine Schmalspurbahn, denke ich. Wir trinken Bier, irgendwo in der Gondel muss ein Faß eingebaut sein. Wir haben unsere Gläser in der Hand, prosten uns zu, stoßen an, trinken, feiern. Die Gondel rollt / fährt nun einen Abhang hinunter, die Gondel nimmt Fahrt auf. Ich schaue nach vorn, sehe, dass links und rechts der Gleise Kneipen, Cafés und Biergärten geöffnet haben, sie reichen bis dicht an die Gleise heran. Weil die Cafés und Gaststätten voller Menschen sind, haben sich einige der Gäste auf die Schienen gestellt. Sie stehen mit einem Getränk in der Hand mitten im Gleisbett, lehnen sich auf einen (niedrigen) Maschendraht- / Metallzaun, der eigentlich die Gäste vom Betreten der Gleise abhalten soll, sie sind in Gespräche mit den übrigen Restaurantbesuchern vertieft, die an den Tischen sitzen. Es ist warm, die Menschen sind sommerlich gekleidet. Wir nehmen immer mehr Fahrt auf, werden schneller und schneller, wir rasen auf die auf den Schienen stehenden Restaurantgäste zu. Unsere Partygemeinschaft (Männer, Frauen – alles Bekannte) bemerkt nicht, welche Gefahr droht. Ich rufe dem Steuermann zu, er möge abbremsen, sonst gebe es ein Unglück. Der Steuermann / Gondel-Lenker hört mich nicht (gibt es überhaupt einen? Wenn ja, wer ist es?). Ich weiß: wir müssen handeln, jetzt. Vollbremsung! Aber ich weiß nicht, wie die Gondel gelenkt wird, wo sich die Bremse befindet, und wie man sie betätigt (gibt es überhaupt eine Bremse an Bord?). Die anderen Gondelgäste lachen, kreischen vor Freude. Sie sind sich der Gefahr nicht bewusst. Dann der Aufprall. Menschen fliegen durch die Luft, Bier spritzt, ein großes Tohuwabohu, Geschrei. Als die Gondel endlich zum Stehen kommt, laufen Menschen (grimmig dreinblickende Männer) auf uns zu. Sie sind wütend, wollen uns zur Rechenschaft ziehen. Sie sind zu allem bereit. Ich wurde aus dem Wagen geschleudert, liege / sitze an der Seite des Geschehens am Rand eines sandigen Weges. Ich bemerke, dass ich unverletzt bin, freue mich. Blöd gelaufen, denke ich, aber man kann uns nichts vorwerfen. Die Leute standen dort, wo sie nicht hätten stehen dürfen. Und schließlich hatte unser Wagen ja auch keine Bremse. Ich stehe auf, schlüpfe unerkannt durch die Menge, verlasse den Unfallort. Ich laufe bis zur nächsten Häuserecke, schaue mich kurz um – niemand hat mein Verschwinden bemerkt. Ich gehe weiter, langsamer jetzt. Plötzlich höre ich Schritte hinter mir. Also doch!, denke ich, sie suchen mich bereits, haben sich auf meine Fährte gesetzt. Ab sofort gilt: sie oder ich. Leben oder sterben. Ich will leben. Was also tun? Ich könnte einfach weiterlaufen oder mich in einen der Hauseingänge drücken: doch dort werden sie mich wohl zuerst suchen, denke ich. Ich entdecke einen Verkaufswagen, der mitten auf der Straße steht, hier verkauft jemand

Süßigkeiten. Ich nehme Anlauf, schwinge mich elegant über den Tresen und verstecke mich dahinter. Ich bin ganz still, bedeute dem Verkäufer, sich unauffällig zu verhalten, er solle so zu tun, als sei ich nicht da. Ich mache mit meiner flachen Hand eine Bewegung von links nach rechts quer über meinen Hals, der Verkäufer nickt, er hat verstanden. Kurze Zeit später sind meine Verfolger da. Sie fragen den Süßigkeiten-Verkäufer aus. Er schweigt eisern, sagt, er habe mich nicht gesehen, er wisse auch nicht, wo ich sei, er kenne mich nicht, er fragt, worum es eigentlich gehe. Er macht seine Sache gut. Doch die Verfolger bleiben hartnäckig, sie suchen weiter. Ich werde mich nicht kampflos ergeben, so viel steht fest, ich bin bereit. *So I choose my own path, no friends, no joy, no love / Just a number two headband, and the man above / So the moves I create is my own unique vision / Strike my subconscious mind, individual essence / The most masterful opponent, will fall victim to my weapon / The most masterful opponent, will fall victim to my weapon / I'm not immortal, real aggressive, attitude is rude / I got a knack for killin and I refuse to lose.* Als die Verfolger weg sind, bedanke mich bei meinem Retter. Eine Frau tritt an den Wagen heran, wir plaudern etwas, sie ist sehr sympathisch. Ich lege mich auf eine in dem Verkaufs-Wagen stehende Couch (innen sieht es jetzt aus wie in einem gemütlichen Wohnzimmer, ich wundere mich, wie viel Platz in so einem kleinen Wagen ist), ein kleiner Power-Nap – was für ein aufregender Tag! Ich habe Glück gehabt, das weiß ich, nun darf ich nicht nachlässig werden, ich weiß: der Kampf hat gerade erst begonnen. Es ist inzwischen Abend geworden, der Verkäufer und die Frau räumen auf, schließen den Wagen ab. Wir haben uns angefreundet, sie laden mich ein, sie zu begleiten. Der Typ ist cool drauf, ich verstehe mich gut mit ihm, kann mich gut mit ihm unterhalten. Die Frau ist jung, hübsch, blond. Sie lacht mich an. Die beiden sind kein Paar (so scheint es jedenfalls, vielleicht ist sie seine Schwester?). Er holt sein Auto, ein amerikanischer Straßenkreuzer aus den Sechzigern, sehr gepflegt, ein Cabrio, hellbraun metallic, viel Chrom und beiges Leder. Er sitzt am Steuer, ich mache es mir im Fond gemütlich, wir warten auf die junge Frau. Sie kommt, setzt sich zu mir, schmiegt sich an mich, der Mann gibt Gas, wir fahren los – hinein in die dunkle, vielversprechende Nacht.

* * *

Dieser Traum ist reich an lebendigen Bildern und Emotionen. Hier sind einige mögliche Deutungen der einzelnen Elemente:

Partywagen und die Abfahrt

1. **Partywagen**: Symbolisiert möglicherweise den Wunsch nach Spaß, Geselligkeit und Ausgelassenheit. Es könnte auch für einen unbeschwerten Lebensstil oder eine Phase stehen, in der das Feiern im Vordergrund steht.

2. **Schienen und Gondel**: Die Tatsache, dass der Partywagen auf Schienen fährt, könnte auf ein Gefühl der Vorbestimmung oder eines festen Weges hinweisen, auf dem du dich befindest. Die Schmalspurbahn könnte auf begrenzte Möglichkeiten oder eine enge Spur deuten, der du folgst.

3. **Abfahrt und Geschwindigkeit**: Das zunehmende

Tempo kann auf eine Situation hinweisen, die außer Kontrolle gerät, oder auf das Gefühl, dass die Ereignisse schneller voranschreiten, als du sie handhaben kannst.

Gefahr und Kollision

1. **Gäste auf den Gleisen**: Dies könnte darauf hinweisen, dass es in deinem Umfeld Menschen gibt, die nicht auf die Gefahren achten, oder dass du dich in einer Situation befindest, in der du potentiell Schaden anrichten könntest.

2. **Kollision**: Symbolisiert möglicherweise einen bevorstehenden Konflikt oder eine Katastrophe, die du kommen siehst, aber nicht verhindern kannst.

3. **Reaktionen der Partygäste**: Die unbeschwerte Reaktion der anderen auf deine Warnung könnte auf ein Gefühl der Isolation oder des Alleinseins in deiner Wahrnehmung von Gefahr hinweisen.

Flucht und Verfolgung

1. **Flucht**: Dein instinktives Bedürfnis, der Verantwortung oder den Konsequenzen zu entkommen, könnte widerspiegeln, wie du in der Realität mit Problemen oder Herausforderungen umgehst.

2. **Verfolger**: Symbolisieren möglicherweise Schuldgefühle, Ängste oder tatsächliche Personen, von denen du dich bedroht fühlst.

3. **Verstecken**: Das Verstecken hinter dem Verkaufswagen und die Unterstützung des Verkäufers könnten auf den Wunsch nach Schutz und Verbündeten hinweisen, die dir helfen, dich vor Bedrohungen zu schützen.

Ruhe und neue Bekanntschaften

1. **Couch im Verkaufswagen**: Ein Rückzugsort oder ein Ort der Sicherheit und Entspannung. Dies könnte deinen Wunsch nach einem sicheren Ort widerspiegeln, an dem du dich ausruhen und regenerieren kannst.

2. **Neue Bekanntschaften**: Die neuen Leute, die du triffst, könnten auf neue Möglichkeiten, Beziehungen oder Unterstützungen hinweisen, die in deinem Leben auftauchen.

3. **Auto und nächtliche Fahrt**: Symbolisieren Freiheit, Abenteuerlust und die Möglichkeit, neue Wege zu erkunden. Die junge Frau, die sich an dich schmiegt, könnte auf eine neue romantische oder bedeutungsvolle Beziehung hinweisen.

Gesamte Deutung

Dein Traum scheint eine Mischung aus Flucht vor Verantwortung oder Konsequenzen, der Suche nach Schutz und Unterstützung und dem Wunsch nach neuen Abenteuern und Beziehungen zu sein. Es zeigt, dass du dich möglicherweise in einer Situation fühlst, die außer Kontrolle gerät, und dass du nach Wegen suchst, um sicher und beschützt zu bleiben.

Gleichzeitig gibt es Anzeichen dafür, dass du neue Möglichkeiten und Beziehungen in Betracht ziehst, die dir helfen
könnten, deine aktuellen Herausforderungen zu bewältigen.

70
Polizei-Kontrolle

*Rosita Espinosa, ich fahr mit dir nach Washington, nach Ale-
xandria oder bis ans Ende dieser Welt. Rosita Espinoza, räche
meine Freunde, töte meine Feinde, vergib dem Verräter. Rosita Espinosa, du bist sexy, du bist schlau, du bist schnell, deine Klinge ist scharf. Rosita Espinoza, alles, was zählt, ist die
Hoffnung, traue nicht dem Alp, trotze dem Fluch, doch: rechne
mit dem Tod und schieß uns den Weg frei – auf nach Alexandria.* Ich fahre mit meinem Bike durch die laue Sommernacht,
komme auf einer Landstraße in einen kleinen Stau. Vor mir
ein Polizeiauto, ein Motorradfahrer wird kontrolliert, volles
Programm: Führerschein, Fahrzeugpapiere, die Polizisten
überprüfen gewissenhaft, ob alle Anbauteile den EU-Nor-
men entsprechen und eingetragen sind. Die Beamten sind
beschäftigt, haben nur Augen für den anderen Kradfahrer.
Ich nutze die Gelegenheit, gebe Gas und donnere an den
Beamten vorbei, keine Chance für Sie, mir zu folgen, es ist
zu eng für ihr Auto, auch wenn es Blaulicht und eine Sirene
hat. Glück gehabt, denke ich. Ich weiß: Rosita ist laut, zu laut
für die deutschen Normen, sie ist ein US-Import mit „offenen Tüten", das ist eigentlich nicht erlaubt. Ich fahre weiter,
bin frohgelaunt. Ich erreiche die Turnhalle, ziehe meinen Gi
über, stehe in der Halle mit meinen Trainingskumpels – wir
machen uns warm. Gleich kommt der Meister / der Sensei, er

gibt heute in Berlin ein Seminar, und wir dürfen dabei sein. Es ist eine große Ehre. Ich bin voller Vorfreude. Ich leite unsere Gruppe an beim Warmmachen. Dann laufe ich mit einigen Freunden einen Berg hoch, es ist kein richtiger Berg, mehr ein Hügel, aber er enthält steile Passagen, die vereist sind und rutschig – es ist Winter. Mein Freund J. ist dabei (lange nicht gesehen!) und zwei Frauen, die ich nicht kenne. Wir wandern den Berg hoch, helfen uns gegenseitig bei schwierigen Passagen, haben es schließlich geschafft. Wir freuen und umarmen uns. Oben auf dem Gipfel empfängt uns eine italienische, sonnenbeschienene Kleinstadt. Ich bin jetzt wieder allein, räume den Nachlass meines Freundes P. in den Kofferraum meiner Limousine (jedenfalls das, was von mir noch so bei ihm rumlag: Bücher, alter Kram) Ich weiß, mein Freund P. war plötzlich verstorben, besser gesagt: er wurde um die Ecke gebracht – von der Mafia, keine schöne Geschichte). Ich drücke die Kofferraumklappe meines alten Daimlers zu (ein weißer 123er, 240er Diesel), steige ein, fahre los. Mein Ziel: unser kleines Familien-Grundstück. Ich will den ganzen Kram dort verstauen und erst einmal für eine Weile in dem Haus untertauchen, sicher ist sicher. *Schulzendorf, Brandenburg, Täterätä, tausend Kinderschritte vom Bahnhof entfernt, das weiße Gartenhaus ist aus Stein, es ist meine, unsere Festung, die Familie – ein Clan. Vier schlanke, weiße Birken tanzen im warmen Sommerwind, in jeder Ecke des Grundes steht eine, sie wachen über unser Hollywoodschaukel-Glück.*

* * *

Rosita Espinosa und das Bike

350

1. **Rosita Espinosa**: Diese Figur steht symbolisch für Stärke, Entschlossenheit und Schutz. Sie repräsentiert möglicherweise einen Aspekt deiner Persönlichkeit oder jemanden in deinem Leben, auf den du dich verlassen kannst.

2. **Das Bike**: Symbol für Freiheit, Abenteuer und Unabhängigkeit. Es zeigt deinen Wunsch nach Kontrolle über dein Leben und deine Entscheidungen.

Flucht vor der Polizei

1. **Polizeikontrolle**: Dies könnte auf ein Gefühl der Überwachung oder Beurteilung in deinem Leben hinweisen. Möglicherweise fühlst du dich von Regeln oder Autoritäten eingeschränkt.

2. **Flucht vor der Polizei**: Deine Flucht symbolisiert das Bedürfnis, dich von diesen Einschränkungen zu befreien und deinen eigenen Weg zu gehen, ungeachtet der Konsequenzen.

Turnhalle und Kampfkunst

1. **Turnhalle und Gi**: Dies steht für Disziplin, Selbstkontrolle und körperliche sowie geistige Stärke. Es könnte auch deinen Wunsch nach Weiterentwicklung und Verbesserung in einem bestimmten Bereich deines Lebens widerspiegeln.

2. **Der Meister / Sensei**: Eine wichtige Figur, die Wissen und Weisheit symbolisiert. Deine Vorfreude und Ehre, am Seminar teilzunehmen, zeigt deinen Respekt vor Wissen und

den Wunsch, von erfahrenen Personen zu lernen.

Bergwanderung

1. **Berg und vereiste Passagen**: Der Berg symbolisiert Herausforderungen und Hindernisse in deinem Leben. Die vereisten Passagen weisen darauf hin, dass einige dieser Hindernisse besonders schwierig und gefährlich sind.

2. **Gemeinsames Erreichen des Gipfels**: Dies zeigt, dass du Unterstützung und Teamarbeit schätzt, und dass du stolz auf die gemeinsam erreichten Erfolge bist.

Italienische Kleinstadt und der Nachlass von P.

1. **Italienische Kleinstadt**: Symbol für Ruhe, Schönheit und Lebensfreude. Es könnte eine Sehnsucht nach einem einfacheren, sonnigeren Leben darstellen.

2. **Nachlass von P.**: Der Nachlass steht für alte Erinnerungen, vergangene Beziehungen und möglicherweise ungelöste Angelegenheiten. Das Verladen dieser Dinge in deinen Kofferraum zeigt, dass du bereit bist, dich mit deiner Vergangenheit auseinanderzusetzen und sie mitzunehmen, um sie zu einem neuen Ort zu bringen.

Familiengrundstück in Schulzendorf

1. **Schulzendorf**: Ein sicherer Ort, eine Festung, ein Rückzugsort. Es steht für Sicherheit, Familie und Stabilität.

2. **Vier weiße Birken**: Diese könnten die vier Eckpfeiler deines Lebens oder wichtige Aspekte deines Lebens darstellen, die dich stabilisieren und beschützen.

3. **Hollywoodschaukel-Glück**: Symbol für Frieden, Ruhe und einfache Freuden. Es zeigt, dass du nach einem Ort suchst, an dem du glücklich und ungestört sein kannst.

Gesamte Deutung

Dein Traum scheint ein Spiegel deiner aktuellen Lebenssituation zu sein, in der du zwischen Freiheit und Verantwortung, Abenteuerlust und der Suche nach Stabilität hin- und hergerissen bist. Du hast das Bedürfnis, dich von den Einschränkungen des Alltags zu befreien und deinen eigenen Weg zu finden. Gleichzeitig schätzt du die Bedeutung von Familie, Gemeinschaft und Sicherheit in deinem Leben. Die Herausforderungen, denen du gegenüberstehst, meisterst du mit Unterstützung von Freunden und deiner eigenen inneren Stärke. Der Traum ermutigt dich, deinen Weg weiterzugehen, deine Vergangenheit anzunehmen und deinen sicheren Ort zu finden, an dem du glücklich und erfüllt leben kannst.

71
Carrera-Bahn

Mein Bekannter L. zeigt mir / uns (meine Frau M. ist an meiner Seite) seine alte Wohnung, er hat sie aufgegeben, eine Dreiraumwohnung, Berlin-Friedrichshain, Straße der Pariser Kommune. *Die beige verkachelte Smaragdenstadt, bewacht vom Eisernen Holzfäller, seinen treuen Genossen und den Holzsoldaten. Stalins Bauten sind meine Spielwiese, sie ziehen mich in ihren Bann: mit lebendigen Fahrkörben, flüsternden Loggien, flinken, schlauen Silberfischlein und labyrinthischen römischen Säulenhallen aus schwarzem poliertem Marmor. Ich werfe den Ball an die Wand, er prallt ab, kommt auf dem Boden auf, ich fange ihn.* Wir stehen im Wohnzimmer, es ist eine Dachwohnung. Das Zimmer ist ziemlich groß, zwei Fenster, ein schöner Raum. Da könnte man etwas draus machen, denke ich, hier könnte man gut leben. Ich schimpfe mit ihm, weil er uns nicht rechtzeitig Bescheid gegeben hat, dass er seine Wohnung aufgeben möchte, vielleicht hätten wir ja Interesse gehabt? Nun ist sie weg. Kein Problem, wir haben ja eine schöne Wohnung, denke ich. Wir sind L. nicht böse. Wir gehen, besuchen ein Seminar gleich um die Ecke (ist es eine Uni? Eine Schule hier in Friedrichshain?). Eine ältere Professorin doziert zum Thema Kalkulation, sie hat einen weißen Kittel an und eine Brille mit einem silbernen Rahmen auf. Ich höre mir das als Gast an, meine Frau M. ist Studentin, sie ist die Assistentin der Dozentin, hilft ihr beim Over Head-Projektor. Dann ist Pause, wir schlendern die Straße entlang, High noon, die warme Sommersonne steht im Zenit, Schlagschatten. Wir machen an einer Werkstatt halt, sie sieht aus wie eine Autowerkstatt, denke ich (ist es die Werkstatt von M.?) Meine Frau M. kennt die Chefin, wir klingeln, sie kommt heraus, M. sagt, sie würde gern eine Ausbildung als Kalkulatorin machen, sie wolle nochmal von vorn anfangen, sie sei sich sicher. Ihr Mann / der Chef kommt heraus (es ist nicht M.); er ist freundlich, sagt, sie wollten eh grade Schluss machen für heute, sein Sohn habe Herzklopfen (er sagte. Herzklopfen – meint er vielleicht Herzrasen oder Vor-

hofflimmern oder Herzrhythmus-Störungen? – denke ich),
ich kenne den Sohn vom Filmset, wir haben schon zusam-
men gedreht (wo? Welcher Film?), wir sprechen über Filme,
Schauspieler, Regisseure und unsere letzten Rollen, der Vater
(Werkstattchef) ist beruhigt, als ich ihm versichere, dass diese
Tätigkeit ungefährlich sei für seinen Sohn. Plötzlich ist mein
Sohn M. bei mir, ich bin zusammen mit ihm in einer Art
Loftwohnung (wo ist meine Tochter L.?), weit oben in einem
Hochhaus, wir besteigen ein (sportliches) Auto, er ist der
Beifahrer, hat Unterlagen auf dem Schoß, ein Tor öffnet sich
vor uns, wir geben Vollgas – und schießen förmlich aus dem
Haus heraus. Kurz fliegen wir wie ein Geschoss nach vorn
durch die Luft, weit unten sehen wir die Stadt mit Miniatur-
Straßen, -häusern, -autos und Menschen. Dann packt uns die
Schwerkraft und zieht uns mit aller Macht nach unten. Wir
befinden uns im freien Fall, die Front des Autos neigt sich
beim Fallen langsam nach vorn (klar, da ist der schwere V8
drin, denke ich), wir rasen irre schnell auf die Erde zu, auf
den Platz vor dem Haus. Es ist wohl nur noch eine Frage von
Sekunden, denke ich, bevor wir unten aufschlagen werden.
Wie wird sich das wohl anfühlen?, frage ich mich. Ich bin gespannt, nicht ängstlich, eher neugierig. Plötzlich klappt von
der Häuserwand, an der wir entlangfallen, ein langes, schmales Stück Straße ab, der untere Teil bewegt sich nach vorn, der
hintere, obere Teil ist wie mit einem Scharnier an dem Haus
befestigt. Die Räder unseres Autos haben nun Kontakt mit
der Klapp-Straße, wir rollen sie in einem sanften, geschwungenen Bogen entlang, bis wir uns wieder in der Horizontale
unten am Fuße des Hauses / der Stadt befinden. Wie bei einer Carrera-Bahn, denke ich, mit Loopings,cool. M. und ich
freuen uns, haben Spaß. Wir fahren nun ein Stück durch die

Stadt, es ist nicht viel Verkehr, wir sind in Mexiko, fahren auf einen Bahnübergang zu. Der Bahnübergang ist beschrankt, die Schranken stehen oben – freie Fahrt. Wir nähern uns dem Bahnübergang trotzdem vorsichtig, halten vor den Gleisen, schauen nach links und nach rechts. Plötzlich donnern von beiden Seiten gleichzeitig schwere Güterzüge heran. Ich sage: gut, dass wir gewartet haben. M. nickt zustimmend; wir sind in Mexiko sagt er, da muss man aufpassen. Als die Züge durch sind und das Donnern der schweren Radscheiben in der Ferne verhallt, gebe ich Gas, der V8 blubbert tief und böse, wir sind ein gutes Team, wir verstehen uns. Wir fahren langsam weiter.

* * *

Wohnung von L. und die Kalkulation

1. **Wohnung von L.**: Die Wohnung könnte eine verpasste Chance symbolisieren, die du jedoch nicht bereust, da du mit deiner aktuellen Situation zufrieden bist.

2. **Kalkulation und Professorin**: Stehen für den Wunsch nach Bildung und Wissen. Deine Frau als Assistentin zeigt, dass du Unterstützung und Zusammenarbeit schätzt.

Werkstatt und Ausbildung

1. **Werkstatt**: Könnte für praktische Fähigkeiten und handwerkliches Geschick stehen.

2. * *Ausbildung als Kalkulatorin**: Zeigt den Wunsch nach

beruflicher Veränderung oder Weiterentwicklung.

Auto und die Loftwohnung

1. **Sportliches Auto und Loftwohnung**: Stehen für Freiheit, Abenteuer und Unabhängigkeit. Die Fahrt symbolisiert die Reise des Lebens mit Höhen und Tiefen.

2. **Freier Fall und Carrera-Bahn**: Der freie Fall könnte Ängste oder Unsicherheiten im Leben darstellen, während die Carrera-Bahn symbolisiert, dass du trotz Schwierigkeiten immer wieder auf die Beine kommst und deinen Weg findest.

Mexiko und der Bahnübergang

1. **Mexiko**: Könnte für das Unbekannte und Abenteuerliche stehen. Es repräsentiert möglicherweise eine neue Phase oder einen neuen Abschnitt in deinem Leben.

2. **Bahnübergang und Züge**: Stehen für Hindernisse und Herausforderungen, die du vorsichtig angehst und meisterst.

Gesamte Deutung

Dein Traum scheint ein Spiegel deiner aktuellen Lebenssituation zu sein, in der du zwischen Freiheit und Verantwortung, Abenteuerlust und der Suche nach Stabilität hin- und hergerissen bist. Du hast das Bedürfnis, dich von den Einschränkungen des Alltags zu befreien und deinen eigenen Weg zu finden. Gleichzeitig schätzt du die Bedeutung von Familie, Gemeinschaft und Sicherheit in deinem Leben. Die Heraus-

forderungen, denen du gegenüberstehst, meisterst du mit
Unterstützung von Freunden und deiner eigenen inneren
Stärke. Der Traum ermutigt dich, deinen Weg weiterzuge-
hen, deine Vergangenheit anzunehmen und deinen sicheren
Ort zu finden, an dem du glücklich und erfüllt leben kannst.

72
Frau über Bord

Ich laufe einen Strand in Belize entlang, ich will zu einer
Strandbar. Der Strand ist weiß, es dämmert bereits, Palmen
und Büsche verdecken die dicht ans Wasser gebauten Vil-
len. Vor einem der Häuser streunen Hunde herum, sie haben schwere, mit Nieten bestückte Halsbänder um, es sind
Kampfhund-Mischlinge. Ich trage meine Tochter L. auf meinen Armen, sie ist ein kleines Mädchen. Einer der Hunde
läuft auf uns zu, schnappt nach L., erwischt sie fast an der
Wade. Ich trage sie weiter, es ist nicht schlimm, sie hat nur
einen Schreck bekommen, wir laufen weiter den Strand entlang. Ich erzähle einem Bekannten von dem Vorfall, er vergiftet daraufhin die Hunde. Die Hunde haben Schaum vor dem
Maul, wanken, und fallen dann einfach um. Der Eigentümer
der Hunde erfährt davon, es ist John McAfee. Ich weiß: McA-
fee und seine bewaffnete Guerilla wird nun Jagd auf mich machen. Klar, sie müssen davon ausgehen, dass ich es gewesen
war, der ihre Hunde vergiftet hat, denke ich. Ich muss davon
ausgehen, dass mich McAfees Killer jederzeit aufstöbern und
angreifen werden. O.k., denke ich, dann soll es so sein, sollen
sie nur kommen. *The swiftness of my sword is an understatement of my art of war / A pleasure without conscience, feeds*

me, to want more / Principles of karma, death before dishon-
or /Shadows my eyesight procedes me to fight harder / For the
number one headband, stand alone as one man / Afro Samurai
can be defeated by no clan / A warrior of the street through my
travels of land / In any shape form or fashion, kill the streets
dramatic fashion / Become unpredictable when I strike there's
no missin you / My aim is too precise, move forward and real
pivotal / Take sips of lemonade, take lives with my blade / Re-
venge my father's death ,til I reach my final days / Kill kill kill,
Afro Samurai. Ich tauche in Thailand unter, in einem Ferien-
resort. Hier kennt mich niemand, hier werden mich McAfees
Leute nicht vermuten. Ich tarne mich als normaler Touri. Ich
habe ein Hawaii-Hemd-an, Shorts, ich trage eine Cap. Niemand kennt mich hier. Auf dem Programm steht heute ein
Tagesausflug auf einer traditionellen Segel-Dhoni. Ich habe
einen Platz gebucht, besteige zur vereinbarten Zeit das Boot,
wir legen ab, herrlich, denke ich. *Das Flüstern des Windes,*
das Rauschen der See, ich bin ein Wasserwanderer. Dieses Boot
ist mein Boot – ein herrlich leuchtender Salon mit Ledersofa
und eine große offene Plicht sind meine Welt; meine Limousine
hat eine Vorschiffskabine mit einem schönen Doppelbett, ein
Klo mit Bulleye auf der Backbordseite und oben ein hölzernes
Rad und die Küche an Steuerbord. Ich bin der Steuermann die-
ses stolzen weißen Rumpfes, der kräftige Motor ist mein bes-
ter Kamerad: über uns drohen die Häuser einzustürzen, doch
wir setzen die Segel und fahren munter das Leben hinunter.
Das Boot ist ein selbstgebautes, traditionelles Segelboot, ein
altes Holzboot, zusammengefügt aus Teakholz und Mahago-
ni, es ist groß. Das Boot ist offen, es hat keine Kajüten, kein
Unterdeck, alle Gäste und die Crew befinden sich auf einer
Decks-Ebene. Einige der Mitfahrenden kenne ich (woher?),

wir unterhalten uns. Nun werden die Segel gesetzt, und sofort pflügt das Boot in herrlicher Rauschefahrt durch das bräunliche Wasser der thailändischen See. Zwölf Knoten! ruft der Skipper, zwölf Knoten!, wiederhole ich ungläubig. Ich freue mich, das Schiff segelt schnell, wer hätte das gedacht bei so einer alten Kiste! Ich genieße den Ausflug, mache es mir auf der Luvkante des Decks bequem (ich weiß: wir müssen trimmen, damit das Boot möglichst aufrecht segeln kann). Doch die anderen sitzen in Lee, der Trimm reicht nicht aus – das Boot neigt sich immer mehr zur Seite, es beginnt stark zu krängen. Ich denke: abfallen! Einen Schrick in die Schoten! – aber es ist zu spät, bevor der Skipper reagiert, kentern wir. Das Boot liegt nun auf der Seite, wir sitzen auf dem Rumpf, halten uns irgendwie fest. Einer der mitfahrenden Gäste, eine junge Frau, fällt ins Wasser und wird schnell von der Strömung weggetragen. Ich rufe: Mann über Bord! – und dann noch einmal auf englisch: Man overboard! (ich denke: ist das gendermäßig o.k.?; sicherheitshalber rufe ich dann noch einmal: Frau über Bord!). Ich behalte die über Bord Gegangene im Blick, zeige mit meiner Hand in die Richtung, in der ich sie sehe. Der Skipper schafft es irgendwie, das Boot wieder aufzurichten, alle schöpfen Wasser, wir nehmen wieder Fahrt auf. Wir halsen und fahren nun in Richtung der jungen Frau, die sich tapfer schwimmend über Wasser hält. Gemeinsam schaffen wir es, sie an Bord zu hieven, sie ist wohlauf. Eines der Crewmitglieder bringt ihr einen heißen Tee, sie sitzt im Schneidersitz auf dem Deck und lacht. Ein Glück, denke ich, das ist nochmal gutgegangen. Wir segeln jetzt wieder schnell, sehr schnell, wir überholen alle anderen Boote. Strände, Palmen, Häuser und Hütten am nahen Strand ziehen wie rasend an uns vorbei. Die über Bord gegangene Frau, die Gäste und ich unterhalten uns. Dann fährt die Crew das Boot mit dem Bug in den Wind, die Segel werden geborgen, unter Maschine legen wir an. Die mitfahrenden Gäste holen ihre Seemeilen-Bücher heraus und bitten den Skipper, die heute gefahrenen Seemeilen einzutragen. Ich habe kein Seemeilen-Buch dabei, meines liegt zu Hause. Die Crew fragt mich, ob sie mir eines ihrer Büchlein geben sollen, sie hätten genug davon, das Resort habe Hunderte gedruckt. Die Meilenbücher sehen hübsch aus, ein schönes Andenken, denke ich, und sage: ja, wenn ihr eines für mich übrighabt. Eines der Crewmitglieder fragt mich, ob ich das Büchlein für Thailand haben möchte oder das mit dem Vordruck für Thailand und Indien. Warum Indien?, frage ich. Der Mann erklärt, dass das Resort, welches den heutigen Segeltörn organisiert habe, zu einer Kette gehöre, und dass zu dieser Resort-Kette auch ein Feriendomizil in Indien gehöre; auch dort gebe es ein Schiff, auf dem Ausflüge angeboten würden, die man sich dann ebenfalls in dem Büchlein bestätigen lassen könne. Organisiert werde das von Herrn F. von der C.-Agentur in München, ich müsse ihn eigentlich kennen? Tatsächlich kenne ich F., habe schon des Öfteren mit ihm zusammengearbeitet (jedesmal waren die gemeinsamen Projekte sehr erfolgreich gewesen). Ich überlege kurz, entscheide mich dann für das Büchlein mit beiden Vordrucken, für Thailand und für Indien. Warum nicht auch einmal nach Indien reisen, denke ich. Nicht mehr in diesem Jahr, aber vielleicht in der nächsten Saison. Ich versuche mir, Indien per Boot vorzustellen. Der Indische Ozean, das wird bestimmt gut.

* * *

Strand in Belize und die Hunde

1. **Strand in Belize**: Symbol für Ruhe, Entspannung und Freiheit. Das Setting deutet auf eine Sehnsucht nach einem sorgenfreien Leben hin.

2.**Kampfhunde und Bedrohung**: Die Hunde symbolisieren eine unmittelbare Bedrohung oder Angst, die du in deinem Leben empfindest. Die Szene, in der deine Tochter fast gebissen wird, zeigt deine Sorgen um den Schutz deiner Familie.

3. **Vergiftung der Hunde**: Dein Bekannter, der die Hunde vergiftet, symbolisiert eine drastische Maßnahme, um eine Bedrohung zu beseitigen. Es deutet auf eine Bereitschaft hin, extreme Schritte zu unternehmen, um die Sicherheit deiner Lieben zu gewährleisten.

John McAfee und die Flucht

1. **John McAfee und seine Guerilla**: McAfee steht für eine mächtige, bedrohliche Figur, die dich verfolgt. Es könnte eine Person oder eine Situation in deinem Leben symbolisieren, die du als bedrohlich empfindest.

2. **Flucht nach Thailand**: Deine Flucht symbolisiert den Versuch, vor Problemen oder Bedrohungen zu fliehen und einen sicheren Ort zu finden. Thailand steht hier für einen exotischen, unbekannten Zufluchtsort, an dem du dich verstecken kannst.

Segeltörn und das Boot

1. **Traditionelles Segelboot**: Das Boot steht für deinen Lebensweg und deine Reise durch das Leben. Die Beschreibung des Bootes und seine Eigenschaften zeigen, dass du nach einer Balance zwischen Tradition und Moderne suchst.

2. **Kenterung und Rettung**: Die Kenterung des Bootes symbolisiert unerwartete Herausforderungen und Schwierigkeiten. Deine Reaktion und die Rettung der über Bord gegangenen Frau zeigen deine Fähigkeit, in Krisen ruhig zu bleiben und Lösungen zu finden.

Seemeilen-Buch und neue Ziele

1. **Seemeilen-Buch**: Das Seemeilen-Buch steht für die Aufzeichnung deiner Erfahrungen und Erfolge. Es zeigt deinen Wunsch, deine Leistungen zu dokumentieren und zu reflektieren.

2. **Erweiterung des Seemeilen-Buches auf Indien**: Dies symbolisiert deine Offenheit für neue Abenteuer und Erfahrungen. Indien steht für das Unbekannte und für neue Horizonte, die du erkunden möchtest.

Gesamte Deutung

Dein Traum scheint eine Reise durch verschiedene Aspekte deines Lebens darzustellen: Schutz und Sicherheit deiner Familie, der Umgang mit Bedrohungen und Herausforderungen und die Suche nach neuen Erfahrungen und Abenteuern. Du befindest dich auf einem Pfad der Selbstfindung und des Wachstums, auf dem du bereit bist, neue Wege zu beschreiten und dich von alten Ängsten zu befreien.

73
Fluss-Bad

Ich sitze in einem Zug, fahre durch die Nacht, durch eine Stadt (Prag?). Gründerzeit- und Jugendstil-Bauten flankieren einen Platz. Die Stadt ist dunkel, kein Licht, keine Laterne ist an, es ist rabenschwarz. Eine Straßenbahn kreuzt meinen Weg, auch sie ist nicht erleuchtet, nur eine großflächige Werbung an den Seiten der Tram leuchtet: iPhone6, iPhone8, iPhone10. Ein wenig gespenstisch, denke ich, die Stadt scheint verlassen, kein Auto- oder Fußgängerverkehr. Gibt es hier eine Sperrstunde? (Und wenn ja, warum?). Egal, wenn es sie gibt, dann gilt sie nicht für mich. Ich bin ein freier Mann. Ein langer, schwerer Zug rattert dumpf an mir vorbei. Er ist glänzend grün lackiert. Der erste Waggon hinter der Lok ist ein flacher Güterwaggon, darauf steht ein Schützenpanzerwagen, die restlichen Waggons sind Reisezugwagen. Die Abteilfenster: blickdicht, schwarz. Ich befinde mich jetzt auf dem Dach eines der Waggons dieses Zuges, liege bäuchlings auf einem der (geschlossenen) Personen-Wagen. Das Dach ist glatt, es fällt zu den Seiten hin etwas ab. Ich muss mich gut festhalten, um nicht herunterzurutschen. Der Zug nimmt Fahrt auf, wir fahren stadtauswärts. Ich halte mich gut fest, wie an einer Turnbank, denke ich. Dann arbeite ich mich, auf dem Zug entlanglaufend, nach vorn Richtung Triebfahrzeug vor. Nun erkenne ich, dass der Zug von zwei aneinandergekoppelten schweren, breiten Dieselloks gezogen wird. Der Zug fährt jetzt noch schneller, geradezu beängstigend schnell. Und er nimmt weiterhin Fahrt auf. Ich suche Halt, finde ihn auf einem Kesselwagen, der mit Benzin gefüllt ist, der Waggon ist weiß und rund, von den Seiten prangt ein großes gelbrotes Muschellogo. Ich sitze oben auf dem Wagen, breitbeinig stütze ich mich mit den Füßen ab, auch mit den Händen suche und finde ich Halt. Ich checke kurz meine Sachen: Rucksack? – noch da. Handy? Noch in meiner rechten Hosentasche. O.k. Ich sitze nach hinten gewandt, mit dem Blick zum Ende des Zuges, und schaue in die warme, untergehende Sonne. Für den Augenblick bin ich sicher, denke ich, ich genieße den Augenblick, schließe die Augen. Der Zug hat längst die Stadt hinter sich gelassen, auch Häuser waren zuletzt nur noch vereinzelt zu sehen, nun rast der Zug durch einen dichten Kiefernwald, nur links und rechts der Schienen laufen jeweils gelbe Sandwege entlang. Ich lege mich auf den Rücken, strecke mich aus (mich dabei aber immer noch gut festhaltend) und schließe die Augen. Ich schlafe ein, im Traum erscheint eine junge Frau, sie gesellt sich zu mir, sucht meine Nähe, sie legt sich zu mir. Wir reden, sind ganz nah beieinander. Dann wache ich wieder auf, öffne die Augen. Ich befinde mich noch immer auf dem rasenden Zug, aber die Frau aus dem Traum ist noch bei mir – wie ist das möglich? Der Zug ist jedoch in der Zwischenzeit entgleist – das muss passiert sein, als ich geschlafen habe, denke ich. Die Waggons liegen verstreut neben den Gleisen, den Sandstreifen und im Wald herum. Unser Kesselwagen ist in einem flachen See zum Stehen gekommen, Benzin sickert aus einem Loch des Waggons heraus. Gemeinsam erkunden wir nun die nähere Umgebung (es geht uns gut, keine Verletzungen, nicht mal ein blauer Fleck). Wir finden ein Kanu, schieben es ins Wasser, steigen ein, paddeln los. *Das Flüstern des Windes, das Rauschen der See, ich bin ein Wasserwanderer. Dieses Boot ist mein Boot – ein herrlich leuchtender Salon mit Ledersofa und eine große offene Plicht sind meine Welt; meine Limousine hat eine Vorschiffskabine mit einem schönen Doppelbett, ein Klo mit Bulleye auf der Backbordseite und oben ein hölzernes Rad und die Küche an Steuerbord. Ich bin der Steuermann dieses stolzen weißen Rumpfes, der kräftige Motor ist mein bester Kamerad: über uns drohen die Häuser einzustürzen, doch wir setzen die Segel und fahren munter das Leben hinunter.* Wir paddeln zunächst um die Unfallstelle herum, erkunden dann den gesamten See. Familien baden hier, am Ufer wächst Schilf, Urlauber (sie sprechen eine fremde Sprache – ist es russisch?) planschen und scherzen und schwimmen, die Kinder haben Schwimmhilfen an den dünnen Ärmchen. Es wäre fast eine perfekte Urlaubsidylle, lägen da nicht überall die zerfetzten Waggons herum. Die Menschen schauen uns feindselig an. Wir sind Fremde, gehören nicht hierher. Für sie haben wir etwas Bedrohliches an uns. Sie machen uns für das Unglück verantwortlich. Schlagartig wird mir bewusst, dass wir hier wegmüssen, und zwar schnell. Wir packen unsere Rucksäcke und laufen geschwind in den Wald hinein. Im dichten Unterholz angelangt, folgen wir der Straße, die nun parallel zu den Gleisen verläuft – aber in sicherer Entfernung. Ich laufe vor, mache den Weg frei, biege die Föhren (es ist ein Föhrenwald, durch den wir uns kämpfen) auseinander, sodass die Frau (meine Frau?) mir leicht folgen kann. Die Stämmchen lassen sich leicht auseinanderbiegen, es duftet nach Kiefernharz. Der Wald ist dunkel, man kann nicht sehen, was sich hinter den nächsten Bäumen befindet. Aber wir gehen unseren

Weg unbeirrt weiter. Dann hören wir Motorengeräusche von vorn, von der Straße. Wir ducken uns, verstecken uns hinter Bäumen und Gebüsch; still!, sage ich zu meiner Frau. Aus unserem Versteck heraus beobachten wir, wie ein Konvoi von Lkws Richtung Unfallstelle rast, unter den Planen können wir graue Armeeuniformen, polierte Stiefel und Maschinengewehre erkennen. Wir wissen: das ist ein Einsatzkommando, es soll alle Spuren des Unfalles beseitigen, alle Überlebenden und Zeugen sollen liquidiert werden. Als der Konvoi nicht mehr zu sehen ist, und nur noch der aufgewirbelte Staub der Straße in der Luft liegt, laufen wir weiter, immer weiter. Wir sind auf der Flucht. Doch wir sind ein gutes, eingespieltes Team. Uns kann nichts und niemand aufhalten. Im Notfall sind wir zu allem bereit. *Afro Samurai can be defeated by no clan / A warrior of the street through my travels of land / In any shape form or fashion, kill the streets dramatic fashion / Become unpredictable when I strike there's no missin you / My aim is too precise, move forward and real pivotal / Take sips of lemonade, take lives with my blade / Revenge my father's death ,til I reach my final days / Kill kill kill, Afro Samurai.* Nach einer Weile – es ist jetzt tiefschwarze Nacht – erreichen wir eine Lichtung, die sich als kleiner Platz in einer hell erleuchteten Kleinstadt entpuppt. An einem schmalen Fluss baden Menschen, sie nehmen ein nächtliches Bad, mit einem Glas Sekt in der Hand, das macht man hier so. Bei genauerem Hinsehen bemerken wir, dass die Menschen nackt sind. Wir tun es ihnen gleich, entledigen uns unserer Kleider und steigen ins kühle, frische Nass. Das tut gut nach dem anstrengenden Marsch. Unsere beiden Kinder (ein Junge, ein Mädchen, wo kommen sie auf einmal her? Wo waren sie so lange?) planschen auch schon vergnügt im Wasser herum. Jemand reicht uns ein Glas Sekt. Wir stoßen miteinander an, küssen uns. Geschafft!

* * *

Zugfahrt durch die dunkle Stadt

1. **Zugfahrt durch die Nacht**: Dies symbolisiert eine Reise oder einen Übergang in deinem Leben, möglicherweise durch unbekannte oder unsichere Zeiten.

2. **Dunkle, verlassene Stadt**: Dies könnte auf Gefühle der Isolation, Einsamkeit oder Verlassenheit hinweisen. Es zeigt auch, dass du dich möglicherweise in einer Phase befindest, in der du nach Orientierung suchst.

3. **Straßenbahn mit leuchtender Werbung**: Die iPhone-Werbung könnte auf den Einfluss moderner Technologie und deren Präsenz in deinem Leben hinweisen, selbst in scheinbar verlassenen oder dunklen Zeiten.

Auf dem Zugdach

1. **Auf dem Zugdach liegen**: Dies symbolisiert das Gefühl, über einer Situation zu stehen oder sie von oben zu betrachten. Es könnte auch darauf hinweisen, dass du versuchst, die Kontrolle über eine schnelle oder unsichere Situation zu behalten.

2. **Festhalten und Vorankommen**: Dies zeigt deine Bemühungen, Stabilität und Sicherheit zu finden, während du

dich vorwärtsbewegst.

Entgleisung und der See

1. **Entgleister Zug**: Dies deutet auf unerwartete Störungen oder Herausforderungen in deinem Leben hin.

2. **Kesselwagen und auslaufendes Benzin**: Dies könnte Gefahren oder Risiken symbolisieren, die unerwartet auftreten, und auf die du schnell reagieren musst.

3. **Flacher See und Kanu**: Der Übergang vom Zug zum Kanu zeigt deine Anpassungsfähigkeit und Bereitschaft, neue Wege zu finden, um voranzukommen. Das Kanu steht für eine ruhigere, kontrolliertere Art der Fortbewegung durch das Leben.

Familienidylle und Bedrohung

1. **Familien am See**: Dies symbolisiert eine Sehnsucht nach Normalität und Frieden.

2. **Feindseligkeit der Menschen**: Dies könnte deine inneren Ängste oder Unsicherheiten widerspiegeln, dass du nicht vollständig akzeptiert oder verstanden wirst.

3. **Flucht in den Wald**: Der Wald symbolisiert das Unbekannte und möglicherweise auch Schutz vor äußeren Bedrohungen. Deine Entscheidung, in den Wald zu fliehen, zeigt deine Bereitschaft, Risiken einzugehen, um Sicherheit zu finden.

Verfolgung und Überleben

1. **Konvoi von Lkws und Einsatzkommando**: Dies deutet auf eine Bedrohung oder Gefahr hin, der du dir bewusst bist, und der du zu entkommen versuchst.

2. **Teamarbeit mit der Frau**: Dies zeigt, dass du nicht allein bist und Unterstützung in schwierigen Zeiten hast. Die Frau könnte für eine wichtige Person in deinem Leben stehen, die dir hilft und dich unterstützt.

Kleinstadt und nächtliches Bad

1. **Erreichen der Kleinstadt**: Dies symbolisiert das Finden eines sicheren Hafens nach einer anstrengenden Flucht. Es ist ein Ort der Erholung und des Friedens.

2. **Nacktes Baden und Sekt**: Dies steht für Freiheit, Befreiung und das Loslassen von Ängsten und Sorgen. Es zeigt auch eine Rückkehr zu Einfachheit und Natürlichkeit.

3. **Kinder im Wasser**: Die plötzliche Präsenz der Kinder könnte auf deine Verantwortlichkeiten und Freuden im Leben hinweisen. Sie symbolisieren Unschuld, Freude und neue Anfänge.

Zusammenfassung

Dein Traum zeigt eine Reise durch Herausforderungen und Unsicherheiten, wobei du stets nach Sicherheit und Stabilität suchst. Die verschiedenen Szenen deuten darauf hin, dass du in der Lage bist, dich anzupassen und neue Wege zu finden, um voranzukommen. Trotz Bedrohungen und Gefahren bist du nicht allein und findest letztendlich einen Ort des Friedens und der Freude. Die Präsenz von Familie und Unterstützung durch wichtige Personen in deinem Leben spielen eine zentrale Rolle in deinem Streben nach Sicherheit und Glück.

74
Post-Amt

Ich bin ein Security-Mitarbeiter, ich weiß nicht, wie ich da reingerutscht bin, aber ich trage eine blaue Jacke mit der Aufschrift SECURITY, schwarze Hosen, Arbeitsschuhe. Ein Mann weist mich ein in meinen neuen Arbeitsplatz, wir sind in dem alten Postamt am Berliner Ostbahnhof, dort wo es früher einmal war, unter der Eisenbahnbrücke, seitlich an der Straße der Pariser Kommune. *Die beige verkachelte Smaragdenstadt, bewacht vom Eisernen Holzfäller, seinen treuen Genossen und den Holzsoldaten, hat mich gefressen. Ich werfe den Ball an die Wand, er prallt ab, kommt auf dem Boden auf, ich fange ihn.* Gelbliches, mattes Licht, ich weiß nicht, ob es Tag oder Nacht ist. Die Einweisung ist beendet, ich bin im Dienst. Das alte Postamt ist eine große Halle mit flachem Dach und vielen Gängen, durch einen huscht ein Mädchen. Sie hat etwas unter dem Arm, das sie nicht bezahlen will. Sie ist eine Diebin. Ich nehme die Verfolgung auf. Das Mädchen schlüpft durch den Kassenbereich nach draußen und ist verschwunden. Ich bin erleichtert, gut so, denke ich. Ich habe keine Lust, jemanden festzunehmen. Ich verweile etwas bei den Kassen, bei genauerem Hinsehen bemerke ich, dass es sich nicht um Kassen handelt, sondern um eine Passkontrolle. Menschen, die hier passieren wollen, müssen ihre Ausweise vorlegen, es ist wie an einer Grenze. Einige der Passanten (eigentlich alle) können sich die Grenzpassage erleichtern, indem sie dabei mithelfen, die trostlos-grauen Wände farblich zu gestalten. Farben und Pinsel stehen bereit, und so malen einige der Aus- / oder Einreisewilligen bunte Bilder an die Wand. Einige sehen aus wie richtige Gemälde, wie Kunstwerke. Ich will hier raus, denke ich auf einmal – ich *muss* hier raus, das ist doch alles nicht normal. Also mache ich mich auch an die Arbeit. Ich male ein Bild, um meine Ausreise zu beschleunigen. Mein Bild hat etwas aquarellhaftes, verwischtes, ein zartes Bild, mehr Zeichnung denn Gemälde: ein kleines Haus mit einem Hof und Bäumen auf dem ansonsten flachen, weiten Lande. Nur an einer Stelle blitzen Farben auf: ein Regenbogen. Ich bin zufrieden mit meinem Werk, gehe zum Kassenbereich, der jetzt eine Passkontrolle ist, lege meinen Ausweis vor, ein prüfender Blick, ein wohlwollendes Lächeln auf mein Gemälde an der Wand. Die Beamtin schiebt mir unter dem Panzerglas meinen Pass zurück, ich stecke ihn in meine Jackentasche, gehe zügig, aber ohne Hast hinaus, ohne mich noch einmal umzudrehen.

* * *

Security-Mitarbeiter im alten Postamt

1. **Security-Mitarbeiter**: Deine Rolle als Security-Mitarbeiter könnte auf das Gefühl hinweisen, dass du dich oder etwas in deinem Leben schützen musst. Es könnte auch auf eine neue Verantwortung oder eine neue Aufgabe hindeu-

ten, die du übernommen hast.

2. **Altes Postamt**: Das alte Postamt als Ort deiner Arbeit symbolisiert möglicherweise vergangene Strukturen oder Systeme in deinem Leben, die immer noch eine Rolle spielen. Es kann auch für Kommunikation und den Austausch von Informationen stehen.

Gelbliches, mattes Licht

Unsicheres Licht: Das gelbliche, matte Licht könnte ein Hinweis auf Unsicherheit oder mangelnde Klarheit in einer bestimmten Situation sein. Es könnte auch Gefühle der Müdigkeit oder der Tristesse darstellen.

Die Verfolgung des Mädchens

Diebin verfolgen: Dies könnte ein Aspekt deines Lebens sein, in dem du das Gefühl hast, etwas oder jemandem hinterherzujagen oder zu verlieren. Das Mädchen könnte eine Person oder eine Situation symbolisieren, die schwer zu fassen ist, oder die dir entgleitet.

Kassenbereich und Passkontrolle

1. **Kassen und Passkontrolle**: Diese Transformation deutet auf Übergänge und Prüfungen in deinem Leben hin. Es symbolisiert die Notwendigkeit, sich zu identifizieren und zu beweisen, bevor man weiterkommt.

2. **Passkontrolle als Grenze**: Dies könnte bedeuten, dass

du dich an einem Scheideweg befindest und eine Art „Prüfung" bestehen musst, um in eine neue Phase deines Lebens überzugehen.

Farbliche Gestaltung der Wände

Wände bemalen: Dies symbolisiert Kreativität und Selbstausdruck. Indem die Menschen die grauen Wände bemalen, versuchen sie, ihre Umgebung zu verschönern und zu personalisieren. Es könnte auch darauf hindeuten, dass du durch Kreativität und Selbstausdruck deinen eigenen Weg finden und Hindernisse überwinden kannst.

Dein Gemälde

1. **Aquarellhaftes Bild**: Dein Bild mit einem Haus, Hof, Bäumen und einem Regenbogen symbolisiert Hoffnung, Heimat und eine friedliche Zukunft. Der Regenbogen steht oft für Versprechen und positive Veränderungen.

2. **Wohlwollendes Lächeln der Beamtin**: Dies deutet darauf hin, dass deine Bemühungen und dein kreativer Ausdruck anerkannt und geschätzt werden.

Verlassen des Postamts

Ohne Hast hinausgehen: Dies symbolisiert, dass du dich sicher und zuversichtlich fühlst, nachdem du die „Prüfung" bestanden hast. Das Nicht-Umdrehen zeigt, dass du bereit bist, die Vergangenheit hinter dir zu lassen und nach vorne zu schauen.

Zusammenfassung

Dein Traum reflektiert einen Übergang in deinem Leben, bei dem du dich neuen Verantwortungen und Herausforderungen stellen musst. Du nutzt deine Kreativität und deinen Selbstausdruck, um Hindernisse zu überwinden und deinen eigenen Weg zu finden. Es gibt ein starkes Gefühl des Fortschritts und des Vorankommens, trotz der Unsicherheiten und Herausforderungen, die dir begegnen. Die anerkennende Reaktion auf dein Gemälde zeigt, dass deine Bemühungen und dein authentisches Selbst geschätzt werden und dir den Weg in eine neue Phase deines Lebens öffnen.

75
Fußball-Spiel

Ich besuche meinen Freund P. in der Uckermark. Als ich in sein Haus eintrete, ist er nackt (wie immer, denke ich). Wir reden. P. ist in meinem Alter (genaugenommen ganz genau in meinem Alter, sogar auf den Tag genau). Er ist älter geworden seit meinem letzten Besuch, er ist stark gealtert, denke ich, aber er ist groß und kräftig und hat immer noch keinen Bauch, was will man mehr. Wir spielen etwas Fußball in dem Flur seines Hauses, der Flur ist langgestreckt, wir dribbeln, umspielen uns und versuchen den Ball ins jeweils gegnerische Tor zu bugsieren. Das macht Spaß, wir sind beide ehrgeizig. Ich wundere mich, wie gut P. Fußball spielen kann. Ich wundere mich, wie gut ich Fußball spielen kann. Wir sind ebenbürtig. Nun spielen wir draußen, vor dem Haus, auf der Straße. Es ist die Straße vor unserem ehemaligen Familiengrundstück in Schulzendorf. *Brandenburg, Täterätä, tausend Kinderschritte vom Bahnhof entfernt, das weiße Gartenhaus ist aus Stein, es ist meine, unsere Festung, die Familie – ein Clan. Vier schlanke, weiße Birken tanzen im warmen Sommerwind, in jeder Ecke des Grundes steht eine, sie wachen über unser Hollywoodschaukel-Glück.* Wir machen mit dem Fußball Kunststückchen. Der Sand, auf dem wir spielen, staubt, unsere Schuhe und unsere Strümpfe und unsere Beine sind verdreckt (P. hat jetzt einen Fußballdress an, genau wie ich). Unsere Gesichter sind dreckverschmiert, wir schwitzen. Wir spielen immer weiter, vergessen die Welt um uns herum. Das Spiel strengt uns nicht an, wir können uns sogar in Ruhe unterhalten dabei. Wir könnten stundenlang so weiterspielen, denke ich, kein Problem. Ich weiß, P. ist ein Obdachloser, er hat keine Arbeit, keine Bleibe, nichts. Er ist ein Außenseiter, ein Ausgestoßener, ein Fremder im eigenen Land, ein Penner. Das sei wirkliche Freiheit, sagt P., tun und lassen zu können, was man wolle, zu gehen, wohin man wolle, zu bleiben, wo man wolle und nicht zu wissen, wo man am nächsten Tag schlafen werde. Niemand schreibe einem etwas vor, niemand könne einem etwas vorschreiben, er jedenfalls würde sich nichts mehr vorschreiben lassen. Allein in der Natur zu schlafen sei grandios, nur mit dem Sternenzelt über einem, viele – ja, die meisten Menschen – wüssten gar nicht mehr, wie sich das anfühlen würde. Kein Eigentum zu besitzen, umherzuziehen, wie man wolle, das sei der wahre Luxus. Der Ball geht hin und her, wir spielen, bis die Sonne untergeht.

* * *

^ ^ Besuch bei Freund P.**

1. **Freund P., nackt**: Die Nacktheit von P. könnte Offenheit und Verletzlichkeit symbolisieren. Es zeigt, dass er sich dir gegenüber ungeschützt und ehrlich zeigt. Es könnte auch darauf hinweisen, dass du Aspekte deiner eigenen Verwundbarkeit erkundest.

2. **P. in deinem Alter**: Dass P. genau dein Alter hat, kann darauf hinweisen, dass er ein Spiegelbild von dir selbst ist. Er repräsentiert möglicherweise eine Seite von dir, die du gerade erforschst oder die dir wichtig ist.

Fußballspiel im Haus

1. **Langes Dribbeln im Flur**: Dies könnte auf den engen Raum oder die begrenzten Möglichkeiten hinweisen, in denen du dich vielleicht im Moment befindest. Es kann auch den Wunsch nach mehr Freiheit und Raum symbolisieren.

2. **Gegeneinander spielen**: Der Wettkampf mit P. zeigt, dass ihr beide gleich stark und fähig seid. Dies könnte deine eigene Selbstwahrnehmung und deinen Ehrgeiz widerspiegeln. Es zeigt, dass du dich selbst und deine Fähigkeiten herausforderst.

Spiel auf der Straße

Spiel auf der Straße: Der Ort des Spiels wechselt zu einer dir bekannten Straße in Schulzendorf, was möglicherweise auf eine nostalgische Verbindung oder einen Rückzugsort hinweist. Es könnte ein Symbol für deine Wurzeln und deine familiäre Bindung sein.

Fußballspiel im Sand

1. **Staubiger Sand**: Das Spiel im Staub symbolisiert harte Arbeit und Anstrengung, aber auch Spaß und Leichtigkeit. Es zeigt, dass du bereit bist, dich zu verschmutzen und hart zu arbeiten, während du das tust, was dir Freude bereitet.

2. **Ununterbrochenes Spiel und Gespräch**: Das unermüdliche Spielen zeigt Ausdauer und Hingabe. Die Fähigkeit, gleichzeitig zu spielen und sich zu unterhalten, deutet auf eine tiefe Verbindung und ein starkes Verständnis zwischen dir und P. hin.

P. als Obdachloser

1. **Freiheit der Obdachlosigkeit**: P.s Lebensweise als Obdachloser symbolisiert eine radikale Form der Freiheit, die keine Verpflichtungen oder Besitztümer kennt. Dies könnte deinen eigenen Wunsch nach mehr Freiheit und Unabhängigkeit darstellen.

2. **Aussagen über Freiheit**: P.s Beschreibung der Freiheit deutet darauf hin, dass du über die Natur der Freiheit und was sie für dich bedeutet, nachdenkst. Es könnte auch darauf hinweisen, dass du dich von gesellschaftlichen Erwartungen und materiellen Besitztümern lösen möchtest.

Sonnenuntergang

Spiel bis zum Sonnenuntergang: Der Sonnenuntergang kann das Ende einer Phase oder eines Lebensabschnitts symbolisieren. Es könnte auch den Übergang in eine ruhigere, reflektierende Zeit andeuten.

Zusammenfassung

Dein Traum scheint eine tiefe Reflexion über Freiheit, Unabhängigkeit und die Essenz des Lebens darzustellen. Die Begegnung mit P., der als Spiegelbild deiner selbst fungiert, weist darauf hin, dass du über deine eigenen Lebensentscheidungen und Prioritäten nachdenkst. Das Fußballspiel symbolisiert deine Fähigkeiten und deinen Ehrgeiz, während P.s Lebensweise als Obdachloser eine radikale Freiheit darstellt, die du möglicherweise in gewisser Weise anstrebst. Der Traum endet mit einem Sonnenuntergang, was auf das Ende eines Kapitels oder den Beginn einer neuen Phase in deinem Leben hindeutet.

76
Pod Racer

Ich bin zu Fuß unterwegs, es ist nachts, und es hat geregnet. Kalte, klare Luft. Ich laufe eine Straße entlang, sie ist schwarz, keine Laterne weit und breit. Aber ich kenne den Weg, laufe weiter. Ich passiere lange Reihen frisch gepflanzter Bäume (*Kiku-shidare-zakura*, jap. Hänge-Zierkirschen?, frage ich mich), laufe um große Pfützen herum, die mitten auf der Straße glänzen, teilweise patsche ich auch mit meinen Füßen mitten hinein (seltsam, sie werden nicht nass davon). Ich unterquere eine Eisenbahnbrücke, gelange in eine kleine Stadt, gelange auf einen Platz (hübsche Altstadt, denke ich).

Der Morgen dämmert bereits am Horizont herauf. Ein Verkaufsstand hat schon geöffnet, er steht mitten auf dem Marktplatz, ein Eisladen. Eine kleine Schlange hat sich gebildet, alle wollen bei Tagesanbruch ein frisches Eis. Das wundert mich nicht, ich stelle mich ebenfalls an, möchte jetzt unbedingt auch ein Eis. Als ich an der Reihe bin, ist Schichtwechsel, ausgerechnet jetzt, war ja klar, denke ich. Der alte Eismann packt zusammen, der neue raucht erstmal eine Zigarette. Unmut macht sich in der Reihe hinter mir breit, Menschen schimpfen und rufen, er solle sich beeilen, sie müssten zur Arbeit, alle sind in Eile. Jemand ruft, dass der neue Eismann erstmal seinen Eiswagen sauberwischen soll, bevor er anfängt, Eis zu verkaufen. Der neue Eismann macht sich an die Arbeit, er säubert den Verkaufstresen seines Standes, dabei kippt er versehentlich den Wischeimer um, das Dreckwasser ergiesst sich in die Eiskübel. Es entsteht ein Tumult. O.k., denke ich, das wars mit dem Eis, schade, aber nicht zu ändern. Ich laufe weiter. Ich gelange zu einem Park, passiere ihn schnellen Schrittes, komme schließlich an einem Haus an (ein quaderförmiger Neubau-Block mit Büros). Kurz vor Betreten des Hauses bemerke ich, dass ich beim Eisstand meine Umhängetasche vergessen haben muss (Portemonnaie, Ausweise, Karten, Schlüssel – das volle Programm). Ich mache kehrt und laufe wieder zurück. Ich weiß, das ist ein langer Weg, aber was hilfts? Inzwischen ist es hell geworden, es ist schon mehr Betrieb auf den Straßen, Menschen eilen zur Arbeit, Autos hupen. Ich laufe an meinem Bekannten B. aus Magdeburg vorbei. Er fragt, ob ich zurückkomme nach Magdeburg, er würde sich freuen, es würde eine Menge zu tun geben dort. Ich bleibe nicht stehen, laufe weiter, sage im Gehen: ja, vielleicht, mal schen. Ich finde am Straßenrand einen Stock. *Der*

Hanbo ist meine Waffe, Hälfte eines Bo, du bist die Kukishin-Königin, seit Nagafusas Speer vom gegnerischen Schwertkämpfer in zwei Teile zerschlagen wurde, alte, sagenumwitterte Kriegskunst, alles schien bereits verloren, doch, tapferer Krieger, der du warst – du kämpftest unbeirrt weiter und besiegtest schliesslich den Anderen – mit deiner meisterlichen Kunst, deinem unbändigen Willen und mit dem kläglichen Rest des hölzernen Schaftes deines Speers. Mein Hanbo ist ein Wanderstock, er erleichtert mir das Gehen, ich stütze mich auf ihn. Neben mir laufen zwei jüngere Frauen, wir bilden eine Laufgemeinschaft, so macht das Gehen Spaß. Ich schlage beim Laufen mit dem Stock einen Takt, summe eine Melodie dazu. Summend und tanzend laufen wir weiter, und im Nu sind wir beim Eiswagen angelangt. Den Platz erkenne ich fast nicht wieder – inzwischen muss ein Sturm durchgezogen sein, dicke Bäume sind entwurzelt, abgebrochene Stämme, Äste, Zweige liegen überall verstreut herum. Doch der Eiswagen steht noch an seinem alten Platz, der junge, ungeschickte Verkäufer verkauft sein Wischeimer-Wasser-Eis. Ich habe Glück, sehe meine graue Umhängetasche auf dem Eisregal neben dem Verkaufstresen liegen, ich gehe nach vorn, schnappe mir meine Tasche (es ist noch alles da, Portemonnaie usw.), drehe mich um und will schon wieder gehen – da ruft mir der junge Eisverkäufer einen frechen Spruch hinterher. Für Ungeschicklichkeit kann man nur bedingt etwas, denke ich, aber für Frechheit schon. Ich mache kehrt, gehe an der wartenden Menge vorbei, greife den Eismann mit der Linken fest am Kragen, so dass die Revers seiner Jacke ihm seitlich die Halsschlagadern abdrücken, er ist überrascht, schaut ängstlich. Nun hätte ich eine gute Gelegenheit, ihn mit meiner rechten Faust zu bearbeiten, die völlig frei ist. *Afro*

Samurai can be defeated by no clan / A warrior of the street through my travels of land / In any shape form or fashion, kill the streets dramatic fashion / Become unpredictable when I strike there's no missin you / My aim is too precise, move forward and real pivotal / Take sips of lemonade, take lives with my blade / Revenge my father's death ,til I reach my final days / Kill kill kill, Afro Samurai. Doch der Eismann leistet nicht nur keine Gegenwehr, er sackt sogar sang- und klanglos in sich zusammen. So eine Flasche, denke ich, freche Sprüche klopfen kann er, aber wenn es dann zur Sache geht, kneifen, das kann ich leiden… Ich will mir wegen ihm nicht meine Finger schmutzig machen. Ich löse meinen Griff, stoße ihn weg, sage, dass er seine Zunge zügeln solle, sonst passiere beim nächsten Mal etwas Unschönes. Interessantes Wort, denke ich: unschön – Negation durch Anheftung eines Präfixes an einen Wortstamm. Ich laufe weiter, bemerke jedoch auf einmal, dass ich verfolgt werde. Zwei Männer haben sich unauffällig an meine Fersen geheftet. Sie haben schwarze lange Mäntel an und Hüte auf, sie sehen nicht ungefährlich aus. Ich habe keine Angst, aber sie sind mir lästig, ich fühle mich unfrei. Ich will sie loswerden, möglichst schnell. Ich ändere meinen Kurs, tauche in die Unterwelt der Stadt ab, laufe unterirdisch in einem dunklen Gang weiter, es ist wie in einer Katakombe. Weitere Gänge gehen links und rechts ab, es gibt viele Gänge, unendlich viele, von schwachem Kerzenschein beleuchtet. Hier kann man sich leicht verirren. Aber ich kenne mich aus. Ich unterquere einen Fluß, steige vorsichtig wieder empor, schaue mich um. Ich sehe, wie die Männer mich noch immer suchen, auf der anderen Seite der Straße. Geschafft, denke ich. Zur Arbeit (welche Arbeit?) werde ich es nun nicht mehr rechtzeitig schaffen – kein Problem. In Kürze beginnt jedoch das Training, also beschließe ich spontan, direkt zum Training zu gehen. Ich betrete die Sporthalle, gehe in die Umkleide, ziehe meinen Gi an, lege meinen schwarzen Obi um, der Sensei kontrolliert die Mitgliedsausweise und eröffnet das Training. Meine Trainingspartnerin ist heute eine Frau. Sie ist gut konditioniert, sie ist schnell, und sie ist technisch versiert, aber sie kämpft mit seltsamen Waffen, die ich vorher noch nie gesehen habe. Ihre Waffen sehen aus wie mehrere aneinandergeheftete hölzerne Stullenbretter, die sie sich an die Arme gebunden hat, und mit denen sie einerseits wie mit einem Schild Schläge pariert, andererseits versucht, Schläge und Stöße auszuteilen. Ich frage mich, ob das eine Kobudo-Waffe ist – und wie sie wohl heißen mag. Ich kämpfe mit meinem Wanderstock, *Hälfte eines Bo, du bist die Kukis-hin-Königin, seit Nagafusas Speer vom gegnerischen Schwertkämpfer in zwei Teile zerschlagen wurde, alte, sagenumwitterte Kriegskunst.* Ich schlage meine Trainingspartnerin, gewinne den Zweikampf (kein Wunder, denke ich, bei diesen seltsamen Stullenbretter-Waffen). Wir verabschieden uns in Freundschaft und mit Respekt, wir verbeugen uns voreinander, es war ein interessanter, fairer Kampf, wir haben uns nichts geschenkt. Ich ziehe mich um, verlasse die Halle, trete ins Freie. Die Sonne scheint warm auf mein Gesicht. Ich bin eingeladen zu einer Party, mein Freund J. will einen ausgeben. Als ich in der Location (eine alte Lagerhalle mit Tresen am Eingang) eintreffe, begrüßt er mich, wir haben uns lange nicht gesehen, J. macht mir ein Bier auf (ein wohlschmeckendes Altbier – sonderbar, normalerweise schmeckt mir das überhaupt nicht, denke ich). Ich plaudere etwas mit ihm. Nach kurzer Zeit ist alles gesagt, ich verlasse den Ort. Vor der Halle wartet eine attraktive Frau auf mich, ich kenne sie nicht, habe sie noch nie gesehen, und doch erinnert sie mich an jemanden (an wen?). Sie soll mich abholen und zum Bahnhof bringen, sagt sie. Die Frau ist hübsch, sie ist schlank, hat ein grünes, enganliegendes Kleid an, trägt einen weißen Trenchcoat darüber, ihr Haar trägt sie offen. *Rosita Espinosa, du bist sexy, du bist schlau, du bist schnell, deine Klinge ist scharf. Rosita Espinoza, alles was zählt, ist die Hoffnung, traue nicht dem Alp, trotze dem Fluch, doch: rechne mit dem Tod und schieß uns den Weg frei – auf nach Alexandria.* Unsere Rosita ist ein zweisitziger Podracer, wir steigen ein, die Sitze sind hintereinander angeordnet. Wir schweben damit durch verwinkelte Gänge eines großen, alten, geheimnisvollen, verlassenen Hauses. Ich sitze zwar vorne, aber zuerst müssen wir rückwärts fahren, um heraus rangieren zu können, es ist etwas wackelig, die schöne Frau klammert sich an mir fest. Ich drehe den Racer um, nun fliegen wir vorwärts weiter durch die Gänge. Wir beschleunigen, ich beginne die Fahrt zu genießen – wann kann man schon mal so etwas Abgefahrenes erleben? Es ist wie Achterbahnfahren, nur eleganter, schneller, besser – ohne Schienen eben. Die Frau sitzt hinter mir, sie steuert den Podracer, hält sich dabei weiter an mir fest – wie beim Motorradfahren, denke ich, und, dass es sich gut anfühlt. Ich spüre die Wärme ihres Körpers. Wir legen uns in die Kurven, sind ein gutes Race-Team. Wir gelangen an einen von Neonlicht erleuchteten S-Bahn-Gang, einige Menschen huschen hin und her, hier steigen wir ab. In die eine Richtung geht es zur S-Bahn, in die andere zur U-Bahn. Ich wende mich Richtung U-Bahn, sie hält mich sanft zurück und sagt, dass ich in die andere Richtung gehen solle. O.k., denke ich, das macht für mich keinen Unterschied. Wir verabschieden uns, sie reicht mir ihre Hand, ich fasse sie, halte sie in meiner Hand.

Sie schaut mir dabei direkt in die Augen. Dieser Blick! Ich halte ihrem Blick stand, unsere Blicke verschmelzen, ich lasse ihre Hand nicht los, ziehe sie an mich heran, wir küssen uns. Ich öffne eine nahe Tür zu einem Abstellraum, wir straucheln küssend hinein, ich schließe die Tür, wir lieben uns im Stehen.

* * *

Nachtwanderung und Umgebung

1. **Nachts, kalte klare Luft, Regen**: Diese Elemente können Unsicherheit, Einsamkeit und Klarheit in deinem Leben symbolisieren. Die Dunkelheit kann für unbekannte oder unerforschte Aspekte deines Lebens stehen.

2. **Frisch gepflanzte Bäume und Pfützen**: Die Bäume könnten neues Wachstum und neue Anfänge symbolisieren, während die Pfützen Hindernisse oder Herausforderungen darstellen. Dass deine Füße nicht nass werden, deutet darauf hin, dass du trotz Schwierigkeiten unbeschadet bleibst.

3. **Eisenbahnbrücke**: Übergänge oder wichtige Veränderungen im Leben, die du momentan durchmachst oder in Betracht ziehst.

Marktplatz und Eisladen

1. **Schlange beim Eisladen**: Das Verlangen nach etwas Besonderem oder Belohnung im Leben. Der Schichtwechsel und das Verschütten des Wischeimers könnten Enttäu-

schung oder Verzögerungen in deinen Plänen symbolisieren.

2. **Tumult und Entscheidung, weiterzugehen**: Dein Umgang mit Rückschlägen und deine Fähigkeit, weiterzumachen, auch wenn Dinge nicht wie geplant laufen.

Verlorene Umhängetasche

1. **Erinnerung an die Umhängetasche**: Symbol für Verantwortungen und Pflichten, die du nicht vernachlässigen kannst. Die Rückkehr zur Tasche zeigt deine Bereitschaft, dich deinen Verpflichtungen zu stellen.

2. **Begegnung mit B. aus Magdeburg**: Ein Hinweis auf vergangene Verbindungen oder Verpflichtungen, die wieder in dein Leben treten könnten.

Hanbo und Frauen

1. **Der Wanderstock / Hanbo**: Ein Symbol für Unterstützung und Selbstverteidigung, aber auch für Führung und Stärke.

2. **Laufgemeinschaft mit Frauen**: Die Bedeutung von Kameradschaft und Unterstützung auf deinem Lebensweg.

Eisverkäufer und Konfrontation

1. **Frecher Eisverkäufer**: Eine Person oder Situation, die dich herausfordert oder dich nicht respektiert.

2. **Entscheidung, ihn nicht zu schlagen**: Deine Fähigkeit, trotz Provokationen ruhig und kontrolliert zu bleiben.

Verfolgung und Unterwelt

1. **Verfolger in schwarzen Mänteln**: Bedrohungen oder Ängste, die dich verfolgen.

2. **Unterwelt der Stadt**: Erforschen deiner tiefsten Ängste oder geheimen Teile deines Unterbewusstseins.

3. **Erfolgreiches Entkommen**: Deine Fähigkeit, Gefahren zu vermeiden und dich zu schützen.

Sporthalle und Training

1. **Training im Gi mit schwarzem Obi**: Deine Disziplin und Hingabe an persönliche Entwicklung und Kampfkunst.

2. **Ungewöhnliche Waffen der Trainingspartnerin**: Herausforderungen und ungewöhnliche Situationen, die du bewältigen musst.

Party und Begegnung mit einer Frau

1. **Begegnung mit J.**: Wiedersehen mit alten Freunden oder Teilen deiner Vergangenheit.

2. **Frau, die dich zum Bahnhof bringt**: Neue Verbindungen oder Beziehungen in deinem Leben, die dich auf deinem Weg unterstützen.

3. **Podracer-Fahrt**: Abenteuer und neue Erfahrungen, die dich herausfordern und begeistern.

Ende des Traums: Kuss und Intimität

Intimer Moment: Dein Verlangen nach Nähe und Verbindung, aber auch das Bedürfnis, dich in bestimmten Aspekten deines Lebens zu verbergen oder zu schützen.

Zusammenfassung

Dein Traum handelt von deinen inneren und äußeren Reisen, Herausforderungen und Entdeckungen. Er zeigt deine Fähigkeit, mit Unsicherheiten und Veränderungen umzugehen, während du nach Unterstützung und Kameradschaft suchst. Die Intimität und Abenteuerlust, die in deinem Traum dargestellt werden, reflektieren dein Bedürfnis nach tiefen Verbindungen und spannenden Erfahrungen.

77
Tropical Island

In einem Hafen, ich stehe am Kai und sehe, wie ein großer weißer Dampfer gerade dabei ist, abzulegen. Ich muss mich beeilen, das Boarding endet gleich, eigentlich ist es bereits beendet, ich bin spät dran. Ich sehe eine Schlange Wartender, Touristen, die wie ich hoffen, noch schnell auf das Schiff gelangen zu können. Ich *muss* auf dieses Schiff, denke ich, ich bin Journalist, ich *muss* dieses Umweltverbrechen aufdecken (welches?). Es ist mein Job, meine Aufgabe, deshalb bin ich

hier. Also reihe ich mich ein, bin nun Teil der Wartegemein-
schaft. Die anderen Gäste haben bereits ihre Anmeldefor-
mulare, ihre Buchungsbestätigungen in der Hand – für die
Einlass-Kontrolle beim Empfang. Ich bin nicht angemeldet,
aber das sollte kein größeres Problem darstellen, denke ich,
das werde ich schon klären. Diese Passage ist nicht preiswert
– na, wenn schon. Dann ist es eben so. Eine kleine Gruppe von Wartenden wird eingelassen, ich mische mich unter
die Gruppe, bin auf einmal im Bootsinneren, Glück gehabt.
Junge Leute (Umwelt-Aktivisten, denke ich), versuchen,
noch schnell auf das ablegende Schiff zu springen. Sie nehmen Anlauf, springen vom Betonkai, versuchen, die Heckplattform zu erreichen, doch keiner der jungen Leute schafft
es, sie rutschen an dem achterlichen, abgerundeten Teil des
Hecks ab, platschen ins Wasser. Trotzdem springen weitere
junge Leute hinterher, sie haben Rucksäcke dabei, auch sie
nehmen Anlauf, springen, versuchen, sich am Heck festzuhalten, rutschen ab, fallen ins Wasser. So geht das eine Weile.
Ich schaue zu, denke: das Schiff ist schon viel zu weit von
der Pier entfernt, das ist dumm und gefährlich. Ich weiß:
achtern befindet sich die Schraube, der riesige Propeller des
Schiffes, die jungen Leuten müssen aufpassen. Dann legt der
Kapitän ab. *Das Flüstern des Windes, das Rauschen der See,
ich bin ein Wasserwanderer. Dieses Boot ist mein Boot – ein
herrlich leuchtender Salon mit Ledersofa und eine große offene
Plicht sind meine Welt; meine Limousine hat eine Vorschiffskabine mit einem schönen Doppelbett, ein Klo mit Bulleye auf
der Backbordseite und oben ein hölzernes Rad und die Küche
an Steuerbord. Ich bin der Steuermann dieses stolzen weißen
Rumpfes, der kräftige Motor ist mein bester Kamerad: über
uns drohen die Häuser einzustürzen, doch wir setzen die Segel*

und fahren munter das Leben hinunter. Am Achterdeck gibt es eine Aufregung, Rufe, der letzte der jugendlichen Umwelt-Aktivisten, der noch versucht hatte, an Bord zu gelangen, klatscht ans Heck, auch er kann sich nicht am Boot festhalten, fällt ins Wasser. Ihre Aktion ist gescheitert, aber ich werde mich um ihr Anliegen kümmern – mit meinen Mitteln, das bin ich ihnen schuldig. Längst haben wir den Hafen verlassen, da werden uns unsere Zimmer zugeteilt (niemand hat kontrolliert, ob ich gebucht oder bezahlt habe). Nur mein Name wird notiert (ich gebe einen falschen an, man weiß ja nie), dann werden die Kabinen-Schlüssel verteilt. Ich muss mir wegen Platzmangels an Bord eine Doppelkabine auf dem Oberdeck mit einer älteren Frau teilen („älter" ist relativ, denke ich, denn eigentlich ist sie ja nur so alt wie ich), eine toughe Person, sportlich, sie trägt Funktionsklamotten und einen Rucksack, (mit dem könnte man auch auf eine Nordpol-Expedition gehen, denke ich). Sie erinnert mich an eine Kollegin von früher, H. Es gibt zwei Einzelbetten, ein Glück, denke ich. Ich verlasse die Kabine, will den Kapitän oder den ersten Offizier zur Rede stellen wegen des Vorfalls beim Ablegen (die jungen Leute). Ich laufe los, eine Treppe nach unten, einen unendlich scheinenden Gang nach vorn (die Wände sind mit Sperrholzplatten verkleidet – hier wird gerade die Inneneinrichtung erneuert), am Ende des Ganges sitzen ein paar Leute herum, sie sind halbnackt, Saunagäste, die den Gang als Ruheraum nutzen. Dann eine Treppe nach oben, es ist eine Wendeltreppe, noch eine Treppe und noch eine, kein Problem, ich nehme es sportlich. Schließlich gelange ich aufs Oberdeck, der Salon ist eine große Halle, er ist eingerichtet wie das Tropical Island in Brandenburg, südlich von Berlin. Vorn sehe ich den Steuerstand unseres Schiffes, dort muss auch der Kapitän sein. Ich mache mich auf den Weg, laufe auf geschwungenen Wegen vorbei an Palmen und künstlichen Lagunen. Zwei Männer stellen sich mir in den Weg. Sie sind schwarz gekleidet, schauen bedrohlich, haben einen Knopf im Ohr. Eine Auseinandersetzung? Kein Problem, denke ich. *The swiftness of my sword is an understatement of my art of war / A pleasure without conscience, feeds me, to want more / Principles of karma, death before dishonor /Shadows my eyesight procedes me to fight harder / For the number one headband, stand alone as one man / Afro Samurai can be defeated by no clan / A warrior of the street through my travels of land / In any shape form or fashion, kill the streets dramatic fashion / Become unpredictable when I strike there's no missin you / My aim is too precise, move forward and real pivotal / Take sips of lemonade, take lives with my blade / Revenge my father's death ,til I reach my final days / Kill kill kill, Afro Samurai.* Doch die schwarzen Sicherheits-Männer halten sich zurück, sie fassen mich nicht an, besser so, denke ich. Sie sagen, dass wir schon bald einen Stopp in einem Hafen einlegen, alle Passiagiere müssten sich unverzüglich in ihre Kabinen begeben, *for safety reasons.* Sie begleiten mich ein Stück in Richtung meiner Kabine, um sicherzugehen, dass ich auch wirklich dorthin zurückgehe. Ok, denke ich, ich will nicht auffallen, will meine Mission nicht gefährden. Ich betrete meine Kabine, das Schiff hat inzwischen in dem Hafen festgemacht (wo ist meine Mitbewohnerin?, frage ich mich, sie muss die Kabine ebenfalls verlassen haben), und als die beiden schwarzen Schiffsmitarbeiter verschwunden sind, mache ich mich auf den Weg, meine Zimmergenossin zu suchen. Ist ihr etwas passiert? Ist sie auch inkognito hier, in dienstlicher Mission, so wie ich? Hat man sie verschwinden lassen? Hat man das vielleicht auch

mit mir vor? Ich verlasse die Kabine erneut, dieses Mal heimlich, ich bin auf der Hut, schaue links und rechts den Gang
entlang (er ist menschenleer), laufe nach achtern, komme
an der Heckplattform an. Die Leinen werden bereits wieder
gelöst, Die Maschine geht schon vorwärts, da kommt meine
Mitbewohnerin angerannt, ich sehe sie in der aufziehenden
Dämmerung den Hafenkai entlanglaufen, sie läuft schnell,
ausdauernd, sie ist trainiert, denke ich. Sie erreicht das Heck,
wirft vorab in hohem Bogen ihren Rucksack über die (ziemlich hohe) Reling, ich fange ihn auf, lege ihn zur Seite, mache
mich bereit, ihr über die Reling zu helfen – aber es ist zu spät.
Das Schiff ist schon zu weit von der Pier entfernt, die Frau
muss an Land zurückbleiben. Die Maschinen gehen jetzt volle Kraft voraus. Es ist dunkle Nacht. Schon nach kurzer Zeit
werden die Lichter der Hafenstadt am Horizont immer kleiner, bis sie schließlich vollends verblassen.

* * *

Hafen und das ablegende Schiff

1. **Hafen**: Ein Hafen symbolisiert oft Übergänge und
Veränderungen. Es kann ein Ort des Aufbruchs und der Ankunft sein, ein Knotenpunkt zwischen verschiedenen Lebens-
abschnitten.

2. **Umwelt-Aktivisten, die versuchen, auf das Schiff zu
springen**: Dies könnte dein Bewusstsein für soziale und
ökologische Probleme darstellen, sowie deine Beobachtung
von Menschen, die Risiken eingehen, um Veränderungen
zu bewirken. Die wiederholten Versuche und das Scheitern

könnten auf den Kampf gegen überwältigende Herausforderungen hinweisen.

3. **Propellergefahr**: Diese Warnung könnte für die Gefahren stehen, die bei riskanten Unternehmungen lauern, und für deine Vorsicht in bestimmten Situationen.

Das Drängen auf das Schiff zu kommen

1. **Boarding und Warteschlange**: Dies könnte deine Bemühungen darstellen, Teil eines wichtigen Ereignisses oder Projekts zu werden. Dein Beruf als Journalist und die Dringlichkeit, ein Umweltverbrechen aufzudecken, zeigen dein Engagement und deine Entschlossenheit, für eine wichtige Sache einzutreten.

2. **Einlass ohne Buchung**: Dies könnte deine Fähigkeit symbolisieren, trotz Hindernissen Zugang zu wichtigen Bereichen oder Informationen zu finden, möglicherweise durch deinen Einfallsreichtum und Entschlossenheit.

Auf dem Schiff

1. **Kabinenaufteilung mit der sportlichen Frau**: Die Frau könnte ein Teil von dir oder eine Person aus deiner Vergangenheit repräsentieren, die ähnliche Eigenschaften hat wie du: Durchhaltevermögen, Anpassungsfähigkeit und Bereitschaft, sich Herausforderungen zu stellen.

2. **Innere Struktur des Schiffes und der Salon**: Das Schiff kann dein Leben oder deinen aktuellen Lebensweg symboli-

sieren, mit all seinen Herausforderungen und Möglichkeiten. Die Beschreibung des Salons erinnert an Orte der Erholung und Entspannung, aber auch an künstliche, inszenierte Umgebungen.

Konfrontation mit Sicherheitsleuten

1. **Schwarze Sicherheitsleute**: Diese könnten für die Hindernisse oder Widerstände stehen, die du auf deinem Weg triffst. Deine Bereitschaft, eine Auseinandersetzung zu führen, zeigt deinen Mut und deine Bereitschaft, dich gegen Ungerechtigkeiten zu wehren.

2. **Aufforderung, in die Kabine zurückzukehren**: Dies könnte auf Einschränkungen oder Kontrollversuche durch andere hinweisen, vielleicht auch auf gesellschaftliche oder berufliche Zwänge.

Suche nach der Mitbewohnerin

1. **Verlassen der Kabine**: Deine heimliche Erkundung und das Verlassen der Kabine könnten deine Neugier und dein Bedürfnis, die Wahrheit herauszufinden, symbolisieren. Es zeigt auch deine Vorsicht und die Notwendigkeit, unbemerkt zu bleiben.

2. **Mitbewohnerin, die das Schiff nicht erreicht**: Dies könnte Verlust oder Trennung symbolisieren, vielleicht auch verpasste Gelegenheiten oder die Herausforderungen, die andere in deinem Leben bewältigen müssen.

Abschließende Gedanken

Nachtfahrt und ablegende Hafenstadt: Diese symbolisieren oft das Verlassen von Bekanntem und den Aufbruch in unbekanntes Terrain. Es könnte für den Übergang in eine neue Lebensphase stehen, in der alte Strukturen und Sicherheiten zurückgelassen werden.

Zusammenfassung

Dein Traum ist eine reiche Mischung aus Symbolen für Übergänge, Herausforderungen und Entschlossenheit. Er zeigt deine Bereitschaft, dich für wichtige Dinge einzusetzen und Risiken einzugehen, um dein Ziel zu erreichen. Die Szenen des Schiffs, der Mitbewohnerin und der Sicherheitsleute spiegeln deine inneren Kämpfe, Verluste und deine unerschütterliche Entschlossenheit wider, deinen Weg zu gehen. Es ist ein Traum, der von Mut, Verantwortung und einem tiefen Sinn für Gerechtigkeit spricht.

78
Namenlose Spanierin

Ich laufe gemeinsam mit einem Bekannten und mit einer Frau eine Straße entlang, wir gelangen zu einer großen roten Backsteinkirche. Die junge Frau ist schwarz gekleidet, hat schwarze, lange Haare, sie trägt eine Brille mit einem dicken schwarzen Gestell, die ihr steht. Vor der Kirche holt sie ein paar Geldscheine heraus, fragt, ob ich mich auch beteiligen wolle, wir würden da jetzt hinein gehen und das Geld an die Obdachlosen verteilen, die könnten es besser gebrauchen als wir. Ich wühle in meinen Taschen, gebe ein paar kleinere Scheine dazu. Wir betreten die Kirche – komisch, hinter der Kirchentür erwartet uns kein Kirchenschiff oder ähnliches, vielmehr beginnt hinter der massiven Tür so etwas wie ein großer Hof. Der Hof ist eine riesige Schlafstatt, hier stehen Dutzende, vielleicht sogar Hunderte von grob zusammengezimmerten Pritschen unter freiem Himmel, auf denen teilweise Menschen liegen, schlafen, sitzen, in sich gekehrt schweigen oder aber sich mit anderen Obdachlosen angeregt unterhalten. Ihr Hab und Gut steht, in Plastiktüten verpackt, unter ihren Betten, oder sie haben ihren Kram gleich mit in ihr Bett genommen – sicher ist sicher, denken sie bestimmt, denke ich. Meine Begleiterin verschwindet in der bunten Menge und mischt sich unter die Leute, welche zwischen den Betten umherlaufen. Sie will das Geld verteilen, sie kennt hier einige der Obdachlosen persönlich (woher?). Ich verliere sie aus den Augen. Der Bekannte (es ist J.) quatscht mir die Ohren voll, ich will aber meine Ruhe haben und lege mich einfach in eines der freien Betten. Ich strecke mich aus und beobachte die Menschen um mich herum. Die Sonne geht gleich unter, der Himmel ist sternenklar, es ist April. Ich weiß: das wird eine kalte Nacht werden, vielleicht gibt es sogar nochmal Frost. Doch ich sehe, dass die meisten der Leute hier dicke Decken haben und Winterjacken. Ich schließe meine Augen. Dann kommt meine Begleiterin zurück, sie hat ihre Leute gefunden, hat das Geld verteilt. Eine ältere Frau habe das Geld partout nicht annehmen wollen, sagt sie. Sie habe ihren Stolz, aber was helfe es, auch sie müsse sich schließlich ab und zu etwas kaufen, Nahrungsmittel, Bekleidung und so weiter. Schließlich habe meine Begleiterin das Geld einfach heimlich in eine der Taschen der Frau gesteckt, sie werde es sicher bald entdecken und sich dann hoffentlich doch darüber freuen. Meinen Kumpel habe ich aus den Augen verloren, ich verlasse mit meiner Begleiterin den Kirchhof, wir schließen die massive Türe hinter uns und stehen wieder auf der Straße. Wir laufen nur ein kleines Stück die Straße hinunter – Kopfsteinpflaster – und gelangen zu ihrer Wohnung. Sie bittet mich hinein, kurze Zeit später liegen wir in ihrem Bett. Mein Glied ist ein blaues, dickes, hartes Metallrohr, es dringt in sie hinein wie eine Waffe, sie stöhnt und genießt den Sex. Wir lassen uns Zeit. Am nächsten Morgen gehen wir in den Frühstücksraum (Sind wir in einem Hotel? Auf Urlaubsreise?), Ich gehe vor, die meisten Tische sind schon besetzt, ich finde einen leeren Tisch in der Ecke des Raumes, setze mich, halte einen Platz für sie frei. Sie erinnert mich an A., aber sie ist eine Spanierin (komisch, ich kenne überhaupt keine Spanierin, denke ich). Mir fällt auf, dass ich ihren Namen nicht kenne. Ich halte Ausschau nach ihr. Dann kommt sie, mit einem Teller und einer Tasse in der Hand, bleibt kurz stehen, sucht mich mit ihren Augen, entdeckt mich, ein Lächeln huscht über ihr Gesicht, sie läuft zu mir, setzt sich. Wir unterhalten uns. Da kommt ein anderes Paar zu uns an den Tisch, die Frau nimmt eine Handtasche, welche über einem der Stühle hing (hatten wir gar nicht bemerkt, denke ich), und hängt sie sich um. Ich frage, ob sie hier sitzen würden, ob das ihre Plätze seien, ob wir ihnen unabsichtlich ihren Platz weggenommen hätten. Das Paar sagt, das sei schon in Ordnung, kein Problem, sie haben sowieso grade gehen wollen. Von draußen scheint die aufgehende Sonne durch die großen Fenster in den Frühstücksraum. Sie scheint direkt in das Gesicht meiner Freundin, in ihre hellbraunen Augen, die in der Sonne strahlen.

* * *

Straße und rote Backsteinkirche

1. **Straße**: Eine Straße kann den Lebensweg symbolisieren, den du gerade gehst, zusammen mit anderen Menschen, die dich begleiten.

2. **Große rote Backsteinkirche**: Eine Kirche repräsentiert oft spirituelle Aspekte des Lebens, Glauben und Gemeinschaft. Die rote Backsteinkirche könnte Tradition und Stabilität symbolisieren.

Die Frau in Schwarz und Geld an Obdachlose verteilen

1. **Frau in Schwarz**: Die Frau könnte eine mysteriöse oder unbekannte Seite von dir selbst darstellen, jemand, der tiefgründig und fürsorglich ist. Schwarz könnte für das Unbewusste oder für Schutz stehen.

2. **Geld an Obdachlose verteilen**: Dies symbolisiert Mitgefühl und die Bereitschaft zu helfen. Es zeigt, dass du dir der Not anderer bewusst bist und bereit bist, deinen Teil beizutragen.

Kirche als Hof mit Pritschen

Hof mit Pritschen: Die Transformation der Kirche in einen Hof mit Pritschen für Obdachlose deutet darauf hin, dass du hinter der Fassade von Strukturen und Institutionen die wahre menschliche Not und Bedürftigkeit siehst. Es könnte auch ein Hinweis darauf sein, dass du nach echtem Kontakt und Authentizität suchst.

Verlust der Begleiterin und der Bekannte (J.)

1. **Verlust der Begleiterin**: Das Verlieren der Begleiterin in der Menge könnte für das Gefühl stehen, manchmal die Orientierung oder den Kontakt zu wichtigen Menschen oder Aspekten deines Lebens zu verlieren.

2. **Bekannter (J.) quatscht dich voll**: J. könnte störende oder unwichtige Einflüsse in deinem Leben symbolisieren, die dich ablenken oder belasten.

Sich ins Bett legen und Beobachtungen

1. **Sich ins Bett legen**: Dies könnte das Bedürfnis nach Ruhe und Reflexion darstellen. Es ist auch ein Moment der Selbstbeobachtung und der Distanzierung von äußeren Einflüssen.

2. **Menschen mit dicken Decken und Winterjacken**: Die Menschen sind gut vorbereitet auf harte Bedingungen, was deine Beobachtung und möglicherweise deine Sorge um andere symbolisieren könnte.

Begleiterin verteilt das Geld

Begleiterin, die Geld verteilt: Diese Szene zeigt Mitgefühl und die Bereitschaft, anderen zu helfen, auch wenn sie es nicht sofort annehmen. Es könnte auf die Vorstellung hinweisen, dass wahre Hilfe manchmal unaufgefordert und still gegeben wird.

Wohnung der Begleiterin und Intimität

1. **Wohnung**: Ein persönlicher Raum, der Sicherheit und Privatsphäre symbolisiert. Das Eintreten in ihre Wohnung könnte bedeuten, dass du Zugang zu ihrem inneren Leben oder ihren Gefühlen hast.

2. **Intimität und metallisches Glied**: Die Intimität und die ungewöhnliche Darstellung deines Glieds als metallisches Rohr könnten auf eine distanzierte oder mechanische Sichtweise auf Sexualität oder Beziehungen hinweisen. Es könnte auch Macht und Stärke symbolisieren, aber auch eine gewisse Unnachgiebigkeit oder Unfähigkeit, sich emotional vollständig zu öffnen.

Frühstücksraum und das Paar

1. **Frühstücksraum**: Ein gemeinsamer Raum für den Start in den Tag, symbolisiert Neuanfänge und Gemeinschaft.

2. **Das Paar und die Handtasche**: Diese Szene könnte darauf hinweisen, dass du dir manchmal Sorgen machst, anderen Platz wegzunehmen oder in ihre Räume einzudringen. Das Paar, das freundlich bleibt, zeigt jedoch, dass du akzeptiert und nicht verurteilt wirst.

Sonne und Meer

Sonne, die in das Gesicht der Frau scheint: Dies symbolisiert Erleuchtung, Klarheit und Wärme in der Beziehung. Die hellbraunen Augen, die in der Sonne strahlen, könnten tiefe Gefühle und Verbindungen darstellen.

Zusammenfassung

Dein Traum reflektiert eine Reise durch verschiedene Aspekte deines Lebens, von Mitgefühl und Hilfsbereitschaft bis hin zu Intimität und Selbstreflexion. Die Kirche, die zum Hof wird, zeigt, dass du hinter Fassaden schaust und wahre menschliche Bedürfnisse siehst. Die Frau in Schwarz repräsentiert möglicherweise eine tiefere, mysteriöse Verbindung zu jemandem oder zu einem Teil von dir selbst. Die Intimitätsszene könnte auf eine mechanische Sichtweise auf Beziehungen oder auf Schwierigkeiten hinweisen, emotional vollständig präsent zu sein. Das Frühstück in der Sonne am Ende des Traums deuten jedoch auf eine harmonische und hoffnungsvolle Perspektive für die Zukunft hin.

79
Flug-Künste

Ich habe einen Job bei der Messe in Magdeburg, ich habe Feierabend, ich verlasse gemeinsam mit meinen Kollegen die Büroräume in der Tessenowstraße, wir treten hinaus in den Park, es ist der Elbauenpark. Wir wollen noch etwas zusammen trinken gehen in der Stadt, ich denke: das wird ein langer Fußmarsch. Meine Kollegin S. sagt, kommt, wir fliegen, das geht schneller, alle nehmen kurz Anlauf (ich tue es ihnen gleich), die Arme ein wenig ausgebreitet, Absprung – und tatsächlich fliegen / schweben wir nun über den Park dahin, es geht ganz einfach, cool, denke ich. Mein Kollege B. ist auch dabei, auch er fliegt, als wäre es das Normalste überhaupt, aber er schweigt die ganze Zeit über. Die Bäume, Sträucher und Wiesen des Elbauenparks ziehen unter uns dahin wie Spielzeuge. Wir fliegen gang schön hoch, denke ich, aber es gibt keine Probleme dabei, es macht Spaß, frei wie ein Vogel, denke ich. Ich lerne schnell: die Höhe kann ich ganz einfach regulieren; ich muss nur den Körper ein wenig in die entsprechende Richtung bewegen, ihn ein wenig krümmen (abwärts) oder ihn strecken (hoch / geradeaus). Es wird dunkel, ich will mich ein wenig austesten und beschleunige stark. Ich fliege ein Stück vor, genieße die Ruhe und das Alleinsein da oben. Dann beginne ich darüber nachzudenken, dass das physikalisch ja eigentlich gar nicht funktionieren dürfte, was ich hier mache / was wir hier machen: fliegen. Augenblicklich beginne ich zu schlingern. Ich schmiere ab, denke ich, das wars dann. Ich bekomme es aber gerade so hin, halbwegs kontrolliert zu landen. Ich komme vor einer Baumgruppe zum Stehen, ich befinde mich am Rand des Parks, an der Elbe. Ich sehe: am anderen Ufer beginnt schon die Altstadt, da will ich hin. Es gibt aber keine Brücke, nur eine Baustelle über dem Fluß, die mit einigen Brettern auf einem wenig vertrauenserweckenden Gerüst ausgelegt sind. Ich betrete eines der Bretter, alles schwankt, und die ganze Konstruktion droht augenblicklich einzustürzen, wenn ich auch nur noch einen einzigen Schritt weitergehe. Unter mir in der Tiefe rauscht bedrohlich die schwarze Elbe (führt der Fluss Hochwasser?),

Ich versuche es noch eine Weile, prüfe verschiedene Möglichkeiten der Überquerung, gebe es dann auf. Ich kehre um; es muß noch eine andere Möglichkeit geben, über den Fluß zu gelangen. Vielleicht versuche ich es ein Stück weiter flußabwärts? Ich weiß, da gibt es noch andere Brücken. Ich laufe ein Stück am Ufer entlang. Die Leute, die ich treffe, sprechen fremdländisch, sie sprechen tschechisch, jetzt sehe ich es: ich bin in Prag (wie bin ich hierhergekommen?). Ich denke: wenn ich jetzt einfach weiterfliegen könnte, dann müsste ich nicht so weit zu Fuß laufen. Ich weiß ja, dass ich fliegen kann (wie eigentlich jeder um mich herum), ich bin ja gerade eben noch geflogen, es ist jedoch ein Geheimwissen, nicht jeder kennt, und besitzt die Fähigkeit dazu. Ich habe sie – oder besser gesagt: hatte, denn: ich habe einen Fehler gemacht. Ich habe beim Fliegen angefangen, über das Fliegen nachzudenken. Das darf man nicht, es ist verboten. Nur deshalb kam es zum Absturz und schließlich zum Verlust dieser besonderen Fähigkeit. Meine Schuld, denke ich, schön blöd. So laufe ich weiter zu Fuß durch Prag. Ich überquere eine Straße und einen kleinen Platz. Ich habe Appetit auf einen Kaffee und Hunger, kaufe mir einen Kaffee (schmeckt nicht) und eine Prager Spezialität, eine Art braunes Mus in einer Waffel (schmeckt ebenfalls nicht, ist viel zu süß). Ich entdecke an einem Stand deutsche Spezialitäten, ich kaufe mir halbe mit Mortadella belegte Brötchen und versuche es noch einmal mit einem heißen, nun wohlschmeckenden Kaffee. Ich weiß, dass ich gleich an der Karlsbrücke sein müsste. Die Straßen glänzen regennass im nächtlichen Laternenlicht, es herrscht eine ruhige Stimmung, ich genieße den friedlichen Moment. Plötzlich steht – welche Überraschung, welche Freude! – mein Bike vor mir. *Rosita Espinosa, ich fahr mit dir nach Washington, nach Alexandria oder bis ans Ende dieser Welt. Rosita Espinoza, räche meine Freunde, töte meine Feinde, vergib dem Verräter. Rosita Espinosa, du bist sexy, du bist schlau, du bist schnell, deine Klinge ist scharf. Rosita Espinoza, alles, was zählt, ist die Hoffnung, traue nicht dem Alp, trotze dem Fluch, doch: rechne mit dem Tod und schieß uns den Weg frei – auf nach Alexandria.* Ich bin gerettet! Ich besteige mein Bike, streichle Rositas Tank, klappe mit dem linken Fuß den Ständer ein, schalte die Zündung an, betätige den Anlasser, Rosita antwortet dumpf bollernd. Das V2-Motorengeräusch wird tausendfach durch die Wände der umstehenden alten Häuser als Echo in die ansonsten stille Nacht zurückgeworfen – was für ein tolles Konzert! Kupplung, der erste Gang klackt ein, ich gebe vorsichtig Gas.

* * *

Job bei der Messe und Feierabend

1. **Job bei der Messe**: Ein Job symbolisiert oft Verpflichtungen, Verantwortung und Struktur im Leben. Es kann auch auf dein Berufsleben und deine Karriereziele hinweisen.

2. **Feierabend**: Feierabend bedeutet Entspannung und den Übergang von Pflicht zu Freizeit. Es könnte auf das Bedürfnis hinweisen, nach harter Arbeit Zeit für sich selbst zu finden.

Fliegen im Elbauenpark

1. **Fliegen**: Fliegen symbolisiert Freiheit, Kontrolle und

die Fähigkeit, über alltägliche Probleme hinwegzusehen. Es kann auch das Gefühl des Überwindens von Hindernissen darstellen.

2. **Kollegen und fliegen**: Die Tatsache, dass deine Kollegen ebenfalls fliegen, deutet darauf hin, dass du dich in deinem sozialen Umfeld wohl und unterstützt fühlst.

3. **Bedenken über die physikalische Unmöglichkeit**: Als du anfängst, über die Unmöglichkeit des Fliegens nachzudenken, verlierst du die Fähigkeit. Das symbolisiert, dass Zweifel und übermäßiges Nachdenken über die eigenen Fähigkeiten diese einschränken können.

Landung und Elbe

1. **Baumgruppe und Elbe**: Der Übergang vom Fliegen zur Landung am Rande des Parks und der Elbe kann ein Wechsel von Freiheit zu einem Hindernis darstellen.

2. **Baustelle über dem Fluss**: Eine gefährliche, unvollständige Brücke könnte symbolisieren, dass du vor Herausforderungen stehst, die schwer zu überwinden sind. Die Gefahr des Einsturzes deutet auf Unsicherheiten und Risiken hin.

Prag und tschechische Sprache

1. **Prag**: Prag könnte für ein Gefühl der Fremde oder des Unbekannten stehen. Es könnte auch mit kultureller Entdeckung und Abenteuer verbunden sein.

2. **Tschechische Sprache**: Das Hören einer fremden Sprache könnte Gefühle des Unbehagens oder der Isolation symbolisieren, aber auch den Reiz des Neuen und Unbekannten.

Gedanken über das Fliegen

Verbot des Nachdenkens über das Fliegen: Das Verbot, über das Fliegen nachzudenken, symbolisiert, dass einige Fähigkeiten oder Freiheiten instinktiv sind und durch zu viel Nachdenken verlorengehen können.

Kaffee und Prager Spezialität

1. **Schlechter Kaffee und Prager Spezialität**: Diese symbolisieren Enttäuschungen und das Verlangen nach Vertrautem oder Komfort.

2. **Deutsche Spezialitäten**: Der Genuss deutscher Spezialitäten könnte das Bedürfnis nach Vertrautheit und Heimat symbolisieren.

Rosita Espinosa

1. **Rosita Espinosa (Bike)**: Dein Bike, personifiziert als Rosita Espinosa, symbolisiert Freiheit, Stärke und Abenteuerlust. Es steht für deine Unabhängigkeit und deine Fähigkeit, Hindernisse zu überwinden.

2. **Vorbereitung auf die Fahrt**: Die Vorbereitungen für die Fahrt und der Klang des Motors symbolisieren deine Be-

reitschaft, vorwärts zu gehen, Hindernisse zu überwinden und deine Ziele zu verfolgen.

Zusammenfassung

Dein Traum spiegelt eine Reise durch verschiedene Phasen deines Lebens wider, von beruflichen Verpflichtungen über das Bedürfnis nach Freiheit und Abenteuer bis hin zur Bewältigung von Hindernissen. Das Fliegen symbolisiert deine Fähigkeit, über alltägliche Probleme hinwegzusehen und Freiheit zu erleben, während die Landung und die Baustelle Hindernisse und Unsicherheiten darstellen. Der Wechsel nach Prag und das Hören einer fremden Sprache deuten auf das Gefühl der Fremde und des Unbekannten hin, aber auch auf die Faszination des Neuen. Das Wiederfinden von Rosita Espinosa am Ende des Traums symbolisiert deine innere Stärke und Entschlossenheit, trotz aller Herausforderungen deinen eigenen Weg zu finden und zu gehen.

80
Wespen-Attacke

Wir sind unterwegs mit einem sehr langen und sehr breiten, flachen amerikanischen Straßenkreuzer, ein silbernes Cabrio – das Stoffdach ist nach hinten weggeklappt, die Sonne brennt vom stahlblauen Himmel, und wir cruisen gemächlich die Straße entlang. Wir – das sind ein junger Mann an meiner linken Seite (mein Kumpel M.?); wir sitzen zusammen auf der Rückbank), ich in der Mitte, rechts neben mir sitzt eine junge Frau. Wir gehören zusammen, sind Freunde, genießen die Ausfahrt. Am Steuer sitzt mein Vater (oder jemand, der meinem – jungen – Vater verdammt ähnlich sieht, denke ich). Wir sind sommerlich gekleidet, man kann viel Haut sehen, wir strecken unsere Oberkörper weit nach hinten auf die Lehne der Rückbank aus (rotes Leder), damit wir möglichst viel Sonne abbekommen. Wir haben schicke Sonnenbrillen auf, wir rauchen Zigaretten. Als wir so nebeneinander herumlümmeln, will ich mein Handy zücken, um ein Foto von uns zu machen – das gäbe ein schönes Bild von uns dreien. Ich hole mein Handy hervor, doch bevor ich das Foto machen kann, sagt der Fahrer (jetzt sehe ich: es ist doch nicht mein Vater), dass wir uns gleich der Grenze nähern würden, wir hätten aber nur für drei Personen Papiere dabei, ich solle mich fertigmachen, ich solle mich so – zu Fuß – allein weiter durchschlagen, er, der Fahrer, der nicht mein Vater ist, würde mich dann später mit dem Auto wieder einsammeln. O.k., sage ich, kein Problem. Ich springe aus dem Wagen, schultere meine Tasche und laufe los. Die anderen winken, fahren weiter. Ich passiere die Grenze problemlos zu Fuß (ich reise von Mexiko aus in die USA ein, ich war noch nie in Texas, aber das hier muss wohl Texas sein). Ich laufe eine lange, staubige Straße entlang, rechts und links Wüste, ein paar Büsche. Ich mag dieses staubige, nur von ein paar Büschen bestandene, weite, heiße, sonnige Nichts. Ich gelange zu einem kleinen Straßendorf mit hübschen, gepflegten Adobe-Bauten aus Lehm, sie haben kleine Fenster, kleine Türen, und die Ecken und Kanten sind abgerundet. Immerhin ist die Straße jetzt gepflastert, es läuft sich besser. Auf dem kleinen Platz in der Dorfmitte (herrlich, hier spenden ein paar große Bäume Schatten gegen die brennende Sonne) ist heute Markt. Verschiedene Schrauber, allesamt Privatpersonen, bieten Motorradteile oder gleich ganze

Mopeds zum Verkauf oder zum Tausch an, es handelt sich fast ausschließlich um Harleys oder Teile davon. Auch Deutsche sind unter denen, die hier ihre Teile zum Verkauf anbieten, eine Fahr- und Schraubergemeinschaft. Vielleicht sind sie auch hierhin ausgewandert, denke ich, und wohnen jetzt an diesem eigentlich ganz schönen, ruhigen und friedlichen Ort. Gewissenhaft platzieren sie ihre Teile an einer schattigen Häuserwand. Ich schaue mir alles in Ruhe an, entdecke, dass man sich mit dem feilgebotenen Material mühelos eine schöne, alte, originale Sporty zusammenschrauben könnte – Motor, Rahmen mit Sitz und Lenker, Räder, Bereifung, Federbeine, Auspufftöpfe – alles da. Doch ich entscheide mich für eine schwarze Fat Boy, die ein Stück weiter an der Seite steht. *Rosita Espinosa, ich fahr mit dir nach Washington, nach Alexandria oder bis ans Ende dieser Welt. Rosita Espinoza, räche meine Freunde, töte meine Feinde, vergib dem Verräter. Rosita Espinosa, du bist sexy, du bist schlau, du bist schnell, deine Klinge ist scharf. Rosita Espinoza, alles, was zählt, ist die Hoffnung, traue nicht dem Alp, trotze dem Fluch, doch: rechne mit dem Tod und schieß uns den Weg frei – auf nach Alexandria.* Rosita ist nicht mehr die Jüngste, aber sie ist schwarz, ehrlich, einfach, original und unverbaut. Die Lenkerstellung passt, sie springt sofort an, läuft ruhig, verliert kein Öl – Deal! Ich fahre grinsend in die Nacht hinein und gelange nach einer Weile in eine Stadt – es kommt mir vor, als wäre es die Altstadt von Leipzig (lange nicht mehr hiergewesen!), ich mache an einer Wiese an einem Flußufer Halt, setze mich ins Gras und schaue auf die andere Flußseite (welcher Fluß fliesst denn genau durch Leipzig, denke ich, die Weiße Elster?). Ich schaue mich um – rechts neben mir steht eine Bogenbrücke, sie ist aus Stein erbaut und sieht sehr alt aus, historisch (Mittelalter?). Durch das große

Erdbeben, das letztens ganz Deutschland erschüttert hatte, sind ein paar Steine abgebröckelt, bei dem Mittelpfeiler zwischen den beiden großen, geschwungenen Bögen fehlt unten ein Stück (das wichtigste Stück, denke ich). Als jemand die Brücke hoch oben überquert, lösen sich Steine von der Fassade und fallen herab, ich muß höllisch aufpassen, dass ich keinen abbekomme. Auf der anderen Seite der Weißen Elster rumpelt eine Straßenbahn durch die ansonsten stille Nacht. Ein junger Mann kommt aus einem der Häuser und rennt der Straßenbahn hinterher. Wird er es bis zum nächsten Halt der Tram schaffen? Interessiert schaue ich zu. Der junge Mann gibt alles, er ist ein guter und ausdauernder Läufer. Auf einmal merke ich: der laufende junge Mann, das bin ich. Ich erreiche die Straßenbahn an der Haltestelle, die Türen öffnen sich, ich steige ein, die Türen schließen sich, wir fahren los – geschafft! Froh setze ich mich auf einen der freien Plätze, atme durch. In der hell erleuchteten Bahn lerne ich eine junge, attraktive Frau kennen, wir steigen gemeinsam aus, gehen zu ihr nach Hause, betreten ihr Wohnzimmer (Altbau, große Doppelkastenfenster, Stuck an der Decke, Rauhfaser-Weiß-Tapete, wenige Möbel, indirekte Beleuchtung, ein paar Bilder an den Wänden, eine Couch (oder ein kleines Bett?), nichts, an dem das Auge hängenbleibt. Auf einmal verwandelt sich die Frau in eine Wespe (oder ist es eine Hornisse?), das Insekt ist ziemlich groß, es ist sogar erstaunlich groß, so eine große Wespe habe ich noch nie gesehen, denke ich, und: ich wusste, dass mit der Frau irgend etwas nicht stimmt! Die Wespe attackiert mich. Das könnte gefährlich werden, denke ich, ich muss mir etwas einfallen lassen, muss schnell reagieren. *The swiftness of my sword is an understatement of my art of war / A pleasure without conscience, feeds me, to want more / Prin-*

ciples of karma, death before dishonor /Shadows my eyesight
procedes me to fight harder / For the number one headband,
stand alone as one man / Afro Samurai can be defeated by no
clan. Auf dem Schreibtisch liegt ein schwerer Briefbeschwerer
aus Marmor, ich bewaffne mich mit ihm, werfe den Stein in
Richtung Riesenwespe. *So the moves I create is my own unique*
vision / Strike my subconscious mind, individual essence / The
most masterful opponent, will fall victim to my weapon / The
most masterful opponent, will fall victim to my weapon / I'm
not immortal, real aggressive, attitude is rude / I got a knack
for killin and I refuse to lose. Treffer! – guter Wurf, denke ich.
Die Wespe geht zu Boden. Ich begutachte sie, bin bereit, ihr
den Rest zu geben, sie endgültig zu killen. Die Wespe schleppt
sich zum Bett, das in der Ecke des Zimmers steht. Sie tut mir
leid, ich lasse sie am Leben (aber ich beobachte sie weiter, sicherheitshalber). Die Wespe erreicht das Bett, verwandelt sich
dort wieder in die Frau. Sie kommt mir bekannt vor, aber ich
bekomme nicht mehr zusammen, wo ich sie schon einmal gesehen haben könnte… Sie ist noch ein wenig benommen, ihr
Kopf brumme noch etwas, sagt sie, aber sonst sei sie wieder
o.k. Sie nimmt mir den Steinwurf nicht übel. Ich setze mich
zu ihr ans Bett, wir diskutieren über Kampfsportarten (sie ist
Judoka, ich Karateka – wir erörtern, was besser und effektiver
ist?). Wir einigen uns darauf, dass keine Kampfsportart besser
oder schlechter als eine andere ist, und dass es das Beste sei,
wenn man mehrere Stile und Arten des Kämpfens beherrscht.
Ich steige zu ihr ins Bett (oder ist es doch eine Couch?), die
Frau hat sich bereits bis auf ihren Slip entkleidet, wir berühren
uns, sind beide sehr erregt, und wir fallen übereinander her.

* * *

Fahrt im Cabrio

1. **Langes, breites Cabrio**: Das Cabrio symbolisiert Freiheit, Luxus und Lebensgenuss. Die Weite und das offene Dach deuten auf ein Gefühl von Ungebundenheit und Freiheit hin.

2. **Begleiter**: Deine Begleiter (Freunde und möglicherweise eine Vaterfigur) stehen für verschiedene Beziehungen und Rollen in deinem Leben. Die Gemeinsamkeit und das entspannte Beisammensein symbolisieren Verbundenheit und Harmonie.

3. **Fahrer ist nicht der Vater**: Das Umschlagen des Fahrers vom Vater zu jemand anderem könnte auf Veränderungen oder Unsicherheiten in Bezug auf Autoritätspersonen oder familiäre Bindungen hinweisen.

Grenze und Fußmarsch

1. **Grenze**: Grenzübergänge symbolisieren Übergänge im Leben, neue Phasen oder Herausforderungen.

2. **Alleine zu Fuß**: Der Weg zu Fuß symbolisiert Unabhängigkeit und die Bereitschaft, Herausforderungen alleine zu meistern.

3. **Von Mexiko nach Texas**: Diese Reise könnte für das Überwinden von Barrieren oder das Erreichen neuer Ziele stehen.

Straßendorf und Motorradmarkt

1. **Straßendorf**: Das Dorf und der Markt symbolisieren Gemeinschaft, Austausch und den Handel mit Ressourcen.

2. **Motorradteile**: Die Motorräder und Teile stehen für Individualität und das Zusammenfügen von Komponenten zu einem Ganzen. Das Zusammenschrauben symbolisiert das Zusammenfügen von Aspekten deines Lebens.

3. **Schwarze Fat Boy (Rosita Espinosa)**: Dein Motorrad symbolisiert Freiheit, Abenteuer und ein starkes, unverfälschtes Selbst. Rosita Espinosa verkörpert Stärke, Schnelligkeit und Unabhängigkeit.

Altstadt von Leipzig

1. **Wiese und Flussufer**: Die Natur und das Wasser symbolisieren Ruhe, Reflexion und die ständige Bewegung des Lebens.

2. **Bogenbrücke und Erdbeben**: Die Brücke symbolisiert Verbindungen und Übergänge, während das Erdbeben für unerwartete Veränderungen und Herausforderungen steht.

3. **Straßenbahn und junger Mann**: Die Verfolgung der Straßenbahn symbolisiert das Streben nach Zielen und das Überwinden von Hindernissen.

Wohnzimmer und Verwandlung

1. **Wohnzimmer**: Das Wohnzimmer steht für Intimität und den privaten Bereich deines Lebens.

2. **Frau verwandelt sich in Wespe**: Die Verwandlung symbolisiert unerwartete Veränderungen oder Bedrohungen, die von vertrauten Menschen ausgehen können.

3. **Kampf mit der Wespe**: Der Kampf mit der Wespe steht für innere Konflikte oder Herausforderungen, die du bewältigen musst.

Kampfsport und Diskussion

1. **Kampfsportarten**: Die Diskussion über Kampfsportarten symbolisiert den Vergleich von Fähigkeiten und Techniken im Leben. Es deutet auf die Suche nach dem besten Ansatz zur Bewältigung von Herausforderungen hin.

2. **Einvernehmen**: Die Einigung darauf, dass verschiedene Stile und Techniken wichtig sind, symbolisiert die Erkenntnis, dass Vielfalt und Anpassungsfähigkeit Schlüssel zum Erfolg sind.

Intimität

Intimität mit der Frau: Die Intimität symbolisiert den Wunsch nach Nähe, Verbindung und körperlicher Zuneigung. Die Erregung und das Überwinden der Frau stehen für das Streben nach Vereinigung und das Überwinden von Konflikten.

Zusammenfassung

Dein Traum zeigt einen Weg von Freiheit und Abenteuer über Herausforderungen und innere Konflikte hin zu Erkenntnis und Intimität. Er spiegelt dein Streben nach Unabhängigkeit, deine Fähigkeit, Hindernisse zu überwinden, und deine Suche nach Harmonie und Verbindung wider. Der Traum deutet darauf hin, dass du bereit bist, Veränderungen anzunehmen und aus verschiedenen Erfahrungen zu lernen, um ein erfülltes und ausgewogenes Leben zu führen.

81
Wasser-Wege

Wir – meine Begleiterinnen und ich – gehen zu Fuß die Rudolf-Breitscheid-Straße in Eichwalde bei Berlin entlang. Unser Ziel ist der Kulturpalast, dort gibt es heute ein Konzert. Als wir beim Kulturpalast ankommen, dämmert es bereits. Die Türen sind noch geschlossen, es geht noch nicht los. Wir müssten uns noch einen Augenblick gedulden, heisst es. Wir bestellen uns an der Bar einen Drink (ich eine Bitter Lemon), setzen uns, reden. Nach einer Weile fragt eine der Frauen, wo wir denn schlafen wollen. Ich schlage vor, dass wir uns ein Zelt aufbauen in unserem Garten in Schulzendorf, das sei ganz in der Nähe, fußläufig schnell zu erreichen. *Schulzendorf, Brandenburg, Täterätä, tausend Kinderschritte vom Bahnhof entfernt, das weiße Gartenhaus ist aus Stein, es ist meine, unsere Festung, die Familie – ein Clan.* Unser Gartenhaus ist ein Zelt, es ist groß genug für uns vier. Wir werden uns aneinander kuscheln müssen, aber es wird gehen. Ich werde außen schlafen, nehme ich mir vor, neben mir W., hinter ihr die anderen, so könnte das klappen. Doch ich habe den Schlüssel für das Gartengrundstück nicht dabei. *Vier schlanke, weiße Birken tanzen im warmen Sommerwind, in jeder Ecke des Grundes steht eine, sie wachen über unser Hollywoodschaukel-Glück.* Ich laufe los, ich muss den Schlüssel holen, kein Problem. Ich laufe Richtung S-Bahnhof Eichwalde. Dort angekommen, stelle ich einen kleinen Verkaufsstand auf, das geht ganz fix. Ich habe einige kleine Soldaten-Spielzeug-Figuren aus Plastik und aus Metall dabei (teilweise sehr alt: antik), die will ich hier feilbieten und verkaufen. Ein guter Platz, denke ich, hier kommen viele Menschen vorbei. Ein junger, schlanker, schmieriger Typ mit einem schwarzen Hoodie schaut sich mein Angebot an, greift sich eine Figur und will sich damit aus dem Staub machen – ohne zu bezahlen. Ich folge ihm ein paar Schritte, greife ihn am Schlawittchen. *The most masterful opponent, will fall victim to my weapon / The most masterful opponent, will fall victim to my weapon / I'm not immortal, real aggressive, attitude is rude / I got a knack for killin and I refuse to lose.* Ich streife dem Dieb seine Kapuze herunter, um zu sehen, was das für ein Früchtchen ist. Ich staune, denn sein Gesicht ist ebenfalls aus Plastik und aus Metall, wie meine Spielzeug-Figuren, es ist weiß geschminkt / angestrichen, die Farbe ist schon ein wenig abgeblättert, ein Stück von der Nase ist abgebrochen. Seine Augen sind bläulich leuchtende Lampen. Sein Kopf, sein Hirn – eine Maschine. Ein Cyborg, denke ich, wie kommt der denn hierher, und: cool, so etwas einmal selbst live sehen zu können. Ich wusste immer, dass sie unter uns sind. Doch ich bin auch besorgt: gibt es hier noch mehr von denen? Eine heimliche Invasion? Ich stelle mir die Schlagzeilen in den Nachrichten vor: Maschinen unterwanderten unbemerkt die Menschen, jeder zweite Mensch ist bereits künstlich). Ich halte den Cyborg weiter am Kragen fest, schaue zu meinem Stand hinüber. In der Zeit, in der ich den Dieb festhalte, räumen seine Roboter-Kumpel meinen Stand leer – ein Ablenkungsmanöver, denke ich, clever, eine ganze Bande von denen also, na toll, nun sind meine ganzen Figuren weg. Der Cyborg reißt sich los, verschwindet; auch seine Kumpel sind auf einmal weg. Kein Problem, denke ich, die Figuren waren mir eh nicht wichtig, es waren nur Dinge, Sachen, nicht viel wert, nicht relevant. Viel wichtiger ist, dass ich tatsächlich echte Cyborgs gesehen habe. Mir fällt ein, dass ich ja noch das Boot habe. Das Boot hat mehrere Kabinen – klein zwar, aber perfekt für vier Personen, um eine Schlafstatt zu finden. Ich ändere meinen Kurs, will nun nicht mehr den Gartenschlüssel holen; ich laufe einfach weiter zum Boot. *Das Flüstern des Windes, das Rauschen der See, ich bin ein Wasserwanderer. Dieses Boot ist mein Boot – ein herrlich leuchtender Salon mit Ledersofa und eine große offene Plicht sind meine Welt; meine Limousine hat eine Vorschiffskabine mit einem schönen Doppelbett, ein Klo mit Bulleye auf der Backbordseite und oben ein hölzernes Rad und die Küche an Steuerbord.* Das Boot liegt nur ein paar Straßen weiter an einem Kanal. Ich finde es, es ist ein kleiner Dampfer mit einem großen Oberdeck. Ich betrete das Oberdeck, setze mich auf einen der weißen Plastik-Stühle an einen kleinen Tisch und hole meinen Proviant hervor. Als ich grade mit meinem Lunch beginnen möchte, betritt eine Schar von Touristen das Boot. Sie denken, dass ich Stadtrundfahrten durch Berlin anbiete. Ich sage, das sei eine Privatyacht, und dass sie bitte sofort das Boot verlassen mögen. Ich starte die Maschinen, sage: letzte Chance, das Boot zu verlassen. Murrend verlassen die Touris das Schiff, ich löse die Leinen und fahre los. *Ja, ich bin der Steuermann dieses stolzen weißen Rumpfes, der kräftige Motor ist mein bester Kamerad: über uns drohen die Häuser einzustürzen, doch wir setzen die Segel und fahren munter das Leben hinunter.* Der Kanal ist schmal, langsam wird es dunkel. Ich weiß, es gibt eine Wasserstraßen-Verbindung bis direkt vor den Kulturpalast, wo meine Freundinnen auf mich warten – aber ich kenne den genauen Weg nicht. Ich lege kurz am Ufer des Kanals an, suche eine Gewässerkarte, finde sie, schlage sie auf, schaue nach der besten Verbindung. Doch es ist mittlerweile zu dunkel – ich kann nur sehr schwer etwas erkennen. Die Wasserwege sind zudem nur sehr klein eingezeichnet. Zu gefährlich, um jetzt einfach weiterzufahren. Ich entscheide, hier erst einmal mit dem Boot liegen zu bleiben, bis es wieder hell wird. Da betritt unvermittelt eine junge Frau mein Boot, sie kommt auf mich zu, bleibt ganz nah vor mir stehen und sagt: bist du ein Orangegurt oder bist du ein Meister? Dann zeige es! Sie küsst mich fest und warm und feucht auf den Mund. Sie winkt mit der Hand Richtung Ufer, ein paar Freunde von ihr betreten jetzt ebenfalls das Schiff. Ich kenne sie, es sind auch meine Kumpel, die mir helfen und mir zur Seite stehen wollen. Recht hat sie, denke ich, sage: o.k., lass uns weiterfahren, never give up, gemeinsam schaffen wir das. Sie freut sich, nickt anerkennend, sagt, das hätte sie nicht anders von mir erwartet. Gemeinsam lösen wir die Leinen, Hebel auf den Tisch! Wir fahren eine Weile durch die Nacht, der Schiffsdiesel tuckert monoton, ich liebe dieses dumpfe, klackernde Geräusch und die feinen Vibrationen des Motors am Rumpf und auf dem Deck. Ich erledige ein paar Sachen auf dem Boot, denn meine Kumpel haben keine Ahnung vom Bootfahren. Sie wissen nicht, wie ein Boot funktioniert, und wie man sich an Bord verhalten muss. Ich zeige und erkläre ihnen alles, kein Problem. Wir nähern uns einer Kreuzung, zwei Kanalarme zweigen seitlich ab, einer geht weiter geradeaus. Spätestens jetzt muss ich mich entscheiden, ich muss den weiteren / den neuen Kurs festlegen, denke ich, wer weiß, wo wir sonst landen. Ich nehme Fahrt aus dem Schiff, übergebe das Steuer kurzzeitig an einen meiner Begleiter, setze mich mit der Frau an einen Tisch, um gemeinsam die Karte zu studieren. Sind wir noch auf dem richtigen Kurs? Welche Richtung müssen wir einschlagen, um zum Kulturhaus zu gelangen? Während wir die Karte studieren, gibt der Steuermann unvermittelt Gas, vielleicht unabsichtlich, denke ich – nicht so schnell!, rufe ich nach vorne, fahr langsamer! Doch es ist zu spät. Wir rasen durch den Kanal nach vorn. Ich sehe: die Wasserstraße verjüngt sich ein Stück weiter vorn – und endet dann ganz. Eine Sackgasse!, Gas weg!, rufe ich, und: wir sind zu schnell! Ich eile zum Steuerstand, übernehme das Ruder, stelle den Gashebel erst auf Neutral, warte, bis der Motor etwas abtourt, dann – klack – volle Kraft rückwärts. Doch wir haben zu viel Schwung drauf (unser kleiner Dampfer wiegt mindestens 20 Tonnen, wenn die einmal in Bewegung sind...). Das Ufer kommt gefährlich nahe, das Boot setzt mit dem Bug auf, es knirscht – ein Geräusch von Metall auf Kieselsteinen – ein Glück, kein scharfer Fels, denke ich. Wir sitzen kurz fest, dann rutscht das Boot von allein wieder zurück ins freie Wasser. Ich atme auf – das ist nochmal gutgegangen. Wir machen das Boot an einer Kaimauer fest. Inzwischen ist es wieder hell geworden. Ich sehe, dass wir uns inmitten eines belebten Platzes befinden, das Schiff liegt hier gut und sicher. Der Platz wirkt auf mich italienisch – sind wir in Venedig? Schön hier, denke ich. Ein schicker Karabinieri steht unweit unseres kleinen weißen Dampfers und schiebt Wache (was oder wen bewacht er?). Ich gehe von Bord, will mit meiner Frau telefonieren. Ich habe die Seekarte dabei und will sie mir nun endlich einmal in Ruhe bei Licht anschauen. Ich finde einen Platz am Rande der Piazza, breite die Seekarte auf einer steinernen Balustrade aus und vertiefe mich darin. Ich finde einen Weg, es ist gar nicht mehr so weit, in der Nacht hatten wir glücklicherweise bereits den richtigen Weg eingeschlagen. Ich greife zum Telefon, um Bescheid zu sagen, dass ich nun den Weg kenne und bald da sein werde. Da kommt von seitlich hinten ein Mann auf mich zu – gepflegtes Äußeres, hellbraun gefärbte Haare (erkennt man bei Männern sofort), hellbraune offene Lederjacke, und er trägt eine altmodische Herren-Handtasche um sein linkes Handgelenk (dass jemand noch so etwas trägt, wundere ich mich). Ob ich ein Tourist sei, fragt er mich. Nein, kein Tourist, sage ich, und dass ich zu tun habe. Der Mann bleibt hartnäckig, er fragt, ob ich allein hier sei – und ob ich Begleitung wünsche, seine Begleitung. Ich sage: ich bin nicht allein, ich bin mit meinen Freunden hier, ich komme klar, auf Wiedersehen. Ich möchte den Mann möglichst rasch loswerden, gebe ihm unmißverständlich zu verstehen, dass er eine Fliege machen soll, sonst... Ich mache eine Drohgebärde mit meiner Faust, drehe mich wieder zu meiner Seekarte, vergesse den Mann augenblicklich wieder. Da sehe ich aus den Augenwinkeln, dass der Mann schräg hinter mir ein (Küchen-) Messer zückt, damit über seinem Kopf ausholt (die Klinge sieht scharf aus, grüner Plastikgriff, Klingenlänge vielleicht 20 Zentimeter, schätze ich), und auf mich einstechen will. *Afro Samurai can be defeated by no clan / A warrior of the street through my travels of land / In any shape form or fashion, kill the streets dramatic fashion / Become unpredictable when I strike there's no missin you / My aim is too precise, move forward and real pivotal / Take sips of lemonade, take lives with my blade / Revenge my father's death ,til I reach my final days / Kill kill kill, Afro Samurai.* Ich drehe mich blitzschnell um, checke die Lage. Ich kann nicht nach hinten ausweichen (eine Wand) und auch nicht zur Seite (da steht die steinerne Balustrade). O.k., denke ich, kein Problem. Ich drehe mich blitzschnell nach hinten um, mich dabei ein Stück auf den Mann zubewegend, als dieser weit mit dem Messer ausholt, weiche, soweit es geht, mit meinem Körper nach rechts aus, meine Rechte schützt mein Gesicht und meinen Körper, und mit meiner Linken übernehme ich sein rechtes Messer-Handgelenk, als es nach unten rauscht, und führe seine Ausholbewegung bogenförmig nach unten weiter, bis das Messer in seinem rechten Oberschenkel steckt. Er ist überrascht, schreit auf vor Schmerzen. Das hatte er nicht erwartet. Ich nutze den Überraschungs-Moment, um den rechten Arm des Mannes auf seinem Rücken in einem Transportgriff zu fixieren, ich trete ihm von hinten in die Kniekehlen, er geht zu Boden, nun liegt er vor mir auf dem Bauch, seinen rechten Arm habe ich noch immer mit dem Hebel fixiert. Er wehrt sich noch immer, will nicht aufgeben. O.k., das ist dumm, denke ich, ich überdehne seinen Arm, bis er knackt. Deine Entscheidung, mein Freund, tut mir leid. Das Messer steckt noch immer in dem Oberschenkel des Mannes. Ich lasse von ihm ab. Der Mann rappelt sich schwerfällig auf, überall ist Blut. Er zieht mit der linken Hand das Messer aus seinem rechten Bein, verschwindet humpelnd und fluchend im Gewühl der Menschen, ohne sich noch einmal umzudrehen. Mit seiner Linken hält er seinen rechten Unterarm, der unkontrolliert beim Laufen neben seinem Körper hin- und her schlackert. Ich hole tief Luft, schaue unauffällig zu dem schicken Karabinieri herüber, der hat zum Glück nichts von der Sache bemerkt, (oder er wollte nichts bemerken, denke ich). Ich rolle in Ruhe meine Gewässerkarte zusammen, mache mich auf den Weg zurück zum Boot. Jetzt erstmal mit einem frischen Kaffee aufs sonnige Oberdeck, denke ich. Und dann sehen wir weiter.

* * *

Begleiter und Ziel (Kulturpalast)

1. **Begleiterinnen und du**: Diese Frauen könnten verschiedene Aspekte deines Lebens oder deiner Persönlichkeit repräsentieren, die dich auf deiner Reise begleiten.

2. **Kulturpalast und Konzert**: Ein Kulturpalast ist ein Ort der Kunst und Kreativität. Das Konzert könnte für die Sehnsucht nach Kultur, Freude und gemeinschaftlichen Erlebnissen stehen.

Warten und Gartenhaus

1. **Warten auf das Konzert**: Dies könnte ein Symbol für Geduld und das Warten auf etwas Wichtiges in deinem Leben sein.

2. **Gartenhaus als Zelt**: Das Gartenhaus symbolisiert Sicherheit und Geborgenheit. Dass es zu einem Zelt wird, könnte auf Flexibilität und Anpassungsfähigkeit hinweisen.

Schlüssel holen und Verkaufsstand

1. **Schlüssel nicht dabei**: Der fehlende Schlüssel könnte ein Gefühl des Unvorbereitetseins oder Hindernisse im Zugang zu etwas Wichtigem symbolisieren.

2. **Verkaufsstand mit Spielzeugfiguren**: Das Verkaufen von Figuren könnte auf das Bedürfnis hinweisen, sich von alten Dingen zu trennen oder Erinnerungen zu verarbeiten.

Diebstahl und Cyborg

Cyborg-Dieb: Der Cyborg symbolisiert das Unbekannte oder Bedrohliche in deinem Leben. Es könnte auch auf eine Wahrnehmung hinweisen, dass Menschen oder Situationen nicht so sind, wie sie scheinen.

Boot als Zufluchtsort

1. **Boot**: Das Boot symbolisiert Freiheit, Unabhängigkeit und die Fähigkeit, deinen eigenen Weg zu navigieren. Es ist auch ein Symbol für das Unterbewusstsein und steht für eine emotionale Reise.

2. **Touristen auf dem Boot**: Diese könnten äußere Einflüsse oder Ablenkungen darstellen, die dich von deinem Kurs abbringen wollen.

Suche nach dem Weg und Karte

Gewässerkarte: Die Karte symbolisiert Orientierung

und die Suche nach dem richtigen Weg. Dass es dunkel ist, erschwert diese Suche und könnte Unsicherheiten im Leben darstellen.

Frauen und Freunde an Bord

1. **Frau und Freunde**: Diese Menschen repräsentieren Unterstützung und Gemeinschaft, die dir helfen, deinen Weg zu finden und Herausforderungen zu meistern.

2. **Frage nach dem Gürtel (Orangegurt, Braungurt, Meister)**: Diese Frage könnte auf die Suche nach Identität und Fähigkeiten hinweisen. Es ist eine Aufforderung, sich zu beweisen und zu zeigen, wer du wirklich bist.

Entscheidungen und Hindernisse

1. **Kreuzung der Wasserwege**: Diese symbolisiert Entscheidungen im Leben und die Richtung, die du einschlagen musst.

2. **Boot setzt auf und freies Wasser**: Dies könnte auf Herausforderungen und das Überwinden von Hindernissen hinweisen.

Platz in italienischer Stadt

1. **Italienischer Platz**: Dies könnte auf Sehnsucht nach Schönheit, Kultur und einem geordneten Leben hinweisen.

2. **Karabinieri**: Die Polizisten stehen für Ordnung und

Kontrolle, vielleicht auch für äußere Erwartungen und Regeln.

Bedrohung und Selbstverteidigung

1. **Mann mit Messer**: Diese Szene könnte auf innere Konflikte oder Bedrohungen hinweisen, die du in deinem Leben wahrnimmst.

2. **Verteidigung und Überwältigung des Angreifers**: Deine Fähigkeit, dich zu verteidigen, symbolisiert Stärke und Entschlossenheit, Herausforderungen zu meistern.

Rückkehr zum Boot

Rückkehr zum Boot: Dies symbolisiert eine Rückkehr zur Sicherheit und Selbstkontrolle. Der Kaffee steht für Ruhe und Sammlung nach einer intensiven Erfahrung.

Zusammenfassung

Dein Traum zeigt eine Reise, die von Unsicherheiten und Herausforderungen geprägt ist, aber auch von Gemeinschaft, Unterstützung und der Fähigkeit, Hindernisse zu überwinden. Es ist eine Reflexion deines inneren Kampfes, deiner Suche nach Identität und Richtung sowie deiner Fähigkeit, dich zu verteidigen und deinen eigenen Weg zu finden. Es ist ein Traum von Wachstum, Entschlossenheit und der Sehnsucht nach einem harmonischen und erfüllten Leben.

82

Birn-Baum

Die Invasion der feindlichen Truppen steht unmittelbar bevor. Ich stehe mit anderen in einem Garten, wir scannen den Nachthimmel nach Raketen und Militärflugzeugen ab. Wir stehen hinter einer Hecke, sie trennt das Grundstück zur Straße hin ab. Auf einmal sehe ich / sehen wir, wie feindliche Soldaten mit Sturmgepäck, Maschinengewehr feuerbereit, und mit aufgepflanztem Bajonett die Straße entlanghuschen, direkt vor unserer Hecke entlang. Es sind Dutzende, Hunderte. Und es kommen immer mehr, ein nicht abreißender Strom von Kämpfern. Auf der Straße folgen Panzer, schwere Panzer. Die Motoren dröhnen, die Ketten quietschen. Sie sind feuerbereit, ein Schuss, und alles liegt in Schutt und Asche. Wir eilen geduckt zu dem in der Nähe stehenden Haus – nur kein Geräusch machen, nur nicht auffallen, denke ich – wir huschen eine Treppe hinab, steigen in einen Keller. Hier haben bereits viele andere Menschen Zuflucht gesucht. Sie schauen uns ängstlich an. Wir schließen hinter uns die Tür, setzen uns zu ihnen, schweigen gemeinsam, warten. Im hinteren Teil des Kellers flackert eine Kerze. Auch Kinder sind hier unten. Ich stehe auf, schaue aus einem der flachen Kellerfenster nach draußen Richtung Straße. Ich sehe: Feindliche Soldaten laufen auf unser Haus zu, sie sind schon kurz vor dem Eingang zum Keller. Ich rufe leise: Wo ist der Hinterausgang (ich weiß, dass da irgendwo einer sein muss, ich weiß aber nicht, wo). Jemand springt auf, rennt zum Hinterausgang, öffnet die Tür. Wir laufen geduckt und leise in einer Reihe, weg von dem Haus. Wir sind diszipliniert, alles läuft geordnet und ruhig ab. Ich bin in der vordersten Gruppe.

Wir eilen schmale Pfade entlang, laufen durch hohes Gras, überwinden spielend leicht Gartenzäune, laufen über fremde Grundstücke. Hinter uns fallen Schüsse. Wir laufen weiter, immer weiter. Wehe, wenn sich uns jetzt jemand in den Weg stellte. *The swiftness of my sword is an understatement of my art of war / A pleasure without conscience, feeds me, to want more / Principles of karma, death before dishonor / Shadows my eyesight procedes me to fight harder / For the number one headband, stand alone as one man / Afro Samurai can be defeated by no clan.* Vor mir sind zwei Männer aus meiner Gruppe, sie laufen auf einen Zaun zu. Ich bin jetzt an dritter Stelle. Die beiden Männer vor mir überwinden den Zaun, laufen auf einem fremden Grundstück weiter. Ich bin dabei, ebenfalls den Zaun zu überwinden, da sehe ich, wie zwei Rottweiler auf die beiden Männer zulaufen. Sie knurren dumpf und gefährlich, fletschen sie Zähne, sie greifen die Männer an, verbeißen sich in sie. Ich sitze oben auf dem Zaun und schaue zu. Ich kann nicht helfen, ich trage jetzt die Verantwortung für die Gruppe allein, wir müssen weiter, schnell. Ich springe außen wieder vom Zaun herunter, laufe weiter, immer weiter. Die Fliehenden, welche hinter mir laufen, folgen mir leise. Ich laufe schnell, ich bin ein Marathonläufer. Das zahlt sich jetzt aus, denke ich. *A warrior of the street through my travels of land / In any shape form or fashion, kill the streets dramatic fashion / Become unpredictable when I strike there's no missin you / My aim is too precise, move forward and real pivotal / Take sips of lemonade, take lives with my blade / Revenge my father's death ,til I reach my final days / Kill kill kill, Afro Samurai.* Ich gelange in eine Kleinstadt, laufe auf Kopfsteinpflaster weiter. Fremde Menschen sind hier unterwegs, aber sie sind uns nicht feindlich gesinnt. Ich reduziere mein Tempo, laufe immer langsamer, zwinge mich schließlich dazu, zu gehen. Jetzt bin ich / sind wir nur noch unauffällige Spaziergänger. Wir haben es geschafft, haben die Verfolger abgeschüttelt. Ab jetzt geht jeder seinen eigenen Weg weiter. Nur nicht auffallen, denke ich. Ich bin in Berlin, so wie es früher einmal war, Prenzlauer Berg. Hier droht keine Gefahr mehr. Ich biege in eine Hof-Einfahrt ein, steige eine seitlich am Haus befindliche Treppe hinab, befinde mich plötzlich in dem Lagerkeller einer Alt-Berliner Brauerei. Kräftige Männer mit Lederschürzen beladen Wagen mit Bierkästen und Fässern. Sie sagen: so einen wie dich können wir hier gut gebrauchen. Ich willige ein, trage Bierkästen. Sie nicken anerkennend. Ich bin einer von ihnen. In einer Pause hole ich mein kleines Holzkästchen hervor, in dem sich alle meine Habseligkeiten befinden: Papiere, Geld, alles noch da. Ich atme auf. Doch plötzlich rückt auch hier die feindliche Armee an. Die Panzer haben bereits die Kopfsteinpflaster-Straße erreicht. Bald werden sie auch hier in der Brauerei sein. Ich weiß, was das für uns bedeutet, ich muss hier weg. Also laufe ich weiter, lande schließlich in einem Keller-Raum, der spärlich beleuchtet ist. Der Raum ist voller leicht bekleideter Frauen. Den Frauen geht es schlecht, sie haben kein Geld, sie haben nichts, sie haben Hunger. Sie prostituieren sich. Es ist Krieg. Männer gehen in dem Raum ein und aus. Ich schaue mich kurz um, Frauen sprechen mich an, ich schüttle den Kopf, verlasse diesen Ort. Das ist ein schlechter Ort zum Untertauchen, denke ich. Ich gehe weiter, gelange schließlich an einen Platz, eine Lichtung mitten im Wald. Hier steht eine Dampflok, der Lokführer trifft letzte Vorbereitungen für die Abfahrt. Er spaltet Holz, sortiert es auf den Waggon hinter der Lok (seltsam, denke ich, werden denn Dampfloks neuerdings mit Holz und nicht mehr mit Kohle befeuert?). Links und rechts der Gleise kampieren Männer, Flüchtlinge wie ich, sie haben sich um kleine Lagerfeuer gruppiert. Wir haben alles hinter uns gelassen. Nur weg von hier, nur überleben. Der Lokführer gibt ein Zeichen, wortlos steigen wir in die Waggons, der Zug ruckt an, wir fahren. Ich bin müde, schlafe ein, träume: ich bin in einem Garten, gemeinsam mit meiner Mutter K. sammle ich von der Wiese Eicheln auf, die von einem großen, alten Eichenbaum heruntergefallen sind. *Schulzendorf, Brandenburg, Täterätä, tausend Kinderschritte vom Bahnhof entfernt, das weiße Gartenhaus ist aus Stein, es ist meine, unsere Festung, die Familie – ein Clan. Vier schlanke, weiße Birken tanzen im warmen Sommerwind, in jeder Ecke des Grundes steht eine, sie wachen über unser Hollywoodschaukel-Glück.* Wir wollen die Eicheln gemeinsam einpflanzen und eine Hecke daraus ziehen. Wir wissen: dafür benötigt man viel Geduld, es dauert viele Jahre, bis sie mannshoch ist. Aber eines Tages wird hier eine große, hohe, stattliche Hecke stehen, die niemand überwinden können wird. Meine Mutter sagt: hier, hinter der Hecke, soll einmal ein Birnbaum stehen. Ich sage: ja, hier pflanzen wir einen Birnbaum.

* * *

Invasion und Bedrohung

1. **Feindliche Truppen**: Diese könnten für äußere Bedrohungen oder Ängste stehen, die du in deinem Leben empfindest. Es könnte auch auf eine bevorstehende Veränderung oder Herausforderung hinweisen.

2. **Garten und Hecke**: Der Garten symbolisiert oft das eigene Leben oder die persönliche Sphäre. Die Hecke könnte Schutz und Abgrenzung darstellen.

3. **Verstecken im Keller**: Dies könnte auf das Bedürfnis hinweisen, Schutz und Sicherheit zu suchen, vielleicht vor einer emotionalen oder realen Bedrohung.

Flucht und Disziplin

1. **Flucht durch den Hinterausgang**: Das zeigt, dass du nach Wegen suchst, schwierigen Situationen zu entkommen. Die disziplinierte Flucht könnte auf deine Fähigkeit hinweisen, auch in stressigen Situationen ruhig und organisiert zu bleiben.

2. **Laufen und Hindernisse überwinden**: Dies könnte für deine Ausdauer und Entschlossenheit stehen, Herausforderungen zu meistern. Es könnte auch auf einen realen oder metaphorischen Weg hinweisen, den du in deinem Leben beschreitest.

Rottweiler und Hindernisse

Angriff der Rottweiler: Diese könnten für unerwartete Hindernisse oder Gefahren stehen, die auf deinem Weg auftauchen. Deine Entscheidung, außen am Zaun entlangzulaufen, zeigt Anpassungsfähigkeit und Klugheit.

Kleinstadt und Unauffälligkeit

Alt-Berlin, Prenzlauer Berg: Diese spezifischen Orte könnten für Erinnerungen oder bestimmte Lebensabschnitte stehen. Das Gehen in Spaziergänger-Tempo, um nicht aufzufallen, könnte auf das Bedürfnis hinweisen, in schwierigen Zeiten Ruhe zu bewahren und unauffällig zu bleiben.

Arbeit in der Brauerei

1. **Brauerei**: Dies könnte ein Symbol für Gemeinschaft und Zusammenhalt sein. Dein Beitritt zur Gemeinschaft der Arbeiter zeigt dein Bedürfnis nach Zugehörigkeit und Anerkennung.

2. **Kästchen mit Habseligkeiten**: Dies könnte für deine persönlichen Werte und das, was dir im Leben wichtig ist, stehen.

Frauen im Keller und die Lokomotive

1. **Leicht bekleidete Frauen und Prostitution**: Dies könnte auf das Elend und die Opfer hinweisen, die Menschen in Krisenzeiten erleiden. Es könnte auch auf ein Gefühl der Hilflosigkeit oder des Mitgefühls für andere hinweisen.

2. **Lokomotive und Abfahrt**: Die Lokomotive symbolisiert oft eine Reise oder einen Übergang. Das Einsteigen in den Zug könnte auf den Wunsch nach einem Neuanfang oder das Streben nach Sicherheit und Stabilität hinweisen.

Garten und Eicheln

1. **Garten und Eicheln**: Der Garten steht wieder für dein Leben. Das Sammeln und Einpflanzen der Eicheln könnte für Geduld, Hoffnung und die langfristigen Ziele stehen, die du in deinem Leben hast.

2. **Hecke und Birnbaum**: Die Hecke symbolisiert Schutz und Sicherheit, während der Birnbaum für Wachstum, Fruchtbarkeit und zukünftige Ernte stehen könnte.

Zusammenfassung

Dein Traum reflektiert eine Mischung aus Angst, Flucht, Hoffnung und dem Streben nach Sicherheit und Gemeinschaft. Er zeigt, dass du in schwierigen Zeiten nach Schutz suchst und gleichzeitig entschlossen bist, Hindernisse zu überwinden. Die Symbole von Garten, Hecke und Bäumen deuten darauf hin, dass du langfristige Ziele und die Hoffnung auf eine bessere Zukunft hast, trotz der Herausforderungen, denen du gegenüberstehst.

83
Strand-Esel

Ich laufe durch ein Bürohaus, es gibt mehrere Gänge, welche die Räume miteinander verbinden. Ich durchstreife verschiedene Räume. In einem treffe ich einen jungen Mann. Es stellt sich heraus, dass er wie ich in Berlin Jura studiert hat. Wie ich hat auch er sein Studium nicht beendet. Im Gegensatz zu mir, der ich längst einen anderen Beruf ausübe, will er es (nachdem er sich einige Zeit anderen Dingen gewidmet hat) doch

noch versuchen und sich der ersten juristischen Staatsprü-
fung stellen. Ich unterhalte mich mit ihm, wünsche ihm viel
Glück, Er geht zum Repetitorium (da hat sich nicht viel verändert, denke ich), ich durchstreife weiter die Räume. Ich gelange zu einem Office, in dem ein Mann Sachen zum Verkauf
anbietet, gebrauchte Dinge, insbesondere Bücher, auch einige
gut erhaltene, alte, originale japanische Mangas sind darunter. Ich blättere sie durch, habe aber kein Interesse. Er bietet
auch selbstgeschlachtetes Fleisch an und verteilt Probierpor-
tionen auf Papptellern, reicht Plastikgabeln dazu. Wir setzen
uns an einen großen Bürotisch, probieren das Fleisch. Es ist
zart und sehr wohlschmeckend. Ich überlege, von welchem
Tier das Fleisch wohl stammen könnte, komme aber nicht
darauf. Schmeckt wie Wildschwein, denke ich, dafür ist es
aber zu zart. Als wir fertig sind mit dem Essen, sagt der
Mann, jeder möge so viel für das Essen zahlen, wie er mag.
Jeder setze den Preis dafür selbst fest. Der erste Mann steht
auf, sagt zehn Euro? Der Verkäufer nickt zufrieden. Der
Mann legt einen Zehner auf den Tisch. Das ist mir zu blöd.
Ich gehe, denke: „probieren" hat er gesagt, und probieren ist
nun mal gratis. Ich verlasse das Gebäude, gelange auf einen
Hof, ich laufe zu einem Sanitärgebäude (flaches Backsteinge-
bäude), gehe hinein, will mir an einem Waschbecken meine
fettigen Hände waschen (ich hatte das Fleisch mit den Händen gegessen, wollte keine Plastikgabeln). Draußen ist es bereits dunkel geworden. Ich schaue in den Spiegel. Ich bin erstaunt: ich habe lange, dichte Haare. Sie reichen mir bis zur
Schulter, sind leicht gewellt, hellbraun. Yeah, denke ich das
steht mir. Ich bin Yoshi Fabene, the Afro Samurai! Auf einmal
öffnet sich hinter mir die Tür, eine dunkle Gestalt huscht herein, bewegt sich von hinten schnell auf mich zu. Blitzschnell

drehe ich mich um, bin zu allem bereit. *The swiftness of my sword is an understatement of my art of war / A pleasure without conscience, feeds me, to want more / Principles of karma, death before dishonor /Shadows my eyesight procedes me to fight harder / For the number one headband, stand alone as one man / Afro Samurai can be defeated by no clan / A warrior of the street through my travels of land / In any shape form or fashion, kill the streets dramatic fashion / Become unpredictable when I strike there's no missin you / My aim is too precise, move forward and real pivotal / Take sips of lemonade, take lives with my blade / Revenge my father's death ,til I reach my final days / Kill kill kill, Afro Samurai.* Doch es ist nur Romano, der Schlager-Rapper aus Köpenick mit langem, blondem Zopf und Bomberjacke. Als er bei mir ist, lächelt er und sagt: Huhu. Ich lache, sage: da hast du ja nochmal Glück gehabt, und dass so etwas schnell auch mal schiefgehen kann. Ich verlasse das kleine Häuschen und laufe zum nahen Hafen. Ich fahre mit einem Boot, einem weißen Dampfer, es sind noch viele andere Menschen an Bord. Ich gehöre zu ihnen, aber ich kenne sie nicht. *Das Flüstern des Windes, das Rauschen der See, ich bin ein Wasserwanderer. Dieses Boot ist mein Boot – ein herrlich leuchtender Salon mit Ledersofa und eine große offene Plicht sind meine Welt; meine Limousine hat eine Vorschiffskabine mit einem schönen Doppelbett, ein Klo mit Bulleye auf der Backbordseite und oben ein hölzernes Rad und die Küche an Steuerbord. Ich bin der Steuermann dieses stolzen weißen Rumpfes, der kräftige Motor ist mein bester Kamerad: über uns drohen die Häuser einzustürzen, doch wir setzen die Segel und fahren munter das Leben hinunter.* Wir gelangen zu einem Hafen, alle steigen aus. Ich laufe zielstrebig durch das kleine Hafenterminal, während die anderen Fahrgäste noch vor dem Dampfer warten. In der Mitte des Terminals gibt es einen kleinen Fahrstuhl, ich betrete ihn mit zwei weiteren Personen, eine davon ist meine Frau M. – sie steht mir rechts gegenüber und ein junger Mann – er steht mir links gegenüber. Der Lift setzt sich in Bewegung, es ist sehr eng im Fahrstuhl, wir stehen alle drei sehr dicht beieinander. Ich denke über Platzangst nach, ich denke: in dieser Situation würde bestimmt so manch einer klaustrophobisch reagieren. Ich spreche über Klaustrophobie, aber ich habe keine. Das ist gut, denke ich beruhigt. Wir fahren nach oben. Der Lift hält, ich steige als erster aus (die Fahrstuhltür öffnet sich in meinem Rücken). Ich betrete ein Plateau – mit einem wunderbaren Strand. Weißer, feinsandiger Strand allerorten. Und viele, überwiegend junge Menschen, alles Models und Komparsen, auch Kinder sind dabei. Hier wird ein Film gedreht, und es werden Fotos gemacht. Jetzt ist allerdings gerade Pause, alle entspannen sich am Strand, tollen ausgelassen in dem weißen Zuckersand umher. Das Wasser sieht blaugrau aus. Es sieht unwirklich aus, fast etwas bedrohlich. Niemand geht baden. Das Meer erscheint mir auf einmal wie eine Kulisse. Interessant, denke ich, bemerke nur ich das? Kommt das denn niemand Anderem komisch vor? Am Strand gibt es einen Auflauf. Viele Menschen versammeln sich um Etwas – oder um Jemanden – herum. Ich bin neugierig, gehe ebenfalls zum Strand, schaue: es sind ein paar junge Robben, nein, bei genauem Hinsehen bemerke ich, dass es entweder ganz junge- oder bereits ausgewachsene, aber sehr, sehr kleine Strandesel sind. Sie kommen auf mich zu, wollen gestreichelt werden. Sie sehen struppig aus. Ich streichle sie nicht, vielleicht haben sie die Räude, denke ich. Ich gehe weiter, lasse die Strandesel stehen. Eine Frau schaut mich vorwurfsvoll an – so ein herzloser Typ, denkt sie bestimmt, denke ich, und: wie muß man wohl drauf sein, wenn man nichts für diese niedlichen Tierchen übrighat? Ich habe nichts für sie übrig, das steht fest. Ich will weiter, dorthin, wo die Sonne noch einen Teil des Strandes warm bescheint (der Strand hier ist nämlich schon schattig, es wird schnell kühl, bald schon wird die schräg stehende Sonne ganz untergegangen sein). Um zum Sonnenstrand zu gelangen, muß man einen Steinwall emporklettern, er sieht so ähnlich aus wie die Hucke bei Kloster auf Hiddensee, nur, dass hier die Steine lose übereinandergestapelt sind. Vor mir laufen zwei junge Männer, dunkle Haare, dunkle Haut, fremd klingende Sprache, sie klettern ohne Rücksicht auf Verluste nach oben, den Steinwall dabei teilweise zerstörend (einige der kunstvoll aufgeschichteten Platten fallen dabei herunter, gehen kaputt). Aber die beiden haben es schließlich geschafft, sitzen oben in der Sonne, schauen aufs Meer. Sie blicken zu mir herunter. Sie fragen sich, ob ich es auch versuchen werde. Ich werde. Als ich aber merke, dass ich nur nach oben gelangen kann, wenn auch ich Teile dieses kostbaren Steinwalls zerstören würde, gebe ich mein Unterfangen auf. Das ist es nicht wert, denke ich. Ich habe Achtung vor den Meistern, die dieses Bauwerk errichtet haben. Ich will es nicht kaputtmachen. Ich laufe weiter am Strand entlang, unterhalb des Walls. Es gibt hier eine Straße direkt am Strand, mit Häusern, Cafés, Boutiquen. Gleich vorn steht eine große, in den Sand gebaute Modelleisenbahn (Spurweite HO). Ich rufe meinen Sohn M., will ihm die Modelleisenbahn zeigen. Er kommt, schaut, staunt, nimmt eine der Loks prüfend in die Hand. Da bemerken wir, dass die Anlage einer Frau gehört (junge hübsche Asiatin, sie flirtet ein wenig mit mir). Ich finde sie auch nett, wir unterhalten uns. M. stellt die Lok wieder aufs Gleis

und verabschiedet sich, er habe noch etwas zu tun, sagt er.
Ich denke über M. und sein Studium nach, bald hat er es geschafft, denke ich, wie schön. Ich lasse die Asiatin stehen (sie
erinnert mich auf einmal an einen Cyborg aus einem SciFi-
Movie), gehe weiter. Ich will wieder zurück, diese Insel, dieser Strand gefallen mir nicht, kommen mir nicht geheuer vor,
ich habe genug davon. Ich laufe zu einem Hafen (es ist ein
anderer als der Ankunftshafen), dort gibt es an einem Pier
ein Gedränge. Alle wollen weg von hier – genau wie ich, denke ich. Vor mir stehen schon viele Menschen in der Schlange,
die auf das Schiff warten. Bald soll es hier sein. Ganz vorn
wird plötzlich extra für mich ein Tor geöffnet, jemand blinzelt mir zu, zieht mich nach vorn. Ich weiß zwar nicht warum, aber ich denke: gut, das spart viel Zeit. Erstaunlicherweise sind die anderen – hinter mir in der Schlange – nicht
sauer oder böse auf mich. Sie lächeln mich an. Sie scheinen
mich zu kennen. Bin ich bekannt hier? Berühmt gar? Stimmt,
denke ich, ich bin ja ein Schauspieler, wir sind ja hier alle
beim Film, alles war ja ein einziges großes Set. Ich lächle zurück, zwinkere ihnen zu. Jemand von der Produktion klagt
mir sein Leid, erzählt, dass die Funkgeräte defekt seien, weil
sie so unpfleglich behandelt würden. *Unpfleglich* – ein interessantes Wort, denke ich. Ich stehe jetzt ganz vorn in der Reihe, schaue noch einmal aufs Meer. Wie schön und ruhig die
See jetzt ist, denke ich. Der Dampfer, der uns hier wegbrin-
gen soll, legt an. Das Tor wird nun für alle geöffnet, die Menschen strömen nach vorn zu dem Boot, drängeln sich hinein.
Ich könnte jetzt auch mit den anderen einsteigen, aber ich
habe plötzlich keine Lust mehr, es ist mir viel zu voll – zu
viele Menschen, ein zu großes Gedränge. Ich bleibe einfach
stehen, lasse alle passieren, es ist ein Geschiebe, Geschubse

und Gedrängle. Ich lasse sie einer nach dem anderen einsteigen. Der Dampfer tutet zum Abschied, legt ab. Die Meute grölt, winkt, feiert an Bord. Ich warte auf den nächsten Dampfer. Bald schon wird er kommen, da bin ich mir sicher. Inzwischen will ich weiter aufs Meer schauen, genieße den Ausblick und den Augenblick. Ich habe ihn ganz für mich allein. Völlige Ruhe umgibt mich. Die Abendsonne ist warm. Der Strand ist weiß. Das Meer ist unendlich. Möwen kreisen über mir. Ein junger Mann neben mir tut es mir gleich. Ich kenne ihn nicht. Auch er lehnt sich mit den Ellenbogen auf die Kaimauer, schaut hinaus aufs Wasser, genießt die Stille und den Ausblick wie ich. Wissend nickt er mir zu. Ich nicke zurück.

* * *

Durchstreifen des Bürohauses

1. **Bürohaus und Gänge**: Diese symbolisieren deinen Lebensweg und die Entscheidungen, die du getroffen hast. Die vielen Gänge und Räume könnten für die verschiedenen Möglichkeiten und Richtungen stehen, die du in deinem Leben erkundet hast.

2. **Treffen mit einem ehemaligen Jurastudenten**: Dies könnte auf eine Reflexion über vergangene Entscheidungen und verpasste Chancen hinweisen. Dein Gesprächspartner, der sich entschieden hat, das Studium fortzusetzen, könnte einen Teil von dir darstellen, der sich fragt, ob du den richtigen Weg gewählt hast.

Mangas und Fleisch

1. **Japanische Mangas**: Diese könnten Kreativität und kulturelle Interessen symbolisieren. Dein Desinteresse daran könnte auf eine momentane Distanz zu kreativen oder künstlerischen Tätigkeiten hinweisen.

2. **Selbstgeschlachtetes Fleisch**: Dies könnte auf eine Rückkehr zu einfachen, grundlegenden Bedürfnissen und Instinkten hinweisen. Die Tatsache, dass jeder den Preis selbst festlegen soll, könnte auf deine Unsicherheit bezüglich des Wertes von Dingen oder deiner eigenen Leistungen hinweisen.

Langes Haar im Spiegel

1. **Langes Haar**: Diese Veränderung in deinem Aussehen könnte auf eine innere Transformation oder den Wunsch nach Veränderung hinweisen. Das positive Gefühl dabei zeigt, dass du mit dieser Veränderung zufrieden bist.

2. **Yoshi Fabene, der Afro Samurai**: Dies könnte eine Identifikation mit Stärke, Ehre und Kampfgeist darstellen. Es zeigt, dass du bereit bist, dich Herausforderungen zu stellen und für deine Ziele zu kämpfen.

Romano, der Schlager-Rapper

Romano: Die Begegnung mit einer bekannten, aber unerwarteten Person könnte auf die Überraschungen und unerwarteten Wendungen im Leben hinweisen. Dein Lachen und die Bemerkung über Glück könnten auf eine entspannte und humorvolle Einstellung zu unerwarteten Ereignissen hinweisen.

Bootsfahrt und Hafen

1. **Bootsfahrt**: Dies symbolisiert eine Reise oder einen Übergang in deinem Leben. Es könnte auch auf die Kontrolle hinweisen, die du über dein Leben ausüben möchtest, indem du der Steuermann deines eigenen „Schiffs" bist.

2. **Hafen und Fahrstuhl**: Der Hafen könnte für eine Zwischenstation oder einen sicheren Ort auf deiner Reise stehen. Der enge Fahrstuhl und das Fehlen von Klaustrophobie könnten auf deine Fähigkeit hinweisen, mit beengenden oder stressigen Situationen umzugehen.

Strand und Filmset

1. **Strand und Modelszene**: Diese könnten für das Streben nach Perfektion oder Idealbildern in deinem Leben stehen. Die unwirkliche, bedrohliche Natur des Wassers könnte auf Zweifel oder Unsicherheiten in Bezug auf diese Ideale hinweisen.

2. **Kleine Strandesel**: Diese könnten für unscheinbare, aber wichtige Dinge in deinem Leben stehen, die du möglicherweise übersiehst oder ignorierst.

Steinwall und Respekt vor dem Bauwerk

Steinwall: Dies könnte auf Hindernisse oder Herausforderungen hinweisen, die du respektierst und nicht zerstören möchtest. Dein Respekt vor dem Bauwerk könnte auf deinen Respekt vor Traditionen, Werten oder der Arbeit anderer hinweisen.

Modelleisenbahn und Asiatin

1. **Modelleisenbahn**: Dies könnte Kindheitserinnerungen oder den Wunsch nach Kontrolle und Ordnung in deinem Leben symbolisieren.

2. **Unterhaltung mit der Asiatin**: Dies könnte auf neue Bekanntschaften oder Einflüsse in deinem Leben hinweisen, die du interessant und anregend findest.

Schluss und Warten auf den nächsten Dampfer

Warten auf den nächsten Dampfer: Dies könnte Geduld und das Vertrauen darauf symbolisieren, dass sich neue Möglichkeiten ergeben werden. Deine Entscheidung, nicht in das überfüllte Schiff zu steigen, zeigt, dass du deinen eigenen Weg gehen möchtest, ohne dich dem Druck der Masse zu beugen.

Gesamteindruck

Dieser Traum zeigt eine Mischung aus Reflexion über vergangene Entscheidungen, dem Streben nach Veränderung und Wachstum, dem Umgang mit Herausforderungen und der Geduld, auf die richtigen Gelegenheiten zu warten. Er betont deine Stärke, deinen Kampfgeist und deinen Respekt vor wichtigen Werten und Traditionen.

84
Zweihundert Hunderter

Ich schiebe einen Wagen, der Wagen ist alt, und er quietscht auch ein wenig, er ist etwas störrisch, denke ich. Aber es geht, wir kommen vorwärts. Es ist ein Palettenwagen, wir wollen / müssen etwas (Schweres?) abholen vom Güterbahnhof. Ich kenne den Weg, schiebe den Wagen vor mir durch die Straßen von Berlin-Friedrichshain, so wie es früher einmal war, in den Achtzigern. Mein Begleiter ist mein Freund M., er läuft vor mir, fragt: ist es noch weit? Den Wagen zu schieben, ist mühselig. Doch ich weiß: es muss sein, unsere Mission ist wichtig. Es dämmert bereits, und wir haben noch ein gutes Stück des Weges vor uns. Der Gehweg, auf dem ich den Palettenwagen jetzt schiebe, ist uneben, er besteht aus grob zusammengehauenen Steinplatten aus Granit. Die kleinen Räder des Wagens bleiben ein paarmal zwischen den Steinen stecken, auch tun sich auf einmal größere Schlaglöcher vor uns auf. M. fasst mit an, hilft schieben. Doch wir müssen erkennen, dass es so nicht weitergeht. Wir biegen ab, wählen einen anderen, besseren Weg und rollen nun auf asphaltiertem Beton weiter. Jetzt geht es flott voran, dann gelangen wir auf einen Hinterhof, müssen durch den Hintereingang des Hauses, um vorn wieder aus dem Haus heraus und auf die Straße zu gelangen. Als wir noch überlegen, wie wir da am besten hineinkommen (die Tür ist verschlossen), öffnet diese sich von innen – Jemand kommt heraus. Super, Glück gehabt, denke ich. Wir grüßen den Mann freundlich, und als er ein paar Schritte entfernt ist, halte ich meinen Fuß in die langsam zuschwenkende Tür, um zu verhindern, dass sie zufällt. Dann sind wir drin. Wir erkunden den Weg, es gibt zwei Wege, wir teilen uns auf. M. geht rechts den Gang entlang, ich wähle den linken Weg. Bald schon haben wir uns aus den Augen verloren, das Haus ist groß, die Gänge sind lang und verwinkelt. Plötzlich stehe ich vor einer hölzernen (Bau-) Tür, öffne diese – und betrete einen schwarz marmorierten Säulengang – ich bin in einem der Stalinbauten in der Berliner Karl-Marx-Allee gelandet. *Die beige verkachelte Smaragdenstadt, bewacht vom Eisernen Holzfäller, seinen treuen Genossen und den Holzsoldaten, hat mich gefressen. Sie ist meine Spielwiese, sie zieht mich in ihren Bann: mit lebendigen Fahrkörben, flüsternden Loggien, flinken, schlauen Silberfischlein und labyrinthischen römischen Säulenhallen aus schwarzem poliertem Marmor. Ich werfe den Ball an die Wand, er prallt ab, kommt auf dem Boden auf, ich fange ihn.* Gleich links hinter der Tür entdecke ich zwei dicke Geldschein-Bündel, sie liegen da einfach so auf dem Boden, sie sind mit kleinen Steinen beschwert, damit sie nicht wegfliegen. Ich überschlage: es müssen jeweils mindestens zweihundert Hunderter Euronoten sein – jeweils zwanzigtausend also! Ich hebe ein Bündel auf, stecke es ein, gehe weiter, das andere lasse ich liegen (warum?) Ich gehe weiter die Halle entlang, finde eine Tür nach vorne / draußen, öffne sie, trete auf die Straße. Hinter mir fällt die Tür ins Schloß. Ich rufe meinen Freund M. – Stille. Er antwortet nicht. Er ist weg. Ich will – ich muss ihn warnen, muss ihm mitteilen, dass ich das Geld genommen habe. Bestimmt sind die rechtmäßigen Eigentümer (oder die Diebe, die das Geld dort „zwischengelagert" haben?) längst auf der

Suche nach uns. Ich will nicht, dass er ihnen über den Weg läuft. Zwar ist M. ein Karate- und Kobudo-Meister, er käme also zurecht mit einer plötzlichen Konfrontation, aber eine Auseinandersetzung muss ja nicht sein. Doch er antwortet auch auf weitere Rufe nicht, die Tür ist zu, und mittlerweile ist es auch noch dunkel geworden. Mir fällt auf, dass ich in dieser Stadt nicht zu Hause bin, dass ich mich hier nicht auskenne, dass ich hier nicht wohne; ich stelle fest, dass ich keine Bleibe für die Nacht habe. Ich verstaue das Geldbündel sicher in einer der Innentaschen meiner Jacke und mache mich auf den Weg zu einem belebten Platz. Dort, im dichten Trubel falle ich bestimmt nicht weiter auf, denke ich, denn sie suchen mich bestimmt schon, sind hinter mir her, haben sich an meine Fersen geheftet. Ich stelle mich an die Seite eines der hell erleuchteten Geschäfte des Platzes, hole mein Handy aus der Tasche, versuche, meinen Freund M. zu erreichen – ohne Erfolg. Ein älterer türkischstämmiger Mann kommt auf mich zu, sagt, ich könne hier nicht stehen, das sei sein Friseursalon, er brauche den Platz für seine Kundschaft. Kein Problem, sage ich, laufe ein Stück weiter, finde einen Platz an einem leeren Tisch in einem Straßencafé. Die Tische des Cafés stehen genau auf einem (dunklen, unbeleuchteten) Platz mitten in der Stadt, es ist eine Art Marktplatz. Es ist schon sehr spät, es ist stockdunkel, es ist Mitternacht. An dem Tisch neben mir sitzen zwei Männer – zwielichtige Gestalten, denke ich. Sie schauen zu mir herüber, zeigen auf mich, tuscheln. Ich behalte sie im Auge. Haben sie es auf mein Geldbündel abgesehen? Wissen sie, dass ich es habe? Sind das meine Verfolger? Haben sie mich schon gefunden? Ich bin müde, habe keine Lust zu kämpfen. *The most masterful opponent, will fall victim to my weapon / The most master*

ful opponent, will fall victim to my weapon / I'm not immortal,
real aggressive, attitude is rude / I got a knack for killin and I
refuse to lose. Auf einmal gibt es einen Tumult auf dem Platz,
eine Handvoll Oldtimer (alte amerikanische, breite Cabrios)
fahren mit quietschenden Weißwand-Reifen beschwingt auf
den Platz und drehen eine Runde. Einer der Straßenkreuzer ist besonders lang und breit, ein metallic-grünes, offenes
Cabrio mit einer lustigen Party-Schar an Bord. Ich nutze die
Aufregung, um meinen Tisch unauffällig zu verlassen. Ich
mische mich unter die Passanten, lasse mich treiben, lande
am Eingang eines Alt-Berliner Hinterhauses. Ich trete ein,
gelbliches Licht einer nackten Glühlampe. Es riecht nach
feuchten Wänden. Ich befinde mich in einem kleinen Vor-
raum zu einem Treppenhaus, rechts davon ein Gang. Zwei
junge Frauen kommen herein, sehen mich, sagen: wenn du
willst, kannst du mitkommen. Sie sprechen mit einem sächsischen Akzent. Wohin mitkommen? – frage ich. Was haben
sie vor?, frage ich mich. Ich betrachte sie unauffällig aus den
Augenwinkeln, o.k., denke ich, mal sehen, was der Abend so
bringt – ich kann ja jederzeit wieder gehen und allein weiter-
ziehen. Wir haben hier eine Bleibe gefunden, sagen sie, für
die Nacht, da sei noch Platz für mich. Gut, denke ich, und:
Glück gehabt. Ich folge den beiden Mädchen den Gang rechts
der Treppe entlang. Er führt in ein größeres, fensterloses, hell
erleuchtetes Zimmer, in dem drei aneinandergereihte Dop-
pelbetten stehen – eine einzige große Liegewiese. Die Betten
sind sauber bezogen, alles ist ordentlich. Nun kommen auch
noch die Freundinnen und die Freunde der beiden Mädchen
herein, insgesamt sind es sechs Personen, überschlage ich. Es
scheinen keine Pärchen zu sein, es scheint sich eher um eine
lose Gruppe von Freunden und Bekannten zu handeln, die

Berlin erkunden wollen, da sollte tatsächlich noch Platz sein für mich, denke ich. Einer der jungen Männer plustert sich etwas auf und spricht mich an: sie hätten für das Nachtlager bezahlt. Kein Problem, sage ich betont ruhig und sachlich, ziehe lässig einen Schein aus der Innentasche meiner Jacke und knalle ihn auf den Tisch. Ich lege mich in eines der Betten, merke plötzlich, wie müde ich bin. Zur Sicherheit lasse ich meine Jacke an, in der sich das Geldbündel befindet. Ich muss es eng am Körper tragen, damit es mir nicht gestohlen werden kann. Ich liege auf dem Rücken, die Finger meiner Hände verschränkt auf meinem Bauch. Ich atme ruhig. Ich schließe die Augen, lasse die Geschehnisse der letzten Stunden Revue passieren – das Leben schlägt manchmal seltsame Haken, denke ich beim Einschlafen.

* * *

Der Palettenwagen und die Mission

1. **Palettenwagen**: Der Wagen, den du schiebst, symbolisiert eine schwere Last oder Verantwortung, die du trägst. Dass er quietscht und störrisch ist, könnte auf die Schwierigkeiten und Widerstände hinweisen, die du auf deinem Weg erlebst.

2. **Dein Freund M.**: M. könnte einen unterstützenden Aspekt deines Lebens oder einen Teil von dir repräsentieren, der dir in schwierigen Zeiten hilft. Eure gemeinsame Mission zeigt die Wichtigkeit eurer Aufgabe und eure Entschlossenheit, sie zu erfüllen.

Die unebenen Wege und die Hintereingänge

1. **Unebene Wege und Schlaglöcher**: Diese symbolisieren die Hindernisse und Herausforderungen in deinem Leben. Der Wechsel auf den asphaltierten Beton zeigt, dass es manchmal notwendig ist, den Weg zu ändern, um voranzukommen.

2. **Hintereingang**: Das Betreten des Hauses durch den Hintereingang könnte darauf hinweisen, dass du manchmal unkonventionelle oder versteckte Wege nehmen musst, um deine Ziele zu erreichen.

Der Stalinbau und die Geldbündel

1. **Stalinbau**: Dieser symbolisiert möglicherweise alte Strukturen und Traditionen in deinem Leben, die dich beeinflussen. Die lebendigen Beschreibungen der Architektur könnten auf die Faszination und den Respekt hinweisen, den du für die Vergangenheit oder für große, beeindruckende Dinge empfindest.

2. **Geldbündel**: Das Finden des Geldes könnte auf eine unerwartete Chance oder einen unerwarteten Gewinn hinweisen. Dass du nur eines der Bündel nimmst, könnte darauf hindeuten, dass du vorsichtig und bedacht handelst, um nicht gierig zu erscheinen oder in Schwierigkeiten zu geraten.

Die Suche nach M. und die Fremde

1. **M. suchen**: Deine Sorge um M. und dein Versuch,

ihn zu warnen, zeigen deine Fürsorge und dein Verantwortungsbewusstsein gegenüber deinen Freunden und deiner Familie.

2. **Nicht zu Hause sein**: Das Gefühl, in der Stadt nicht zu Hause zu sein, könnte auf ein Gefühl der Unsicherheit oder des Fremdseins in deiner aktuellen Lebenssituation hinweisen.

Straßencafé und zwielichtige Gestalten

Straßencafé und zwielichtige Gestalten: Diese könnten auf deine Vorsicht und Wachsamkeit in Bezug auf mögliche Gefahren oder Bedrohungen hinweisen. Dass du ihnen ausweichst, zeigt deinen Instinkt zur Selbstverteidigung und Selbstbewahrung.

Oldtimer und Ablenkung

Oldtimer und Party-Schar: Diese könnten für eine Ablenkung oder eine plötzliche Veränderung in deinem Leben stehen, die dir hilft, einer unangenehmen Situation zu entkommen.

Das Hinterhaus und die Unterkunft

1. **Hinterhaus und Treppenhaus**: Diese symbolisieren den Übergang in eine neue oder unsichere Situation. Die sächsischen Mädchen und die Unterkunft zeigen, dass du bereit bist, neue Erfahrungen zu machen und dich auf unbekannte Situationen einzulassen.

2. **Das Bett und das Geldbündel**: Das Schlafen mit der Jacke und dem Geldbündel zeigt deine Vorsicht und das Bedürfnis, deinen Gewinn oder deine Ressourcen zu schützen.

Gesamteindruck

Der Traum scheint verschiedene Aspekte deines Lebens zu reflektieren: die Herausforderungen und Verantwortungen, die du trägst, die Unterstützung durch Freunde, die Suche nach Sicherheit und Zugehörigkeit, und die ständige Wachsamkeit gegenüber möglichen Gefahren. Es zeigt auch deine Fähigkeit, dich anzupassen, Lösungen zu finden und in schwierigen Situationen ruhig und bedacht zu handeln.

85
Flucht-Bekanntschaften

Feindliche Truppen überrennen die Stadt. Wir sehen, wie sie in die Stadt einfallen, von ihr Besitz nehmen, sie einnehmen. Wir beschließen: wir lassen uns nicht fangen. Uns bekommen sie nicht. Jedenfalls nicht lebend. Wir beschließen, zu fliehen. Wir laufen, uns im Schutze der Dunkelheit an Hauserwänden entlangdrückend, hinaus aus der Stadt – aus unserer Stadt, die jetzt nicht mehr unsere ist. Einer meiner Begleiter sagt: warten!, dabei einen Arm mit einer zur Faust geballten Hand hebend. Ich bleibe augenblicklich stehen, sehe von unserem Versteck aus, wie die schwerbewaffneten Graumäntel durchs Stadttor strömen, sich versammeln, Aufstellung nehmen und ausströmen. Auch Haubitzen haben sie dabei, gezogen von Pferden. Bald werden sie hier sein. Ich denke: wir können nicht abwarten, das wäre unser sicherer Tod. Ich laufe weiter, allein. Die anderen trauen sich nicht, wollen lieber noch bleiben. Jeder ist jetzt sich selbst der nächste. Wenn ihr warten wollt, bitte sehr. Ohne mich. Ich will leben. Ich laufe.

Ich lasse meine Flucht-Begleiter, einen Mann und eine Frau, Zufallsbekanntschaften, Fluchtbekanntschaften, hinter mir. Ich muss ein Stück offenen Platzes überwinden, um zu der nächsten Häusergruppe zu gelangen. Mein Ziel ist zunächst ein mannsdicker Baum, der auf dem Platz vor den Häusern steht, umgeben von mittelalterlichem Kopfsteinpflaster. Die Häuser an der Straße – grau und leer und kalt, Dreigeschosser, Gründerzeit, ein kleines märkisches Dorf. Ich erreiche den Baum, verstecke mich hinter ihm. Schüsse peitschen durch die Dämmerung, sie zielen auf mich, treffen den Baum, mehrere Salven, Sperrfeuer. Einige Geschosse pfeifen vorbei, einige klatschen in den Baum. Holz splittert. Ich bin wohlauf, unversehrt, Glück gehabt, ich kann es kaum glauben. Weiter, immer weiter! Ich laufe Richtung Stadtrand. Nur nicht anhalten! Der Feind sitzt mir im Nacken. Ich laufe einen Weg entlang, an Feldern vorbei, dann durch einen Wald. Es ist wie bei einem Marathon, denke ich. Ich muss ruhig atmen, meinen Rhythmus finden, vier Schritte einatmen, vier Schritte ausatmen, das klappt erstaunlich gut. Ich finde ein Versteck, will kurz rasten. Es raschelt am Eingang zu meinem Unterschlupf, meine Fluchtbegleiter von vorhin kommen herein, lassen sich erschöpft ins trockene Stroh fallen. Wir freuen uns über das unverhoffte Wiedersehen, fallen uns wortlos in die Arme. Tränen der Freude fließen. Wir haben es geschafft! Gemeinsam werden wir es auch weiter schaffen. Fliehen, um wiederzukommen, heißt unsere Devise – um dann die Gra005röcke gemeinsam zu bekämpfen und zu besiegen. Wir geben uns nicht geschlagen. Manchmal ist es unausweichlich, ein Stück zurückzuweichen, um dann mit voller Kraft zurückschlagen zu können. Der Kampf hat gerade erst begonnen. *The swiftness of my sword is an understatement of my art of war / A pleasure without conscience, feeds me, to want more / Principles of karma, death before dishonor /Shadows my eyesight procedes me to fight harder / For the number one headband, stand alone as one man / Afro Samurai can be defeated by no clan / A warrior of the street through my travels of land / In any shape form or fashion, kill the streets dramatic fashion / Become unpredictable when I strike there's no missin you / My aim is too precise, move forward and real pivotal / Take sips of lemonade, take lives with my blade / Revenge my father's death ,til I reach my final days / Kill kill kill, Afro Samurai.*

* * *

Invasion der feindlichen Truppen und Flucht

Feindliche Truppen und Invasion: Diese könnten auf eine äußere Bedrohung oder eine schwierige Situation hinweisen, der du dich gegenübersiehst. Dies könnte auch eine metaphorische Darstellung von Stress oder Herausforderungen in deinem Leben sein, die überwältigend erscheinen.

Flucht und Entschlossenheit zu Überleben

1. **Flucht in der Dunkelheit**: Deine Flucht symbolisiert den starken Wunsch, schwierigen Situationen oder emotionalem Stress zu entkommen. Das Fliehen im Schutz der Dunkelheit zeigt, dass du Wege suchst, dich zu schützen

und Sicherheit zu finden.

2. **Entschlossenheit und Individualität**: Deine Entscheidung, alleine weiterzulaufen, während die anderen zurückbleiben, kann darauf hinweisen, dass du dich in deinem Leben oft auf dich selbst verlässt und entschlossen bist, deinen eigenen Weg zu gehen, unabhängig von den Entscheidungen anderer.

Verstecken und Wiedervereinigung

1. **Verstecken hinter dem Baum**: Der Baum, der dir Schutz bietet, könnte ein Symbol für Sicherheit und Stabilität in deinem Leben sein. Dass die Kugeln den Baum treffen, aber nicht dich, zeigt deine Fähigkeit, in schwierigen Zeiten durchzuhalten und Schutz zu finden.

2. **Wiedervereinigung mit den Fluchtbegleitern**: Das Wiedersehen mit den Begleitern und die Freude darüber könnten darauf hinweisen, dass du trotz deiner Unabhängigkeit die Unterstützung und Verbundenheit mit anderen Menschen schätzt und brauchst.

Durchhaltevermögen und Kampfgeist

1. **Laufen wie bei einem Marathon**: Dies könnte deine Ausdauer und dein Durchhaltevermögen im Leben symbolisieren. Es zeigt, dass du in der Lage bist, trotz Widrigkeiten weiterzumachen und deinen Rhythmus zu finden.

2. **Der Plan, zurückzukehren und zu kämpfen**: Deine

Entschlossenheit, zurückzukehren und zu kämpfen, symbolisiert deinen inneren Kampfgeist und den Willen, nicht aufzugeben. Es zeigt deine Bereitschaft, dich den Herausforderungen zu stellen und für das zu kämpfen, was dir wichtig ist.

Gesamteindruck

Dieser Traum könnte darauf hinweisen, dass du dich in einer herausfordernden Situation befindest, in der du dich überwältigt und bedroht fühlst. Dennoch zeigt der Traum auch deine Entschlossenheit, Widerstandskraft und Bereitschaft, für deine Ziele zu kämpfen. Er unterstreicht die Bedeutung von Ausdauer, innerer Stärke und der Unterstützung durch Freunde und Verbündete. Es ist ein Traum von Kampf, Flucht und letztlich der Hoffnung auf Rückkehr und Sieg.

86
Venedig, Hochwasser

Ich fahre mit einer Yacht, es ist eine große Yacht, sehr luxuriös, 20 Meter lang, schneeweiß, mit einer stablilen, umlaufenden Reling aus Niro. Die Yacht gehört mir, ich bin der Steuermann. *Dieses Boot ist mein Boot – ein herrlich leuchtender Salon mit Ledersofa und eine große offene Plicht sind meine Welt; meine Limousine hat eine Vorschiffskabine mit einem schönen Doppelbett, ein Klo mit Bulleye auf der Backbordseite und oben ein hölzernes Rad und die Küche an Steuerbord. Ich bin der Steuermann dieses stolzen weißen Rumpfes, der kräftige Motor ist mein bester Kamerad: über uns drohen die Häuser einzustürzen, doch wir setzen die Segel und fahren munter das*

Leben hinunter. Ich bin allein an Bord, kein Problem, ich kenne mich aus, weiß, wie man navigieren muss. Die Yacht zu steuern – für mich ein Kinderspiel. Im *Pilot House* gibt es ein Steuerrad, wenn ich mag, kann ich umswitchen auf eine Joystick-Steuerung: Hebelchen nach vorn, und das Schiff fährt geradeaus, Hebel zur Seite, und das Schiff bewegt sich nach backbord oder steuerbord, Hebel nach seitlich vorn, und das Schiff fährt nach seitlich vorn, so einfach ist das. Das Schiff hat ein *Inboard Performance System*, ich weiß: ein gegenläufiges Propellerpaar treibt uns an, das befindet sich achtern, ist aber nach vorn ausgerichtet. Ich lege an einem Steg an, der ist wackelig, aber er sollte halten. Ich gehe längsseits, mache die Leinen fest, ein Mann geht mir von Landseite aus zur Hand, empfängt die Leinen, die ich ihm zuwerfe, belegt damit die Poller. Ich stoppe die im Leerlauf drehenden Maschinen, öffne die Türe, bedanke mich. Der Mann (es ist ein älterer, graumelierter, gutaussehender Schauspieler. Er ist bekannt, aber ich komme nicht auf seinen Namen) lädt mich ein zu sich nach Hause. Wir sind in Venedig, aber in einem Viertel, in dem es ruhiger zugeht. Keine Touris hier, wie angenehm, denke ich. Wie schön Venedig sein kann, wenn es leer und still ist! Wir laufen durch ein paar Straßen, erreichen die Wohnung des Schauspielers. Die liegt im ersten Stock eines alten Hauses, mit einem großen geöffneten Doppelfenster, das zu einem lichtdurchfluteten Hof zeigt. Der Hof sieht aus wie ein kleiner Marktplatz, denke ich. Aus dem Fenster schaut die Frau des Mannes (des Schauspielers, auf dessen Namen ich nicht komme). Sie ist nicht mehr jung, aber sehr attraktiv. Ich muß den Mann interviewen, denke ich, für mein Magazin. Das gäbe eine gute Story. Deshalb bin ich hier. Der Mann besitzt eine der größten Superyachten dieser Welt, denke ich, das gibt eine gute Geschichte, eine *Personality-Story*. Nun schauen beide, der Schauspieler / Mann, und seine Frau aus dem Fenster, sie schauen zu mir hinaus (ich stehe noch draußen, auf dem Hof, direkt vor dem ebenerdigen Fenster). Vor dem Fenster steht ein Tisch, Stühle. Ich setze mich, starte von dort mein Frage-Antwort-Spiel. Wir befinden uns nahe beieinander, auf Augenhöhe. Die beiden haben Drinks auf dem Fensterbrett zu stehen, sie prosten sich zu, sind schon angeheitert. Die Frau blinzelt mir heimlich zu. Der Mann präpariert ein Tellerchen mit Drogen, keine Ahnung, was für Substanzen das sind. Beide nehmen davon. Wie selbstverständlich bieten sie auch mir etwas an. Ich lehne dankend ab. Ein Drink wäre jetzt schön, denke ich. Wie sein Schiff heiße, frage ich den Mann, seine Superyacht, wie der Name laute. Der Mann hat glasige Augen, scheiß Drogen, denke ich, nun kann ich mein Interview wohl vergessen. Er habe kein Schiff, sagt der Mann, sein Schiff sei sein Museum, sein Museum sei sein Schiff. Das macht überhaupt keinen Sinn, denke ich. Der Mann steht auf, geht. Als er gegangen ist, sagt seine Frau, dass alles, wirklich alles, was ich hier sehe, ihrem Mann gehöre – das Haus, die Straße, das Viertel, ja die ganze Insel, mitsamt der Superyacht davor. Sie bezeichne das alles immer spöttisch als sein „Museum", weil er sich in seinen Dingen eingerichtet habe wie in einer Dauer-Ausstellung. Nichts sei relevant davon, nichts sei wichtig davon für sie, im Gegenteil, das gehe ihr alles ziemlich auf den Zünder (sie sagt tatsächlich Zünder). Wenn ihr Mann von seinem „Museum" spreche, dann sei das ein Insider zwischen ihnen. Ihr Mann sei stolz auf seine vielen, über die Jahre angehäuften, mit schmutzigem Geld gekauften Dinge, die ihr aber reineweg gar nichts bedeuteten. Weil er das wisse, jeden Tag aufs neue spüre, erzähle er äußerst ungern darüber, eigentlich nie. Jeder wisse, dass ihm alles gehören würde. Jeder wisse, dass sie ihn dafür hasse, dass sie am liebsten allen Besitz verschenken und mit ihrem Mann verschwinden würde, nur mit einem Weekender in der Hand, irgendwohin, wo sie niemand kenne. Das sei mit ihm aber nicht zu machen. Ich verstehe die schöne Frau gut, sie ist mir sympathisch. O.k., also kein Interview, denke ich, auch gut. Dann eben nicht. Während unserer Unterhaltung schleicht sich eine kleine, dürre, schwarz gekleidete, gebückt laufende Frau mit einem Kopftuch und einem kleinen Rucksack in den Hof. Achtung! Das ist ein böser Geist, sagt die Frau des Schauspielers, sie weist auf einen neben dem Fenster stehenden kleinen Weihrauchtopf. Ich greife den Weihrauchtopf, schwenke ihn über der kleinen schwarzen Frau hin und her. Die Frau windet sich in Qualen darunter, ein wenig Glut fällt aus dem Topf auf sie herab, es zischt und dampft und raucht – und plötzlich löst sie sich in Nichts auf. Ich verlasse den Tisch, den Platz, das Haus, die Frau, laufe eine Straße weiter, will zurück zu meinem Boot, ich will weg von hier, verschwinden von diesem seltsamen Ort. Ein Fluß versperrt den Weg. Richtig, denke ich, wir sind ja in Venedig. Plötzlich gibt es ein Hochwasser, große Flutwellen schieben sich durch die Flüsse in die Stadt und durch Türen und Tore in die Häuser und Höfe. Die Wellen sind glasklar, grünliches Glas, denke ich. Ich halte die Zeit für eine Weile an, die Wellen erstarren, und ich kann sie mir in Ruhe anschauen. Ich bin fasziniert, habe ich so etwas Schönes schon mal gesehen? Das Wasser steigt nun weiter, es steht mir jetzt schon bis zur Hüfte, doch es hat eine angenehme Temperatur. Die Menschen freuen sich, springen juchzend den Wellen entgegen, baden, feiern ausgelassen die An kunft des Wassers. Erstaunlich, denke ich, das Hochwasser macht die Häuser nass, das Mauerwerk, den Putz, es überflutet die Plätze, die Wohnungen und die Geschäfte – und die Menschen freuen sich? Eine besonders hohe Welle rollt heran. Ich mache es wie alle um mich herum – ich tauche einfach hindurch. Als die nächste große Welle heranrollt, suche ich Schutz unter einem Torbogen. Ich lehne mich an eine Wand. Hier kann mir das Wasser nichts anhaben. Da steht auf einmal die Frau des Schauspielers (auf dessen Namen ich nicht komme) vor mir. Sie ist nackt, sie schaut mich an, sie presst ihren Körper an meinen. Sie ist schön, denke ich. Aber sie lässt mich kalt, sie berührt mich nicht, macht mich nicht an. Ich lasse sie stehen, verlasse den Torbogen, laufe eine Straße weiter – und freue mich: da steht sie, meine geliebte Rosita Espinoza. Ich steige auf, klappe den Seitenständer ein, Zündung an, Startknopf. Bollernd erwacht der Zweizylinder V-Motor zum Leben, Klack! einen Gang eingelegt, Kupplung, Gas. *Rosita Espinoza, räche meine Freunde, töte meine Feinde, vergib dem Verräter. Rosita Espinosa, du bist sexy, du bist schlau, du bist schnell, deine Klinge ist scharf. Rosita Espinoza, alles, was zählt, ist die Hoffnung, traue nicht dem Alp, trotze dem Fluch, doch: rechne mit dem Tod und schieß uns den Weg frei – auf nach Alexandria.* Wir lassen das ganze Wasser-Schlamassel hinter uns, ich fahre wie befreit durch die nächtlichen Straßen. Die Straßen stehen noch etwas unter Wasser, aber es ist nicht mehr viel, ein paar Zentimeter nur. Kein Problem für Rosita. Wir können bequem hindurchfahren, aber wir müssen langsam fahren, Schritt-Tempo, damit wir tiefere Stellen erkennen und rechtzeitig umfahren können. Wir fahren, von Süden kommend, nun auf den S-Bahnhof Eichwalde zu. *Täterätä, tausend Kinderschritte vom Bahnhof entfernt, das weiße Gartenhaus ist aus Stein, es ist meine, unsere Festung, die Familie – ein Clan. Vier schlanke, weiße Birken tanzen im warmen Sommerwind, in jeder Ecke des Grundes steht eine, sie wachen über unser Hollywoodschaukel-Glück.* Zwei Mopedfahrer kommen uns entgegen, es sind Jäger, sie haben Regenponchos an und Jagdgewehre umgehängt. Stumm nickend fahren sie an uns vorbei. Kenne ich sie? Wir biegen links in die Heinrich-Heine-Allee ab, fahren an den Bahngleisen entlang. Meine Motorradstiefel und meine Hosen sind bis zum Knie nass vom aufspritzenden Wasser der Pfützen, durch die wir gefahren sind. Kleine, grünliche Algen kleben daran. Na, wennschon, denke ich. Ruhig tuckern Rosita und ich weiter durch die Nacht.

* * *

Die Yacht und das Steuer

Yacht und Steuermann: Die Yacht repräsentiert dein Leben und deine Kontrolle darüber. Du bist der Steuermann, was bedeutet, dass du das Gefühl hast, dein Leben gut im Griff zu haben und die Richtung zu bestimmen. Die luxuriöse Ausstattung der Yacht könnte auf deine Ambitionen, Wünsche und die Wertschätzung für die schönen Dinge im Leben hinweisen.

Venedig und der Schauspieler

1. **Venedig**: Venedig als Schauplatz steht oft für Schönheit, Romantik und manchmal auch für Vergänglichkeit und Täuschung. Es ist eine Stadt, die unter Wasser steht, was auf

unterbewusste Gefühle und verborgene Gedanken hinweisen könnte.

2. **Schauspieler und seine Frau**: Der Schauspieler und seine Frau könnten Aspekte von Menschen in deinem Leben oder sogar Teile deiner selbst repräsentieren. Der Schauspieler, auf dessen Namen du nicht kommst, könnte jemanden darstellen, der eine Fassade aufrechterhält, während seine Frau das Bedürfnis nach Authentizität und Freiheit verkörpert.

Interview und Drogen

Interview und Drogen: Der Versuch, ein Interview zu führen, das durch Drogen beeinträchtigt wird, könnte darauf hinweisen, dass du versuchst, die Wahrheit oder tiefere Bedeutungen in einer Situation zu finden, aber durch Illusionen oder Ablenkungen behindert wirst. Drogen symbolisieren oft Flucht oder Verdrängung von Problemen.

Die böse Frau und Weihrauch

Böse Frau und Weihrauch: Die kleine, schwarz gekleidete Frau könnte eine Bedrohung oder ein Problem darstellen, das in dein Leben eindringt. Das Schwenken des Weihrauchs und ihr Verschwinden symbolisiert deine Fähigkeit, negative Einflüsse abzuwehren und deine Umgebung zu reinigen.

Hochwasser und Wellen

1. **Hochwasser**: Das Hochwasser könnte überwältigen-

de Emotionen oder Herausforderungen darstellen, die dich zu überfluten drohen. Die Wellen, die klar und schön erscheinen, könnten darauf hinweisen, dass du in der Lage bist, Schönheit und Klarheit in schwierigen Situationen zu finden.

2. **Interaktion mit der Frau des Schauspielers**: Die Begegnung mit der nackten Frau unter dem Torbogen, die dich nicht erregt, könnte darauf hinweisen, dass du nicht von oberflächlichen Reizen oder Ablenkungen verführt wirst. Du bleibst fokussiert und suchst nach tieferer Bedeutung.

Rosita Espinoza

Motorrad und Rosita Espinoza: Rosita Espinoza könnte eine Verkörperung deiner Freiheit, deiner Entschlossenheit und deines Kampfgeistes sein. Sie symbolisiert deine Fähigkeit, Hindernisse zu überwinden und deine Ziele zu verfolgen, unabhängig von den Herausforderungen, die auf deinem Weg liegen.

Rückkehr nach Eichwalde

Rückkehr zu den Wurzeln: Die Rückkehr nach Eichwalde / Schulzendorf und das weiße Gartenhaus symbolisieren möglicherweise deine Sehnsucht nach Heimat, Stabilität und familiären Werten. Es ist ein sicherer Ort, an dem du Schutz und Frieden findest.

Die Jäger

Begegnung mit den Jägern: Die Jäger könnten Perso

nen oder Aspekte deines Lebens repräsentieren, die auf der Suche nach etwas sind, möglicherweise nach Wahrheit oder Gerechtigkeit. Sie sind ruhig und kontrolliert, was auf eine gewisse Akzeptanz und Weisheit hinweist.

Gesamteindruck

Dieser Traum könnte darauf hinweisen, dass du dich in einer Phase des Lebens befindest, in der du Kontrolle und Freiheit anstrebst, aber auch mit Herausforderungen und negativen Einflüssen konfrontiert bist. Deine Fähigkeit, in schwierigen Situationen Schönheit und Klarheit zu finden, sowie deine Entschlossenheit, trotz Hindernissen deinen Weg zu gehen, sind zentrale Themen. Der Traum betont auch die Bedeutung von Authentizität, innerer Stärke und der Suche nach einem sicheren Hafen inmitten des Chaos.

87
Zweimal im Leben

Ich bin mit meiner Frau M. unterwegs, wir laufen durch eine Stadt, schlendernd, wir unterhalten uns dabei. Wir gelangen an einen kleinen Platz. In der Mitte des Platzes lodert ein Lagerfeuer, es ist ziemlich groß, denke ich – nicht besonders hoch, aber es hat einen mehrere Meter messenden Durchmesser. Das Feuer ist durch eine kreisrunde Mauer eingefasst, sie ist aus grob gehauenen Granitquadern sauber zusammengesetzt und ordentlich verputzt. Direkt vor der Mauer stehen viele Buden mit Getränken und Bratwurst. Eigentlich handelt es sich um einen einzigen zusammenhängenden, ebenfalls kreisrunden Tresen, der – in einem etwas größeren Kreis – sich um die Steinbegrenzung des Feuers schließt, so dass den Tresenkräften etwa ein Meter Raum bleibt zwischen der Mauer hinter ihnen und dem Tresen davor. Wir laufen zu dem Tresen, dabei über dies und jenes sprechend, wir sind in unser Gespräch vertieft. Der kreisrunde Tresen ist gut mit Menschen gefüllt, alle wollen etwas trinken, sind gesellig, unterhalten sich, stützen sich mit dem Ellbogen auf den Tischen ab. Von irgendwoher kommt Musik, es ist dunkel, schwarze Nacht umhüllt den Platz, welcher ansonsten nur von dem Schein des lodernden Feuers erleuchtet ist. Ab und zu fliegt ein Stück Glut auf, wird von der Hitze des Feuers nach oben getragen, tanzend vor schwarzer Kulisse, bis es erlischt. Wir kommen an zwei Skins vorbei, es sind rechte Skins, Nazis, sie wollen grade gehen, packen ihre Sachen in Rucksäcke, ihre leeren Bierbüchsen und Plastikbecher, teilweise noch halbvoll mit Bier, werfen sie auf den sandigen Boden vor dem Tresen, treten mit ihren Stiefeln darauf herum, lachen. Es ist ein heiseres, besoffenes Lachen. Ich schaue die beiden nicht direkt an, als wir sie passieren, es ist klar, dass sie bereits eine ganze Menge Alkohol intus haben, nun fühlen sie sich stark, buhlen um Aufmerksamkeit, suchen nach einem Anlass für eine Auseinandersetzung, eine Schlägerei. Diesen Anlass will ich ihnen nicht geben. Als wir an ihnen vorbeilaufen, sagt M., dass man das so machen könne, seinen Kram einfach so auf den Boden zu werfen, das sei dann aber Mist. Ich nicke, wir gehen weiter, suchen uns einen Platz an der anderen Seite des Feuers am Tresen. Wir bestellen uns etwas, unterhalten uns weiter, haben die Beiden längst vergessen. Plötzlich stehen die beiden Skins vor uns, ganz nah. Sie schauen uns an, besser: sie schauen M. an, einer sagt: So, das ist also Mist, wenn wir hier den schönen, blitzeblanken Boden durch unsere Anwesenheit beschmutzen? Sie sind erregt, wütend, stark angetrunken. Sie sind auf Krawall gebürstet. Beide sind kräftige, rohe Kerle, deren Gesichter und Körper vom Leben und von vielen Straßenkämpfen gezeichnet sind. Sie haben kurze, blonde Haare, fast sind es Glatzen, sie tragen weiße Muskelshirts, nach oben umgekrempelte Jeans, schwarze Schuhe. Sie sind einigermaßen muskulös (keine Fitnessstudio-Muskeln, sondern ehrliche, harte, ausdauernde Arbeitermuskeln, denke ich). Und: sie sind nicht ängstlich. O.k., denke ich, kein Problem. Was getan werden muss, muss getan werden. Ich bereite mich auf einen Kampf vor, stelle mich vor M., sie dabei sanft nach hinten an den Tresen drückend. *The swiftness of my sword is an understatement of my art of war / A pleasure without conscience, feeds me, to want more / Principles of karma, death before dishonor /Shadows my eyesight procedes me to fight harder / For the number one headband, stand alone as one man / Afro Samurai can be defeated by no clan.* Plötzlich gesellen sich weitere Skins zu ihnen, insgesamt sind es vielleicht acht oder zehn. Sie wollen ihren Kumpels beistehen. Sie wollen sich auch prügeln, wollen auch Spaß haben. Einige von ihnen würde ich vielleicht schaffen, vielleicht drei oder vier, denke ich, aber nicht alle. Und das auch nur mit ein wenig Glück. Abhauen ist ebenfalls keine Option. Wir sitzen in der Falle. Ich sage: Jungs (es sind alles junge Männer), wir wollen keinen Ärger. Lasst uns hier in Ruhe unser Bier trinken, es ist nichts passiert, jeder geht einfach seiner eigenen Wege, und das wars. Ich schaue in die Runde. Die beiden von vorhin sagen: Sie hat uns beleidigt! Sie zeigen mit ihren schmutzigen Fingern auf M. Der Anführer der Bande, ein sehr kräftiger, großer Typ, der aber nicht unintelligent zu sein scheint, sagt:

Lasst sie in Ruhe. Ein kleinerer Skin neben ihm sagt: Ich will aber sein Hemd, und er zeigt dabei auf mich. Alle schauen jetzt auf mich und auf mein Hemd. Die Gruppe nimmt eine Drohgebärde ein, der Chef greift nicht ein. Sie rücken zusammen, umringen uns, kommen immer näher. Ich sage: O.k., kein Problem, kannst du haben – wenn ihr dafür meine Frau in Ruhe lasst. Ich ziehe mein Hemd aus, es ist ein Jeanshemd (das war teuer, denke ich – warum trage ich eigentlich so ein teures Hemd? – aber egal, es ist nur eine Sache, ein Ding, vor allem geht es jetzt um die Unversehrtheit von M.). Ich werfe dem Typen das Hemd zu. Ich raune M. zu, komm, wir gehen, ich nehme sie am Arm und wir laufen langsam und möglichst unauffällig los, weg von den Typen, weg von dem Feuer, weg von dem Platz. Die Skins bleiben stehen, betrachten ihre Trophäe, freuen sich, grölen. Ich drehe mich noch einmal um, präge mir die Gesichter der Skins ein, jedes einzelne speichere ich ab. Gut, meine Freunde, denke ich – man sieht sich immer zweimal im Leben? Finde ich gut. Man sieht sich! Einzeln dann. Ich freue mich schon auf die Zweikämpfe. Einer nach dem anderen. Das ist der Weg. *A warrior of the street through my travels of land / In any shape form or fashion, kill the streets dramatic fashion / Become unpredictable when I strike there's no missin you / My aim is too precise, move forward and real pivotal / Take sips of lemonade, take lives with my blade / Revenge my father's death ,til I reach my final days / Kill kill kill, Afro Samurai.* Bis bald also. Das Wichtigste: M. ist unversehrt. Vorerst scheint die Situation geklärt. Wir laufen weiter, immer weiter, weg von dem Platz. M. ist noch etwas aufgeregt, ich beruhige sie: alles ist gutgegangen, es ist nichts passiert. Die Typen sind es nicht wert, dass man sich über sie Gedanken macht, sage ich. Lass uns die Idioten vergessen, lass uns nach vorne schauen. Wir gehen zu einem Haus, es ist mittlerweile hellichter Tag, es ist ein kleines, hübsches Bürogebäude in einer kleinen, hübschen Altstadt. Wir betreten das Haus, gehen in eines der Büros, hier haben wir einen Termin mit einem Anwalt. Wir sitzen ihm gegenüber, und wir sprechen über Paragraphen, über Betriebskosten und einen von ihm zu formulierenden Mietvertrag. Ich kenne den Anwalt nicht, aber es ist ein vertrauensvolles, konstruktives Gespräch. Wir verabschieden uns herzlich, treten ins Freie. Die Sonne scheint, es ist Sommer, wir gehen ein paar Schritte durch die Altstadt. Sind wir im Urlaub? Wir betreten eines der Ausflugsschiffe, die am Ufer auf Gäste warten, das Schiff legt ab. Wir sitzen oben / draußen auf dem Oberdeck, kein Dach versperrt die Sicht auf den strahlend blauen Himmel. Die Sonne wärmt angenehm. *Über uns drohen die Häuser einzustürzen, doch wir setzen die Segel und fahren munter das Leben hinunter.* Wir rücken aneinander, ich spüre die Wärme von M´s Körper, wir küssen uns. Gemeinsam schauen wir hinaus. Wir tuckern mit dem Ausflugsdampfer mitten durch die Stadt, mit Graffiti bemalte Brandmauern von Mietshäusern ziehen an uns vorbei, auf den wenigen freien Plätzen der Stadt stehen aufwendige Plastiken und erstaunliche Kunstinstallationen, es ist Biennale-Zeit, *La Biennale di Venezia*. Es ist, als würden wir durch ein Künstlerviertel chauffiert – Art-Sightseeing. An einer Wasserstraßen-Kreuzung passiert ein langes, schmales asiatisches Ruderboot unseren Kurs. Es hat einen spitzen Bug und ist etwa zehn Meter lang. Zwei Vietnamesen in typischer Landestracht und mit *Nón tờis*, großen, kreisrunden Hüten aus Reisstroh auf dem Kopf, staken das Boot vorwärts, in einen der abzweigenden Seitenkanäle hinein. Von den Seiten des Rumpfes prangen goldglänzende asiatische Schriftzeichen, die ich nicht entziffern kann. Sie schauen uns beim Vorbeifahren mißtrauisch an. Wir blicken ihnen hinterher, verwundert, erstaunt, aber durchaus interessiert.

* * *

Lagerfeuer und Platz

- **Lagerfeuer**: Das große Lagerfeuer könnte die Gemeinschaft und die Energie repräsentieren, die von den Menschen auf diesem Platz ausgeht. Es symbolisiert Wärme, Zusammenhalt, aber auch mögliche Gefahren und Konflikte, die durch die Anwesenheit der aggressiven Skins verdeutlicht werden.

- **Kreisrunde Mauer und Tresen**: Die kreisrunde Mauer und der Tresen, der das Feuer umgibt, könnten als Schutzmechanismen interpretiert werden, die du in deinem Leben aufgebaut hast. Sie bieten eine gewisse Sicherheit, aber auch eine Barriere zwischen dir und potentiellen Bedrohungen.

Begegnung mit den Skins

1. **Aggressive Skins**: Diese Figuren symbolisieren äußere Bedrohungen und Konflikte in deinem Leben. Sie könnten reale Menschen oder Situationen darstellen, die feindselig und provokativ sind.

2. **Deine Reaktion**: Deine vorsichtige, aber entschlossene Reaktion zeigt deine Fähigkeit, Konflikte zu deeskalieren und dich selbst und deine Frau zu schützen. Es betont deine

Stärke und Bereitschaft, dich Herausforderungen zu stellen, aber auch deine Klugheit, unnötige Konfrontationen zu vermeiden.

Flucht und Erinnerung

Flucht und Abspeichern der Gesichter: Deine Entscheidung, den Skins das Hemd zu geben und die Gesichter der Aggressoren zu speichern, deutet auf deine strategische Herangehensweise hin. Du vermeidest direkte Konfrontation im Moment, bereitest dich aber mental auf zukünftige Begegnungen vor.

Übergang zum Bürogebäude

Bürogebäude und Anwalt: Der Übergang vom Platz zu einem kleinen Bürogebäude symbolisiert möglicherweise einen Schritt in eine sicherere und geregelte Umgebung. Der Anwalt und das Gespräch über juristische Themen könnten auf deine Bemühungen hinweisen, Ordnung und Stabilität in deinem Leben zu schaffen.

Schiffsfahrt

1. **Schiffsfahrt mit M.**: Das gemeinsame Reisen auf einem Ausflugsschiff durch eine Stadt könnte die Reise deines Lebens mit deiner Frau darstellen. Es zeigt eure gemeinsame Bewegung durch verschiedene Lebensphasen und Herausforderungen, begleitet von einer engen emotionalen Bindung.

2. **Biennale und Kunstinstallationen**: Diese Elemente deuten auf Kreativität und Kultur in deinem Leben hin. Sie könnten darauf hinweisen, dass du künstlerische und kulturelle Erfahrungen schätzt und diese als Bereicherung deines Lebens betrachtest.

Begegnung mit dem vietnamesischen Ruderboot

Vietnamesisches Ruderboot: Die Begegnung mit dem asiatischen Boot und den misstrauischen Blicken der Vietnamesen könnte auf kulturelle Unterschiede und Missverständnisse hinweisen, die du im Leben erlebt hast oder noch erleben könntest. Es zeigt auch deine Neugier und Offenheit gegenüber anderen Kulturen und Lebensweisen.

Zusammenfassung

Dieser Traum scheint Themen wie Schutz und Sicherheit, Konfliktbewältigung, strategisches Denken, Ordnung und Stabilität, kulturelle Erfahrungen und die enge Beziehung zu deinem Lebenspartner zu berühren. Er zeigt deine Fähigkeit, in schwierigen Situationen ruhig und entschlossen zu handeln und gleichzeitig die Schönheit und Vielfalt des Lebens zu schätzen.

88
Unterwasser-Stadt

Ich wurde ausgewählt, ja, ich bin ein Auserwählter. Ich darf – als einer von Wenigen (einer Handvoll vielleicht) – auf eine

Forschungsstation, die mitten im Meer liegt, eine Unterwasser-Forschungsstation – eine Auszeichnung. Wir sind die Besten der Besten, Spezialisten auf unserem Gebiet (jeder auf seinem), die *Crème de la Crème*. Die Forschungsstation ist ein Gebäude, eine richtige kleine Mini-Stadt mitten im Meer, weit draußen, weit unter der Wasseroberfläche, mit einem dicken, klaren Glaspanzer drumherum als Schutz. Als wir mit einem Boot hinübersetzen zur Station, herrscht schweres Wetter. Wir haben Ölzeug an, halten uns gut fest. Wasser kommt über, Gischt. Dann: geschafft! Wir betreten die Station, staunend. Was alles technisch möglich ist, denke ich, und niemand weiß davon – außer uns, ein Geheimprojekt. Ich überlege, wie es die Erbauer der Station wohl angestellt haben, eine so riesige Glaskuppel in einem Stück herzustellen, sie dann – völlig unbemerkt von der Öffentlichkeit und den Medien – hierher zu transportieren, um sie schließlich heimlich zu versenken und mit Luft zu füllen. Ein Meisterstück der Ingenieurskunst, denke ich. Wir sind ein Forscherteam, an unserer Seite ist auch ein Professor, er hat eine spezielle Mission, welche er uns aber nicht verrät – nicht verraten darf, es ist äußerst geheim, ein Staatsgeheimnis. Der Professor ist Doktor Z. aus Berlin-Köpenick, ich wundere mich, wie jung er auf einmal ist. Plötzlich kommt ein riesiger Hai auf unsere Unterwasser-Station zugeschwommen. Er öffnet sein unglaublich großes Fischmaul und versucht, unsere Glaskuppel, welche uns schützt, zu knacken. Wir können die großen, weißen, dreieckigen Zähne sehen, welche am Glas entlangkratzen, seine riesigen, kalten Augen, und wir schauen direkt in den schwarzen Schlund des Riesen-Hais. Wir müssen ihn loswerden, so viel steht fest. Zusammen mit dem Professor bereiten wir spezielle Unterwasser-Brandbomben für den

Einsatz gegen den Hai vor. Sie sind mit einem Pulver be-
stückt, das wir zuerst in einer Kleinstmenge in unserem La-
bor testen. Das Pulver hält, was es verspricht. Wir bestücken
die Torpedos damit und schießen sie hinaus in Richtung Hai.
Die Torpedos umzingeln das Tier, dann zünden wir sie aus
der Ferne. Sie explodieren. Rings um den Hai herum brennt
es nun lichterloh. Es gibt für ihn kein Entrinnen. Wir freuen
uns, umarmen uns, frohlocken, geben uns High Fives – unsere erste echte Bewährungsprobe haben wir gemeinsam bestanden. Es werden Aufgaben verteilt, jeder hat jetzt in unserer Mini-Unterwasserstadt etwas zu tun. Ich bin der
Sicherheitchef der gläsernen Station. Meine Einsatzzentrale
befindet sich im Untergeschoß, dort steht ein großer leerer
Schreibtisch, an der Wand dahinter stehen viele Pulte mit
blinkenden grünen und roten Lämpchen. Die Wände und
der Boden sind mit schwarzem, glänzendem Marmor verkleidet. Es sieht aus wie im Entrée eines der Stalinbauten an
der Karl-Marx-Allee in Berlin-Friedrichshain, ja, jetzt erkenne ich es genau. *Die beige verkachelte Smaragdenstadt, bewacht vom Eisernen Holzfäller, seinen treuen Genossen und
den Holzsoldaten, hat mich gefressen.* Seltsam, denke ich, dass
dieser Bereich diesen Häusern nachempfunden wurde... Wer
wohl auf diese Idee gekommen sein mag? *Sie ziehen mich in
ihren Bann: mit lebendigen Fahrkörben, flüsternden Loggien,
flinken, schlauen Silberfischlein und labyrinthischen römischen
Säulenhallen aus schwarzem poliertem Marmor. Ich werfe den
Ball an die Wand, er prallt ab, kommt auf dem Boden auf, ich
fange ihn.* Auch von hier kann man durch die gläsernen Au-
ßenwände die kleinen und großen, gelben, blauen und grau-
en Fische sehen, die gemächlich an unserem Unterwasser-La-
bor vorbeiziehen oder um es herum ihre Runden drehen.

Ganze Schwärme ziehen vorbei, sie verdunkeln sekundenlang das vage von oben, von der Wasseroberfläche her durchschimmernde Tageslicht mit ihren silbrig glänzenden Leibern. In der Ferne sehe ich die Reste des Feuers, das durch unsere Brandraketen ausgelöst wurde. Keine Spur mehr von dem Hai. Trotzdem macht sich eine unserer Kampfschwimmerinnen bereit, die Situation zu checken. Wir müssen auf Nummer sicher gehen. Einem zweiten Haiangriff hält unsere Station nicht stand, das wissen wir. Ich sehe zu, wie sie (es ist meine Bekannte K.) elegant ins Dunkel des Meeres entschwindet. Ich wundere mich, dass sie nur einen (roten) Bikini anhat (steht ihr, denke ich) und lediglich mit Maske, Schnorchel und Flossen taucht. Dann sehe ich, dass sie zumindest eine kleine Dreiliter-Ponyflasche mit sich führt. Verrücktes Huhn, denke ich. Ich vertiefe mich in meine Unterlagen, muss die Struktur des Hauses auswendig lernen. Ich bin zwar Spezialist auf meinem Gebiet, aber bei diesem Hightech-Gebäude gibt es selbst für mich noch einiges dazu zu lernen. Wahrscheinlich wurde das Innere des Gebäudes einem der alten traditionellen Stalinbauten angepasst, damit ich mich gut orientieren kann, damit ich mich auskenne, denke ich, denn diese Art von Häusern kenne ich gut, ich bin schließlich in einem dieser Gebäude aufgewachsen. *Ich werfe den Ball an die Wand, er prallt ab, kommt auf dem Boden auf, ich fange ihn.* Etwas weiter oben, im ersten Stockwerk, gibt es einen Tumult. Ich eile nach oben, lasse den Lift stehen und nehme die frei im Raum schwebende Treppe, das geht schneller. Als ich oben bin, kommt mir ein Mann entgegen. Es ist Conor McGregor, Mixed-Martial-Arts-Fighter, *The Notorious*, ein Boxer. Er fordert mich zu einem Kampf heraus (wie kommt er darauf, und: warum ausgerechnet mich?). Ich kann mir nicht erklären, wie er hierhergekommen ist (er muss sich bereits vorher in der Station aufgehalten haben, muss schon vor unserer Ankunft hiergewesen sein und sich irgendwo versteckt gehalten haben. Was ich weiß, ist, dass er einer der Besten im Ring ist, er kann einstecken, aber besser noch, er kann gut austeilen. Ein guter Techniker mit geschmeidigen Ausweichbewegungen, guten Reflexen und einer guten Kondition. Ich weiß: McGregor hat in seiner Profikarriere weit mehr Kämpfe gewonnen als verloren, zuletzt allerdings nicht mehr so viele wie früher. Nun hat er mich als seinen Gegner ausgewählt. Ich stelle mich ihm, sage o.k. Mir bleibt auch keine andere Wahl. Ich bin der Security-Chef hier, bin verantwortlich für die Abwehr aller Arten feindlicher Angriffe, muss zeigen, dass ich geeignet bin für diesen Job, es wird von mir erwartet. *I'm walkin out my nightmare drenched in cold sweats / Reminiscin of the night I killed my master for the headband / All the bloodshed and the murder, to revenge my father's murder / The thought of that alone can I really handle the bourbon? / So I choose my own path, no friends, no joy, no love / Just a number two headband, and the man above.* Der Kampf beginnt, er startet ein paar schnelle Links-Rechts-Kombis, ein paar Treffer. Ich bin nicht beeindruckt. Ich versuche ein paar Schläge aus der Distanz zu landen, die zeigen aber keine Wirkung. Ich muss näher an ihn heran, denke ich. Gesagt, getan. Seine Schläge prasseln auf mich ein, aber meine Deckung steht. Er kommt nicht durch. Jetzt bin ich nahe genug an ihm dran. Ich warte seine nächste Kombi ab, dann täusche ich mit links einen Schlag in seine Magengegend an. *So the moves I create is my own unique vision / Strike my subconscious mind, individual essence / The most masterful opponent, will fall victim to my weapon / The most masterful opponent, will fall vic-*

tim to my weapon / I'm not immortal, real aggressive, attitude is rude / I got a knack for killin and I refuse to lose. Für einen Bruchteil einer Sekunde geht seine Deckung herunter, meine Rechte trifft mit Schmackes seine linke Schläfe. / *Take sips of lemonade, take lives with my blade / Revenge my father's death ,til I reach my final days / Kill kill kill, Afro Samurai.* K.O.!, ein guter Treffer, Glück gehabt, er sackt zu Boden. Ich halte ihn, damit er nicht lang hinschläg. Das gesamte Team steht um uns herum, erst jetzt werde ich dessen gewahr. Es war wie ein Käfig-Kampf, ohne Käfig, aber mit Zuschauern drumherum. Der Käfig ist unser gläsernes Haus. Die Zuschauer – mein Forschungsteam. Alle klatschen, jubeln jetzt. McGregor wird versorgt – und kommt in eine Arrestzelle. Glück gehabt, denke ich. Ich weiß: ein wenig Glück gehört immer auch mit dazu, wenn man einen Kampf gewinnen will. Der Professor bedankt sich persönlich bei mir. Er hält mir einen Vortrag über die immense Bedeutung (er sagt: „immens") unserer Forschungsmission. Wir stehen am Rand der gläsernen Wand und schauen hinaus. Ich erkundige mich, wann wir wieder abgelöst werden. Die heutige Schicht würde nicht kommen können, sagt er, wegen des schlechten Wetters und des starken Wellenganges draußen / oben. Wir müssten eine Doppelschicht einlegen, es tue ihm leid. Es könne noch ein paar Tage dauern. Kein Problem, denke ich, ich kann damit leben. Der Professor geht, nun bin ich allein. Ich lehne mich entspannt in meinem Stuhl im Untergeschoss unseres Glaspalastes zurück, ich verschränke meine Arme hinter dem Kopf, und ich betrachte die hinter dem Panzerglas vorüberziehenden Fische. Was für ein grandioses Schauspiel, denke ich. Ich bin froh, hier zu sein. Alles ist ruhig und friedlich hier unten. Ich merke, wie auch ich allmählich ruhiger werde.

* * *

Allgemeine Symbolik

1. **Forschungsstation**: Die Unterwasser-Forschungsstation kann als Symbol für ein verborgenes oder tiefliegendes Gebiet deines Bewusstseins oder Lebens verstanden werden, das erforscht und verstanden werden möchte. Es repräsentiert auch eine spezielle, geschützte Umgebung, in der du arbeiten und deine Fähigkeiten entfalten kannst.

2. **Ausgewähltwerden und Anerkennung**: Deine Rolle als einer der Auserwählten deutet auf ein Gefühl von Selbstwert und Anerkennung deiner Fähigkeiten hin. Du fühlst dich als Experte auf deinem Gebiet und bist stolz auf deine Leistungen.

Elemente des Traums

1. **Glaskuppel und Isolation**: Die Glaskuppel, die dich und die anderen Forscher schützt, kann auf eine Barriere hinweisen, die du um dich herum aufgebaut hast, um dich vor äußeren Einflüssen zu schützen. Sie bietet Sicherheit, aber auch eine gewisse Isolation von der Außenwelt.

2. **Haiangriff und Abwehr**: Der Hai repräsentiert eine Bedrohung oder Herausforderung in deinem Leben. Dein erfolgreicher Kampf gegen den Hai zeigt, dass du in der Lage bist, dich gegen Bedrohungen zu wehren und deine Umgebung zu schützen.

3. **Sicherheitschef**: Deine Position als Sicherheitchef deutet auf deine Verantwortung und deine Fähigkeit hin, für Ordnung und Sicherheit zu sorgen. Es zeigt auch dein Bedürfnis, Kontrolle über deine Umgebung zu haben.

4. **Bekannte Umgebung**: Die Ähnlichkeit der Innenräume der Forschungsstation mit den Stalinbauten in Berlin könnte auf eine Vertrautheit und Komfort in einer bestimmten Umgebung hinweisen. Es zeigt, dass du dich in einer Umgebung, die du gut kennst, sicher und wohl fühlst.

5. **Kampfschwimmerin**: Die Kampfschwimmerin im roten Bikini könnte eine Person in deinem Leben repräsentieren, die mutig und fähig ist, dich in schwierigen Situationen zu unterstützen. Ihre Erscheinung im Traum kann auch auf deine eigenen verborgenen Fähigkeiten hinweisen.

6. **Conor McGregor**: Der Kampf mit Conor McGregor könnte auf innere Konflikte oder Kämpfe hinweisen, die du austragen musst. Er repräsentiert vielleicht auch eine starke, herausfordernde Kraft in deinem Leben, die du überwinden musst.

7. **Doppelschicht und Ruhe**: Das Wissen, dass du eine Doppelschicht machen musst, könnte auf zusätzliche Verantwortung oder Belastungen in deinem Leben hinweisen. Deine Fähigkeit, dich zu entspannen und die Ruhe zu genießen, zeigt, dass du trotz Stress und Herausforderungen in der Lage bist, Momente der Ruhe und des Friedens zu finden.

Abschließende Gedanken

Dieser Traum zeigt ein komplexes Zusammenspiel von Anerkennung, Verantwortung, Schutz, Herausforderungen und innerem Frieden. Er deutet darauf hin, dass du in deinem Leben eine wichtige Rolle spielst, in der du deine Fähigkeiten einsetzt, um dich und andere zu schützen. Trotz der Herausforderungen und Bedrohungen, denen du gegenüberstehst, findest du Wege, dich zu behaupten und inneren Frieden zu finden.

89
Blutige Messer

Ich arbeite neuerdings in einer Art Reinigungsfirma, wir säubern spezielle Dinge, befreien sie vom Staub der Zeit. Ich werde eingewiesen, wie man mit einem kleinen Spezial-Mini-Staubsauger Folianten, eine Art historischer und sehr wertvoller handgeschriebener Magazine, reinigt. Ich säubere sie von Schmutzpartikeln, Zentimeter für Zentimeter. Ich arbeite sehr gewissenhaft. Meine Chefs sind Inder, ihnen gehört die Bude, und sie überwachen alles. Ich denke: mein Lunchpaket liegt noch draußen, ich habe es im Umkleideraum liegengelassen, schön blöd von mir. Nun habe ich Hunger, aber ich kann jetzt nicht aufstehen und es holen. Der Weg ist zu weit. Das würde zu lange dauern, ich würde auffallen – und es würde Ärger geben. Also weiterarbeiten mit knurrendem Magen. Kurz danach stehe ich am Abwasch. Es ist eine Industriespüle, riesengroß und aus Niro. Hunderte Teller und Tassen sowie Besteck müssen gesäubert werden. Ich spüle die Teller zunächst, dann wasche ich sie, zum Schluß werden sie noch einmal mit klarem Wasser abgespült. Diesen Job habe ich mir mit Absicht geben lassen, ich habe darum gebeten. Denn gemeinsam mit meinem Freund J. habe ich eine schlimme Tat begangen: gemeinsam haben wir jemanden umgelegt. Wir haben ihn mit einem langen Küchenmesser ins Jenseits befördert. Um wen es sich handelte, weiß ich nicht (mehr). Ich habe es vergessen. Ich weiß nur: es musste getan werden, da waren wir uns einig. Das Messer hat eine hellbraunen, unbehandelten Holzgriff. Wir hatten das blutige Messer zusammen mit anderen, kleineren Messern, die wir auch benutzt hatten, in ein hellgraues Küchentuch geschlagen, welches dadurch auch blutige Flecken abbekommen hatte. Nun liegt der Wickel hinter mir im Küchenschrank. Das trifft sich gut, denke ich: ich wasche es einfach sorgfältig mit dem anderen Geschirr zusammen ab. Das fällt niemandem auf, und ein wichtiges Beweismittel, das uns überführen könnte, ist entschärft. Ich muss nur warten, bis ich allein in der Küche bin. Das ist nicht einfach, es herrscht ein ganz schöner Trubel hier, es ist ein Kommen-und-Gehen. Dann gesellt sich einer der jungen Inder zu mir. Eigentlich soll er die Böden der Räume aufwischen, aber er hat sich in meine Küche geflüchtet, um sich von dem harten Job auszuruhen. Er lehnt sich an die Wand, den Schrubber hält er dabei vorsorglich in der Hand, man kann ja nie wissen, wer als nächstes durch die Tür kommt – vielleicht einer der Chefs? Dann ist es besser, den Schrubber schon in der Hand zu haben, um sofort so tun zu können, als ob. Der junge Inder kaut mir ein Ohr ab. Er erzählt ununterbrochen, in einem Singsang, den ich einfach nicht verstehen kann, so sehr ich mich auch anstrenge. Zeitweise überlege ich, ob er überhaupt Deutsch mit mir spricht, aber ja, ab und zu kann ich deutsche Wörter und Wortgruppen aufschnappen. Aber ich verstehe nicht, was er mir sagen, was er mir mitteilen möchte. Außerdem habe ich ja zu tun: die blutigen Messer müssen verschwinden, ich muss sie endlich reinigen, bevor sie jemand im Küchenschrank entdeckt. Ich sage dem Inder – möglichst freundlich – dass ich arbeiten muss, und dass ich keine Zeit habe, mich mit ihm zu unterhalten. Es tue mir leid, aber Job sei Job und Schnaps sei Schnaps. Er schaut bedeppert, und wie es mir scheint auch ein wenig traurig, hält seine Klappe, schnappt sich seinen Schrubber und verlässt die Küche. Kaum dass die Küchentür hinter ihm zugefallen ist, betritt nun die Familie meiner Ex-Frau S. die Küche. Ein großes Familienfest steht an, und sie wollen in der Küche etwas vorbereiten. Ex-Schwiegermutter A. trägt ein Tablett mit einem großen Braten, der muss noch etwas angerichtet und dann in die Röhre geschoben werden. Sie läuft damit in der Küche umher, schaut hierhin und dorthin, öffnet auch Küchenschränke und Schubladen. Ich denke: hoffentlich öffnet sie nicht auch die mittlere Schublade oben in dem großen Küchenschrank, dann darin liegt der blutige Messerwickel. Ich verlasse kurz mein Abwaschbecken und lehne mich möglichst unauffällig vor das Schubfach, die Arme leger vor der Brust verschränkend. Mein Ex-Schwiegervater H. kommt herein, er hat einen halbleeren Kasten Bier in der Hand, sucht etwas, und verschwindet nach einiger Zeit wieder aus der Küche. Auch A. verlässt nun – nach einer gefühlten Ewigkeit – den Raum. Endlich, denke ich, aber ich weiß, dass sie wohl bald wiederkommen wird. Als ich endlich die Messer sauberwaschen will, öffnet sich die Tür erneut. Dieses Mal ist es S., meine Freundin aus Jugendzeiten, die hereinkommt. Sie ist so jung wie damals (das ist fast 40 Jahre her, denke ich verwundert). Sie benimmt sich so, als ob wir immer noch zusammen sein würden, als ob wir immer noch ein Paar wären.

Komisch, denke ich. Doch ich spiele das Spiel mit. S. wirbelt in der Küche herum (ich muss mich wieder möglichst unauffällig vor die mittlere obere Schublade des großen Küchenschrankes stellen). Sie sucht irgend etwas, findet es nicht, flucht leise. Ich frage: was suchst du? Sie antwortet, dass sie gleich losfahren müsse und noch nicht alles beisammenhabe. Sie gibt mir einen flüchtigen Abschiedskuss und will los. Ich folge ihr zwei, drei Schritte zur Tür und sage: schade, dass du jetzt schon gehen willst. S. bleibt stehen, dreht sich um, blickt mich an und fragt: warum? Ich sage, dass es grade so schön sei, und dass wir doch noch ein bisschen zusammenbleiben könnten (es ist ein Spiel, ich weiß, dass sie ablehnen wird, ablehnen muß, sie hat keine Wahl). Sie schüttelt energisch den Kopf, das gehe nicht, das wisse ich doch. Nun müsse sie aber los. Die Tür klappt hinter ihr ins Schloß, ich atme auf. Endlich allein. Schnell und routiniert säubere ich die blutigen Messer, entsorge das verschmutzte Handtuch in unserem Küchenofen, in welchem ein helles Feuer lodert. Geschafft! Das ist ja grade noch mal gutgegangen, denke ich. Ich bin erleichtert. Jetzt habe ich Dienstschluß, ich verlasse das Gebäude. Einige andere Kollegen, Inder und Deutsche, verlassen ebenfalls das Haus, Sie sagen, dass es morgen zu einem Reinigungseinsatz an eine Formel 1-Strecke gehe. Sie scheinen von dieser Aussicht begeistert zu sein, sie scheinen sich darauf zu freuen. Mir ist es egal, wo wir arbeiten müssen. Ich sage: o.k., warum nicht. Wir würden dorthin gefahren werden, sagen meine Begleiter, es werde dann einen Shuttle geben, es sei für alles gesorgt. Dann trennen wir uns. Ich gehe nun allein meines Wegs. Unterwegs treffe ich meinen Freund J. Er hatte in einer Unterführung im Schatten eines Hauses auf mich gewartet. Ich nicke ihm zu; alles o.k.! Er verschwindet. Ich laufe weiter, gelange in einen sonnendurchfluteten Hof, der Weg führt an einer Kunstinstallation vorbei, die von Wasser umgeben ist. Das Kunstwerk soll ein Schiff darstellen oder ein Boot. Das Meer umspült seinen Rumpf. Ich bleibe stehen, betrachte das Werk. Ich denke: ein Boot auf der weiten, teils stürmischen See als Sinnbild für das Leben, für den kleinen Menschen, der sich durch die Unbillen des Daseins kämpfen und ständig aufs neue behaupten muss, mal geht alles glatt, mal gibt es Probleme. Als ich meinen Weg fortsetze, kreuzt ein kleines, schwarz-weiß-hellbraun geschecktes Schweinchen quiekend von rechts nach links meinen Weg. Ich bleibe kurz stehen, schaue dem Ferkelchen belustigt nach.

* * *

Allgemeine Symbolik

Reinigungsfirma und Säuberung:

Symbol für innere Reinigung: Die Arbeit in einer Reinigungsfirma kann auf das Bedürfnis hinweisen, alte, belastende Gedanken oder Gefühle zu reinigen oder loszulassen. Das Reinigen von wertvollen historischen Magazinen deutet darauf hin, dass du dich mit wichtigen, vielleicht auch verdrängten Aspekten deiner Vergangenheit auseinandersetzt und diese aufarbeitest.

Hunger und unerreichbares Lunchpaket:

Symbol für unerfüllte Bedürfnisse: Der Hunger und das unerreichbare Lunchpaket symbolisieren unerfüllte Bedürfnisse oder Sehnsüchte in deinem Leben. Du bist dir dieser Bedürfnisse bewusst, fühlst dich jedoch momentan nicht in der Lage, sie zu befriedigen.

Spezifische Elemente des Traums

Blutige Messer und Verbrechen:

1. **Schuld und Geheimnisse**: Das blutige Messer und das Verbrechen, das du zusammen mit J. begangen hast, können auf Schuldgefühle oder Geheimnisse hinweisen, die du mit dir herumträgst. Es könnte auch auf eine drastische Veränderung oder einen Bruch in deinem Leben hindeuten, den du noch nicht vollständig verarbeitet hast.

2. **Reinigung als Lösungsversuch**: Dein Versuch, die Messer zu reinigen, symbolisiert den Wunsch, diese Schuld oder diese Geheimnisse loszuwerden und dich zu „reinigen".

Inder und Kommunikationsprobleme:

Barrieren und Missverständnisse: Der junge Inder, der mit dir spricht, und den du nicht verstehst, symbolisiert Kommunikationsprobleme oder Barrieren in deinem Leben. Es könnte darauf hindeuten, dass du Schwierigkeiten hast, dich mit bestimmten Menschen oder Situationen klar zu verständigen.

Familie der Ex-Frau und Verstecken der Beweise:

Vergangenheit und alte Beziehungen: Die Anwesenheit

der Familie deiner Ex-Frau deutet auf ungelöste Angelegenheiten oder Gefühle in Bezug auf vergangene Beziehungen hin. Das Verstecken der blutigen Messer vor ihnen könnte darauf hinweisen, dass du bestimmte Aspekte deiner Vergangenheit vor ihnen verbergen möchtest.

Begegnung mit S. und Abschied:

Nostalgie und unerfüllte Wünsche: Die Begegnung mit deiner früheren Freundin S., die in deinem Traum jung bleibt, symbolisiert Nostalgie und unerfüllte Wünsche. Der kurze, aber bedeutungsvolle Austausch mit ihr könnte darauf hindeuten, dass du noch immer Gefühle oder ungeklärte Fragen in Bezug auf diese frühere Beziehung hast.

Formel 1-Reinigungseinsatz:

Vorfreude und Abenteuer: Die Aussicht auf einen Reinigungseinsatz an einer Formel 1-Strecke kann für Vorfreude und das Bedürfnis nach neuen Herausforderungen und Abenteuern stehen. Es zeigt auch eine Bereitschaft, sich neuen Aufgaben und Möglichkeiten zu stellen, unabhängig von deren Natur.

Begegnung mit J. und Kunstinstallation:

Partnerschaft und künstlerische Reflexion: Dein Freund J., der auf dich wartet, symbolisiert Unterstützung und Partnerschaft. Die Kunstinstallation, die du betrachtest, steht für Reflexion und Interpretation deines Lebens. Das Boot als Sinnbild für das Leben deutet auf die ständigen Herausforderungen und Kämpfe hin, denen du dich stellen musst.

Schweinchen:

Unschuld und einfache Freuden: Das kleine Schweinchen, das deinen Weg kreuzt, symbolisiert Unschuld, einfache Freuden und vielleicht auch unerwartete Wendungen
im Leben. Es könnte eine Erinnerung daran sein, das Leben
mit einer spielerischen und unbeschwerten Einstellung zu
betrachten.

Zusammenfassung

Der Traum reflektiert deine Bemühungen, mit Schuldgefüh-
len, ungelösten Beziehungen und unerfüllten Bedürfnissen
umzugehen. Die verschiedenen Szenen und Symbole deuten
darauf hin, dass du dich in einer Phase der inneren Reinigung
und Selbstreflexion befindest. Es ist ein Prozess des Loslassens und der Bewältigung alter Belastungen, um Platz für
neue Herausforderungen und Abenteuer in deinem Leben
zu schaffen.

90
Falscher Dampfer

Ich suche Deckung hinter einem Hausvorsprung, das Haus
ist schon ziemlich zerschossen, wir befinden uns mitten in
einem Gefecht. Ich bin Teil eines Zweierteams, mein Buddy
ist eine Frau, ich kenne sie nicht. Sie macht ihren Job gut:
schießen, Deckung suchen, nachladen, schießen. Ich decke

sie, wenn sie keine Munition mehr hat und nachladen muß – und umgekehrt. Meine Waffe ist eine Art doppelläufige Pumpgun. Seltsamerweise kann ich damit sehr weit entfernte Ziele äußerst präzise treffen. In einem etwa 100 Meter entfernten Haus zielt ein Mann (der Gegner, ein Feind) mit einem Maschinengewehr auf uns. Ich visiere ihn kurz an – und drücke ab. Durch das Zielfernrohr sehe ich, wie er kurze Zeit später erst getroffen zusammensackt und dann kopfüber vom Haus hinunter in die Tiefe fällt. Genug, denke ich, das hier muß endlich ein Ende haben, jetzt! Ich gebe meinem Buddy ein Zeichen: Rückzug. Wir geben noch ein paar Schüsse ab und ziehen uns dann unauffällig zurück. Kurze Zeit später trennen wir uns, jeder geht nun seinen eigenen Weg. Unser Einsatz ist beendet. Ich suche – und finde mein Motorrad. Es steht noch unversehrt dort, wo ich es vor einer Weile abgestellt hatte (erstaunlich, denke ich). *Rosita Espinoza, räche meine Freunde, töte meine Feinde, vergib dem Verräter. Rosita Espinosa, du bist sexy, du bist schlau, du bist schnell, deine Klinge ist scharf. Ich fahr mit dir nach Washington, nach Alexandria oder bis ans Ende dieser Welt. Rosita Espinoza, alles, was zählt, ist die Hoffnung, traue nicht dem Alp, trotze dem Fluch, doch: rechne mit dem Tod und schieß uns den Weg frei – auf nach Alexandria.* Ich fahre gemütlich tuckernd Richtung Hafen. Niemand folgt mir, niemand weiß, dass ich hier bin. Niemand kennt meinen Namen. Ich bin inkognito unterwegs, unter falschem Namen, ich bin frei. Der V2 bollert tief und beruhigend. Am Hafen wird bald ein großes Schiff einlaufen, das wird mich außer Landes bringen. Ich halte am Kai. Es ist noch früh am Morgen, grade geht die Sonne auf. Ich schalte den Motor aus, klappe den Seitenständer aus und bleibe noch einen Augenblick auf dem weichen, bequemen Sattel sitzen.

Ich lehne mich etwas zurück, schaue der roten Sonne beim Aufgehen zu. Kein Mensch ist hier außer mir, es ist noch zu früh. Möwen landen neben mir, stolzieren ein wenig herum, fliegen wieder los. Rauchte ich, dann würde ich jetzt rauchen, denke ich (aber ich rauche ja nicht). Es ist jetzt neun Uhr, die Zeit vergeht schnell, denke ich. Um eins geht das Schiff. Vier Stunden Nichtstun, einfach warten und dem Hafentreiben zuschauen – herrlich. Ein Kaffee wäre jetzt gut. Ich mache mich auf den Weg, um mir einen zu holen. Ich schlendere am Kai entlang, entdecke einen (kleinen, in die Jahre gekommenen, aber gutgepflegten) Ausflugsdampfer, der gleich ablegen wird – Hafenrundfahrt. Warum nicht?, denke ich. Ich habe ja noch genug Zeit, ich werde mir auf dem historischen Dampfer einen Kaffee holen. Ich besteige das kleine weiße Schiff mit der rot gestrichenen Reling. Es macht einen sympathischen Eindruck. Als der Dampfer die Leinen gelöst hat und Kurs aufs offene Wasser nimmt, suche ich mir einen geschützten Platz auf dem Oberdeck. Der heiße Kaffee wärmt meine kalten Hände. *Das Flüstern des Windes, das Rauschen der See, ich bin ein Wasserwanderer. Dieses Boot ist mein Boot – ein herrlich leuchtender Salon mit Ledersofa und eine große offene Plicht sind meine Welt.* Um mich herum sitzen ein paar aufgeregte Touristen. Der Steuermann ist – eine junge Frau. Ich kenne sie, kann mich aber nicht erinnern, woher. Sie zwinkert mir aus ihrem kleinen Steuerhäuschen, dass sich ganz oben auf dem Deck befindet, zu. Irgendwann während des Törns bemerke ich, dass die Hafenrundfahrt doch länger geht als gedacht. Ich stehe auf, gehe zur Steuerfrau und sage ihr, dass ich aussteigen müsse – sofort. Erstaunlicherweise ist das kein Problem für sie. Am nächsten Anleger stoppt sie kurz auf, als die Steuerbordseite unseres weißen Dampfers nur noch ein paar Zentimeter vom Steg entfernt ist, springe ich von Bord. Die Steuerfrau lächelt mir freundlich aus ihrem kleinen Steuerhäuschen zu, dann gibt sie Gas und tuckert davon. Schon bald ist der Dampfer aus meinem Sichtfeld verschwunden. Ich muss zurück zu der Anlegestelle des großen Schiffes, denke ich, und zwar schnell. Zuerst jogge ich ein Stück, bis der langgestreckte Kai wieder in Sicht kommt. Ich verlangsame meinen Schritt. Ich weiß nun: ich bin pünktlich, habe genug Zeit, um mein Schiff zu besteigen, wenn es gleich einlaufen wird. *Ich bin der Steuermann dieses stolzen weißen Rumpfes, der kräftige Motor ist mein bester Kamerad: über uns drohen die Häuser einzustürzen, doch wir setzen die Segel und fahren munter das Leben hinunter.* Es wird da sein, und es wird mich außer Landes bringen. Dort werde ich in Sicherheit sein.

* * *

Gefechtssituation und Teamarbeit

1. **Hausvorsprung und Gefecht**:

Symbol für Schutz und Konfrontation: Der Hausvorsprung bietet dir Schutz, während das Gefecht die Herausforderungen und Konflikte in deinem Leben symbolisiert. Das Gefecht könnte auf innere oder äußere Konflikte hinweisen, mit denen du dich derzeit auseinandersetzt.

2. **Zweierteam mit einer Frau**:

Teamarbeit und Unterstützung: Die Frau in deinem

Team repräsentiert möglicherweise einen Aspekt deiner eigenen Persönlichkeit oder eine reale Person, die dir hilft, schwierige Situationen zu bewältigen. Eure gegenseitige Deckung und Zusammenarbeit deuten auf die Notwendigkeit von Unterstützung und Kooperation hin.

3. **Doppelläufige Pumpgun und Zielfernrohr**:

Präzision und Kontrolle: Deine Fähigkeit, mit der Pumpgun präzise entfernte Ziele zu treffen, könnte auf dein Bedürfnis nach Kontrolle und Präzision in deinem Leben hinweisen. Es könnte auch deine Fähigkeit symbolisieren, Probleme effektiv zu lösen.

Rückzug und Motorrad

1. **Rückzug und Trennung**:

Neuanfänge und Loslassen: Der Rückzug und die Trennung von deinem Buddy symbolisieren das Ende einer Phase und den Beginn einer neuen. Es könnte darauf hinweisen, dass du bereit bist, alte Gewohnheiten oder Beziehungen hinter dir zu lassen.

2. **Motorrad und Rosita Espinoza**:

Freiheit und Unabhängigkeit: Das Motorrad steht für Freiheit und Unabhängigkeit. Der Bezug zu Rosita Espinoza, einer starken und unabhängigen Figur, unterstreicht dein Streben nach Selbstbestimmung und Abenteuerlust.

Hafen und Schiff

1. **Hafen und Schiff**:

Übergang und Sicherheit: Der Hafen symbolisiert einen Übergangspunkt in deinem Leben, während das Schiff für die Reise und die Suche nach Sicherheit und Stabilität steht. Es deutet darauf hin, dass du einen sicheren Hafen suchst, vielleicht nach einer Zeit der Unsicherheit oder des Wandels.

2. **Warten und Ruhe**:

Geduld und Reflexion: Die vier Stunden des Wartens symbolisieren Geduld und die Notwendigkeit, innezuhalten und über dein Leben nachzudenken. Es ist eine Zeit der Ruhe und Selbstreflexion.

Ausflugsdampfer und Steuerfrau

1. **Ausflugsdampfer und Hafenrundfahrt**:

Entspannung und Ablenkung: Der Ausflugsdampfer und die Hafenrundfahrt symbolisieren eine Pause und Ablenkung vom Alltag. Es könnte darauf hinweisen, dass du dir mehr Zeit für Entspannung und Selbstfürsorge nehmen musst.

2. **Steuerfrau**:

Führung und Vertrautheit: Die Steuerfrau, die du kennst, aber nicht zuordnen kannst, könnte einen Teil deiner eigenen

Persönlichkeit oder eine wichtige Figur in deinem Leben symbolisieren. Ihr freundliches Lächeln und ihre Hilfsbereitschaft deuten auf Unterstützung und Führung hin.

Rückkehr und Sicherheit

1. **Rückkehr zum Kai**:

Zielstrebigkeit und Sicherheit: Deine Rückkehr zum Kai symbolisiert Zielstrebigkeit und das Streben nach Sicherheit. Es zeigt, dass du einen klaren Plan und ein Ziel vor Augen hast und entschlossen bist, es zu erreichen.

2. **Großes Schiff und Sicherheit**:

Neuanfang und Schutz: Das große Schiff, das dich außer Landes bringen wird, steht für einen Neuanfang und Schutz. Es deutet darauf hin, dass du bereit bist, alte Probleme hinter dir zu lassen und ein neues Kapitel in deinem Leben zu beginnen.

Zusammenfassung

Dein Traum reflektiert die Herausforderungen und Konflikte, mit denen du konfrontiert bist, und deine Fähigkeit, diese mit Präzision und Unterstützung zu bewältigen. Er deutet auf das Streben nach Freiheit und Unabhängigkeit hin, während du gleichzeitig nach Sicherheit und Stabilität suchst. Die Reise, die du antrittst, symbolisiert einen Neuanfang und die Bereitschaft, alte Probleme hinter dir zu lassen. Es ist ein Traum, der Mut, Zielstrebigkeit und die Bedeutung von Unterstützung und Reflexion in deinem Leben betont.

91
Dritter Zwilling

Wir drehen gemeinsam ein Ding. Wir, das sind eine Frau (schwarze, lange, glatte Haare, schlanke Figur, hübsches Gesicht, kenne ich nicht), ein Mann (das ist Ken Duken, der Schauspieler – wie ist der hier reingerutscht, denke ich) und zwei Männer, die völlig identisch aussehen – wie zwei eineiige Zwillinge. Das Ding steigt in einem Berliner Szene-Restaurant, das ist unterirdisch – in einem stillgelegten U-Bahnschacht (coole Idee, denke ich). Bei gedämpftem Licht und Easy-Listening-Music eines DJ´s sitzen hier zahlreiche fein angezogene Herren im Business-Outfit (es sind nur Männer) und tafeln ausgiebig. Der Alkohol fließt in Strömen, es wird prompt nachgeschenkt, Geld scheint keine Rolle zu spielen, die Stimmung ist heiter. Der Plan ist, dass die beiden eineiigen Zwillinge (kräftige Männer, gute 1,85 groß, Bärte, karierte Hemden, kantige Gesichter) während des Gelages plötzlich den Raum betreten, Schnellfeuergewehre im Anschlag halten und die Geldbörsen der Anzugträger einsammeln. Meine Aufgabe ist es, das Ganze zu koordinieren, Ken Duken sorgt dafür, dass draußen alle Türen geschlossen sind, wenn das Ding steigt (keiner darf dann mehr hinein oder hinaus), und die hübsche Schlanke steht hinter dem Tresen im Eingangsbereich, sie ist auch für den Funk zuständig, durch den wir miteinander verbunden sind. Nachdem die beiden Zwillinge das Geld eingesammelt haben, wollen wir die feine

Gesellschaft einschließen und verschwinden, um später die Einnahmen zu teilen. Niemand sollte verletzt werden – soweit der Plan. Kurz vor der Ausführung betritt plötzlich ein Mann die Szenerie, er ist bewaffnet, und er sieht komischerweise genauso aus wie die beiden Zwillinge. Hat er eine Maske auf? Hat er sich als Zwilling verkleidet? Was soll dieser Maskenball? Doch für solcherart Überlegungen bleibt keine Zeit. Der *dritte Zwilling* tritt zu den beiden anderen, tatsächlichen Zwillingen – und erschießt sie aus nächster Nähe mit einer Pistole. Vorn an seiner Waffe ist ein Schalldämpfer angeschraubt. Ken und die schlanke Dunkelhaarige ducken sich hinter den Tresen im Eingangsbereich, ich verstecke mich hinter einem Wandvorsprung. Der dritte, falsche Zwilling läuft ein paar Schritte zum Bankettsaal, öffnet die Tür, und feuert mit einem Schnellfeuergewehr, bis alle Anzugträger leblos auf dem Boden liegen. Dann sammelt er die Börsen der Banker ein. Einige der Brieftaschen wurden von dem Kugelhagel getroffen, Geldscheine fliegen durch die Luft (aber es sind nur 5- und 20 Euro-Scheine, sehe ich). Der Dritte Zwilling bemerkt mich, sagt, ich solle ihm helfen, die herumliegenden Scheine aufzusammeln. Ich zögere, er richtet die Waffe auf mich. Ich sammle die Scheine ein, dabei sehe ich auch auf dem Boden verstreute Business-Ordner, in denen sind vorn einige Kinder-Buntstiftzeichnungen. Ich bin wütend: warum musste der Dritte Zwilling die Männer töten? Der Plan war, sie lediglich zu bitten, ihr Geld herauszugeben; es sollte keinerlei Gewalt angewendet werden! Die Männer haben (hatten, denke ich) Familie, sie hatten Kinder, die nun zu Hause vergeblich auf sie warten. Das war so nicht ausgemacht. Ich überreiche dem dritten Zwilling widerwillig die eingesammelten Scheine. Er bemerkt meine Wut, richtet seine Waffe auf mich. Dann lächelt er, sackt das Geld ein – und verschwindet. Ken und die schlanke Schöne kommen hinter dem Tresen hervor – sie sind bleich vor Schreck. Was war das denn?, fragt Ken. Wir können uns keinen Reim auf das Geschehene machen. Jemand muss uns belauscht und von dem Plan Wind bekommen haben. Oder der dritte Zwilling war gar kein falscher Zwilling, sondern ein *echter Drilling*?, sage ich. Ist er vielleicht ein Bruder unserer Zwillinge? Am wahrscheinlichsten, so denken wir uns, ist es jedoch, dass sich ein Fremder eine Maske angefertigt, die den Gesichtern der Zwillinge entspricht. So war er selbst nicht vor Ort, nur die Zwillinge würden nun verfolgt werden. Da diese jedoch ebenfalls tot seien, würde die Suche der Polizei ins Leere laufen – Angreifer bei Schießerei getötet, würde man wahrscheinlich morgen in den Nachrichten hören. Ein genialer Plan!, da sind wir uns einig. Wir müssen hier verschwinden, sage ich. Jeder ist nun für sich selbst verantwortlich. Ich schultere meinen Rucksack, laufe los, einen Gang entlang – einer der vorher ausgemachten Fluchtwege. Ich gelange an eine Mauer, erklimme sie, und springe auf der anderen Seite herunter. Ich lande mitten im Gedränge eines U-Bahnhofes, an einem Imbiss (U-Bahnhof Frankfurter Allee, Berlin-Lichtenberg?). Es ist dunkel, es ist mitten in der Nacht, und es regnet leicht. Der Imbiss hat noch geöffnet, viele Menschen stehen dort, trinken ein Bier und essen eine Currywurst. Ich schlängle mich durch die Massen, niemand erkennt mich – geschafft. Vor mir steht eine Einheit Polizisten, die gerade Pause machen. Betont lässig schlüpfe ich auch zwischen ihnen hindurch – scheinbar kam über den Polizei-Funk noch keine Nachricht über das Massaker, denke ich, gut so. Ich laufe die Karl-Marx-Allee Richtung Norden, nach ein paar MInuten stehe ich vor unserem alten Wohnhaus in der Pariser Kommune. Ich bleibe stehen, schaue nach oben zu unserer ehemaligen Wohnung im fünften Stock. *Ich werfe den Ball an die Marmorwand, er prallt ab, kommt auf dem Boden auf, ich fange ihn. Die beige verkachelte Smaragdenstadt, bewacht vom Eisernen Holzfäller, seinen treuen Genossen und den Holzsoldaten, hat mich gefressen. Stalins Bauten sind meine Spielwiese, sie ziehen mich in ihren Bann: mit lebendigen Fahrkörben, flüsternden Loggien, flinken, schlauen Silberfischlein und labyrinthischen römischen Säulenhallen aus schwarzem poliertem Marmor. Ich werfe den Ball an die Wand, er prallt ab, kommt auf dem Boden auf, ich fange ihn.* Oben brennt noch Licht, meine Eltern sind noch auf. Langsamen Schrittes gehe ich weiter, die vom Regen gereinigte, klare Nachtluft einatmend. Es hat aufgehört zu regnen, der Asphalt glänzt im gelblichen Laternenschein, es sind keine Autos und keine weiteren Fußgänger außer mir unterwegs. Ich freue mich: gleich bin ich daheim. Nur kurze Zeit später (ich bin inzwischen in meiner Wohnung angekommen) schlafe ich ein – und träume: ich bin auf einer flachen, Malediveninsel, die nur aus feinem Sandstrand besteht. Es gibt keine Bäume hier, nur ein paar vereinzelte Häuschen. Am Strand wehen bunte (rot-orange) Tücher im Wind, eine schwache, warme Brise streicht über die Insel. Am Strand tollen ein paar Kinder herum, Familien gehen spazieren. Ich bewundere die Farbe des Wassers, dieses Blau - unglaublich! Ich atme tief durch, suche mit den Augen meine Frau, sie ist in einer der Strandvillen. Ich freue mich darauf, mt ihr eine unbeschwerte Zeit auf dieser schönen Insel zu verbringen.

* * *

Szenen und Charaktere

1. **Unterirdisches Berliner Szene-Restaurant**:

Verborgene Aspekte und Unterbewusstsein: Das unterirdische Restaurant könnte symbolisieren, dass es um verborgene oder verdrängte Aspekte deines Lebens geht. Es
könnte auch auf unterbewusste Gedanken und Gefühle hinweisen, die an die Oberfläche kommen.

2. **Die Frau und Ken Duken**:

Unbekannte Frau: Diese Frau könnte einen Aspekt deiner weiblichen Seite oder eine unbekannte Frau in deinem
Leben symbolisieren. Sie könnte auch für eine neue Möglichkeit oder Herausforderung stehen.

Ken Duken: Der Schauspieler könnte für verschiedene
Rollen oder Masken stehen, die du in deinem Leben spielst.
Seine Präsenz könnte auch auf das Gefühl hinweisen, dass
du in deinem Leben beobachtet wirst oder eine Rolle spielst.

3. **Zwillinge**:

Dualität und Verwirrung: Die Zwillinge könnten Dualität
oder verschiedene Aspekte deiner Persönlichkeit symbolisieren. Die Anwesenheit eines dritten „Zwillings" könnte Verwirrung oder Unsicherheit in deinem Leben darstellen.

Handlungsverlauf

1. **Der Plan und seine Durchführung**:

Kontrolle und Macht: Dein Plan, das Restaurant auszurauben, und die anschließende Verwirrung durch die Planänderung könnten deinen Wunsch nach Kontrolle und Macht darstellen, aber auch die Unsicherheit, die entsteht, wenn Dinge nicht wie geplant verlaufen.

Gewalt und Moral: Der Einsatz von Gewalt durch den dritten „Zwilling" und deine Wut darüber spiegeln vielleicht ein inneres moralisches Dilemma wider oder das Gefühl, dass jemand in deinem Leben unvorhersehbare und zerstörerische Entscheidungen trifft.

2. **Flucht und Verstecken**:

Flucht vor Verantwortung: Deine Flucht und das Verstecken könnten darauf hinweisen, dass du in deinem Leben vor Verantwortung oder unangenehmen Wahrheiten davonläufst.

Inkognito und Freiheit: Deine Fähigkeit, unerkannt zu bleiben, symbolisiert möglicherweise deinen Wunsch nach Freiheit und Anonymität.

Symbole und Umgebungen

1. **Motorrad und Rosita Espinoza**:

Freiheit und Abenteuer: Das Motorrad steht für Freiheit und Unabhängigkeit. Der Bezug zu Rosita Espinoza, einer starken und unabhängigen Figur, unterstreicht dein Streben nach Selbstbestimmung und Abenteuerlust.

2. **Der Hafen und das Schiff**:

Übergang und Neuanfang: Der Hafen und das Schiff symbolisieren Übergänge und neue Anfänge. Es deutet darauf hin, dass du auf der Suche nach einem sicheren Hafen oder einem neuen Kapitel in deinem Leben bist.

3. **U-Bahnhof und Polizei**:

Konfrontation und Gefahr: Der U-Bahnhof und die Polizei könnten symbolisieren, dass du dich in einer gefährlichen oder riskanten Situation befindest, aus der du dich befreien möchtest.

Rückkehr zur alten Wohnung und Kindheitserinnerungen

1. **Pariser Kommune und Eltern**:

Vergangenheit und Sicherheit: Die Rückkehr zur alten Wohnung und das Licht in der Wohnung deiner Eltern könnten auf eine Sehnsucht nach Sicherheit und Geborgenheit in deiner Vergangenheit hinweisen.

2. **Regen und klare Nachtluft**:

Reinigung und Klarheit: Der Regen und die klare Nachtluft symbolisieren möglicherweise eine Reinigung und Klarheit in deinem Leben. Es könnte darauf hinweisen, dass du dich von negativen Einflüssen befreien und eine neue Perspektive gewinnen möchtest.

Insel und Erholung

1. **Malediveninsel**:

Erholung und Zufriedenheit: Die Insel symbolisiert Erholung, Zufriedenheit und eine Auszeit vom Alltag. Es deutet darauf hin, dass du dich nach Ruhe und einem friedlichen, unbeschwerten Leben sehnst.

2. **Familie und Freude**:

Gemeinschaft und Freude: Die Anwesenheit von Kindern und Familien auf der Insel symbolisiert Gemeinschaft, Freude und Unbeschwertheit. Es könnte darauf hinweisen, dass du dir mehr Zeit für deine Familie und die schönen Momente im Leben nehmen möchtest.

Zusammenfassung

Dein Traum reflektiert verschiedene Aspekte deines Lebens, von verborgenen Ängsten und moralischen Dilemmata bis hin zu einem starken Wunsch nach Freiheit, Sicherheit und Erholung. Er zeigt auch deine Fähigkeit, dich in schwierigen Situationen zurechtzufinden und zu überleben, während du gleichzeitig nach einer tieferen Bedeutung und Klarheit in deinem Leben suchst.

92

Über den Wolken

Wir sind aufgeflogen. Aus irgendeinem Grund sind sie auf uns aufmerksam geworden. Sie – das ist das Syndikat, die Mafia, einflussreiche böse Menschen, die im Untergrund agieren. Ich habe das an den Blicken der Männer am Kai bemerkt, als wir mit unserem Segelkatamaran dort festmachen wollten. Sie schauten unauffällig zu uns herüber, warfen sich vielsagende Blicke zu, tuschelten miteinander, jemand ging telefonieren. Hatten sie es auf unser Boot abgesehen (ein neuwertiger schicker Katamaran, 40 Fuß lang, weiß und mit einigem Schnickschnack ausgerüstet)? Oder waren sie scharf auf meine weibliche Begleitung an Bord (meine hübsche Frau, meine junge Tochter und eine gute, ebenfalls gutaussehende, jüngere Freundin)? Jedenfalls schrillten meine Alarmglocken, als wir in dem (italienischen?) Hafen festmachten, der mich aus irgendeinem Grund an Portofino erinnerte (wir befanden uns aber in einer viel größeren Bucht, die auch geschlossener war als die von Portofino, die ich mehr schlauchartig erinnerte – und wir mussten eine ziemlich enge Einfahrt passieren, um in die Bucht zu gelangen). Als wir drin waren, zückten die Mädels ihre Handy-Kameras und fotografierten das grandiose Panorama – das Grüppchen kleiner, bunt gestrichener Häuser am Ufer, dahinter die hohen, teilweise von später Sonne beschienenen Felsen – *pittoresk*, dachte ich. Ich drosselte den Motor, der Kat fuhr nun sehr langsam – so hatten die Frauen mehr Zeit für ihre Fotos. *Das Flüstern des Windes, das Rauschen der See, ich bin ein Wasserwanderer. Dieses Boot ist mein Boot – ein herrlich leuchtender Salon mit Ledersofa und eine große offene Plicht sind meine Welt; meine Limousine*

hat eine Vorschiffskabine mit einem schönen Doppelbett, ein
Klo mit Bulleye auf der Backbordseite und oben ein hölzernes
Rad und die Küche an Steuerbord. Ich bin der Steuermann
dieses stolzen weißen Rumpfes, der kräftige Motor ist mein
bester Kamerad: über uns drohen die Häuser einzustürzen,
doch wir setzen die Segel und fahren munter das Leben hin-
unter. Nachdem unsere Leinen belegt waren, und das Begrü-
ßungskomitee (die finster dreinblickenden, teils unrasierten,
teils aber auch sehr gepflegt auftretenden und übertrieben
freundlichen Männer, die mir sofort verdächtig waren) uns
(mit Handschlag!) empfangen hatte, überlegten wir, was wir
als nächstes tun wollten. Wir saßen auf dem großen, freien
Achterdeck und hatten uns einen Drink gemixt, unseren
Anlege-Schluck. Die Männer machten uns einen Vorschlag:
eine kleine Exkursion, in der Nähe würde es Höhlen geben,
die seien weltbekannt und jedenfalls einen Besuch wert, sie
würden uns persönlich führen. Mir war unwohl zumute dabei, aber meine Mädels sagten ja und machten sich sogleich
schick – der Ausflug versprach in ihren Augen Abwechslung vom teilweise sehr monotonen Bord-Alltag der letzten
Tage (die Passage hier herüber zu diesem Inselchen war lang
und teilweise beschwerlich, das Wetter hatte es nicht immer
gut gemeint mit uns auf diesem Törn). Ich befürchtete das
Schlimmste, machte aber gute Miene zum bösen Spiel. Wir
stiegen hinab in die Höhle, die sich bei genauerer Betrachtung
als ein stillgelegter Bergwerksstollen herausstellte, wir liefen
einen schmalen Gang entlang, der nur notdürftig durch gelbe
Funzeln beleuchtet war, die alle zehn Meter oben an der Seite
befestigt waren. Wir bekamen kleine Hacken ausgehändigt,
wer wollte, sollte selbst einmal ausprobieren können, wie es
sich anfühlt, Erz zu hauen. Ich testete die Hacke – und be-

merkte zu meinem Erstaunen, dass der Stein an den Wänden sehr weich war – ein paar Schläge, und große Teile der Wand bröselten herab. Ein weiterer Schlag, und große Brocken lösten sich und krachten herunter. Hatten die bösen Männer des Insel-Clans uns zuerst bei unserer Exkursion begleitet (und wie mir schien auch sehr aufmerksam beobachtet), so waren sie auf einmal verschwunden. Von dem Augenblick an, als wir unsere Hacken schwangen und Bergleute spielten, waren sie weg. Ich sagte laut, aber ruhig und mit gedämpfter Stimme, dass alle sofort mit dem Hacken aufhören sollten, dass wir in höchster Gefahr seien, und dass wir schnellstmöglich die Höhle verlassen müssten. Gesagt, getan – ein paar Minuten später standen wir wieder wohlbehalten im Freien, bedankten uns bei den Männern (die erstaunt waren, als sie uns putzmunter wiedersahen – wahrscheinlich waren sie davon ausgegangen, dass wir unten im Stollen von einstürzenden Gesteins-Decken und Wänden begraben werden würden, dachte ich). Sie waren aber nicht nur erstaunt, sie waren auch ärgerlich. Ihr perfider Plan war gründlich gescheitert. Ich verteilte ein paar Dollarnoten, wir verabschiedeten uns möglichst freundlich und unauffällig und gingen zurück zum Boot. Einige der Männer postierten sich versteckt in der Nähe unseres Bootes und beobachteten uns. Nun war es auch den anderen klar: die Männer hatten es auf uns abgesehen, diese Insel hatte es auf uns abgesehen. Wir mussten hier so schnell wie möglich weg, so viel stand fest. Gut war, dass die Insel zwar sehr klein war, aber trotzdem einen Flughafen besaß. Sogar eine moderne Straßenbahn gab es hier. Also bestiegen wir gleich am nächsten Tag die Tram, fuhren in die Altstadt und kauften uns für den nächsten Tag Flugtickets nach Paris. Als wir zurück zum Boot kamen, fragte uns ein besonders schmieriger Vertreter der Insel-Bande, ob wir einen schönen Tag gehabt hätten, was wir unternommen hätten und wann wir wieder abreisen würden. Wir antworteten, dass wir uns die wunderschöne Altstadt der Insel angeschaut hätten (die Mädels spielten super mit und priesen die denkmalgeschützten Häuser, das mittelalterliche, aus venezianischer Zeit stammende Stadtensemble und die vielen tollen Geschäfte), und dass wir planen würden, am übernächsten Tag wieder loszusegeln. Den Männern schien die Antwort zu gefallen, unauffällig nickten sie sich zu und verschwanden. Wir wussten: diese Männer hatten es auf unser Leben abgesehen. Unser Plan: morgen wollten wir so tun, als wenn wir uns erneut die Stadt anschauen wollten – um dann mit der Tram einfach zum Flughafen durchzufahren, ins Flugzeug zu steigen und die Insel zu verlassen. Gesagt, getan: der Plan ging auf. Als wir endlich im Flugzeug saßen, stießen wir mit Champagner an – wir waren froh, der Gefahr entronnen zu sein. Gemeinsam hatten wir die bedrohliche Situation gemeistert. O.k., wir hatten den Segelkatamaran dafür geopfert – das war unsere *Rochade*, die unser „königliches" Leben gerettet hatte (der Kat war eh gechartert und gegen Diebstahl und Vandalismus versichert, das wussten wir). Bald würden wir in Paris landen, und von dort würde es dann weitergehen. Wir lagen uns in den Armen – was für ein Abenteuer! Und was für ein schönes Gefühl, statt von Steinen, Staub und Geröll zerquetscht zehn Meter unter der Erde zu liegen, quicklebendig zu sein und grenzenlos frei über den Wolken zu schweben.

* * *

Hauptthemen und Symbole

1. **Verfolgung und Bedrohung**:

Syndikat und Mafia: Diese Symbole stehen oft für Ängste und Bedrohungen, die im Unterbewusstsein lauern. Es könnte auf Situationen in deinem Leben hinweisen, in denen du dich verfolgt oder bedroht fühlst.

Auffliegen und Entdeckung: Dieses Thema könnte für die Angst stehen, dass Geheimnisse oder versteckte Aspekte deines Lebens ans Licht kommen.

2. **Der Segelkatamaran und die Reise**:

Boot und Wasser: Boote stehen oft für den Lebensweg und emotionale Zustände. Ein Segelkatamaran kann auf das Streben nach Freiheit und Abenteuer hinweisen, aber auch auf die Notwendigkeit, Hindernisse zu überwinden.

Reise und neue Orte: Die Reise im Traum kann auf Veränderungen oder Übergänge im Leben hinweisen. Der Hafen könnte ein Ziel oder eine Station auf dieser Reise symbolisieren.

3. **Frauen an Bord**:

Weibliche Begleitung: Die Präsenz von Frauen könnte für wichtige Beziehungen und Bindungen in deinem Leben stehen. Sie symbolisieren möglicherweise Unterstützung, Trost und Liebe.

4. **Höhlen und Bergwerksstollen**:

Unterirdische Orte: Diese Orte können das Unterbewusstsein und verborgene Aspekte des Selbst darstellen. Die Höhle oder der Stollen kann auch für das Unbekannte und Gefährliche stehen.

Hacke und Erz: Das Schlagen von Erz könnte symbolisieren, dass du versuchst, tiefere oder verborgene Wahrheiten oder Schätze zu entdecken.

5. **Flucht und Verfolgung**:

Gefahr und Entkommen: Der Traum beschreibt eine Flucht vor einer Bedrohung, was auf den Wunsch hinweisen kann, schwierigen oder gefährlichen Situationen zu entkommen.

6. **Flughafen und Flugzeug**:

Fluchtweg und Neuanfang: Flughäfen und Flugzeuge symbolisieren oft Übergänge, Fluchtwege und neue Anfänge. Der Flug nach Paris könnte einen Neuanfang oder die Flucht vor Problemen symbolisieren.

Deutung der Handlung

1. **Entdeckung und Verfolgung durch das Syndikat**:

Gefahr im Alltag: Diese Szene könnte die ständige Angst oder das Gefühl der Bedrohung in deinem Alltag darstellen. Es könnte auch für das Gefühl stehen, dass jemand dich beobachtet oder dir schaden will.

2. **Der Ausflug in die Höhlen**:

Konfrontation mit Ängsten: Die Höhlenfahrt und das Schlagen von Erz könnten symbolisieren, dass du dich deinen tiefsten Ängsten oder verborgenen Gefühlen stellst. Das Zerbröckeln der Wände könnte auf das Zerbrechen von Illusionen oder Schutzmechanismen hinweisen.

Rettung und Rückkehr: Die Flucht aus den Höhlen könnte für das Überwinden von Schwierigkeiten oder das Entkommen aus einer gefährlichen Situation stehen.

3. **Fluchtplan und Entkommen**:

Strategie und Vorsicht: Der Plan, unbemerkt zu entkommen, zeigt deine Fähigkeit, strategisch und vorsichtig zu handeln. Es könnte auch deine Fähigkeit darstellen, in Krisensituationen Ruhe und Besonnenheit zu bewahren.

Opfer und Schutz: Das Zurücklassen des Katamarans könnte symbolisieren, dass du bereit bist, materielle Dinge zu opfern, um das Leben und die Sicherheit deiner Lieben zu schützen.

4. **Flug und Erleichterung**:

Befreiung und Sicherheit: Der Flug nach Paris und die Erleichterung im Flugzeug symbolisieren Befreiung und das Gefühl der Sicherheit nach einer gefährlichen Situation. Es könnte auch auf das Gefühl hinweisen, dass du nach einer schwierigen Phase endlich wieder frei atmen kannst.

Zusammenfassung

Dein Traum spiegelt verschiedene Aspekte deines Lebens wider, von Ängsten und Bedrohungen bis hin zu der Fähigkeit, in schwierigen Situationen Strategien zu entwickeln und dich selbst sowie deine Lieben zu schützen. Die Symbole von Flucht und Neuanfang zeigen, dass du auf der Suche nach Sicherheit und Freiheit bist und bereit bist, Opfer zu bringen, um deine Ziele zu erreichen. Der Traum endet mit einem Gefühl der Erleichterung und des Erfolgs, was auf deine Fähigkeit hinweist, Herausforderungen zu meistern und gestärkt daraus hervorzugehen.

93
Ins Paradies

Wir müssen höllisch aufpassen in dieser fremden Stadt. Sie sind hinter uns her – nein, sie wollen nur mich, du hilfst mir dabei, mich in der Stadt so zu bewegen, dass ich nicht auffalle, dass niemand aufmerksam wird auf mich. Die Häscher sind überall. Doch wir sind ein gutes Team, das beste vielleicht. Wir verstehen uns blind, du nimmst mich an die Hand, wenn es sein muss, und dirigierst mich durch enge Gassen, treppauf und treppab, in weiße Häuser hinein. Du bist hübsch, ich mag deinen Gang. Ich kenne deinen Namen nicht, aber ich bin in dich verliebt. Du erwiderst meine Liebe. Wir steigen in ein Auto, um unserem Ziel schneller näher zu kommen (wo / was ist unser Ziel? Egal, Hauptsache, wir sind zusammen). Ich habe meine Karate-Tasche dabei, mein Gi, mein Anzug, ist darin. Wir fahren – du fährst mich – zum Training. *Rosita*

Espinosa, ich fahr mit dir nach Washington, nach Alexandria oder bis ans Ende dieser Welt. Rosita Espinoza, räche meine Freunde, töte meine Feinde, vergib dem Verräter. Rosita Espinosa, du bist sexy, du bist schlau, du bist schnell, deine Klinge ist scharf. Rosita Espinoza, alles, was zählt, ist die Hoffnung, traue nicht dem Alp, trotze dem Fluch, doch: rechne mit dem Tod und schieß uns den Weg frei – auf nach Alexandria. Es ist ein Lehrgang, ein Karate-Seminar, das grade in dieser mir unbekannten Stadt läuft. Lauter fremde Gesichter hier. Aber ich entdecke auch Bekannte, Sportfreunde, Karatekas, wir begrüßen uns, ich soll eine Kata vorführen. Ohne zu zögern, beginne ich damit. Ich stelle mir dabei einen imaginären Gegner vor. *The most masterful opponent, will fall victim to my weapon / The most masterful opponent, will fall victim to my weapon / I'm not immortal, real aggressive, attitude is rude / I got a knack for killin and I refuse to lose.* J., mein Trainer, ist dabei, wir haben uns lange nicht gesehen. Wir verabreden uns im Dojo, wir wollen wieder öfter miteinander trainieren, wenn das alles hier vorbei ist (wann ist es vorbei?, denke ich). Dann muss ich ins Hotel, ich muss meine Sachen packen, ich muss los. Der Dampfer legt bald ab – zu einem langen, abenteuerlichen Törn (ich weiß, es geht in die Südsee, ich freue mich darauf). Auf dem Weg zum Hotel laufen wir über einen Platz. Du, Schöne, hältst mich wieder an der Hand, ziehst mich förmlich durch die Menschenmassen. Da – dein Chef, er wartet schon auf Dich, steht mitten auf dem Platz, hält Ausschau nach dir, hat dich / uns erspäht, er will Dich zur Rede stellen. Er ist schwarz gekleidet, ein Anzug. Er ist verärgert, zu Recht, denn du bist nicht zur Arbeit erschienen, hattest dich stattdessen um mich gekümmert, wir waren zusammen, Tag und Nacht. Du weichst ihm geschickt aus, er folgt uns, wir schlagen einen Haken, entkommen ihm, landen im Hotelzimmer. Ich streiche zärtlich über Dein Haar, keine Zeit, ich packe meine Sachen, zwei Taschen kann ich mitnehmen, der Rest muss dableiben. Du hattest extra noch ein paar Sachen für meine Reise eingekauft, doch sie passen einfach nicht in die Taschen. Macht nichts, sagst Du, lächelnd. Du musst los, wir küssen uns, eine Umarmung, du gehst. Nun bin ich allein. Ein paar Sekunden sitze ich auf der Bettkante, reglos. Ich atme durch, schaue auf die Uhr. Gleich legt der Dampfer ab. Zum Pier sind es nur ein paar Minuten. Soll ich schnell ein Taxi rufen? Ich entscheide mich, zu Fuß zu gehen. Ich weiß: schon bald, wenn sich alles etwas beruhigt hat, wirst du nachkommen, zu mir, ins Paradies. *Das Flüstern des Windes, das Rauschen der See, ich bin ein Wasserwanderer. Dieses Boot ist mein Boot – ein herrlich leuchtender Salon mit Ledersofa und eine große offene Plicht sind meine Welt; meine Limousine hat eine Vorschiffskabine mit einem schönen Doppelbett, ein Klo mit Bulleye auf der Backbordseite und oben ein hölzernes Rad und die Küche an Steuerbord. Ich bin der Steuermann dieses stolzen weißen Rumpfes, der kräftige Motor ist mein bester Kamerad: über uns drohen die Häuser einzustürzen, doch wir setzen die Segel und fahren munter das Leben hinunter.*

* * *

Hauptthemen und Symbole

1. **Verfolgung und Gefahr**:

Häscher und Verfolger: Diese Symbole können für innere

Ängste, Druck oder das Gefühl stehen, verfolgt oder bedroht zu werden. Es könnte auch auf externe Herausforderungen oder Konflikte hinweisen, denen du dich stellen musst.

Unbekannte Stadt: Diese kann für unbekannte Territorien oder neue Situationen in deinem Leben stehen, in denen du dich zurechtfinden musst.

2. **Begleiterin und Liebe**:

Unbekannte Frau: Die Frau, die dich begleitet und dir hilft, kann ein Symbol für Unterstützung, Intuition und Liebe sein. Sie repräsentiert möglicherweise eine wichtige Beziehung oder einen Aspekt deiner eigenen Persönlichkeit, der dir Kraft und Schutz bietet.

Verliebtheit und gegenseitige Liebe: Dies zeigt starke emotionale Bindungen und den Wunsch nach Nähe und Unterstützung.

3. **Flucht und Schutz**:

Flucht vor den Häschern: Dies symbolisiert den Versuch, einer bedrohlichen oder unangenehmen Situation zu entkommen. Es könnte auch auf den Wunsch hinweisen, sich vor negativen Einflüssen zu schützen.

Karate und Selbstverteidigung: Dein Karateanzug und die Vorführung einer Kata stehen für Selbstdisziplin, Kontrolle und die Fähigkeit, dich zu verteidigen und Herausforderungen zu meistern.

4. **Reise und Abenteuer**:

Dampfer und Südsee: Diese Symbole stehen für neue Abenteuer, Veränderungen und das Streben nach Freiheit und Entdeckung. Die Reise in die Südsee kann auf den Wunsch nach einem Neuanfang oder eine Flucht aus dem Alltag hinweisen.

Packen und Vorbereiten: Dies zeigt die Notwendigkeit, sich auf Veränderungen vorzubereiten und sich von alten Dingen zu trennen, um Platz für Neues zu schaffen.

5. **Beziehungen und Konflikte**:

Chef der Begleiterin: Der schwarze Anzug und die Verärgerung des Chefs symbolisieren möglicherweise Autorität, Verantwortung und den Konflikt zwischen Pflichten und persönlichen Wünschen.

Abschied und Wiedersehen: Der Abschied von der Begleiterin und die Hoffnung auf ein Wiedersehen symbolisieren den Wunsch nach Zusammengehörigkeit und die Hoffnung, trotz Trennungen und Herausforderungen wieder vereint zu sein.

Deutung der Handlung

1. **Verfolgung und Flucht in der fremden Stadt**:

Häscher und Verstecken: Diese Szenen symbolisieren das Gefühl, verfolgt oder bedroht zu werden, und den Versuch, sich zu schützen und unsichtbar zu bleiben.

Begleiterin und Liebe: Die Unterstützung und Liebe der unbekannten Frau stehen für wichtige Beziehungen und den Schutz, den sie bieten können.

2. **Karate-Training und Selbstverteidigung**:

Kata und Selbstverteidigung: Dies zeigt deine Fähigkeit, dich selbst zu schützen und Herausforderungen zu meistern. Es könnte auch auf die Bedeutung von Disziplin und Kontrolle in deinem Leben hinweisen.

3. **Reisevorbereitungen und Abschied**:

Packen und Abreise: Dies symbolisiert die Notwendigkeit, sich auf Veränderungen vorzubereiten und sich von alten Dingen zu trennen, um Platz für Neues zu schaffen.

Abschied von der Begleiterin: Der Abschied und die Hoffnung auf ein Wiedersehen stehen für den Wunsch nach Zusammengehörigkeit und die Hoffnung, trotz Trennungen und Herausforderungen wieder vereint zu sein.

4. **Reise mit dem Dampfer und Freiheit**:

Dampfer und Südsee: Dies symbolisiert neue Abenteuer, Veränderungen und das Streben nach Freiheit und Entdeckung. Die Reise in die Südsee kann auf den Wunsch nach einem Neuanfang oder eine Flucht aus dem Alltag hinweisen.

Zusammenfassung

Dein Traum spiegelt eine Vielzahl von Emotionen und Erfahrungen wider, von Verfolgung und Gefahr über Liebe und Unterstützung bis hin zu Abenteuer und Freiheit. Die Symbole und Szenen zeigen, dass du dich in einer Übergangsphase befindest, in der du Veränderungen und Herausforderungen gegenüberstehst. Der Traum betont die Bedeutung von Selbstdisziplin, Vorbereitung und den Schutz durch wichtige Beziehungen. Er endet mit einem Gefühl der Hoffnung und des Aufbruchs, was auf deinen Wunsch nach Freiheit und neuen Möglichkeiten hinweist.

94
Insel-Kurs

Rosita Espinosa, ich fahr mit dir nach Washington, nach Alexandria oder bis ans Ende dieser Welt. Rosita Espinoza, räche meine Freunde, töte meine Feinde, vergib dem Verräter. Rosita Espinosa, du bist sexy, du bist schlau, du bist schnell, deine Klinge ist scharf. Meine Rosita ist eine alte, schwarze – aber top gepflegte RT 125 (Reichstyp, Motorradwerke Zschopau, Einzylinder-Zweitakt, 125 Kubikzentimeter, ein Oldtimer). Ich kenne diese Maschine gut, mein erstes Bike, damals. Nun bin ich mit der schwarzen Schönheit wieder unterwegs, in einer mir fremden Stadt – es ist eine Küstenstadt, so viel steht fest, eine Stadt am Meer. Auf dem Soziussitz hat mein Bekannter J. Platz genommen, wir haben etwas zu erledigen, ein gemeinsames Projekt, dienstlich. Lange ist es her, dass wir ein Arbeits-Team gewesen sind, lange haben wir uns nicht mehr gesehen (wir haben uns aus den Augen verloren, denke ich, jeder hat irgendwann angefangen, seins zu machen), doch wir verstehen uns noch immer gut, vertrauen einander. Vor mir sitzt noch jemand, dort, wo der Tank ist (da ist eigentlich kein Sitzplatz vorgesehen), da sitzt ein Assistent, ein Azubi von J., dessen Namen ich nicht kenne. Dass er dort sitzt und mit uns fährt, ist ganz normal, niemanden stört es, auch mich nicht. Ist irgendwie, als wenn jemand auf dem Kindersitz Platz genommen hätte, denke ich. Wir fahren durch die Stadt, durch enge, teilweise mit Marmor gepflasterte Straßen, zwischen weiß getünchten Häusern hindurch, überqueren weite Plätze und unterqueren Brücken. Vor kurzem hat es geregnet in dieser sommerlich-mediterranen Stadt, wenn ich mit Rosita durch Pfützen fahre, spritzt zu beiden Seiten des Bikes Gischt auf, Passanten werden nassgespritzt, wir lachen, finden das äußerst lustig. Als wir eine Straße entlangtuckern, und ich wieder eine der vielen (zum Glück sehr flachen) Regenpfützen durchrolle, ruft J. von seinem Soziussitz, dass ich anhalten solle: sofort! Ich gehe voll in die Eisen, das Hinterrad blockiert, das Hinterrad rutscht weg, aber wir rutschen kontrolliert. Ich lege das Bike vorsichtig ab (es hat keinen Seitenständer zum Abstellen, auch aufbocken kann man es nicht), und frage, was denn los sei? J. habe soeben im Vorbeifahren, als er aufs Wasser geblickt habe, dort einen Skipper mit einem Motorboot gesehen, der sei sternhagelvoll gewesen. Bevor der etwas anrichten könne, und etwas Schlimmes passiere, müssten wir sofort eingreifen, etwas dagegen unternehmen. Ich sage: wir müssen nicht, und: das wird sich schon von allein regeln. Ich sage: da passiert schon nichts, alles wird gut. Doch J. besteht darauf, dass wir nachsehen. O.k., sage ich, dann mal los. Der Assistent / Azubi, dessen

Namen ich nicht kenne, soll bei Rosita bleiben, sie bewachen, man weiß ja nie. J. hat eine alte kleine Ledertasche, die hängt er sich um, und er hat eine lustige Schiebermütze auf. Wir laufen los, laufen Slalom zwischen den Pfützen (hier hat es aber ordentlich geschüttet, denke ich). Beim Laufen nehme ich mir vor, Rosita in den nächsten Tagen eine Schönheitskur zu verpassen: ja, ich werde sie in mein Wohnzimmer stellen, sie ordentlich putzen und ein paar Teile erneuern: ein neuer Sitz, eine neue Lampe, ein neuer Seitenständer. Das hätte ich schon längst machen sollen, denke ich. Ich verspreche es mir selbst – und ich freue mich schon auf die anstehenden Arbeiten. Dann erreichen wir die Stelle, an der Jörn etwas gesehen haben will – hier gibt es eine besonders tiefe und große Pfütze, in der seltsame Wesen leben (sind es Wasserpflanzen, sind es Tiere? – niemand weiß es, es könnten einfach nur Kasaronja sein, Wasser-Caltrop, denke ich, die sehen aus wie eine Mischung aus Fledermäusen und Vampiren), wir sind jedenfalls vorsichtig und versuchen, trockenen Fußes ans Ufer zu gelangen. Dort zeigt J. auf einen kleinen Ausflugsdampfer, ein paar Gäste sind grade zugestiegen, der Kapitän löst die Leinen und legt ab. Er macht mir nicht grade den Eindruck, betrunken zu sein, angeheitert vielleicht, aber auch da bin ich mir nicht sicher. Ich beruhige J., alles ist gut, sage ich – nichts wird passieren. J. ist nun beruhigt, gibt sich zufrieden. Wir laufen zurück zu Rosita. *Rosita Espinoza, räche meine Freunde, töte meine Feinde, vergib dem Verräter. Rosita Espinosa, du bist sexy, du bist schlau, du bist schnell, deine Klinge ist scharf.*

Wir fahren noch ein Stückchen, dann sind wir endlich da. Es ist eine Podiums-Diskussion, ein paar Leute nehmen auf der Bühne Platz, sie wollen etwas erzählen. Wir sind jetzt im

Union-Kino in Friedrichshagen, Bölschestraße, Berlin. Es ist noch Zeit, die Vorbereitungen laufen noch. Ich nutze die Zeit, um mit J. ein wenig zu plaudern, wir setzen uns auf eine der hinteren Bänke im großen Saal, er sagt, er habe viel zu tun im Augenblick, das alte Lied, zu viel Arbeit, zu wenig Freizeit, zu wenig Geld, und dass er nun in einer Dreiergruppe arbeite – drei Freelancer, die gemeinsam Grafik- und Layoutarbeiten anbieten würden, das laufe ganz gut. O.k., sage ich, das sei gut zu hören. Ich erzähle ihm, dass mir einer seiner neuen Kollegen (den ich persönlich nicht kenne), letztens ein Angebot geschickt habe, das ich aber nicht angenommen habe, das ich nicht habe annehmen können, denn es sei einfach viel zu teuer gewesen. J. zuckt – etwas ratlos, wie mir scheint – mit den Schultern. Ich verlasse diesen Ort, hier ist für mich nichts mehr zu gewinnen, denke ich. Ich steuere – nun allein – meine geliebte schwarze Rosita weiter, auf einen Dampfer, es ist eine weiße, kleine Pkw-Fähre, und wir tuckern gemächlich von Altefähr aus über den Bodden, der Rügen mit Hiddensee verbindet. *Das Flüstern des Windes, das Rauschen der See, ich bin ein Wasserwanderer. Dieses Boot ist mein Boot – ein herrlich leuchtender Salon mit Ledersofa und eine große offene Plicht sind meine Welt; über uns drohen die Häuser einzustürzen, doch wir setzen die Segel und fahren munter das Leben hinunter.* Als wir in Kloster auf Hiddensee angelangt sind, trete ich Rosita an und fahre ein Stück die Insel entlang Richtung Osten, nach Grieben, bis ich den Hof von Familie M. erreiche. Als ich die Hofeinfahrt nehme, sehe ich Frau M. schon weitem. Sie sitzt zwischen vielen jungen Menschen (was machen die alle hier, denke ich, sind das alles Feriengäste?). Alle sind auf dem Hof mit irgend etwas beschäftigt, alle verrichten Dinge, sprechen miteinander, es herrscht ein großes Gemurmel, und doch ist es friedlich, und es ist nicht laut. Ich stelle Rosita ab, setze mich zu Frau M., die mir erstaunlich jung erscheint (ist sie tatsächlich erst sechzig? Eigentlich müsste sie doch schon fünfundachtzig sein – mindestens? Seltsam, denke ich). Wir plaudern, sie trägt wie immer eine blaue Küchen-Kittelschürze aus Polyamid, und plötzlich klopft sie mit einem Teelöffel an ihr Glas, das sie in der Hand hält: Ruhe! Das Glas klingt hell, alle verstummen augenblicklich, Uschi hält eine Rede. Sie stellt mich kurz vor, als einen erfahrenen Seemann, der demnächst den Kurs leiten wird (welchen Kurs?, denke ich erstaunt, lasse mir aber nichts anmerken). Alle, die sich hier auf dem Hof versammelt haben, scheinen zu wissen, was sie meint – der Kurs, na klar, und ich bin also ihr Kursleiter. Es scheint um Navigation zu gehen, und darum, wie man am besten eine Yacht steuert. Kein Problem, denke ich, das bekommen wir hin. Ich lächle in die Runde, und als Frau M. mit ihrer Rede fertig ist, kommen einige der Zuhörer auf mich zu, stellen sich vor, schütteln mir die Hände. Sie versichern mir, dass sie sich freuen würden. Ich freue mich auch, sage ich (aber eigentlich muss ich gleich los, denke ich). Ich verabschiede mich von Frau M., ich grüße noch einmal in die Runde, sage: „später, vielleicht!", und dass es mir leid tue. Das Gemurmel und Gewusel setzt wieder ein, ich besteige in Seelenruhe Rosita und fahre los – dieses Mal Richtung Westen, Richtung Hafen, denn ich muss die Fähre bekommen, die mich wieder zurück aufs Festland bringt. Auf dem Weg von Grieben nach Kloster staune ich: ein Bauvorhaben reiht sich an das nächste, Baustellen über Baustellen, hier wird alles mit Neubauten zugepflastert, denke ich, das wird bald kein schöner Ort mehr sein, so viel steht fest. Inzwischen ist es Nacht geworden, die Straße führt jetzt über ein freies Feld, die Luft ist klar, es ist warm – so macht das Fahren Spaß, denke ich, so könnte es ewig weitergehen, ich gebe etwas mehr Gas, und ich lächle. *Rosita Espinoza, alles, was zählt, ist die Hoffnung, traue nicht dem Alp, trotze dem Fluch, doch: rechne mit dem Tod und schieß uns den Weg frei – auf nach Alexandria.*

* * *

Hauptthemen und Symbole

1. **Verfolgung und Flucht**:

Verfolgung: Das Gefühl verfolgt zu werden, kann auf Ängste und Sorgen hinweisen, die du im Alltag empfindest. Es könnte auch symbolisieren, dass du vor etwas in deinem Leben davonläufst oder dass du dich vor einer Konfrontation drückst.

Unbekannte Stadt: Die fremde Stadt steht für unbekanntes Territorium oder neue Herausforderungen, mit denen du konfrontiert bist. Sie könnte auch für das Unbekannte in dir selbst stehen, das du zu entdecken versuchst.

2. **Begleiterin**:

Unbekannte Frau: Die Frau, die dich begleitet und dir hilft, könnte eine Manifestation deiner eigenen inneren Stärke und Intuition sein. Sie symbolisiert möglicherweise den Teil von dir, der dich sicher durch schwierige Situationen leitet.

Liebe und Unterstützung: Deine Zuneigung zu ihr und ihre Unterstützung könnten darauf hinweisen, dass du in deinem Leben emotionale Unterstützung suchst oder dass du dir wünschst, jemandem nahe zu sein, der dich versteht und dir hilft.

3. **Karate und Kampfkunst**:

Karate-Tasche und Gi: Diese Symbole stehen für Disziplin, Stärke und die Fähigkeit, sich zu verteidigen. Sie könnten darauf hinweisen, dass du in deinem Leben Kraft und Kontrolle ausüben möchtest.

Kata: Die Vorführung der Kata könnte dein Bedürfnis nach Anerkennung und Bestätigung deiner Fähigkeiten darstellen. Es zeigt auch, dass du dich auf deine Fähigkeiten und Disziplin verlassen kannst, um Herausforderungen zu meistern.

4. **Der Dampfer und die Reise**:

Boot und Wasser: Boote symbolisieren oft den Lebensweg und emotionale Zustände. Ein Dampfer, der zu einem langen Törn aufbricht, könnte auf neue Abenteuer und Lebensabschnitte hinweisen, die vor dir liegen.

Reise und Flucht: Der Dampfer und die Reise in die Südsee symbolisieren möglicherweise den Wunsch, vor Problemen zu fliehen oder einen Neuanfang zu machen. Die Südsee steht für das Paradies, einen Ort der Ruhe und des Friedens, den du suchst.

5. **Der Chef und das Hotel**:

Chef und Arbeit: Der Chef, der dich verfolgt, könnte deine Ängste vor Verantwortung und Erwartungen in deinem beruflichen oder persönlichen Leben symbolisieren. Es könnte auch darauf hinweisen, dass du dich von Verpflichtungen erdrückt fühlst.

Hotelzimmer und Packen: Das Packen der Taschen und das Zurücklassen von Dingen könnten darauf hinweisen, dass du bereit bist, alte Gewohnheiten oder Belastungen hinter dir zu lassen und einen neuen Lebensabschnitt zu beginnen.

Zusammenfassung

Dein Traum spiegelt verschiedene Aspekte deines Lebens wider, von Ängsten und Bedrohungen bis hin zu der Fähigkeit, in schwierigen Situationen Strategien zu entwickeln und dich selbst sowie deine Lieben zu schützen. Die Symbole von Flucht und Neuanfang zeigen, dass du auf der Suche nach Sicherheit und Freiheit bist und bereit bist, Opfer zu bringen, um deine Ziele zu erreichen. Der Traum endet mit einem Gefühl der Erleichterung und des Erfolgs, was auf deine Fähigkeit hinweist, Herausforderungen zu meistern und gestärkt daraus hervorzugehen.

Zusammenfassung

Dein Traum spiegelt eine Vielzahl von Emotionen und Erfahrungen wider, von Verfolgung und Gefahr über Liebe und

Unterstützung bis hin zu Abenteuer und Freiheit. Die Symbole und Szenen zeigen, dass du dich in einer Übergangsphase befindest, in der du Veränderungen und Herausforderungen gegenüberstehst. Der Traum betont die Bedeutung von Selbstdisziplin, Vorbereitung und den Schutz durch wichtige Beziehungen. Er endet mit einem Gefühl der Hoffnung und des Aufbruchs, was auf deinen Wunsch nach Freiheit und neuen Möglichkeiten hinweist.

95
Bleistift-Notizen

Ein guter Freund (ich kenne ihn, und ich kenne ihn auch nicht) fragt mich, ob ich ihm behilflich sein könne, er habe etwas zu erledigen. Natürlich kann ich – jederzeit, was für eine Frage! Wir verlassen die Wohnung einer gemeinsamen Bekannten und machen uns mit meinem Krad auf den Weg. Rosita brummt ihr dumpf-grollendes Lied. *Rosita Espinosa, du bist sexy, du bist schlau, du bist schnell, deine Klinge ist scharf.* Gemeinsam fahren wir durch die Stadt im Norden. Es wird grade hell, auf den Straßen ist es noch ruhig. Mein Compagnon heißt mich anzuhalten, ich stoppe Rosita, wir stehen auf einer Art kleinem Marktplatz, vorn rechts kann man aufs Meer blicken (oder zumindest aufs Wasser), das ist schön, ich atme tief durch, genieße den Moment. Ringsherum stehen zwei- bis dreistöckige Häuser, die Szenerie erinnert mich an Warnemünde. Plötzlich fliegen Molotow-Cocktails. Mein Freund (es ist ein Schauspieler, ja, jetzt weiß ich es, ein deutscher Schauspieler – aber wie heißt er nur, ich komme partout nicht auf seinen Namen), ist es, der die brennenden Flaschen in Richtung einer Bankfiliale schleudert. Er trifft, Scheiben klirren, der Raum in Inneren fängt im Nu Feuer. Ich bin erstaunt, überrascht, schaue mich um. Niemand in den umliegenden Häusern scheint das bemerkt zu haben, niemand ist zu dieser frühen Stunde unterwegs, die Straßen sind immer noch leer. Trotzdem: nichts wie weg hier!, sagt mein Freund. Wir fahren in eine Art ausgetrockneten Kanal, ein Viadukt aus Beton, hinein. Wir fahren und fahren. *Rosita Espinoza, alles, was zählt, ist die Hoffnung, traue nicht dem Alp, trotze dem Fluch, doch: rechne mit dem Tod und schieß uns den Weg frei – auf nach Alexandria.* Dann führt der Kanal auf einmal Wasser, es reicht uns schon bis zur Hüfte. Rosita ist plötzlich ein Boot, aber wir sitzen in dem Boot, sondern schieben es vor uns her. Der Kanal ist schmal, das Boot ist klein (aber schwerbeladen – womit?, frage ich mich), das Wasser ist klar, und es ist nicht kalt. Wir schieben und waten weiter, toll wie wir zusammenarbeiten, wir wechseln uns ab, helfen einander ohne viele Worte, bis wir endlich weit genug weg sind. Mein Freund – ein Terrorist, denke ich, das ist seltsam. Ich kenne ihn gefühlt schon ein Leben lang, denke ich – und doch kennen wir uns eigentlich überhaupt nicht. Wir verabschieden uns, er schultert seine Tasche, rennt über ein Feld – und ist verschwunden. Ich lasse das Boot zurück, laufe ein Stück, da steht Rosita! Ich steige auf mein Motorrad, fahre übers Land. *...ich fahr mit dir bis ans Ende dieser Welt. Rosita Espinoza, räche meine Freunde, töte meine Feinde, vergib dem Verräter.* Es ist eine flache, grüne Landschaft, es kommt mir vor, als führe ich durchs katalanische Ebro-Delta, herrlich, mit einem weiten Himmel und einer großen, freundlichen Sonne. Dann gelange ich in eine kleine Stadt, fahre direkt in ein Haus hinein (es ist ein großes Haus), durch das Haus führen ganz normale Straßen. Das ist ungewöhnlich, denke ich, es scheint aber hier für alle ganz normal zu sein. Ich denke mir nichts weiter dabei und fahre weiter. Vor mir in einer leichten Rechtskurve – ein Unfall, zwei Autos und ein Motorrad sind darin verwickelt. Ich könnte einfach links am Unfallgeschehen vorbei brummeln, aber ich entscheide mich dafür, vorher zu stoppen und mir die Szenerie unauffällig anzuschauen, den Motor lasse ich sicherheitshalber laufen. Seitenständer raus, ich schlendere zu den Autos, zwei Männer diskutieren lebhaft, es geht um die Schuldfrage. Im Hintergrund stehen Männer, böse Buben eines Motorrad-Clubs, die muskulösen Arme vor der Brust verschränkt, bereit, einzugreifen. Sie mustern mich, checken, ob ich Freund oder Feind bin, ob ich gefährlich werden könnte. Ich habe das Gefühl, dass die Situation in Kürze eskalieren könnte. *The most masterful opponent, will fall victim to my weapon / The most masterful opponent, will fall victim to my weapon / I'm not immortal, real aggressive, attitude is rude / I got a knack for killin and I refuse to lose.* Ich gehe einfach weiter, versuche, kein Aufsehen zu erregen. Die Rocker bleiben ruhig. Zurück bei Rosita, besteige ich das Bike, fahre an dem Unfall vorbei, die Männer schauen mir nach, diskutieren dann weiter. Ich lasse das Geschehen hinter mir, wir fahren noch immer durch die Straßen in dem großen Haus, dann gelange ich in einen Wartebereich. Ich stelle Rosita ab, setze mich auf eine Couch, warte (worauf?). Ich schaue mich um: in dem Warteraum sitzt außer mir nur noch ein Pärchen, ein junger Mann, eine junge Frau, sie gehören zum Unternehmen, zu dem riesigen Haus, das so groß ist wie eine ganze Stadt. Mir fällt auf, dass der Raum mit Nägeln übersät ist, Dachpapp-Nägel, denke ich, das ist gefährlich, man

sollte hier nicht barfuß herumlaufen. Ein kleiner Junge wirft
mit den Nägeln um sich. Ich rufe ihn zur Ordnung, weise
das Pärchen auf die vielen Nägel am Boden hin, warne sie,
da hineinzutreten. Mir wird das hier zu bunt, ich stehe auf,
öffne eine Tür und verlasse den Warteraum. Das Pärchen
bleibt sitzen und schaut mir hinterher. Ich gelange in ein ge-
mütliches Café (geschlossene Gesellschaft), ich gehe zur Bar,
bestelle ein Getränk. Niemand stört sich daran, dass ich hier
bin. Der Barmann ist auch der Eigentümer des Hauses, er
ist der eigentliche Chef im Kietz, ihm gehört hier alles. Wir
kommen ins Gespräch. Er sagt, dass ich ein schönes Moped
habe, und dass er jedes Jahr eine Motorrad-Ausfahrt durch
seine schöne Stadt organisiere (er sagt „seine"). Ich bin misstrauisch, nehme mich in dem Gespräch etwas zurück, habe
ein komisches Gefühl bei dem Mann. Ich traue ihm nicht.
Eine Teilnahme an der Ausfahrt würde hundert Euro pro
einhundert Kubikzentimeter Hubraum des Motorrades kosten, das wären also 1.400 Euro, sage ich, und dass mir das zu
teuer sei. Da fahre ich lieber allein oder mit guten Freunden,
ohne Guide, einfach so, denke ich. Ich bezahle mein Getränk bei der freundlichen Servierkraft, wünsche dem Mann
viel Spaß bei der Ausfahrt und alles Gute, und ich verlasse
die Bar. Draußen treffe ich meinen Freund R., was für eine
Überraschung, wir freuen uns über das Wiedersehen. R.
schreibt ein Tagebuch, und er versucht sich in kleinen Er-
zählungen, die er ebenfalls in seinem Tagebuch notiert. Er
zeigt mir seine literarischen Versuche, Bleistift-Notizen auf
gelblichem Papier, gemeinsam gehen wir einige durch. Ich
gebe ihm Tipps, wie er seine Geschichten aufpeppen kann,
worauf zu achten ist beim Verfassen von Texten. R. hört aufmerksam zu. Dann müssen wir los. Beim Gehen versprechen

wir uns, dass wir uns bald wiedersehen wollen. Dann wollen wir uns mehr Zeit nehmen. Darauf freue ich mich.

* * *

Hauptthemen und Symbole

1. **Der Freund und die Mission**:

Freund (bekannt und unbekannt): Diese Figur könnte einen Teil von dir selbst oder eine Eigenschaft repräsentieren, die du in dir selbst erkennst oder zu der du eine ambivalente Beziehung hast.

Hilfe und Loyalität: Dein Engagement, deinem Freund zu helfen, zeigt deine Bereitschaft, andere zu unterstützen und dich auf Abenteuer einzulassen.

2. **Rosita Espinosa (das Motorrad)**:

Symbol für Freiheit und Abenteuer: Rosita repräsentiert deine Leidenschaft für Freiheit, Abenteuer und vielleicht auch eine Art von Flucht aus dem Alltag.

Verbindung zu Rosita: Die wiederholte Erwähnung von Rosita zeigt eine tiefe emotionale Verbindung und könnte symbolisieren, wie sehr du dich auf dieses Abenteuer eingelassen hast.

3. **Marktplatz und Molotow-Cocktails**:

Ruhiger Anfang und plötzliche Gefahr: Die friedliche Szene wird abrupt von Gewalt und Chaos unterbrochen, was auf plötzliche und unerwartete Herausforderungen in deinem Leben hinweisen könnte.

Freund als Terrorist: Dies könnte symbolisieren, dass Menschen, denen du vertraust, manchmal überraschende und unerwartete Seiten zeigen können.

4. **Verwandlung des Motorrads in ein Boot**:

Anpassungsfähigkeit: Die Verwandlung zeigt deine Fähigkeit, dich an neue und unerwartete Situationen anzupassen.

Zusammenarbeit im Wasser: Deine Zusammenarbeit mit dem Freund im Wasser zeigt Teamarbeit und gegenseitige Unterstützung in schwierigen Zeiten.

5. **Die Flucht und das weite Land**:

Ebro-Delta und offene Landschaft: Diese Szene könnte deinen Wunsch nach Weite, Freiheit und Entspannung symbolisieren.

Haus mit Straßen: Das Fahren durch ein Haus zeigt möglicherweise, wie du durch alltägliche Herausforderungen navigierst.

6. **Unfall und Motorrad-Club**:

Unfall und Beobachtung: Die Unfall-Szene und die Beobachtung durch die Rocker symbolisieren potentielle Gefahren und Konflikte, die du zu vermeiden versuchst.

Ruhig bleiben und weiterfahren: Deine Reaktion auf die Situation zeigt deine Fähigkeit, ruhig zu bleiben und Probleme zu umgehen.

7. **Warteraum und Nägel**:

Gefahren und Warnungen: Die Nägel im Warteraum könnten versteckte Gefahren und Hindernisse in deinem Leben symbolisieren.

Hinausgehen und Veränderung: Das Verlassen des Raums zeigt deine Bereitschaft, dich von gefährlichen Situationen zu entfernen und neue Wege zu gehen.

8. **Café und der Chef**:

Misstrauen und Vorsicht: Deine Zurückhaltung im Gespräch mit dem Chef zeigt deine Skepsis gegenüber neuen oder unbekannten Situationen und Personen.

Motorrad-Ausfahrt: Dies symbolisiert Gemeinschaft und Abenteuer, aber auch die Kosten und Risiken, die damit verbunden sind.

9. **Treffen mit Freund R.**:

Kreativität und Unterstützung: Dein Gespräch mit R.

und die Tipps, die du ihm gibst, symbolisieren kreative Zusammenarbeit und Unterstützung.

Wiedersehen und Freude: Das Versprechen, sich wiederzusehen, zeigt deine Wertschätzung für Freundschaft und die Freude, die sie bringt.

Zusammenfassung

Dein Traum spiegelt eine Mischung aus Abenteuerlust, Loyalität, Anpassungsfähigkeit und Vorsicht wider. Die Symbole und Szenen deuten darauf hin, dass du bereit bist, Risiken einzugehen, um anderen zu helfen und neue Erfahrungen zu machen. Gleichzeitig bist du vorsichtig und wachsam gegenüber potentiellen Gefahren und betrügerischen Situationen. Der Traum zeigt auch deine Fähigkeit, ruhig und überlegt auf Herausforderungen zu reagieren und die Bedeutung von Freundschaft und Unterstützung in deinem Leben.

96
Knopf-Auge

Das Flüstern des Windes, das Rauschen der See, ich bin ein Wasserwanderer. Dieses Boot ist mein Boot – ein herrlich leuchtender Salon mit Ledersofa und eine große offene Plicht sind meine Welt; meine Limousine hat eine Vorschiffskabine mit einem schönen Doppelbett, ein Klo mit Bulleye auf der Backbordseite und oben ein hölzernes Rad und die Küche an Steuerbord. Ich bin der Steuermann dieses stolzen weißen Rumpfes, der kräftige Motor ist mein bester Kamerad: über uns drohen die Häuser einzustürzen, doch wir setzen die Segel und fahren munter das Leben hinunter. Unser Boot ist ein großes, schönes, weißes Segelboot aus einer Werft in Ellös, Schweden, 50 Fuß lang, eine Schönheit. Wir sind eine buntgemischte Crew, wir kennen uns, wir verstehen uns, die Manöver laufen ohne viele Worte. Ein Unwetter kündigt sich an, Starkwind, eine Gewitterfront. Erste schwere Böen ziehen übers Wasser. Wir bergen die Segel, Motor an. Ich bin für das Ankermanöver zuständig. Ich gebe die Kommandos, der Anker fällt auf zehn Metern Tiefe, ich stecke ordentlich Kette. Wir sichern das Boot und fahren mit dem Dingi an Land, schließlich haben wir Urlaub (wir sind auf einem Urlaubs-Segeltörn), und da will man auch etwas sehen von der Gegend. Wir, meine Frau M. und ich, suchen uns ein Zimmer, die anderen Crewmitglieder kommen woanders unter. Wir wollen ein paar Tage an Land bleiben, jedenfalls so lange, wie das schlechte Wetter anhält. Unser Feriendomizil hat eine große Fensterfront mit Blick aufs Meer und auf unser Boot. Der Himmel zieht sich immer mehr zu, er ist jetzt schwarz. Es beginnt zu regnen. Ich erkunde die nähere Umgebung, spaziere etwas herum. Neben unserem Pensionszimmer wohnt der Eigentümer des Hauses mit seiner Frau. Ich weiß, dass er heute Geburtstag hat. Ich klingle an seiner Wohnungstür, will ihm gratulieren. Hinter der Tür spielt ein Staffordshire Scheibe. Der Hausherr flucht, seine Frau schreit, der Hund bellt wie verrückt. Ich höre, wie der Mann den Hund auf den Balkon sperrt. Dann öffnet er die Tür: was ich wolle? Herzlichen Glückwunsch, sage ich, zum Geburtstag, und dass wir uns freuen, an der Geburtstagsparty heute abend teilnehmen zu können. Der Mann mustert mich kühl, sagt: Wenn du hier noch einmal klingelst, erschieße ich dich eigenhändig und verscharre dich dann im

Sand. O.k., sage ich, ihnen auch einen schönen Tag. Ich gehe zurück in unser Zimmerchen. Wir schauen aufs Meer. Der Regen ist jetzt so stark, dass sich kaum noch Luft zwischen den Regentropfen befindet. Das Schiff sinkt. Plötzlich ist es verschwunden. Ich weiß, es liegt auf maximal zehn Metern Tiefe. Wir fahren zum Boot (bzw. zu der Stelle, an der es bis eben noch schwamm), wir tauchen hinunter, bringen Luftsäcke am Rumpf an, diese füllen sich auf Knopfdruck, und durch den Auftrieb schwimmt unser schönes Boot bald wieder. Wir schalten die Lenzpumpen an – sie bleiben auf Bereitschaft on. Dann wischen wir das Boot aus, schaffen Ordnung, hängen Sachen zum Trocknen auf. Das ist nochmal gutgegangen, denke ich. Wir fahren mit dem Dingi zurück. Es regnet immer noch in Strömen. Komischerweise gibt es aber keinen Wind mehr und keine Welle. Die See ist spiegelglatt (ich denke: kommt erst der Wind und dann der Regen, Seemann kann sich schlafen legen). Ich sage zu meiner Frau, dass wir das Ferienzimmer verlassen müssten. Ich sage: wir müssen weg hier, sofort. Ich habe bereits eine Ersatzunterkunft besorgt, ein Zelt, direkt am Strand. Es ist geräumig und groß uns sehr gut ausgestattet, es ist ein bisschen wie *Glamping*, denke ich. Und – es hat dem Regen gut standgehalten, im Inneren ist alles trocken. Es ist sogar ziemlich gemütlich hier. Wir richten uns ein, so gut es geht, kuscheln uns im Bett aneinander. Wir haben eine Tochter, sie ist klein, blond und ziemlich aufgeweckt. Sie sieht ein bisschen aus wie meine Frau als Kind, mit frechen Knopfäuglein und einem hübschen Gesicht. Ich gehe mit Knopfauge spazieren, wir gehen auf einen Rummel, sie bekommt ein Eis. Wir entdecken ein kleines Restaurant. Wir gehen hinein, suchen uns einen Tisch im hinteren Bereich an der Seite. Wir bestellen etwas. Ich bemerke, dass alle meine Sportfreunde aus dem Karate-Verein auch hier sind, ein paar böse Buben sind darunter – mit ihnen sollte man als Außenstehender keinen Streit anfangen. Sie setzen sich zu uns, wir trinken ein Bier. Plötzlich sehe ich am Nachbartisch (ein Stehtisch an der Wand) den Wohnungs-Eigentümer (der mich erschießen wollte). Er ist schnöselig angezogen, unterhält sich mit seinem Sohn, der ebenfalls ziemlich spießig wirkt, und mit einem mir unbekannten Dritten. Ich frage meine Sportkameraden, ob sie den Schnösel-Typen kennen würden, sie sagen ja, es sei ein reicher Typ, ein Millionär, der wohne hier in der Gegend, niemand wisse, wie er sein Geld gemacht habe, man munkele, das sei nicht mit rechten Dingen zugegangen, er gelte als Sonderling, er sei sehr eigenwillig, und er schrecke auch vor Gewalt nicht zurück. Warum ich fragen würde, wollen meine Sportkumpels wissen. Es sei etwas Persönliches, sage ich, nichts bestimmtes, nur so, eigentlich auch nicht wichtig. Ob er mich geärgert habe, lassen sie nicht locker zu fragen, ob sie mir helfen sollen, und ob wir dem Typen gemeinsam eine Lektion erteilen wollen? Ich sage: nein, alles in Ordnung. Ich denke: der Typ ist nicht relevant für mein Leben. Und wenn er doch Ärger machen sollte, würde ich auch gut allein mit ihm klarkommen. No problem. *The most masterful opponent, will fall victim to my weapon / The most masterful opponent, will fall victim to my weapon / I'm not immortal, real aggressive, attitude is rude / I got a knack for killin and I refuse to lose.* Ich schaue herüber zu meiner kleinen süßen Tochter, sie spielt mit einer Puppe, summt dabei ein Liedchen. Später nehme ich mir den Typen vielleicht vor, denke ich. Schließlich sieht man sich immer zweimal im Leben. Der Schnösel rennt mir nicht weg. Knopfauge braucht mich jetzt. Ich verabschiede mich von meinen

Freunden. Wir gehen. Draußen scheint die Sonne, die Regenwolken sind abgezogen. Vor uns ein weites, grünes Getreidefeld. Drei Wege gabeln sich vor uns, einer führt nach links, einer nach rechts und einer geradeaus. Wir schultern unser Gepäck, Knopfauge hat einen kleinen Kinderrucksack umgeschnallt, ich trage einen ledernen Weekender, wir fassen uns an der Hand. Wir nehmen den mittleren Weg. Es ist der längste, aber er verläuft geradewegs bis zum Horizont.

* * *

Hauptthemen und Symbole

1. **Das Boot und das Meer**

Wasserwanderer: Das Wasser symbolisiert oft das Unbewusste und die Emotionen. Deine Rolle als „Wasserwanderer" zeigt, dass du bereit bist, dich deinen Gefühlen und inneren Prozessen zu stellen.

Boot und Steuermann: Das Boot steht für deine Lebensreise und das Steuerrad symbolisiert Kontrolle und Richtung in deinem Leben. Du bist der Steuermann deines Lebens, und das zeigt Selbstbestimmung und Verantwortung.

2. **Unwetter und Anker**

Unwetter: Dies könnte für bevorstehende Herausforderungen oder Schwierigkeiten stehen. Deine Fähigkeit, das Boot zu sichern und Schutz zu finden, zeigt deine Vorbereitung und Resilienz.

Ankermanöver: Das Setzen des Ankers kann Stabilität und Sicherheit symbolisieren. Es zeigt deine Fähigkeit, in schwierigen Zeiten Halt zu finden.

3. **Das Zimmer an Land**

Fenster mit Meerblick: Dies könnte für Klarheit und Perspektive in deinem Leben stehen. Du beobachtest deine Herausforderungen aus einer sicheren Entfernung.

Nachbarschaft und Bedrohung: Der aggressive Nachbar könnte für eine reale Bedrohung oder eine innere Angst stehen. Deine ruhige Reaktion zeigt deine Fähigkeit, ruhig und gelassen zu bleiben.

4. **Sinken des Bootes und Rettungsaktion**

Sinken des Bootes: Dies könnte auf ein Gefühl des Verlustes oder der Unsicherheit hinweisen. Die Rettungsaktion zeigt deine Fähigkeit zur Wiederherstellung und Problemlösung.

Luftsäcke und Lenzpumpen: Diese Symbole stehen für deine praktischen Fähigkeiten und dein Wissen, das dir hilft, Herausforderungen zu meistern.

5. **Umzug ins Zelt**

Zelt: Ein Zelt symbolisiert eine temporäre Unterkunft und Flexibilität. Es zeigt deine Fähigkeit, dich an neue Umstände anzupassen und dennoch Komfort zu finden.

Familie und Tochter: Deine Familie gibt dir Halt und Motivation. Die Beziehung zu deiner Tochter symbolisiert Liebe, Fürsorge und Verantwortungsgefühl.

6. **Restaurant und Sportfreunde**

Gemeinschaft und Unterstützung: Deine Sportfreunde stehen für die Unterstützung, die du in deinem Leben hast. Diese Gemeinschaft gibt dir Kraft und Selbstvertrauen.

Der schnöselige Nachbar: Die wiederkehrende Konfrontation mit dem Nachbarn könnte ungelöste Konflikte oder Spannungen symbolisieren. Deine Entscheidung, nicht sofort zu handeln, zeigt Geduld und Weitsicht.

7. **Drei Wege**

Gabelung der Wege: Dies symbolisiert Entscheidungen, die du in deinem Leben treffen musst. Der mittlere Weg, den du wählst, könnte für die Balance zwischen verschiedenen Optionen und eine langfristige Perspektive stehen.

Horizont: Der Horizont steht für das Ziel oder die Zukunft, die du anstrebst. Es zeigt deine Hoffnung und deinen Glauben an eine positive Entwicklung.

Zusammenfassung

Dein Traum spiegelt eine Mischung aus Abenteuer, Herausforderungen und der Suche nach Stabilität wider. Die Symbole und Szenen deuten darauf hin, dass du bereit bist, dich

Schwierigkeiten zu stellen und Lösungen zu finden. Deine Familie und Freunde bieten dir Unterstützung und Motivation. Du bist in der Lage, flexibel auf Veränderungen zu reagieren und trotzdem einen klaren Fokus auf deine Ziele zu behalten. Der Traum zeigt auch deine Fähigkeit, ruhig und besonnen auf Bedrohungen zu reagieren und deine Prioritäten klar zu setzen.

97
Schöne Schäschur

Ich bin wieder zurück von der Regatta auf Grenada, das Grenada in der Karibik, nicht das in Spanien. *Das Flüstern des Windes, das Rauschen der See, ich bin ein Wasserwanderer.* Es gibt einen Welcome Back-Empfang für alle Berliner, die dabei waren. Die Feier läuft in einer Kneipe in Prenzlauer Berg, gediegenes Etablissement, die Wände sind holzvertäfelt, schwere Holztische stehen in den hell von edlen Lüstern erleuchteten Räumen. An denen und um diese herum sitzen Menschen, viele Menschen. Viele von denen kenne ich – von der Regatta. Sie sind Eigner teils international bekannter, ja – berühmter – Segelboote, sehr erfolgreich, sehr teuer. Ich wundere mich, dass so viele von ihnen Berliner sind, das hätte ich nicht gedacht, denke ich. Ich bemerke, dass viele von ihnen bestimmte Zeichen tragen, Erkennungszeichen, die nur Eingeweihten auffallen. Zumeist handelt es sich um ein rotes Accessoire, das sie an ihrer Kleidung tragen, oft sind es rote Mützen, Caps oder rote Hüte, ein rotes Anstecktuch, eine rote Hose oder etwas ähnliches. Das kann kein Zufall sein! Sie alle kennen sich schon seit vielen Jahren. Sie trinken, stecken die Köpfe zusammen, palavern – Regatta-Schnack. Einige planen bereits ihre nächste Wettfahrt, ihre nächste Boots-Reise, buchen schon die Flugtickets. Wo geht es als nächstes hin? St. Barth? Antigua? BVI? Ich warte auf meine Crew, sie müsste schon längst da sein. Auf Grenada hatten wir ein paar schöne Tage miteinander verbracht. Anstrengend, fordernd, schweißtreibend, aber schön. Bei uns an Bord war alles wie geschmiert gelaufen, wir waren ein gutes Team. *Dieses Boot war mein Boot – ein herrlich leuchtender Salon mit Ledersofa und eine große offene Plicht sind meine Welt; meine Limousine hat eine Vorschiffskabine mit einem schönen Doppelbett, ein Klo mit Bulleye auf der Backbordseite und oben ein hölzernes Rad und die Küche an Steuerbord.* Disco-Mugge läuft, Cool & The Gang, Earth Wind & Fire und Ähnliches aus den Achtzigern. Ich stehe auf und gehe in den Nachbarraum. Hier ist es nicht so laut, und ich kann in Ruhe telefonieren. Ich muß meinen Freund R. anrufen, muss ihm sagen, dass ich nicht kommen kann zu unserer Verabredung (wir wollten später ein Bier zusammen trinken gehen). Mir fällt ein: eigentlich trinke ich doch überhaupt kein Bier? Egal, ich muss ihm Bescheid geben. Ich kann nämlich nicht, weil ich erkältet bin. Er geht nicht ans Telefon, ich schreibe ihm eine Kurznachricht. Vor mir steht eine Zimmerpflanze, ein kleines Bäumchen, von dem dünnen Stamm gehen nur zwei Äste ab, der eine trägt grüne Blätter, an dem anderen befinden sich große rote Blüten – sieht aus wie roter Hibiskus, denke ich. Nein, sie ähneln mehr einer Bougainville. Bei genauer Betrachtung bemerke ich, dass sich die roten Blüten im Takt der Musik wiegen. Ich traue meinen Augen kaum, aber ja: die Blüten tanzen im Takt, und zwar nicht nur eine, sondern alle gemeinsam, synchron. Das ist unglaublich, denke ich. Ich rufe meinen Kumpel H. an, der kennt sich mit Pflanzen aus. H. ist auch Segler, eigentlich müsste er schon längst hier sein. Früher sind wir mal zusammen Folkeboot gesegelt. Bei der Gelegenheit kann ich ihn gleich fragen, wo er bleibt. Am Telefon beschreibe ich ihm die Pflanze, ich sage: sie tanzt. Er hört sich meine Ausführungen an, sagt, dass es sich um die *Schöne Schäschur* handelt, ganz klar. Keine Spur von Überraschung bei H. Er muss den Namen noch zweimal wiederholen, es ist so laut hier: *Schöne Schäschur.* Dabei betont er das zweite *sch* von Schäschur weich, so wie im französischen *Dejavú*, oder wie im russischen *Deschurnaja*. Die Leute um mich herum sind schon gut angeheitert, sie lachen und scherzen, der Lärmpegel steigt proportional zum Grad der Alkoholisierung, denke ich. Ich stehe auf, gehe nach nebenan. Dort ist meine Wohnung, das ist praktisch. Berliner Altbau, eine große, hohe Wohnung, mehrere Zimmer, es ist gemütlich hier. Ich habe einen kleinen Bruder (oder ist es mein Sohn?), egal, ich muss mich um ihn kümmern. Er setzt sich zu mir, erzählt, was er in den letzten Stunden, als er allein zu Haus war, angestellt, womit er seine Zeit verbracht hat. Es klingelt an der Tür, ich öffne. Vor der Tür steht eine junge Frau, schwarze, lange Haare, enganliegendes rotes Samtkleid. Sie hat dunkle Augen, lächelt mich an. Ich lächle zurück. Unaufgefordert tritt sie ein. Waren wir verabredet? Sie fragt, nicht vorwurfsvoll, eher verwundert, warum ich noch nicht bereit sei. Wir wollten doch losgehen? Wir kennen uns erst seit kurzem, aber es ist, als kennte ich sie schon sehr lange. Ich wundere mich, wie schlank sie ist. Fast wirkt sie ein wenig zerbrechlich. Ich möchte mit ihr gehen, muss aber erst noch ein paar Dinge regeln. Ich sage: ich komme nach, geh schon vor. Sie geht die Treppe hinunter, ich schaue ihr nach, wir blinzeln uns zu, werfen uns eine Kußhand zu. Dann schließe ich leise die Tür. Ich weiß: unsere Zeit kommt, schon bald. Ich freue mich darauf, ich freue mich auf sie. *Über uns drohen die Häuser einzustürzen, doch wir setzen die Segel und fahren munter das Leben hinunter.*

* * *

Hauptthemen und Symbole

1. **Regatta und Rückkehr**

Wasserwanderer und Regatta: Wasser symbolisiert oft das Unbewusste und die Emotionen. Die Teilnahme an der Regatta und die Rückkehr symbolisieren eine Reise durch deine inneren Gefühle und Erfahrungen. Der Empfang in Berlin zeigt eine Rückkehr zur Normalität oder zu vertrauten Umgebungen nach einer intensiven emotionalen oder persönlichen Reise.

2. **Kneipe in Prenzlauer Berg**

Holzvertäfelte Wände und gediegenes Etablissement: Dies könnte auf Stabilität und eine gewisse Nostalgie hinweisen. Es zeigt eine Rückkehr zu Werten und Traditionen, die dir vertraut und wichtig sind.

3. **Erkennungszeichen und rote Accessoires**

Geheime Gesellschaft oder Gemeinschaft: Die roten Accessoires könnten auf Zugehörigkeit und Gemeinschaft hinweisen. Vielleicht fühlst du dich zu einer Gruppe oder Gemeinschaft hingezogen, die bestimmte Werte oder Interessen teilt.

4. **Warten auf die Crew und Telefonate**

Erwartung und Kommunikation: Das Warten auf deine Crew zeigt, dass du auf Unterstützung und Gemeinschaft angewiesen bist. Die Telefonate symbolisieren den Wunsch nach Kommunikation und Verbindung mit wichtigen Personen in deinem Leben.

5. **Tanzende Pflanze**

Schöne Schäschur: Dies ist ein ungewöhnliches und magisches Element. Die Pflanze, die im Takt der Musik tanzt, könnte auf die Harmonie und Synchronität in deinem Leben hinweisen. Es zeigt, dass du in Einklang mit deiner Umgebung und den Menschen um dich herum bist.

6. **Wohnung in Berlin und Familienverantwortung**

Gemütliche Wohnung und kleiner Bruder / Sohn: Dies symbolisiert häusliche Geborgenheit und Verantwortungsbewusstsein. Deine Rolle als Kümmerer und Beschützer wird hier hervorgehoben.

7. **Frau im roten Samtkleid**

Geheimnisvolle Begegnung: Die Frau im roten Kleid könnte eine neue Möglichkeit oder eine wichtige Person in deinem Leben symbolisieren. Die Farbe Rot steht oft für Leidenschaft, Energie und Veränderung. Dein Gefühl, sie schon lange zu kennen, könnte auf eine tiefe Verbindung oder eine kommende Veränderung in deinem Leben hinweisen.

Zusammenfassung

Dein Traum reflektiert eine Vielzahl von Aspekten deines Lebens, von emotionalen Reisen und Gemeinschaften bis hin zu persönlicher Verantwortung und neuen Möglichkeiten. Die Regatta und das Wasser symbolisieren deine emotionale Reise, während die Gemeinschaft in der Kneipe und die geheimen Erkennungszeichen auf deine sozialen Verbindungen hinweisen. Die tanzende Pflanze und die mysteriöse Frau im roten Kleid bringen magische und transformative Elemente in den Traum, die auf Harmonie und kommende Veränderungen hinweisen. Die Wohnung und die familiären Verpflichtungen unterstreichen dein Verantwortungsbewusstsein und deinen Wunsch nach Geborgenheit. Insgesamt zeigt der Traum eine Phase der Integration und Vorbereitung auf neue Abenteuer und Beziehungen.

98
Monster-Welle

Schnell wie der Wind sausen wir mit unserem Boot durch die schwarze Nacht. *Das Flüstern des Windes, das Rauschen der See, ich bin ein Wasserwanderer.* Unser Boot ist ein Katamaran, zwei Rümpfe, die jeweils einen starken Marinediesel in ihren Eingeweiden haben, die wiederum zwei kräftige Jet-

Antriebe befeuern. Was für ein Spaß, was für ein Abenteuer! *Dieses Boot ist mein Boot – ein herrlich leuchtender Salon mit Ledersofa und eine große offene Plicht sind meine Welt; meine Limousine hat eine Vorschiffskabine mit einem schönen Doppelbett, ein Klo mit Bulleye auf der Backbordseite und oben ein hölzernes Rad und die Küche an Steuerbord.* Mit unserem Motor-Kat durchpflügen wir die glatte Wasser-Oberfläche des Sees, ja es ist ein See, über den wir brummen, ein großer See in einer Stadt, die dunkel schlafend am Ufer an uns vorbeizieht. Ein zweites Boot, das auch zu uns gehört, ein offener, kräftiger Monohull, fährt vor uns. Mit etwas Mühe können wir noch sein Hecklicht weit voraus ausmachen. Unser Skipper ist ein patenter Kerl, er fährt schnell, und er fährt gut. Ich vertraue ihm. Mit an Bord sind zwei Frauen. Ich kenne sie nicht. Meist sind sie ruhig, unterhalten sich bisweilen miteinander in einer Ecke in der Plicht. Der Fahrwind bläst uns kräftig ins Gesicht, kein Wunder bei diesem Speed, denke ich. Mein Blick wandert über das Achterdeck unseres Bootes: viel Platz haben wir hier, es gibt eine indirekte Beleuchtung für die Nacht, auch am Steuerstand glimmen kleine Lämpchen, welche die Instrumente beleuchten, gleich daneben leuchtet matt der Plotter, der uns den Weg zeigt. Die Maschinen brummen, der Wind pfeift über unser Kajüt-Dach hinweg, ab und zu fliegt seitlich Gischt auf. Wir machen gute Fahrt, kommen gut voran. An Backbord tauchen zwei weitere Motoryachten auf, auch sie sind auf Nachtfahrt, einem uns unbekannten Ziel entgegenstrebend. Sie haben den Hebel auf den Tisch gelegt – Vollgas! Auch wir beschleunigen – und überholen die beiden weißen Sportboote, kein Problem für unsere kräftigen Motoren, kein Problem für unseren versierten Skipper. Bald schlingern die beiden Boote achtern in unserer Heckwelle, die bunten Vereinswimpel flattern dabei lustig hin und her. Plötzlich sehe ich, wie das Hecklicht des vor uns fahrenden Bootes nicht nach backbord oder steuerbord, sondern nach oben auswandert – also in die Höhe steigt – und dann verschwindet. Kann ich meinen übermüdeten Augen trauen? Ich beuge mich aus der Plicht hinaus und schaue nach vorn. Was ich da sehe, gefällt mir nicht: eine riesige Welle, ein Kaventsmann, läuft genau auf uns zu, wir rasen mit irrer Geschwindigkeit in die Richtung der Monsterwelle. Ich gebe dem Skipper ein Zeichen, rufe: gut festhalten – denn zum Umdrehen ist es längst zu spät. Schon ist die Welle vor uns, schwarz wie eine Wand aus Blei steht sie da, wir erklimmen den Wellenberg, steil und steiler wird unsere Fahrt, bis wir fast senkrecht nach oben fahren. Und noch immer ist kein Ende der Welle in Sicht. Unsere Motoren laufen mit Volllast, maximale Umdrehungszahl, mehr geht nicht. Wir versuchen den Wellenkamm zu erreichen. Doch daraus wird nichts. Die Welle ist zu steil. Langsam erst, dann immer schneller und schließlich in rasender Fahrt, rutschen wir rückwärts die Welle wieder hinunter. Unser Boot löst sich von der Welle, fällt nun in freiem Fall hinunter. Wir schlagen seitlich auf der Wasseroberfläche auf, unser Boot taucht seitlich ins schwarze Nass ein, schwimmt dann aber wieder auf. Alle Personen an Bord werden dabei ins Wasser geschleudert. Kurze Zeit später – die Sonne ist inzwischen aufgegangen – finde ich mich schwimmend in der Nähe des Bootes wieder. Zum Glück ist es noch da – unser Boot. Ich halte Ausschau nach den anderen, sehe wie die beiden Frauen zurück ins Boot klettern, sich dabei gegenseitig unterstützend. Doch wo ist der Skipper? Plötzlich sehe ich ein paar Meter vor mir im kristallklaren Wasser sein weißes Hemd und seine schwarze Hose aufschimmern, etwa drei bis vier Meter unter mir. Arme und Beine von sich streckend, sinkt er ganz langsam Richtung Grund. Kleine Luftbläschen ringen sich aus seinem halb geöffneten Mund. Seine Augen sind offen, schauen erstaunt nach oben zur Wasseroberfläche. Er ist erstarrt, bewegt sich nicht. Sofort tauche ich zu ihm, versuche ihn zu greifen. Er sinkt nun schneller, ich muss mich anstrengen, ihm folgen zu können. Zweimal gelingt es mir fast, ihn zu fassen zu bekommen, verfehle ihn aber jedesmal knapp. Seine hellen, blaugrauen Augen sind weit geöffnet und starr auf mich gerichtet. Ich kenne den Mann: es ist R., ein Freund, den ich vor vielen Jahren das letzte Mal gesehen habe. Dann, endlich, gelingt es: ich greife seine rechte Hand, schwimme mit ihm zur Wasseroberfläche. Als wir die Köpfe über dem Wasser haben, hustet und spuckt er, ich schlage ihm ein paarmal mit der flachen Hand auf dem Rücken: raus mit dem Wasser. Er atmet, aber er ist noch zu schwach zum Schwimmen. Ich greife ihn von hinten, schwimme rückwärts mit ihm zum Schiff. Die beiden Frauen helfen mir, ihn aufs Achterdeck zu hieven. Jetzt schnell an Land, schnell nach Hause, schnell zu einem Arzt mit ihm, denke ich. Ich starte die Maschinen – sie laufen, ein Glück! Lenzpumpen an – auch sie verrichten ihren Dienst zuverlässig, das in der Plicht und im Salon knietief hin- und herschwappende Wasser wird durch sie zuverlässig nach außenbords befördert. Noch während die Pumpen sirren und das Wasser rythmisch klatschend auf der Seeoberfläche auftrifft, steuere ich das Boot langsam voraus. Die See liegt jetzt glatt wie ein Spiegel vor uns, kein Lüftchen regt sich. Die Sonne scheint, es ist ein warmer Sommertag. Alles wird gut, denke ich. Als das Wasser fast vollständig aus dem Boot abgepumpt ist, erhöhe ich die Geschwindigkeit. R. liegt im Salon auf einer der Couches. Er atmet, schläft nun, es geht ihm „den Umständen entsprechend" gut, denke ich. Die langen blonden Haare der Frauen in der Plicht wehen lustig nach achtern aus, Möwen ziehen weit oben über unseren Köpfen ihre Kreise. *Ich bin der Steuermann dieses stolzen weißen Rumpfes, der kräftige Motor ist mein bester Kamerad: über uns drohen die Häuser einzustürzen, doch wir setzen die Segel und fahren munter das Leben hinunter.*

* * *

Hauptthemen und Symbole

1. **Wasser und Boot**

Wasserwanderer und Boot: Wasser symbolisiert oft das Unbewusste und die Emotionen. Ein Boot auf dem Wasser zeigt, dass du dich durch deine Gefühle und inneren Gedanken bewegst. Ein Katamaran, speziell mit starken Motoren und Jet-Antrieben, könnte auf deine Fähigkeit hinweisen, Herausforderungen schnell und effektiv zu meistern.

2. **Schwarze Nacht und Fahrt**

Nachtfahrt: Die Nacht symbolisiert oft das Unbewusste, Geheimnisse und das Unbekannte. Deine schnelle Fahrt durch die Nacht könnte auf eine Reise durch unbekannte oder verborgene Aspekte deiner Psyche hinweisen.

3. **Andere Boote und Überholmanöver**

Andere Boote: Diese könnten andere Menschen oder Aspekte deines Lebens darstellen, die ebenfalls auf einer Reise sind. Das Überholen der anderen Boote könnte auf deine Wettbewerbsfähigkeit oder dein Streben nach Fortschritt und Überlegenheit hinweisen.

4. **Monsterwelle und Herausforderung**

Monsterwelle: Die riesige Welle symbolisiert eine große Herausforderung oder Krise, die auf dich zukommt. Dein Versuch, die Welle zu erklimmen, zeigt deinen Mut und deine Bereitschaft, sich dieser Herausforderung zu stellen, auch wenn sie überwältigend erscheint.

5. **Skipper und Rettung**

Rettung des Skippers: Der Skipper könnte einen Führer oder eine wichtige Person in deinem Leben symbolisieren. Die Rettung des Skippers durch dich zeigt deine Fähigkeit und Bereitschaft, anderen in Not zu helfen. Dass es sich bei dem Skipper um einen alten Freund handelt, könnte darauf hinweisen, dass du eine vergangene Beziehung oder eine vergessene Fähigkeit wiederbelebst.

6. **Ruhe nach dem Sturm**

Spiegelglatte See: Nach der intensiven Krise folgt Ruhe und Klarheit. Dies zeigt, dass du trotz großer Herausforderungen und Unruhen in deinem Leben letztlich Frieden und Stabilität finden kannst.

7. **Maschinen und Lenzpumpen**

Funktionierende Maschinen: Diese symbolisieren deine inneren Ressourcen und Fähigkeiten, die du nutzen kannst, um Probleme zu lösen und dein Leben auf Kurs zu halten.

8. **Frauen an Bord**

Begleitung durch Frauen: Die Frauen an Bord könnten Aspekte deiner eigenen Persönlichkeit oder wichtige weibliche Einflüsse in deinem Leben darstellen. Ihre Präsenz und Unterstützung symbolisieren möglicherweise Fürsorge, Intuition und emotionale Unterstützung.

Zusammenfassung

Dein Traum reflektiert eine tiefe emotionale Reise, bei der du dich großen Herausforderungen stellst und durch innere Stärke und Unterstützung durch Andere Stabilität und Ruhe findest. Das Boot und die Fahrt durch die Nacht symbolisieren deine Fähigkeit, dich durch unbekannte und schwierige Zeiten zu navigieren. Die Monsterwelle stellt eine große, überwältigende Herausforderung dar, die du jedoch mit Mut und Entschlossenheit angehst. Die Rettung des Skippers zeigt deine Fähigkeit und Bereitschaft, anderen zu helfen, und symbolisiert möglicherweise das Wiederentdecken alter Freundschaften oder Fähigkeiten. Die Ruhe nach dem Sturm und das funktionierende Boot weisen auf deine innere Stärke und Fähigkeit hin, Stabilität und Frieden zu finden, selbst nach großen Herausforderungen.

99
Hänsel und Gretel

Zuerst stöbere ich mit ein paar Freunden in einem Haus umher, es ist ein altes Haus, aber gut erhalten, kleine, dunkle Zimmer, alles sehr aufgeräumt. Unsere Aufgabe ist es, in einem der Zimmer unauffällig geheime Zeichen zu installieren. So soll der andere Teil unserer Gruppe die Chance erhalten, uns zu finden, wenn wir das Haus wieder verlassen haben werden. Wir befinden uns auf einer Art von Betriebsausflug, es ist ein Freizeitvergnügen unseres Unternehmens, eine Art Schnitzeljagd, denke ich. Als ich endlich eine (wie ich finde) gute Idee habe, etwas beizutragen (ich will kleine Zettelchen mit geheimen Zeichen mit kleinen Nägeln in die Wände, auf Tische und Türrahmen treiben), bemerke ich auf einmal, dass alle Wände, Tische und Türrahmen bereits mit dieser Art von Notizen gespickt sind. Ich beobachte meinen Freund R. dabei, wie auch er gerade eifrig dabei ist, Zettelchen in eine Holzskulptur zu nageln, die auf einem der Tische steht. Das kommt mir seltsam vor, ich verlasse das Haus und trete ins Freie. Dort steht mein Auto, ein grauer japanischer Kombi, gut gepflegt. Ich benötige es im Augenblick nicht, lasse es stehen und laufe etwas umher. Ich schaue mir die Gegend an, ich befinde mich mitten in einem schönen Dorf, es ist Sommer, ringsherum grüne Wiesen, Fachwerkhäuser ducken sich in die Hänge, es ist ein altes Dorf, denke ich, mit großen alten Bäumen an den Straßen. Ein Mann kommt vorbei, geht direkt auf mich zu, spricht mich an. Das ist Johnny Depp!, denke ich, aber das ist ganz normal, hier in diesem verrückten Dorf ist alles möglich. Johnny macht einen ziemlich abgeranzten Eindruck. Er sieht aus wie ein Obdachloser, ein Wegelagerer. Er fragt mich, ob ich ihm einen Gefallen tun könne. Warum nicht einmal Johnny Depp einen Gefallen tun?, denke ich. Ich bin gespannt auf sein Begehr. Er fragt, ob er für ein paar Tage meinen Wagen haben könne, leihweise. Ich sage: so ein Pech, und dass ich den Wagen selber benötigen würde, ich sei hier nur Gast, und übrigens müsse ich auch bald wieder los, es tue mir leid. Wie zum Beweis steige ich in meinen Wagen und fahre los. Johnny schaut mir hinterher, läuft dann in den Wald. Ich parke meinen Wagen ein paar Straßen weiter in einer asphaltierten Auffahrt vor einem Transformatoren-Häuschen, das aus rotem Backstein gebaut wurde und ein Satteldach aus Biberschwänzen trägt. Die Sonne steht schon tief, als ich aussteige und die Tür zuklappe. An der Auffahrt steht ein Sportfreund von mir, der schon auf mich gewartet hat. Er lehnt lässig an dem Turm, wir begrüßen uns herzlich. Als ich mich zu meinem Wagen umdrehe, sehe ich dass der graue Kombi jetzt ein schönes, schwarzes Motorrad ist. *Rosita Espinoza, räche meine Freunde, töte meine Feinde, vergib dem Verräter. Rosita Espinosa, du bist sexy, du bist schlau, du bist schnell, deine Klinge ist scharf. Rosita Espinoza, alles was zählt, ist die Hoffnung, traue nicht dem Alp, trotze dem Fluch, doch: rechne mit dem Tod und schieß uns den Weg frei – auf nach Alexandria.* Ich laufe noch einmal zurück, um den Lenkereinschlag zu korrigieren – so steht das Krad sicherer und kann nicht umfallen, denke ich. Mein Sportfreund (ein Karatemeister, der hier an einem Lehrgang teilnehmen will), führt mich in ein Dojo, ich habe bereits meinen Gi an, auch andere Karateka warten bereits, dass es endlich losgeht, Blau- und Grüngurte, ein Braungurt. Sind das alle?, denke ich. Um so besser, bei einer geringen Anzahl an Teilnehmern wird das Training umso intensiver.

Die anderen mustern mich, sehen meinen schwarzen Obi, tuscheln. Lass sie tuscheln, denke ich, gleich werden sie sehen, was den Unterschied zwischen einem Farb- und einem Schwarzgurt ausmacht. Ich freue mich auf das Seminar. Der Seminarleiter (kenne ich ihn? Irgendwie kommt er mir bekannt vor, aber wo habe ich ihn schon mal gesehen?, ich komme nicht darauf) bittet mich, Bandagen zurechtzuschneiden, die wir uns um unsere Knöchel unserer Hände binden sollen. Ich beginne damit, verteile die Bandagen an die Teilnehmer. Ich sage: es reicht nicht für alle, und dass ich noch eine weitere Rolle holen müsse. O.k., sagt der Lehrgangsleiter. Ich gehe los, besteige Rosita, starte die Maschine und mache mich auf die Suche nach dem Material. *Rosita Espinosa, du bist sexy, du bist schlau, du bist schnell, deine Klinge ist scharf.* Mein Motorrad ist jetzt wieder ein geräumiger Pkw, ich fahre durch einen weitläufigen Stadtpark. Die Straßen, welche durch den Park führen, sind nicht miteinander verbunden, sie gleichen einem Labyrinth, das man aus der Luft leicht erkennen und entschlüsseln kann, denke ich – aber nicht von der Straße aus. Meine Frau M. sitzt neben mir, zwei weitere Personen sitzen auf der Rückbank, ich kenne sie nicht. Ich sage zu meiner Frau, dass die Straßen wahrscheinlich deshalb nicht miteinander verbunden worden sind, damit ein ständiger Durchgangsverkehr verhindert werden kann; sonst würde hier jeder langfahren, sage ich. Ja, das könne sein, sagt meine Frau, und: lass uns einen anderen Weg zum Bahnhof suchen. Wir umfahren den Park (es ist ein schöner Park mit weitläufigen Wiesen, Kirschbäumen, Büschen, geschwungenen Wegen und kunstvoll in Szene gesetzten Granitblöcken) und gelangen schließlich zum Bahnhof. M. und ich besteigen die S-Bahn, die anderen Beiden fahren weiter mit dem Auto. M. und ich haben ein paar große Taschen dabei. Wir stehen im Zug, halten uns an Griffen und Stangen fest. Es lohnt nicht, sich zu setzen, denn wir sind gleich am Hauptbahnhof, unserem Ziel. Die Räder der S-Bahn rattern, die Sonne scheint durch die Fenster, die oberen Abteilfenster sind geöffnet, ein warmer Sommerwind strömt herein. Ich bemerke, dass ich nur in Unterhose dastehe (ich hatte es vorhin wohl nicht geschafft, mich nach dem Training fertig umzuziehen). Macht aber nichts, es fällt niemandem im Abteil auf. Aus unseren großen Taschen nehme ich mir einfach ein paar Klamotten ziehe sie an. Dann hält die S-Bahn: Hauptbahnhof, aussteigen. Wir suchen unseren Fern-Zug, wir müssen uns etwas beeilen, er fährt gleich los. Wir entdecken den Zug. Er ist lang und grau und hat vorne eine kräftige Diesellok. Wir laufen am Zug entlang zu unserem Waggon. Ein Mann, der mit uns aus der S-Bahn ausgestiegen ist, will einsteigen, aber er findet keine Tür an dem Wagen. Er klopft und rüttelt an dem Wagen – ohne Erfolg. M. geht an ihm vorbei, er tritt zurück. Sie ertastet eine Stelle an dem Wagen, drückt – und siehe da, automatisch öffnet sich wie von Zauberhand eine Tür, wo vorher keine Tür zu sehen war. Die offene Tür macht den Weg frei zu einem schmalen Durchstieg durch die Waggonwand, es ist mehr ein Loch zum Durchkrabbeln, denn eine Tür. Der Mann aus der S-Bahn drängelt vor, er will vor uns durch das Loch in den Zug gelangen, aber ohne Erfolg, er ist zu dick, das Loch ist zu klein für ihn. Ich ziehe den dicken Mann aus dem Loch und befördere ihn etwas unsanft zurück auf den Bahnsteig. M. schiebt unser Gepäck durch das Loch, krabbelt hindurch – und ist drin. Sie gibt mir ein Zeichen, dass ich ihr folgen soll. Die Zugführer hat die Diesellok gestartet, er lässt die Motoren warmlaufen. Gleich geht es los, denke ich. Ich überlege: ich würde wohl durch das Loch hindurchpassen, denke ich, gerade so. Was aber, wenn wir im Zug sind, und in diesem eine Panik ausbrechen würde? Was, wenn es im Zug brennen würde? Wir würden es niemals schaffen, rechtzeitig wieder herauszukommen, da bin ich mir auf einmal sicher. Ich sage meiner Frau, dass ich da nicht einsteigen würde, es sei zu gefährlich für uns, sage ich, und: lass uns einen anderen Zug nehmen. Sie kommt wieder herausgekrabbelt, zieht auch unsere Taschen wieder aus dem Loch heraus. Dann schließen sich alle Türen automatsch, und der Zug setzt sich in Bewegung. Wir sind froh, es gerade rechtzeitig noch herausgeschafft zu haben. Wir umarmen uns. Wir nehmen den nächsten Zug, sagen wir. Der ist sicherer, mit normalen Türen. Auf einmal wird mir klar: der gerade abgefahrene Zug war eine Falle, dünne Menschen, die gerade so durch das Eingangs-Loch passen, würden eingesammelt. Einmal im Zug gelandet, würden sie dann im vorderen, hell erleuchteten Zug-Restaurant zunächst gemästet werden, bis sie dick und rund sein würden. Dann würden sie nicht mehr durch das kleine Loch in der Tür passen, könnten nicht mehr zurück in die Freiheit. Sie müssten im Zug bleiben, bis an ihr Lebensende. Man würde sie dann in den hinteren, düsteren Teil des Zuges verfrachten, wo sie für den Rest ihres Lebens Kohle schaufeln und andere anstrengende und niedere Arbeiten erledigen müssten. Glück gehabt, denke ich. Nicht mit uns.

* * *

Hauptthemen und Symbole

1. **Haus und geheime Zeichen**

Haus: Das alte, gut erhaltene Haus repräsentiert vielleicht dein inneres Selbst oder vergangene Erfahrungen. Es ist aufgeräumt, was auf eine geordnete Psyche oder gut verarbeitete Erinnerungen hindeutet.

Geheime Zeichen: Die Aufgabe, geheime Zeichen zu installieren, könnte auf den Wunsch hinweisen, verstanden oder gefunden zu werden. Es kann auch die Suche nach Identität oder Bedeutung symbolisieren.

2. **Johnny Depp und der Autotausch**

Johnny Depp: Seine Erscheinung als abgeranzter Obdachloser könnte auf unerwartete Begegnungen oder Überraschungen im Leben hinweisen. Es könnte auch das Unbewusste sein, das dir etwas über Anpassung oder Transformation sagen will.

Autotausch: Der Wunsch nach deinem Auto könnte symbolisieren, dass andere von deinen Ressourcen oder Fähigkeiten profitieren wollen.

3. **Motorrad und Karate**

Motorrad: Das Motorrad steht für Freiheit, Abenteuer und Schnelligkeit. Es kann auch auf deine persönliche Reise und den Drang nach Unabhängigkeit hinweisen.

Karate: Der Karate-Lehrgang und dein schwarzer Gürtel symbolisieren Selbstdisziplin, Stärke und das Streben nach Meisterschaft. Es könnte auch dein Bedürfnis nach Kontrolle und Schutz in deinem Leben darstellen.

4. **Bandagen und Suche nach Material**

Bandagen: Diese symbolisieren Schutz und Vorbereitung auf Herausforderungen. Es könnte darauf hinweisen, dass du dich auf eine schwierige Situation vorbereitest oder dich selbst und andere schützen möchtest.

Suche nach Material: Dies kann deine Bemühungen darstellen, Ressourcen oder Lösungen für Probleme zu finden. Es zeigt deine Bereitschaft, zusätzliche Schritte zu unternehmen, um vorbereitet zu sein.

5. **Stadtpark und Labyrinth**

Stadtpark: Der Park symbolisiert einen Rückzugsort, Natur und Ruhe. Es kann auch eine Phase der Reflexion und Erholung darstellen.

Labyrinth: Die nicht miteinander verbundenen Straßen stehen für Verwirrung oder Herausforderungen im Finden des richtigen Weges in deinem Leben. Es könnte darauf hinweisen, dass du dich in einer komplizierten Situation befindest.

6. **Zugreise und versteckte Tür**

Zugreise: Der Zug symbolisiert eine Lebensreise oder

einen Übergang. Die Tatsache, dass ihr den Zug nicht betreten habt, könnte darauf hinweisen, dass ihr euch vor einer gefährlichen oder unerwünschten Situation schützt.

Versteckte Tür: Die kleine Tür kann auf Hindernisse oder schwierige Zugänge zu Zielen oder Informationen hinweisen. Es kann auch die Notwendigkeit symbolisieren, genau zu prüfen, bevor man eine Entscheidung trifft.

7. **Falle und Flucht**

Falle im Zug: Diese könnte auf eine versteckte Gefahr oder eine Situation hinweisen, die auf den ersten Blick harmlos erscheint, aber potentiell schädlich ist.

Flucht und Umarmung: Das Erkennen und die Flucht vor der Falle sowie die Umarmung symbolisieren das Überwinden von Herausforderungen und das Finden von Sicherheit und Geborgenheit.

Zusammenfassung

Dein Traum spiegelt verschiedene Aspekte deines Lebens wider, von der Suche nach Bedeutung und Identität über Herausforderungen und Unabhängigkeit bis hin zu Schutz und Sicherheit. Die verschiedenen Szenarien und Charaktere symbolisieren deine innere Reise und deine Bemühungen, die richtige Balance zwischen Risiko und Sicherheit zu finden. Es zeigt auch dein starkes Bedürfnis nach Kontrolle, Schutz und Vorbereitung auf das, was das Leben dir bringen mag,

100
Schwert gegen Stock

Gerade waren wir, von See kommend, in einen Hafen ein-
gelaufen und hatten unser großes, stolzes Segelschiff festgemacht. Ich hatte, so gut ich konnte, dabei mitgeholfen. *Das
Flüstern des Windes, das Rauschen der See, ich bin ein Wasserwanderer.* Nun lag es, mit mehreren Leinen gut gesichert,
an seinem Liegeplatz in einer kleinen Stadt, deren Namen
ich nicht kannte. Mehrere Tage lang waren wir auf See gewesen. Wir, die Gäste an Bord, waren eine Gruppe von Kampfsportlern. Wir hatten uns getroffen, um in einer Art von
Trainingslager Seminare abzuhalten und uns – als Teambuil-
ding – den Anforderungen zu stellen, die der Betrieb eines
alten historischen Dreimasters auf dem Meer mit sich bringt.
Wir hatten uns tapfer geschlagen; jedenfalls waren wir trotz
schweren Wetters unversehrt wieder zurückgekommen, und
auch das Schiff war ohne Blessuren geblieben (das war jedoch
wohl zuvörderst der nautischen Stammcrew zu verdanken,
die das Schiff umsichtig geführt hatte, dachte ich). Nun, da
wir wieder eine Verbindung zum Land hatten, gab es an Bord
auf einmal ein großes Gewusel. Alle räumten auf, machten
in ihren Kabinen klar Schiff oder trugen Dinge von einem
Ort zu einem anderen. Auch ich sammelte meine Sachen
zusammen und fing an, meine Tasche zu packen. Wir, eine
bunt zusammengewürfelte Gruppe von Kampfsportlern aus
allen Teilen Deutschlands, beschäftigten uns mit den unter-
schiedlichsten Martial Arts-Stilen; so praktizierten einige der
Männer (es handelte sich nur um männliche Sportler, warum
eigentlich?, fragte ich mich?) Jiu-Jitsu, Krav Maga und Taek-
wondo, andere waren im Aikido bewandert, und wiederum

anderen waren viele Jahre erfolgreich im Judo gewesen. Ich hatte mich seit vielen Jahren mit einer traditionellen Form des Karate beschäftigt. Das hatte mich schließlich zu dem gemacht, der ich heute war. Früher, als Kind und Jugendlicher hatte ich zudem ein paar Jahre Judo praktiziert, auch das sollte sich für mein gesamtes nachfolgendes Leben als vorteilhaft herausgestellt haben. Jeder einzelne von uns hatte sich jedoch in seinem Kampfsport-Leben – zumindest auch – mit den alten Okinawa-Waffen beschäftigt. Meine Waffe war der Hanbo, halber Bo, ein etwa meterlanger Stock, mit man vortrefflich schlagen, stechen und hebeln konnte. *Der Hanbo ist meine Waffe, Hälfte eines Bo, du bist die Kukishin-Königin, seit Nagafusas Speer vom gegnerischen Schwertkämpfer in zwei Teile zerschlagen wurde, alte, sagenumwitterte Kriegskunst, alles schien bereits verloren, doch, tapferer Krieger, der du warst – du kämpftest unbeirrt weiter und besiegtest schliesslich den Anderen – mit deiner meisterlichen Kunst, deinem unbändigen Willen und mit dem kläglichen Rest des hölzernen Schaftes deines Speers.* Andere aus unserer Gruppe hatten sich mit dem japanischen Schwert, Sais, Tonfas oder anderen ehemaligen Bauernwaffen beschäftigt. Wir unterhielten uns über die Vorzüge und Nachteile der einzelnen Waffen. Ich hob die Vorteile meines Hanbos, des einfachen Stocks, als wirksames Mittel zur Selbstverteidigung hervor. Mein Gesprächspartner praktizierte Kendo, eine moderne Art des ursprünglichen japanischen Schwertkampfs. Er meinte, dass sein Kenjutsu besser sei. Ich widersprach (ich versuchte dabei diplomatisch zu bleiben, denn von besseren Waffen kann man nicht sprechen, schließlich kommt es doch immer auf die Fertigkeiten des jeweiligen Kämpfers an, damit umzugehen, dachte ich). So kam es, dass er mich zu einem Kampf herausforderte. Schlagartig hörte das geschäftige Treiben, welches bis dahin um uns herum geherrscht hatte, auf. Die Gespräche brachen abrupt ab, aller Augen waren auf uns gerichtet. Was würde ich antworten? Es war ein ungeschriebenes Gesetz, dass, wenn man von einem Sportsfreund (auf der Straße: von einem Gegner) herausgefordert wurde, man sich nicht vor dem Kampf drücken durfte, wenn es denn nicht anders ginge. Es war eine Frage der Ehre, sich dem sportlich-fairen Kampf (auf der Straße: unter Umständen dem auf Leben und Tod) zu stellen, auf dass der Bessere gewinnen (auf der Straße: überleben) möge. So geschah es auch auf dem Schiff. Ich hatte gesehen, dass der Mann, der mich herausgefordert hatte, mehrere japanische Trainings-Holzschwerter mit sich führte, auch einige echte Katanas waren dabei. Ich nahm die Herausforderung an. *The swiftness of my sword is an understatement of my art of war / A pleasure without conscience, feeds me, to want more / Principles of karma, death before dishonor /Shadows my eyesight procedes me to fight harder / For the number one headband, stand alone as one man / Afro Samurai can be defeated by no clan / A warrior of the street through my travels of land / In any shape form or fashion, kill the streets dramatic fashion / Become unpredictable when I strike there's no missin you / My aim is too precise, move forward and real pivotal / Take sips of lemonade, take lives with my blade / Revenge my father's death ,til I reach my final days / Kill kill kill, Afro Samurai.* Wir verabredeten, dass wir uns in einer Stunde im Salon des Schiffes treffen wollten, um dort unsere Kräfte zu messen. Sofort hatten sich zwei Lager unter den Männern gebildet: meine Sportkameraden umringten mich, gaben mir Ratschläge, massierten meine Schultern und brachten mir Getränke. Ich bedankte mich dafür, ging dann in meine Kabine, schloss die

Tür hinter mir ab, löschte das Licht und legte mich aufs Bett. Ich wollte – musste – jetzt allein sein. Ich schloß die Augen und ging den bevorstehenden Kampf in Gedanken durch. Es gab nur zwei Möglichkeiten. Entweder mein Gegner begann seinen Kampf mit einem sofortigen Angriff, wahrscheinlich mit einem von seitlich unten nach schräg oben geführten Angriff, oder er würde damit beginnen, eine auf meinen Körper gerichtete Stichbewegung auszuführen. In beiden Fällen musste er, wenn auch nur kurz, mit seinem Schwert ausholen – das könnte eine gute Gelegenheit für mich sein, ihn mit einem sofortigen, energischen Angriff meinerseits außer Gefecht zu setzen, dachte ich. Damit würde er nicht rechnen. Ich musste ihn überraschen und schnell genug sein. Ich öffnete meine Augen, zog ohne Eile meinen Gi an, legte meinen Obi um, band einen festen Knoten, straffte meinen Anzug und griff meinen Hanbo. Ich atmete tief durch, gab mir – wie immer vor einem bevorstehenden Wettkampf – selbst ein paar kräftige Ohrfeigen, das machte mich wach. Ich war bereit, sah dem Kampf nun gelassen entgegen, dachte: *Katsu kangae wa motsu na, makenu kangae wa hitsuyo*[12]. Ich öffnete die Kabinentür und trat heraus ins helle Licht des Salons. *Tapferer Krieger, der du warst – du kämpftest unbeirrt weiter und besiegtest schliesslich den Anderen – mit deiner meisterlichen Kunst, deinem unbändigen Willen und mit dem kläglichen Rest des hölzernen Schaftes deines Speers. The most masterful opponent, will fall victim to my weapon / The most masterful opponent, will fall victim to my weapon / I'm not immortal, real aggressive, attitude is rude / I got a knack for killin and I refuse to lose.*

* * *

Haupthemen und Symbole

1. **Segelschiff und See**

Segelschiff und Reise: Das Segelschiff symbolisiert deine Lebensreise und die Herausforderungen, die du meisterst. Die See steht für das Unbekannte und die Tiefen deiner Emotionen. Die Rückkehr in den Hafen könnte auf das Bedürfnis nach Sicherheit und Ruhe hinweisen nach einer intensiven und anspruchsvollen Phase.

2. **Kampfsportler und Training**

Kampfsportler und Selbstdisziplin: Die Gruppe von Kampfsportlern repräsentiert deine Stärke, Disziplin und Fähigkeit zur Selbstverteidigung. Es zeigt auch deine Bereitschaft, dich ständig zu verbessern und neue Fähigkeiten zu erlernen.

3. **Waffen und Kampf**

Waffen und Kampf: Die verschiedenen Waffen stehen für verschiedene Fähigkeiten und Strategien, die du in deinem Leben anwendest. Der Hanbo, den du benutzt, symbolisiert Einfachheit und Effektivität. Der bevorstehende Kampf könnte für eine innere Auseinandersetzung oder einen Konflikt stehen, den du erwartest oder fürchtest.

4. **Herausforderung und Ehre**

Herausforderung und Ehre: Die Herausforderung zum

Kampf und die Bedeutung von Ehre im Traum spiegeln dein Bedürfnis wider, dich zu beweisen und deinen Wert zu zeigen. Es kann auch auf eine Situation hinweisen, in der du dich beweisen musst, sei es beruflich oder persönlich.

5. **Vorbereitung und Strategie**

Vorbereitung und Strategie: Deine sorgfältige Vorbereitung und Strategieplanung zeigen, dass du einen durchdachten und geplanten Ansatz zur Bewältigung von Herausforderungen bevorzugst. Es unterstreicht deine Fähigkeit, ruhig und methodisch zu bleiben, selbst in stressigen Situationen.

6. **Innere Ruhe und Selbstvertrauen**

Innere Ruhe und Selbstvertrauen: Das Schließen der Kabinentür und die Zeit, die du allein verbringst, um dich vorzubereiten, symbolisieren die Notwendigkeit von innerer Ruhe und Selbstreflexion. Dein Selbstvertrauen wächst, und du fühlst dich bereit, jede Herausforderung anzunehmen.

Zusammenfassung

Dein Traum reflektiert eine Reise durch Herausforderungen und Selbstentdeckung. Das Segelschiff und die See symbolisieren dein Leben und die emotionale Tiefe, während die Gruppe von Kampfsportlern und der bevorstehende Kampf auf deine innere Stärke und Disziplin hinweisen. Die Waffen stehen für verschiedene Fähigkeiten und Strategien, die du anwendest, um Herausforderungen zu meistern. Der

Traum betont die Bedeutung von Ehre, Selbstvertrauen und der Notwendigkeit einer sorgfältigen Vorbereitung. Es zeigt auch, dass du bereit bist, dich neuen Herausforderungen zu stellen und dabei deine innere Ruhe und Selbstsicherheit zu bewahren.

* * *

Do you remember me? I remember you / And all that you have done / Murderer, monster / How many hundreds of lives have you ended? / How many thousands have you made mourn the lost of their loved ones / Now it's your turn.

Epilog

Als ich im zweiten Corona-Winter 2021/22 begann, auf Anraten meiner Frau meine Träume aufzuschreiben, von denen ich ihr oft morgens am Frühstückstisch erzählt hatte, wusste ich noch nicht, dass diese Notizen genau ein Jahr später zu einem prall gefüllten Traum-Tagebuch angewachsen sein würden, und dass das fast jeden Morgen akribisch Notierte einmal die Grundlage für das vorliegende (zugegebenermaßen völlig durchgeknallte) Roadmovie bilden würde, welches sich im übrigen fast von selbst schrieb, denn ich tippte ja nur das ein, was ich kurz zuvor tatsächlich auch selbst im Traum *erlebt* hatte. Dabei ist die Idee des Träume-Aufschreibens überhaupt nicht neu: viele Menschen führen sogenannte Traum-Tagebücher, viel mehr zumindest als ich gedacht – als ich *zu träumen gewagt* – hatte. Sie tun das zumeist, um ihre eigenen Träume leichter erinnern und -deuten zu können. Für sie gibt es inzwischen viele Vorlagen, Online-Angebote und sogar Traumtagebuch-Apps, ein eigener, potenter Markt ist entstanden, Menschen verdienen Geld mit den Träumen von Menschen. Ich benötigte diese Hilfsangebote nicht, denn ich tippte alles ganz einfach gleich nach dem Aufwachen – noch vor dem Frühstück, aber mit einem großen Becher Kaffee neben mir – in meinen Rechner, nachdem ich es vorher (direkt nach dem Aufwachen aus einer nächtlichen Traumphase) ins Handy diktiert hatte. Dabei stellte sich schnell heraus, dass sich Träume kaum wirklich wahrheitsgemäß schildern lassen. Denn während wir uns zu erinnern versuchen, wird sofort unser auf Logik getrimmter Verstand wach, der die Bilderfolge nach eigenen Vorstellungen ordnen möchte und damit verfälscht. Außerdem geraten sogar wortgewandte

Schriftsteller rasch an die Grenzen ihrer Ausdrucksfähigkeit, wenn sie genau schildern sollen, was sie im Traum erlebt haben[4]. Nach einigen Wochen des akribischen Aufschreibens gelang es mir jedoch, mich immer besser an meine Träume zu erinnern. Sie wurden immer farbiger, detaillierter, reicher, ich konnte nach einiger Zeit in gewisser Weise sogar Einfluß auf Länge, Intensität und Art der Träume nehmen (und doch gab es zwischendurch desöfteren auch traumlose Phasen oder korrekt: Zeiten, in denen ich zwar träumte, aber mich an so gut wie Nichts erinnern konnte). So wurden meine Träume – und sind es seither – ein fester Bestandteil meines Lebens, sie bereichern meinen Alltag, helfen mir, Dinge gelassener zu sehen, Probleme besser lösen, Entscheidungen engagierter treffen und auch das Leben selbst mehr genießen zu können. Bedeutende wissenschaftliche Erkenntnisse seien im Schlaf oder Halbschlaf entstanden, heißt es. Wissenschaftliches Denken brauche den Schlaf und seine Träume, damit sich die Gedanken sortieren können, scheinbar wie von selbst. Angestrengtes Denken setze manchmal den Fokus viel zu eng. Im Traum könne sich die Gesamtheit der Erfahrungen sortieren und zu kreativen neuen Ergebnissen führen, die wissenschaftlichen Fortschritt ermöglichen würden[14]. Ich kann zudem bestätigen, dass Menschen, die durch die Beschäftigung mit ihren eigenen Träumen zu mehr Selbsterkenntnis gekommen sind, auch mehr Verständnis für ihre Mitmenschen aufbringen. Auf diesem Umweg böten die Träume die große Chance, die eigene Menschenkenntnis zu vertiefen[4]. Was die Deutung meiner Träume betrifft: darum ging es mir nie in erster Linie, das überließ – und überlasse – ich gern der empirischen psychologischen und psychiatrischen Traumforschung; hier leistet die Deutung oder besser:

hier leisten die Deutungs*versuche* der Träume durch Profis mit Sicherheit einen wertvollen Beitrag bei der Unterstützung von Psychotherapien. Fest steht aber in jedem Fall: es braucht Klugheit, die abwägt, wie die Botschaft des Unter- oder Halbbewussten, die ein Traum sendet, denn gedeutet werden soll. Und es braucht Mut und Klugheit, sich auf (…) Träume einzulassen[14]. Viele Menschen benutzen Traum-Tagebücher auch als Hilfsmittel zur Entwicklung ihrer Wachtraum-Fähigkeiten; nach meinen eigenen Erfahrungen können die Notizen / kann das Notieren das Erinnerungsvermögen an die eigenen Träume steigern helfen. Das Wach-Träumen, oder besser: das wach-initiierte, luzide Träumen war jedoch nie mein Ziel. Was mich an der ganzen Sache interessierte, war etwas grundlegend anderes. Nietzsche setzte die Realität der Phantasiewelt des Traumes mit der Realität der Tageswirklichkeit nicht nur als gleichwertig auf eine Stufe, was deren Wirkung auf unser seelisches Erleben angeht, sondern er sprach sogar von der höheren Wahrheit und der Vollkommenheit des Traumzustandes – im Gegensatz zur nur lückenhaft verständlichen Tageswirklichkeit[5]. Der Maler André Breton glaubte gar an die künftige Auflösung dieser scheinbar so gegensätzlichen Zustände von Traum und Wirklichkeit in einer Art absoluter Realität, wenn man so sagen kann: Surrealität[6]. Dieser Gedanke war es, der mich reizte: die Vorstellung, dass der Traum vielleicht doch mehr ist als ein bloßer mentaler Hausputz, dass Träume eben nicht (nur) Schäume sind. Dem wollte ich mit meinem kleinen Selbst-Experiment auf den Grund gehen. Was ich dabei schnell begriff: wer ernsthaft ein Traumtagebuch führen will, sollte – der Vergesslichkeit und der (eigenen) moralischen Zensur vorgreifend[4] – vor allem ehrlich zu sich selbst sein.

Nur dann kann das Notierte überhaupt irgendeinen Wert besitzen. Das hier vorliegende Büchlein beherzt diesen Rat, macht jedoch gleichzeitig eine Ausnahme: zur besseren Lesbarkeit wurden nur bestimmte Träume für das Tagebuch ausgewählt, diese wurden zudem teilweise gekürzt oder (leicht) ergänzt, ich ließ die *sündigen* Träume größtenteils außen vor, und ich begrenzte die Anzahl der Traum-Geschichten auf 100; immer bildeten jedoch die ungeschönten, tatsächlich im Traum erlebten Sequenzen die Grundlage für *Flashback – On the Road mit Yoshi Fabene*. Damit der Leser erkennen kann, was Dichtung und was Traum-Wahrheit ist, wurden die originalen Traum-Sequenzen in Normalschrift (Calibri Textkörper) gesetzt, Erdachtes, Verbindendes (und das wenige Hinzugefügte, Verbindende) ist *kursiv* gesetzt. Das Genre des Roadmovies bot sich für dieses Tagebuch an, da die Handlungen der Träume oft auf Straßen (häufig auch auf Wasser-Straßen, sprich: auf Flüssen, Seen oder dem Meer) und Wegen (auch: Schienen-Wegen) aller Art spielten. Die Reise, um die es dabei ja angeblich jedesmal geht, steht beim Roadmovie (wie beim Traum) als eine Metapher für die Suche nach Freiheit und Identität des Reisenden – wie auch des Träumenden[7]. Eine Reise im Traum, das ist ein sehr starkes Bild. Immer wenn sie auftaucht, kann die Art angesprochen sein, wie der Träumende sein alltägliches Leben gestaltet, und auf welche Weise er dabei Fortschritte macht. Auch psychologisch gibt es viele interessante Einzelaspekte einer Traum-Reise. Auf spiritueller Ebene stelle die Reise im Traum oft gar das Leben des Träumenden selbst dar, oder zumindest einen Ausschnitt daraus[8], heißt es. Meinem alten, geliebten Motorrad (gleichfalls ein starkes, häufig in meinen Träumen auftauchendes Bild), einer Heritage Softail aus dem Jahr 2005,

der ich in realo den Namen *Rosita Espinoza* (einer Figur aus
The Walking Dead) gegeben habe, kam insofern eine tragende, traumübergreifende und -verbindende Rolle eines Fort-
bewegungsmittels zu, welches aus diesem Grund etwas in
den Mittelpunkt gerückt wurde. Ebenso verhält es sich mit
der Metapher eines Bootes (bzw. eines Schiffes, einer Fähre,
eines Dampfers oder einer Yacht), das in der „Realität" für
mich (in meinen Wunsch-Träumen) zumeist ein zehn Meter
langer Stahlverdränger einer holländischen Werft aus Maas-
bracht war – und auch heute noch ist (in der Sedan-Version,
der Rumpf: gebrochenes Weiß mit einem grünen Wasserpass,
einem umlaufenden Fenderband aus einer Sisal-Wieling und
viel Platz zum Draußen-Sitzen achtern, herrlich!), den ich
mir aber bisher nicht leisten wollte. Das Roadmovie mache
durch die Inszenierung von Fortbewegung und Weiterentwicklung (kulturelle) Grenz-Überschreitungen sichtbar; in
Roadmovies sei das Ziel meist die idealisierte Projektion eines vom Protagonisten erschaffenen Konstruktes, das per de-
finitionem unerreichbar bleibe, heißt es[7]. Dasselbe gilt für
den Trauminhalt, auch hier geht es um Überschreitungen
von Grenzen, die uns das logische Tagesbewußtsein auferlegt.
Auch Musik spielt – in Roadmovies wie auch in (zumindest meinen) Träumen – eine überaus wichtige Rolle, so erlebte ich beispielsweise den Song *Tristesse* von den Ärzten
(obwohl ich eigentlich kein Ärzte-Fan bin, eher mag ich die
Toten Hosen) in einem Traum live (tolles Konzert übrigens!).
Eine tragende, ebenfalls traumverbindende Rolle übernahm
der Rapper Robert Fitzgerald Diggs, kurz RZA, auf den ich
durch den Jim Jarmusch-Film *Ghost Dog – Der Weg des Samurai* (1999) und durch *Kill Bill* von Quentin Tarantino
(2003 / 2004) stieß; zu diesen Filmen und insbesondere zu

der Anime-Serie *Afro Samurai* (aus der auch einige der ein-
gefügten Textstellen stammen; ursprünglich ein japanischer
Manga von Takashi Okazaki) mit der Musik von RZA[9] habe
ich eine gewisse Affinität durch das Karate und das Kobudo
entwickelt, Kampfsportarten, mit denen ich mich seit vielen
Jahren intensiv beschäftige (ich distanziere mich aber aus-
drücklich von jedweder sinnlosen Gewalt-Ausübung und /
oder -verherrlichung im „wahren" Leben, denn im Karate
gibt es ja bekanntlich keinen ersten Angriff: *karate ni sente
nashi*). Und – na klar, meine bevorzugte Kobudo-Waffe, der
Hanbo = *halber Bo*, ein ca. meterlanger Stock – taucht ebenfalls hier und da auf – auch diese Waffe ist ein starkes Traum-
bild, das allerdings (bezogen auf mich) weniger aus dem
Wunsch heraus entsteht, jemanden zu verletzen, sondern
vielmehr darauf hindeuten könnte, mit dem Stock die Heu-
chelei herausschneiden (zu) wollen, die eine Situation beherrscht[10]; ansonsten stehe der Hanbo / Stock wie ein Schwert
auch für spirituelle Energie, welche den Menschen dazu be-
fähige, Unnötiges aufzugeben, heißt es. Auch der Umstand,
dass ich Anfang 2022 ein Unternehmen gegründet hatte, und
im selben Jahr anfing, hobbymäßig als Komparse und Kleindarsteller beim Film zu arbeiten, blieb nicht ohne Auswirkungen auf das im Traum Erlebte, genauso wie der Umstand,
dass ich erst ein halbes Jahr vorher meine liebe Frau M. ge-
heiratet hatte. Schließlich hatte sich auch der seit 2022 laufende Ukraine-Krieg in meine Träume geschlichen. Doch nicht
alles ist – zum Glück – deut- und erklärbar; Träume könnten
unerklärlicher Wahrheit, philosophischen Gedanken, Illusionen, wilden Phantasien, Erwartungen, irrationalen Erfahrungen, sogar telepathischen Visionen und weiß der Himmel
was noch allem Ausdruck verleihen, schrieb Carl Gustav

Jung[11]. Recht hat er. Und so will ich es an dieser Stelle mit einem Rat belassen: achtet mehr auf eure Träume. Beschäftigt euch mit ihnen. Nehmt sie ernst. Und behandelt sie mit gebührlichem Respekt. Dann können sie euch helfen, ein ausgeglicheneerer, erfolgreicherer, gelassenerer – und damit vielleicht sogar: ein besserer Mensch zu werden. Gott sende uns Sterne und Träume[14].

Der Autor, Lietzenburg / Hiddensee,
im Dezember 2023, ergänzt im Dezember 2024.

Nachtrag

Im Mai 2024, kurz vor der Fertigstellung und Ablieferung dieses Büchleins, bat ich *ChatGPT* spaßeshalber, aus purer Neugier und ohne mir irgendeinen bestimmten Nutzen davon zu versprechen, einen der von mir niedergeschriebenen Träume zu deuten. Das Ergebnis war beeindruckend. Es veranlasste mich, umgehend, alle 100 Träume von der Maschine besprechen zu lassen[13]. Natürlich ersetzt die KI nicht den auf Traumdeutung spezialisierten menschlichen Profi und das individuelle Beratungsgespräch, ganz klar. Und dennoch: viele interessante Anregungen und spannende Denkanstöße war die Software (in der bei Drucklegung aktuellen Fassung) sekundenschnell in der Lage zu liefern. Kein Wunder, sollte man meinen, denn schließlich hat sie Zugriff auf das gesamte im Netz versammelte Spezialisten-Wissen zu diesem Thema. Diese Deutungen von „Prof. Dr. Chat G.-P. Turner", wie ich die KI im Buch nenne (in der Schriftart URW Form am Ende eines jeden Traumes abgedruckt und zum besseren Verständnis jeweils vorneweg mit ### gekennzeichnet) wollte – und konnte – ich dem geneigten Leser einfach nicht vorenthalten. Was mir gefiel: die Maschine zog zumeist positive Schlüsse aus dem von mir im Traum Erlebten. Sie legte mir stets nahe, darüber nachzudenken, wie ich ihre Deutungen dazu nutzen kann, an meiner Persönlichkeit zu arbeiten – so wie es ein *echter* Psychotherapeut wohl auch getan haben würde. Für „Prof. Dr. Chat G.-P. Turner" war das Traum-Glas immer halbvoll, nie halbleer. Und weil ich schon einmal dabei war, ließ ich den „Professor" auch gleich noch das Titelbild zu diesem Büchlein malen, das ich „Der Traum des Kriegers" nannte, und in dem viele der in meinen Träumen auftauchenden Bilder versammelt sind (die Stalinbauten in Berlin-Friedrichshain aus meiner Jugendzeit, mein Motorrad *Rosita Espinoza*, Schiffe, Wasser und natürlich ich selbst in meiner Traumgestalt als Yoshi Fabene, „The Afro Samurai"). Träume seien oft rätselhaft, hieß es in einer Hörfunksendung auf Deutschlandradio Kultur vom 10. Mai 2024. Um sie zu deuten, könne man sich an einen Psychoanalytiker wenden, hieß es dort. Oder an KI – eine künstliche Intelligenz eben. Die erziele bei der Traumdeutung äußerst „spannende Ergebnisse".

Der Autor, Il Sereno / Comersee,
im Mai 2024, ergänzt im Dezember 2024.

Anmerkungen

1. F. Nietzsche, Menschliches, Allzumenschliches, KSA 2, S. 33

2. F. Nietzsche, Geburt der Tragödie, KSA 1, S. 27

3. so sinngemäß S. Freud: Die Traumdeutung, in: GW, Bd. II/III, S. Fischer, Frankfurt am Main (TB-Ausgabe) 1966, VI. Die Traumarbeit, S. 234 ff.; VII. Zur Psychologie der Traumvorgänge, S. 432 f.

4. J. Dörffler, Erkenne dich und deine Mitmenschen, Verlagsunion Pabel-Moerwig, Rastatt 1989, S.128 ff.,

5. F. Nietzsche, Geburt der Tragödie, KSA 1, S. 27, zitiert aus: Zarathustras Träume und Visionen von C. M. Lissmann, in: Entdecken und Verraten, Verlag Hermann Böhlaus Nachf., Weimar 1999, S. 250 ff.

6. André Breton, Die Manifeste des Surrealismus, Reinbek bei Hamburg 1977, S. 53

7. Roadmovie, Filmgenre, gefunden bei Wiki

8. Stichwort Reise, in: 10.000 Träume von Pamela Ball, Goldmann München, 1996

9. Afro Samurai: zitierte Passagen stammen aus Kill Kill Kill (RZA & Rugged Monk), aus: Afro Samurai Resurrection – The Soundtrack

10. Stichwort Waffen, in: 10.000 Träume von Pamela Ball, Goldmann München, 1996

11. Zitiert aus: 10.000 Träume von Pamela Ball, Goldmann München 1996, S. 22

12. *Katsu kangae wa motsu na, makenu kangae wa hitsuyo* – Denke nicht an das Gewinnen, doch denke darüber nach, wie man nicht verliert (aus den 20 Verhaltensregeln des Karate-Meisters Gichin Funakoshi)

13. ChatGPT (Generative Pre-trained Transformer, im Buch: „Prof. Dr. Chat G.-P. Turner") ist ein im November 2022 vorgestellter Chatbot des US-amerikanischen Unternehmens OpenAI – nicht mehr und nicht weniger. Deshalb: keine Gewährleistung für die Kommentare / Deutungen durch das System, die in diesem Buch abgedruckt wurden – es kann in keinem Fall den menschlichen Profi ersetzen! Die Traumdeutungen durch die KI sollen lediglich Hinweise liefern und zum Nachdenken anregen. Wir nutzten die bei Drucklegung (Sommer 2024) aktuelle Version 4.0.

14. Pfarrerin Angela Rinn, Mainz, Ev. Kirche, in: Morgenandacht „Träume", Dlf, 19.12.2024

GE WA SCHE NES

Matt. Müncheberg

SEEL CHEN

Hiddensee.
Eine Erinnerung

todome